大学体育实用教程

彭 恩 张进财 潘海波 主编

人民体育出版社

《大学体育实用教程》
编委会

主　审　田　丰
主　编　彭　恩　张进财　潘海波
副主编　罗学芳　王　勇　李海雁
编　委　马瑞东　李　刚　郭　河　高　旭
　　　　陈晓虹　胡日查　任　刚　葛　乐

前　言

　　高校体育是高等教育的重要组成部分，是完成高等学校教育目标和实现人才培养工作的重要载体，也是校园文化建设的主要内容。现代社会需要的是全面发展的复合型人才，而在个体的全面发展中，体育素养是其他素质发展的基础。离开了体育素养，人的综合素质是不全面的，全面发展也就无从谈起。高校体育教育是提升体育素养的必由之路。通过体育教育，使学生掌握体育锻炼的知识技能，养成经常参加体育锻炼的习惯，不仅有利于大学生身体素质的发展，还有利于全民健身意识的普及与提高。因此，为切实加强大学体育教育工作的开展，帮助大学生养成良好的健身习惯，提升大学生体育素养，丰富大学校园体育文化，我们遵循体育教材建设的原则，编写了这本《大学体育实用教程》。

　　本教材分为理论基础与体育运动实践两部分。在体育理论基础部分以体育运动和人体健康知识为主线，全面阐述了当代大学生切实需要掌握的运动理论知识，重点讲述了体育概念、健康概念、大学生体育锻炼时必须遵循的基本原则、体能训练的基本理论，以及体育锻炼营养卫生、运动损伤和运动性疾病的预防与处理、校园体育文化等方面的知识；体育运动实践部分主要介绍了竞走、跑、跳、投等田径运动，篮球、排球、足球、乒乓球、羽毛球、网球等球类运动运动，形体训练、健美操、瑜伽、安代健身操和轮滑等时尚健身运动，以及目前学生较为感兴趣的冰雪运动、毽绳运动、极限运动和野外拓展运动等，这些都有助于扩大学生的运动视野，提高兴趣。除此之外，本教材还详细介绍了一些民族传统体育运动，如搏克、太极拳、初级剑、初级长拳、太极功夫扇、散打、健身气功和导引养生功等，其目的在于使大学生对我国传统文化有基本的了解，并通过对这些运动项目的学习达到丰富自己的业余生活、增强自身体质的目的。不同年级、不同性别、不同爱好的大学生都可以从中选择自己喜欢的运动项目加以练习。

　　总体来看，本教材内容充实、图文并茂、通俗易懂。它从实际出发，以促进大学生身体健康为主线，理论知识科学严谨，操作性和实践性较强，具有较高的理论价值和实际应用价值，不仅可以作为大学公共体育课教材，也可以作为大学生课外体育活动的实践指南。

　　本教材在编写过程中，参考了大量相关的书籍和资料，在此向这些作者表示衷心的感谢！由于编写人员自身水平有限，本教材若有不当之处，恳请读者批评与指正。

目　录

上篇　体育理论基础

第一章　体育与健康概述 ………………………………………………………… 1
　第一节　体育概述 ……………………………………………………………… 1
　第二节　健康概述 ……………………………………………………………… 4
　第三节　体育对大学生健康的促进作用 ……………………………………… 8

第二章　体育锻炼 ………………………………………………………………… 13
　第一节　科学锻炼的理论基础 ………………………………………………… 13
　第二节　体育锻炼的原则与方法 ……………………………………………… 18
　第三节　运动训练计划与运动处方 …………………………………………… 21

第三章　体育卫生与医疗 ………………………………………………………… 31
　第一节　体育锻炼卫生与环境 ………………………………………………… 31
　第二节　运动与营养补充 ……………………………………………………… 35
　第三节　运动损伤与运动性疾病 ……………………………………………… 38
　第四节　大学生急救常用知识 ………………………………………………… 49

第四章　体能训练的基本理论 …………………………………………………… 58
　第一节　体能训练概述 ………………………………………………………… 58
　第二节　体能训练的内容与运动素质发展 …………………………………… 60
　第三节　体能训练的检测与评价 ……………………………………………… 69

第五章　校园体育文化欣赏 ……………………………………………………… 75
　第一节　校园体育文化概述 …………………………………………………… 75
　第二节　奥林匹克运动与文化 ………………………………………………… 77
　第三节　体育文化欣赏 ………………………………………………………… 84

下篇　体育运动实践

第六章　田径运动 ………………………………………………………………… 90
　第一节　田径运动概述 ………………………………………………………… 90
　第二节　竞走 …………………………………………………………………… 92

第三节　跑 ……………………………………………………………………… 95
　　第四节　跳跃 …………………………………………………………………… 102
　　第五节　投掷 …………………………………………………………………… 105

第七章　球类运动 …………………………………………………………………… 116
　　第一节　篮球 …………………………………………………………………… 116
　　第二节　排球 …………………………………………………………………… 129
　　第三节　足球 …………………………………………………………………… 141
　　第四节　乒乓球 ………………………………………………………………… 154
　　第五节　羽毛球 ………………………………………………………………… 166
　　第六节　网球 …………………………………………………………………… 182

第八章　民族传统体育运动 ………………………………………………………… 191
　　第一节　搏克 …………………………………………………………………… 191
　　第二节　太极拳 ………………………………………………………………… 195
　　第三节　初级剑 ………………………………………………………………… 203
　　第四节　初级长拳 ……………………………………………………………… 211
　　第五节　太极功夫扇（第一套） ……………………………………………… 219
　　第六节　散打 …………………………………………………………………… 228
　　第七节　健身气功 ……………………………………………………………… 234
　　第八节　导引养生功十二法 …………………………………………………… 243

第九章　时尚健身运动 ……………………………………………………………… 253
　　第一节　形体训练 ……………………………………………………………… 253
　　第二节　健美操 ………………………………………………………………… 259
　　第三节　瑜伽 …………………………………………………………………… 267
　　第四节　安代健身操 …………………………………………………………… 274
　　第五节　轮滑 …………………………………………………………………… 276

第十章　冰雪运动 …………………………………………………………………… 280
　　第一节　滑冰运动 ……………………………………………………………… 280
　　第二节　滑雪运动 ……………………………………………………………… 284

第十一章　毽绳运动 ………………………………………………………………… 290
　　第一节　毽球运动 ……………………………………………………………… 290
　　第二节　跳绳运动 ……………………………………………………………… 294

第十二章　极限运动 ………………………………………………………………… 296
　　第一节　攀岩运动 ……………………………………………………………… 296
　　第二节　极限飞盘运动 ………………………………………………………… 300

第十三章　野外拓展运动 308
第一节　定向运动 308
第二节　拓展训练 312
第三节　野外生存 320

参考文献 327
附录：《国家学生体质健康标准》 339

上篇　体育理论基础

第一章　体育与健康概述

第一节　体育概述

一、体育的概念

体育（physical education，缩写为 PE 或 P.E.），是一种复杂的社会文化现象，它以身体与智力活动为基本手段，根据人体生长发育、技能形成和机能提高的客观规律，达到促进全面发育、增强体质与提高运动能力、改善生活方式与提高生活质量的一种有意识、有目的、有组织的社会活动。

体育的概念有广义和狭义之分。广义的体育亦称体育运动，它属于社会文化教育的范畴，受一定社会政治经济的影响和制约，也为一定社会的政治经济服务。狭义的体育习惯称学校体育，也称为体育教育。它是现代体育的基础，也是现代教育的重要组成部分，是全面发展人的身体，增强体质，传授体育基本知识、技术、技能，提高运动技术水平，培养良好意志品德的一种有目的、有计划、有组织的教育过程；是与德、智、美、劳密切配合，培养体育兴趣，养成锻炼习惯，造就一代新人的重要教育活动过程。

（一）体育的产生

在远古时代，体育源于强身、自卫、求生。原始人为了生存和保卫自身安全，必须经常与凶禽猛兽和自然灾害进行斗争，其中狩猎就是人类最古老的生产活动，也是人类为了生存和自卫所必需的行为。原始人迫于谋生需要，为寻找食物要跋山涉水，为追捕野兽要跨涧越沟，为杀伤猎物要掷石、投棍，为逃避自然灾害而跋涉迁徙，从而发展了走、跑、跳、投掷、攀爬、游水、格斗等身体基本活动能力，这些就是人类最初的运动方式，是原始体育在人类求生的本能活动中的萌生和发展。

原始人类在生产劳动和生存竞争中的身体活动就是原始体育的最初形态，它是人类生存不可或缺的行为，是人类社会发展的必然产物。归根结底，体育从它产生的原始社会起，就是伴随着人类社会的历史进程产生和发展起来。

（二）体育的发展

随着人类古老文化的产生、发展，无论是我国的封建社会，还是中世纪的欧洲，按强权统治的需要，体育在东西方各自发展的历史进程中，都注重实践性和教育性，并把体育作为一种富国强民的重要手段来对待。此时，由战争刺激而发展起来的"军事体育"，供统治阶级观赏、消遣的"娱乐体育"，修身养性的"养生体育"，以及平民百姓在节日闲暇时开展的"民间体育"等，使体育的社会性不断被拓宽，成了人们强身健体和娱乐身心的手段。

现代体育起源于 19 世纪的英国。1828 年，英国教育家托马斯·阿诺德开办了一所橄榄球学校，第一次把体育列入学校课程，这对现代体育的产生和发展起到了决定性作用，他是现代体育的创始人。在英国的影响下，1844年在柏林举行了大学生田径运动会。1857年又成立了田径协会，并在剑桥大学举行了世界上第一次大学生田径比赛，这对现代体育产生了更为深刻的影响。1863年，产生了起源于英格兰的现代足球运动，现代足球运动从它诞生的那一天起，就以其独特的魅力赢得了世人的钟爱，并在短短一百多年的时间里征服了世界，让无数人为之疯狂，成为"世界第一运动"。为现代体育的产生和发展，提供重要的理论与实践基础的，还有欧洲的文艺复兴和现代奥林匹克运动的创始人、奠基人——法国著名社会活动家皮埃尔·德·顾拜旦先生，他所倡导的现代奥林匹克运动，已成为全球规模最大的综合性体育盛会，这对于促进体育的国际化与推动现代体育的迅速发展都具有重大的作用。美国现代体育的兴起稍晚于英国，但发展迅速，对现代体育的发展和完善，也起到了良好的影响和促进作用。

（三）体育的构成

1. 学校体育

学校体育，习惯上称为狭义的体育。为了达到教育、教养及发展身体的总目的，不同层次的学校体育按不同教育阶段和年龄特征，通过体育课和课外体育活动这两种基本组织形式。

2. 竞技体育

竞技体育也称为竞技运动，也有人称它为精英体育。这里所指的是高水平竞技体育，并根据规则和以取胜为目的的竞赛性和娱乐性的体育活动。为了最大限度地发挥和提高个人和集体在体格、体能、心理和运动能力等方面的潜力，以取得优异成绩为目的而进行的科学的、系统的训练和竞赛。这种竞赛具有激烈的对抗性、竞争性和高度的技艺性，必须按照一定的规则进行，竞赛成绩应为社会所承认。

3. 大众体育

大众体育又称为群众体育或身体锻炼，是指以健身、医疗、娱乐为目的，内容丰富、形式多样、因人而异的一类群众性的健身的体育活动。

（1）医疗康复体育。它以治疗伤病、恢复人体机能为目的，并采用恢复身体功能的保健医疗体操、防病治病的太极拳、导引养生功等体育活动的手法和理论进行康复治疗。

（2）娱乐、休闲体育。在闲暇时间里提高、充实人的精神境界的体育活动。它以休闲、娱乐为目的，如打高尔夫球、康乐球、下棋、打牌、钓鱼等。

（3）矫正体育。用以矫正人身体的各种不正确姿态，如坐、立、行走等身体各部分不平衡现象，促使身体各部分协调发展及改善体态，如各种特殊体操、健美操等。

（4）民间体育。各族人民根据本民族自身的特点，在生产劳动和日常生活中创造了各种各样的体育活动和健身方法，形成了具有民族特色的体育运动形式。民间体育形式有民间举重、角力、马术、拔河、跳板、爬竿、荡秋千、跳绳、打陀螺、骑射、叼羊，等等。

二、体育的本质与内涵

（一）体育的本质

体育的本质是体育自身固有的根本属性。体育的本质在于它是一种增强体质的教育。体育的对象是人，人是体育的真正主体。只有充分认识人的本质，发掘体育对人的价值和作用，才能真正认识体育的本质。

体育的本质是培育人身体、发展和完善人类身体的活动，其实质是人类遵循适应与变化的自然规律，有目的、有意识地以自身运动为基本手段，增强体质，完善身体，促进人类身心全面发展，达到人类个体身体理想模式，以满足个人与社会需要的活动。

（二）体育的内涵

从体育的内涵和结构上看，体育包括两个基本的部分：一是作为体育的方式、手段和方法的人体运动部分。它能改变人的体质，增进人体的健康，促进人的身心全面发展。在不同的历史时代和社会中，只要遵循体育活动规律，人们总可以采用完全相同的运动方式、手段和方法，并获得几乎相同的强身效果，具有继承、交流、借鉴和吸取的自然属性。二是运用这种手段、方式和方法来实现社会所规定的体育目的部分，即人体运动和社会相互联系时所表现出的特点。前者表现的是体育的自然属性，后者反映的是体育的社会属性。社会总是按其变化和发展的需要，以人体运动为手段来达到一定的社会目的，并促使体育沿着所需要的方向发展，使体育的性质和特点在不同的历史时期有着明显的差异性，而且必须为一定的社会服务。

三、现代体育的特点

（一）体育愈来愈成为全社会的需要和人民生活的需要

日新月异的现代科学使人们能够不断地以最少的人力、物力和较短的时间创造巨大的财富。在物质生活越来越丰富的同时，人们必然要求有更多更高的精神、文化生活。另外，生产和生活中的电气化、自动化程度越来越高，体力活动越来越少，其结果出现了现代社会的'文明病'，如心血管系统疾病、肥胖症等。在某些生产部门，由于劳动分工愈来愈细，某些工种的劳动极度紧张，形成身体局部的过度疲劳，出现各种"职业病"。对这类疾病最积极的防治办法就是体育锻炼。在一般情况下，人们的物质生活越丰富，体育的普及程度也就相应地越高。

（二）竞技运动向国际化和高水平发展

国际体育竞赛吸引着千千万万的群众，它所产生的影响是多方面的，也因此受到了各国的重视。竞技运动越来越具有国际规模。随着竞技项目的不断增加，参加的国家、地区和人数也越来越多，从而促进了运动技术水平的迅速提高。

（三）体育科学的快速发展

体育作为一门科学来研究，是从20世纪初期开始的，而探讨它的科学体系，是近些年来的事。体育科学有着广泛的研究范围，它不仅研究人体的生长、发育和发展，研究发掘人的潜在能力，还研究它所涉及的社会问题。

体育科学研究的重点及其重要成果，主要还在竞技运动方面。各国往往以奥运会的周期来制订体育科研计划。选材、多年系统训练、高水平训练以及参加竞赛的全部过程，都与科学研究密切结合。世界上优秀运动员能创造出高水平的成绩，是他们和教练员、医生、心理学研究人员共同配合工作的结果。

体育科学毕竟是一门新兴的科学，还很不完善，远不能满足体育实践的要求。显然，现代体育的发展，亟待建立完备的体育科学体系。

四、体育的功能与价值

体育的功能是指体育的特点作用于人和社会所能产生的良好的影响和功效。体育是关于身心的教育，有其特有的存在价值。概括起来体育的功能包括生物功能和社会功能两种。

(一) 生物功能

一个人体质的强弱受遗传、营养、劳动和环境的影响，而进行科学的身体锻炼是增强体质和促进健康的最积极、最有效的方法。通过体育锻炼，人的体格、体能和适应能力等方面都会得到显著的改善。

体育锻炼能增强体质的原因是由于科学的身体活动引起机体能量物质的消耗，进而在能量物质的恢复过程中产生超量恢复现象，超量恢复原理是促进体质增强的原因。适宜的、合理的体育锻炼可以促使人体机能向好的方向转化，所以说体育具有提高人体健康水平的特殊功效。

(二) 社会功能

随着社会的发展，体育在精神文明建设、丰富文化生活、培养良好的个性心理、发展人际关系等方面都会产生积极的效果，体育的社会效能主要包括以下几个方面。

1. 教育效能

体育是教育的重要组成部分，而教育功能是体育最基本的功能。我国高等教育体系把体育作为公共必修课，使其已经成为素质教育的重要组成部分和培养身心健康的社会主义事业建设者及接班人的重要内容。体育是对人们进行综合性教育的一种有效途径，它可以使个人在心智、情绪和动作经验等方面得到发展。

2. 娱乐效能

娱乐效能是由两个途径来实现的：参与运动与观赏运动。现代体育运动发展迅速，高度体现了健、力、美的特征，特别是竞技运动项目。现代社会为人们进行娱乐活动提供了优越的条件和各种娱乐方式，使人们在和谐的气氛中能够释放紧张情绪，从而充分享受生活的乐趣。

3. 政治效能

政治对体育有主导作用，且体育以其特有的方式为政治服务。随着竞争体育的飞速发展，运动成绩从侧面反映出一个国家的综合国力。另外，体育竞赛也能培养民族精神，增强国民的团结和凝聚力。如当北京获得了2008年奥林匹克运动会的主办权时，众多国人为其欢呼、骄傲和振奋。

4. 经济效能

体育与经济结合对促进经济发展有巨大的推动作用。第一，它提高了劳动者的素质，从而促进了生产力的发展；第二，它刺激生产，促进经济发展，如北京正建设许多体育设施，必定会拉动内需，刺激相关行业的发展；第三，体育现已作为一种产业得到了广泛应用，从而直接获得了经济效益。

5. 社会效能

体育的社会效能是通过集体项目的参与和比赛体现的。在这些过程中加深了彼此的友谊、增进了队友之间的感情。

第二节 健康概述

一、现代健康新理念

健康是人类生存与发展的最基本条件。从古至今，健康一直以来都是人们追求的目标。

在现代社会，用健康的身心享受生活，提高生活质量，是现代人的生活理念。

（一）健康的概念

关于健康的概念，以往人们普遍认为"健康就是没有病"，而现代健康对健康的衡量不仅是指四肢健全，没有疾病或身体不虚弱，更是指人体各器官系统发育良好，功能正常，体质健壮，精力充沛，有良好的劳动能力，有健全的心理、良好的精神状态和社会适应能力。世界卫生组织（WHO）于1948年在其宪章序言中指出："健康不仅是没有疾病或不虚弱，而且还包括个体在身体上、精神上、社会上的完满健康状态。"1978年9月，国际初级卫生保健大会所发表的《阿拉木图宣言》又对健康的概念作了重申，提出"健康不仅是没有疾病及体质虚弱现象，而且是身心健康、社会幸福的完满状态。"1989年，世界卫生组织根据现代社会的发展，再次将健康定义为："健康不仅仅是躯体没有疾病，而且还包括心理健康、道德健康和社会适应能力良好。只有具备了以上四个方面的良好状态，才是一个完全健康的人。"

（二）健康的要素

健康有六个基本要素，即身体健康、心理健康、智力健康、情绪健康、社交健康和环境优良。健康的六个要素相互联系、相互影响。

1. 身体健康

身体健康不仅指没有疾病，还包括有充沛的体能。体能是满足生活需要和有足够的能量完成各种活动任务的能力。具备这种能力，就可以预防疾病，增进健康，提高生活质量。

2. 心理健康

心理健康是个体在各种环境中能保持一种良好适应和效能的状态。其标准可概括为：智力正常、情绪健康、意志健全、人格健全统一、接纳自我、和谐的人际关系、适应能力强和心理行为符合年龄特征等。

3. 智力健康

智力健康指在长期的学习和生活中，大脑始终保持活跃状态。有许多方法可以使大脑活跃敏捷，如听课、与朋友讨论问题和阅读报刊书籍，等等。努力学习和勤于思考还能使人有一种成就感和满足感。

4. 情绪健康

情绪涉及我们对自己的感受和对他人的感受。情绪健康的主要标志是情绪的稳定性。所谓情绪稳定性，是指个体应对日常生活中人际关系和环境压力的能力。当然，生活中偶尔情绪高涨或情绪低落均属正常，关键是在生活中大部分时间里要保持情绪稳定。

5. 社交健康

社交健康指形成与保持和谐人际关系的能力，此能力使人在交往中有自信感和安全感。与人友好相处，也使人少生烦恼，心情舒畅。

6. 环境优良

环境优良是指人生活的周围空间以及所处的情况和条件，均处于适宜人生存与发展的良好状态。优越的环境应包括优美的自然环境和舒适的社会环境（政治、经济、文化、教育、宗教等）。

（三）健康的标准

1. 世界卫生组织"10条标准"

世界卫生组织提出了有关健康的10条标准，即：

(1) 有充沛的精力，能从容不迫地处理日常生活和工作压力，而不感到过分紧张和疲劳；

(2) 处世乐观，态度积极，乐于承担责任；

(3) 善于休息，睡眠良好；

(4) 应变能力强，能很快适应外界环境中的各种变化；

(5) 能够抵御一般性感冒和传染病；

(6) 体重适当，身体匀称；

(7) 眼睛明亮，反应敏捷；

(8) 牙齿清洁，无龋齿，不疼痛，牙龈颜色正常，无出血现象；

(9) 头发有光泽，无头屑；

(10) 肌肉丰满，皮肤有弹性。

2. "五快"与"三良好"

最近，世界卫生组织又提出了人体健康的新标准——"五快"与"三良好"。

(1) "五快"：

吃得快：指有良好的食欲，吃得香甜，吃得平衡，吃得适量。不挑食，不厌食，不偏食。

便得快：指大小便通畅，胃肠消化功能好。良好的排便习惯是定时、定量，最好每天一次，最多两次。

睡得快：指上床后很快熟睡，并睡得深，不容易被惊醒，又能按时清醒，不靠闹钟或呼叫，醒来后头脑清楚、精神饱满、精力充沛、没有疲劳感。睡得快的关键是提高睡眠质量，而不是延长睡眠时间。

说得快：指思维能力好。语言表达准确、清晰、流畅。对别人讲的话能很快领会、理解。

走得快：指走路时脚步自如，活动敏捷，反映心脏功能好。

(2) "三良好"：

良好的个人性格：包括性格温和，意志坚强，感情丰富，胸怀坦荡，豁达乐观。

良好的处世能力：包括观察问题客观实在，具有较好的自控能力，能适应复杂的社会环境。

良好的人际关系：包括人际交往和待人接物，能助人为乐，与人为善，对人际交往充满热情。

(四) 维护健康的方法

世界卫生组织曾指出：一个人的健康与寿命的60％取决于自己，15％取决于遗传因素，10％取决于社会因素，8％取决于医疗条件，7％取决于环境影响。我国著名健康教育专家洪昭光认为，人的健康主要取决于内因和外因，其中内因占15％（指遗传因素），外因占85％（社会因素占10％，自然因素占7％，医疗条件占8％，个人生活方式占60％）。这些论述都表明，维护健康主要取决于个人。以下是一些维护健康的基本方法：

1. **培养良好的生活习惯**

(1) 生活有序。特别要把握好工作与休息、脑力劳动与体力劳动的节律。

(2) 建立起积极的生活目标和健康的人格。

(3) 确保睡眠。熬夜有害健康，倡导早睡早起的好习惯。

(4) 不过于依赖补品和药物，定期做身体检查。

(5) 重视精、气、神的保养。精、气、神之间互相滋生，精充、气足则神全，神躁则伤精，精气不足，神则浮躁不宁。所以只有精、气、神充盈，健康长寿才有保证。

2. 积极参加体育锻炼

(1) 健身运动，一般把握在每周体育锻炼不少于三次，每次不少于半小时。

(2) 根据个人实际情况把握适宜的运动量。

(3) 重视运动环境卫生：尽力选择在空气新鲜、视野开阔、不喧闹的环境里锻炼。

(4) 重视医务监督：定期做体质健康测试。

(5) 要科学合理地利用自然因素（日光、空气和水）锻炼身体。

3. 合理饮食

(1) 保持营养平衡。不偏食、不挑食、不贪食；养成吃杂粮的好习惯；早餐吃好，午餐营养搭配好，晚餐要少。

(2) 强调饮食卫生。养成饮水习惯，清晨喝水以利冲洗肠胃；饭前适量饮水以提高食欲，平时多喝水。

(3) 饮食清淡。低脂、少盐、少糖，多吃些鱼类、新鲜蔬果、豆类制品和粗粮。

(4) 切忌暴饮暴食。倡导细嚼慢咽，克服不良嗜好。

(5) 禁烟控酒，远离毒品。

4. 保持乐观情绪

(1) 善于精神调节。重视七情（喜、怒、忧、思、悲、恐、惊）的调控。

(2) 保持平和心态。安然、宽厚、自信。

(3) 不刻意追求名利和地位。

(4) 不冲动，不妄自尊大，不妄自菲薄。

(5) 善于交友、交谈，善待他人，保持和谐的人际关系，创造和谐愉快的氛围。

(6) 要多动脑，更要注意用脑卫生。

二、大学生健康教育

(一) 健康教育的概念

健康教育是通过有计划、有组织、有系统的社会和教育活动，帮助人们掌握卫生保健知识、树立健康观念，促使人们自愿地改变不良的健康行为和影响健康行为的相关因素，消除或减轻影响健康的危险因素，预防疾病，促进健康和提高生活质量。其目的和重点是通过教育使人们形成有益于健康的行为和生活方式，即通过多种活动从多个侧面影响个体与群体，包括提供人们行为改变所必须的卫生保健知识和技能，以及相应的卫生服务，营造有利于健康的社会氛围，达到有利于健康行为的目的。

(二) 大学生健康教育的任务

在高校开展健康教育，主要有以下任务：

1. 树立现代健康意识

现代社会、科技、文化都在迅速发展，人们在享受科技、文明带来的高质量生活，同时各种不良因素，有形或潜在地影响自己的健康。大学生健康教育就是要使学生强烈地意识到健康不仅是躯体上未显示病症，而且也是力求减少各种健康危害因素的作用，满足时代发展对大学生身体健康提出的要求。众所周知，未来的竞争，最重要的是人才竞争，而人才的重要基础是健康，没有健康的身体，就难以实现真正意义上的竞争，因此帮助大学生树立现代健康意识就显得尤为必要。

2. 提高自我保健能力

当前大学生卫生知识水平，与其学历常不相称。如近几年报道，学生在集体进餐、集体接受预防接种或集体预防服药时引发多起癔症"流行"，往往首发者多为不良反应所致，而随后发生的"病例"大部为癔症，这是由于知识水平低，对于服药、预防接种等基本知识不了解，判断能力低，情绪自制力差，以致使环境心理因素成为发生癔症的重要原因。如能正确分析自身的症状体征与客观环境的关系，就可避免发生。

3. 改变大学生不良行为，形成健康的生活方式

生活方式是个人和社会行为的模式，它虽然受到自然环境和社会环境的影响，以及经济物质条件的制约，但常常又可以由个人自由选择。社会经济越发展，物质越丰富，生活方式对人健康的影响就越明显。就目前来说，当传染病得到控制后，非传染性疾病如心血管病、癌症、脑血管病等发病率上升，成为前三位的死因。形成这种状况的主要原因是不健康的行为和生活方式，最为突出的是吸烟、酗酒、膳食结构不合理、缺乏运动和心理应激能力的下降。健康教育通过知识的传播，帮助大学生辨析哪些是健康的生活方式，进而形成有利于健康的正确价值取向。

4. 增强维护健康的责任感

不良的行为和生活方式以及患病、致残等，既对个体造成伤害，也给家庭、社会和学校带来不良的影响。众所周知，当人患病后，需要医药治疗费用，使许多国家医疗费快速上升。伤残及病后康复还继续消耗大量的社会服务资源，成为制约经济发展的难题。而对于每一个病人来说，患病不仅给自己带来损害和社会资源消耗的增加，同时还需家庭的照顾。每个人都应增强维护健康的责任感，减少公共卫生资源不合理的消耗。

（三）大学生健康教育的组织

1. 健康教育的组织原则

组织与管理是关系到健康教育工作成效大小，甚至成败的重要环节。在高校，组织健康教育应遵循以下原则：同步性原则、差异性原则和社会性原则。

2. 健康教育的组织形式

在大学生健康教育中，常用的组织形式包括以下几种：健康咨询、小组活动、个别劝导和讲座。

第三节 体育对大学生健康的促进作用

一、体育锻炼对人体生理健康的促进作用

体育锻炼使人在休闲娱乐的游戏中，达到强身健体的运动目的。参加体育运动，首先对人体的结构和功能有着重要的影响作用，同时，身体素质也会得到锻炼与提高。

（一）体育运动对心肺功能的影响

心肺功能对于人的生命活动能力至关重要，个体通过经常参加体育运动，可以有效地改善心肺功能，促进身体健康。心脏作为全身血液循环的动力装置，其生理功能类似"泵"的作用，是人体的发动机。心脏由心肌构成，所以，心肌的特性直接决定了心脏的生理学

特征。

例如，长距离运动项目需要在长时间内消耗大量的能量。心脏为了适应这种长时间、高强度的供能需要，心肌代谢加强，收缩压升高，耗氧量增加，从而刺激心肌血流量增加，使心肌张力增强，收缩有力。经过长期练习，心脏经常承受后负荷刺激，会出现心肌纤维增粗的适应性变化，使室壁增厚，从而使心脏逐渐肥大，搏动有力。体育运动中的短跑项目强度较大、需要参与者肌肉爆发力强、动作速度快的特点可快速调动参与者的肌肉纤维，使之在较短时间内消耗大量的氧气，并排出二氧化碳，气体交换活跃，从而使呼吸系统机能增强。通过肺泡数量的增加，肺通气量增加，呼吸肌力量增强。

（二）体育运动对呼吸系统的影响

通过运动，能有效地提高呼吸系统的功能，使呼吸肌增强，肺活量增大，呼吸机能得到改善。人体在安静状态下需要的氧气大约为 0.25～0.3 升/分，只需 1/20 肺小泡张开就够了。可是经常参加体育锻炼呼吸机能就大不相同了，由于锻炼身体就要大量的耗氧，排出大量的二氧化碳，加强新陈代谢过程，使呼吸运动加快，促使呼吸系统加强工作，并从中得到锻炼。久而久之，呼吸肌就会变得强健有力，胸廓的活动范围扩大，因而肺活量增大，提高了肺储备能力和适应能力，呼吸系统的功能当然增强。

（三）体育运动对运动系统的影响

体育运动可以有效地改善身体运动系统的功能。人体运动系统包括骨骼、肌肉和关节三个部分。骨骼是组成人体的支架，也是人体内最坚实而又具有一定弹性和韧性的部分。由于经常地运动，骨的结构及性能发生了变化，表现在骨密质增厚，使骨变粗；骨小梁的排列由于受到肌肉的牵拉和外力的作用，排列更加规则，加强了骨的坚固性；经常性地运动，韧带在骨骼上的附着部位如结节等，变得更粗糙明显，有利于肌肉、韧带更牢固地附着在上面，提高了骨的抗弯、抗断和耐压的性能。由于运动使肌肉代谢加强，毛细血管开放数量增多，血液供应增多，蛋白质等营养物质的吸收与储存能力增强，肌纤维增粗，肌肉体积增大，骨骼肌横断面增大，因而肌肉也就变得更加粗壮、结实、发达而有力。另外，由于肌肉结构的变化，酶的活性加强，以及神经调节的改造，促使机能提高。表现为肌肉收缩力量大、速度快、弹性好、耐力强。由于经常运动，肌肉中储存氧气的肌红蛋白增多，储存的营养物质、肌糖原也增加，肌肉内毛细血管的数量也大大增加，因而肌肉内有更多的物质储备。

（四）体育运动对神经系统的影响

神经系统的功能就是使功能不同的器官协调起来，成为一个统一的整体，以适应身体内部和外界环境的变化。一般的体育休闲运动以其闲适、轻松的特征，既使得个体紧张的神经得以放松，又在愉悦的活动中，使神经系统的功能得到改善，使其反映灵活迅速、准确协调。只有经常参加体育锻炼，才能保证大脑的健康，提高工作效率。体育运动是积极性休息，在一定的条件下，它对于消除脑细胞的疲劳更为有效。另外，由于体育运动加快了血液循环，脑神经细胞能获得更多的供血，从而得到更多的营养和氧气，并使代谢产物迅速排除，有利于消除疲劳，改善机体的功能。

二、体育锻炼对人体心理健康的促进作用

体育运动不仅对人体生理方面有着重要的作用，而且对人的心理精神也有很大的影响。一个人的精神面貌往往是由人的个性决定的，同时受到社会生活的影响。运动是引导个性发展的有效手段。具体而言，体育运动对人体心理健康的促进作用主要表现在以下几个方面：

（一）调节情绪和消除疲劳

随着科技的发展，人们生活节奏的加快，疲劳已成为一种社会文明病。一个人若长期处于疲劳状态会损坏自己的健康，得不到控制的疲劳会逐渐影响和破坏机体各组织器官及神经的正常状态，导致功能紊乱，直至积劳成疾。而消除疲劳，最有效的方法就是适当休息。休息有两种：一种是安静的休息，一种是活动性的休息。运动就是一种活动性休息，适当的运动可以促进全身血液循环，给疲劳的大脑输送更多氧气和养料，有利于驱除脑力疲劳和提高思维效率。同样，重体力劳动后进行轻微的运动，比安静休息时更能较快地消除肌肉中积聚的乳酸等代谢产物，从而加速体力恢复的过程。

（二）提高应激和促进智力

应激是由外界情况的变化所引起的一种情绪状态。现代人由于生活紧张、竞争加剧、压力加大、人际关系复杂，普遍处于应激状态。过度的应激常引起身体不适，还会导致人的免疫功能下降，诱发各种疾病。坚持进行户外体育运动可以提高运动者的心理应激水平，使人在遇到外界的突发情况时，能迅速作出反应，采取果断措施，以健康的心态从容应对。

正常的智力是正确感知和认识世界的前提，是心理健康的基础。经常参加体育锻炼，不仅使锻炼者的注意力、记忆力、想象力、反应能力、思维能力等得以改善和提高，还可以令其情绪稳定、性格开朗。而这些非智力因素对人的智力具有促进作用。

（三）提升自信和实现自我超越

自信心是个体获得成功的保证。进行体育运动和竞赛时，参与者在身体完成各种复杂动作的过程中、在与队友的默契配合中、在与对手的竞争拼搏中、在取得胜利的喜悦中、在失利挫折的反思中，能不断增强自信心。一次次的经验，潜移默化地影响着参与者的思维方法和行为模式，使他们不断地得到自我完善。

此外，体育运动过程是不断面对挫折和克服困难的过程，在这个过程中，人们将反复体验挫折和困难，从而提高抗挫折能力和情绪能力，培养勇敢顽强的意志品质，在不断超越昨天、超越自我的过程中，体验到进步和成功的喜悦，从形成客观评价自我的习惯和能力，增强自尊和自信，形成积极向上、乐观的人生态度。

三、体育锻炼对大学生社会适应能力的促进作用

（一）体育运动与人格塑造

人格是指个人在适应环境的过程中所表现出来的系统的独特的反应方式，它由个人在其遗传、学习和环境等因素交互作用下形成。体育运动对大学生人格塑造的作用表现在以下几个方面：

1. 体育活动对人生观、价值观的影响

人生观、价值观是看待、了解自然社会和社会现象的基本观点，是个体进行行为调节和控制的参照系。通过各种体育活动，如在体育比赛过程中，学生要辩证思考、公正观察，分析问题遵从事物的客观规律，运用自己的智慧、技巧找出解决问题的方法，凭借自己的实力和人格理念、体育精神战胜活动中遇到的困难，取得最好的成绩。因此，体育锻炼能积极引导学生树立科学的世界观、人生观、价值观，激发他们的学习兴趣，找准人生的目标，端正人生的航向，去追求不同的目标和理想。

2. 体育活动对学生凝聚力的培养及对学生正确行为习惯的养成的影响

体育锻炼能使学生由于共同的价值取向和群体意识而凝聚在一起，在集体性体育项目上

表现得更加突出，如足球、篮球等项目活动中，学生为了集体利益、集体荣誉而紧密团结在一起。体育活动是在严格的规则约束下进行的活动，体育具有严格的规则与行为规范，学生在体育活动中遵守规则，遵守纪律，辨别是非，尊重事实。对的、好的就支持，错的、坏的就批评摒弃。

3. 体育活动对学生意志力的培养

体育活动可通过培养学生情感、意志、毅力、信念来达到育人的作用。在体育活动中，通过正确、规范、优美的技术动作，激发学生的学习兴趣和活动的欲望，增加他们对活动的决心，培养他们的吃苦耐劳、不怕困难、不怕失败的意志品质和顽强的毅力。

4. 体育活动对学生获得成就感的激励作用

体育锻炼能给学生精神上带来愉快感受。学生通过努力学习和拼搏，一旦完成了自己预先设定的锻炼目标，或取得锻炼效果，他们就会获得成就感、自豪感。这种成就感会使他在学习、工作、生活中充满信心，取得成就。

5. 体育活动对促进学生个性发展的影响

在体育活动中，无论是个人项目自己练习，还是集体项目大家一起练习，都必须学会尊重别人，也要尊重自己，建立正确的道德观，养成良好的个人行为和道德风尚。体育活动在培养学生自尊、自爱、自强不息，积极参与的过程中，要遵循青少年身心发展的客观规律，从学生主体出发，充分发挥学生个人的体育特长，重视学生的主动参与，挖掘学生个体潜能，发展学生个性品质，强调学生的民主合作，从而促进学生个性的最优发展。

（二）体育运动与适应能力的培养

1. 体育活动可以增进交流

体育交流是人们日常生活中一种重要的交往手段，也是人们参与社会的一种最简单有效的方式。人们在体育活动中不仅可以锻炼身心，而且可以发展人际关系。由于体育参与简单易行，又具有经常性，所以体育参与常被视作一种衡量社会参与程度的标志。通过体育活动的参与，不仅可以改变自身的精神状态，还可以用自己的努力感染别人，赢得别人的尊重。再次，体育活动都有着严格的规则与比赛制度，体育的这种特质贯穿于锻炼与比赛活动中，成为每个参与者所信守的原则，它完善了人们的言行和人格，改善了家庭成员的关系，使家庭更加融洽，形成了相互尊重和友好相处的人际关系。

2. 体育活动可以提高人际关系

一个人的沟通能力及其与他人关系的状况，是其生活品质最主要的方面。个人生活的丰富、事业的成功，与别人稳定情感关系的建立和维持，都离不开沟通。影响人际关系改善的主要因素有沟通能力、对身体语言的理解和使用能力、自我意识水平和移情能力等。而体育锻炼对影响人际关系改善的主要因素具有直接作用，所以，应当重视采用体育锻炼方式，以培养和增强人际交往能力。首先，经常参与体育锻炼，对提高人的沟通能力，形成良好的人际关系，会产生积极的影响。其次，体育锻炼可以改善自我意识水平，提高社交技能。再次，体育锻炼可以增强对身体语言的理解和使用能力。身体语言是人际沟通的有效方式之一，是社交过程中必须具备的能力。体育对提高人的身体语言表达能力是无与伦比的。

3. 体育运动可以形成社会需要的个性

体育锻炼可以形成社会需要的个性并胜任相应的社会角色，是体育的重要功能之一。首先，体育活动对人的个性形成具有调整功能。体育锻炼需要有体力、智力、情感和行为的参与，同时还要求人们有较高的体能和技能。因此，在每次体育锻炼时要求人们必须接近和突

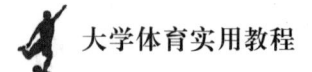

破自己的极限。其次，体育锻炼还对人的个性形成具有约束作用。再次，体育锻炼可以增强人们的情感体验。体育活动丰富着人类的情感要素，激励着参与者以高度的责任感，来达到与同伴合作的目的。最后，体育锻炼可以使人形成积极向上的个性。在日复一日、年复一年的艰苦磨练中，提高自己的技能和战术水平。这种顽强、拼搏、进取的精神，对个性的形成与发展具有重要的意义。

4. 体育活动可以促进协作意识的形成

协作意识是体育竞赛的精髓所在，它是体育意识的基本内容之一。协作即协同配合、齐心协力。协作可以凝聚集体的力量。而这个集体的形成和保持，则取决于每一个成员是否具有强烈的协作意识和群体精神。一些体育活动具有集体性的特点，这为培养参与者的协作意识、群体精神提供了有利条件。

5. 体育活动可以培养竞争意识和竞争手段

当今社会，各行各业的竞争日趋激烈。面对如此激烈的竞争环境，大学生为了求生存、求发展，必须培养自己的竞争意识，具备应有的竞争手段。而体育活动正是可以培养人们适应社会需要的竞争意识和竞争手段的一种活动。首先，在体育比赛中，所有参与者都要经过严格的训练，不断提高自己的身体技能、心理素质和战术意识，并具备把握机遇的能力，才能取得比赛的胜利。其次，任何体育竞争，不论是游戏还是比赛，都要在严格的规则和比赛制度约束下进行，所以，体育竞赛讲规则，而不徇私情，它不承认除个人身体、心理以外的任何不平等性。从这个意义上讲，体育竞赛教育每一位参与者必须养成公平竞争的意识，并以公平的竞争方式应对人生旅途中一次又一次的竞争。再次，体育竞赛可以培养个体的挫折承受能力。所以，对于大学生来说，要积极参与体育活动，不断提高自身应对失败的能力。

6. 体育活动是培养人们胜任社会角色的有效途径

在社会结构中，需要有各司其职的多种特定权利、义务和行为规范的人员组成。每一个社会角色，都代表着有关的行为期望与规范。在体育活动中，能为人们学习社会角色提供优越的环境与适宜的条件，可为人们提供尝试社会角色的各种机会。在体育运动中，个体由在体育活动而结成的社会关系中所处的不同地位，形成了各种角色。通过体育角色的学习，可以使练习者懂得社会角色是与人们的某种社会地位、身份相一致的一整套权利、义务的规范与行为模式，也可使练习者体会到经过个人努力是可以成功扮演各种社会角色的，从而体验到人的主观努力是改变社会地位的重要途径。

第二章　体育锻炼

第一节　科学锻炼的理论基础

一、运动健身的生物学原理

体育锻炼活动是以身体练习为基本手段，以发展身体，增强体质，丰富个人生活为目的。因此，在内容的选择、方法的运用上要遵循体育运动及人体生理活动规律。人类的劳动是为了改善人与自然的关系，而体育锻炼活动则是改善自身的自然属性和社会属性。

（一）生物进化论基础理论

生物进化是一个普遍的过程。关于进化论的理论，主要是指自然选择和用进废退两种进化动力机制的阐述。体育锻炼活动与人类进化的关系在这两种理论中均可得到合理的解释。体育锻炼从总体上适应自然选择规律，在局部上遵循着用进废退的规律。对人类总体而言，体育锻炼提供了一种自然选择的方式。它为人类身体的发展进化提供了外部条件，使人类能逐代健康地繁衍下去；对于每个发育过程中的个体而言，体育锻炼是一个用进废退的过程。

（二）生长发育规律

个体的生长发育过程主要受到遗传过程的控制，包括形态结构、生理机能、运动能力、心理特点直至寿命等各方面都要受到遗传的影响。这种影响是靠遗传程序来制约的。它为个体的生长发育确定了大致的方向和水平。但这种程序不是一成不变的，后天环境可以使这种程序发生一定程度的改变，体育锻炼就是调节这种程序的基本手段。人体的生长发育发展过程具有阶段性的特点，在不同的阶段进行不同的健身锻炼，对人的整个生命过程有着举足轻重的影响。生长发育规律对指导身体锻炼具有重要的意义。它不仅指明了不同年龄的个体从事身体锻炼的必要性，而且也说明了身体锻炼必须科学、全面、因人而异，在不同时期要有不同的侧重点。

（三）生理生化机制

生理生化过程是个体生命与外界进行物质、能量和信息3个方面交换的基本形式。它是保证生命存在的生物过程。人体生理生化过程中的新陈代谢，既取决于先天遗传素质，也受后天环境的影响。人是一个有机的活体，维持人体的生命活动需要一定的能量。人作为有机体，要对周围环境作出应答，同时做出各种反应动作。同时，人作为社会的人，也要完成各种各样的有目的的行为，这就需要消耗大量能量，这些能量的摄取也是人体在进行物质代谢中实现的。体育锻炼的基本功效在于它是一个消耗体力的过程（即促进体内物质的分解和能量的消耗），由此引起异化作用的加强，它破坏了人体内原有的同化与异化的平衡，导致了体质水平的暂时减弱。然而身体锻炼造成人体的这种消耗并不是到此为止，而是对机体产生一种新的刺激，促使体内同化作用的加强（即同化作用适应异化作用的加强而加强），导致体内组织细胞内物质的补充、增加和积累。其最终结果，是促使人的体质和健康水平的提高。

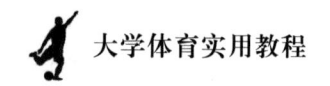

（四）超量恢复原理

根据运动生理学原理，人体在运动中所消耗的能量物质，在运动后不仅可以恢复到原有水平，而且可以超过原有水平。与此相应的，人体各器官和系统的机能也可以超过原有水平，这就是超量恢复。根据这一原理，健身过程可分为三个阶段，即运动时各器官系统工作能力下降阶段、运动后工作能力复原阶段、工作能力超量恢复阶段。人体健身运动就是这样沿着"消耗—恢复—超量恢复"这一过程不断循环往复，从而达到增强体质的效果的。

因此，为了达到健身的效果，机体在运动中必须承受一定的负荷，造成一定的疲劳，才能达到健身目的。而且，运动后必须有合理的恢复与休息，这是出现超量恢复的前提条件。

二、运动健身的生理学基础

（一）肌肉工作

人体的运动是由运动系统实现的。运动系统由骨骼、肌肉以及关节等构成。组成人体肌肉的基本单位是肌纤维，许多肌纤维排列成肌束，表面有肌束膜包绕，许多肌束聚集在一起构成一块肌肉。肌肉的化学组成中大约 3/4 是水，1/4 是固体物质（包括蛋白质、能量物质、酶等），同时肌肉中有着丰富的毛细血管网及神经纤维，保证肌肉的氧气和养料供应及神经协调。

1. 肌肉的成分

人体肌肉由多种组织构成，其中肌组织和结缔组织分别构成肌肉的收缩成分和弹性成分。肌组织是肌肉的收缩成分，通过肌纤维的主动收缩和放松，实现各种运动；结缔组织是肌肉中的弹性成分，它与肌肉中的收缩成分并联或串联着，称并联（或平行）弹性成分或串联弹性成分。当收缩成分缩短时，弹性成分被拉长，并将前者释放的能量部分吸收、储存起来，然后再以弹性反作用力的形式发挥出来，以促使肌肉产生更强大的力量和更快的运动速度。

2. 肌肉收缩的形式

人体的各种动作都是由肌肉的收缩和舒张来实现的。根据肌肉在完成各种动作时的长度变化，可将肌肉的收缩分为多种形式。

（1）等长收缩

当肌肉收缩产生的张力等于外力时，肌肉虽积极地收缩，产生很大的张力，但肌肉总长度并不改变即等长收缩。在人体运动中，等长收缩起着支持、固定和保持某一姿势的作用，如站立、支撑、平衡等。

（2）向心收缩

向心收缩是肌肉长度发生缩短的收缩形式，在力量练习中是最普通的一种，如利用哑铃、沙袋、杠铃、拉力器等器材锻炼肌肉均属此类。目前已有多种运动练习器，锻炼力量的效果比一般向心练习方法要好。

（3）超等长收缩

超等长收缩是肌肉先进行离心收缩后，紧接着进行向心收缩的形式。例如，跳起落地紧接着再向上跳，此时股四头肌先在落地时离心收缩（被拉长），紧接着又立刻做向心收缩向上跳起。这种练习方法对肌肉锻炼价值较大，又称离心向心收缩或弹性离心练习。

3. 肌肉收缩的力量和速度

（1）肌肉收缩的力量

身体的运动是内力和外力相互作用的结果。一块肌肉中肌纤维的数量与其力量呈正比，体育锻炼可使肌纤维增粗，能量储备增加，所以肌力也随之加大。绝对肌肉的大小，还取决于肌肉的生理横断面。肌肉的生理横断面为该肌肉内所有肌纤维横断面的总和。支配肌肉运动的神经元同时兴奋的数目愈多，兴奋愈强，参与工作的运动单位愈多，肌肉所产生的力量也愈大。

（2）肌肉收缩的速度

身体某部分运动速度的大小，在很大程度上决定于这部分肌肉收缩的速度。中枢神经系统可以根据需要改变神经冲动的频率，调节参与工作的运动单位数量，从而控制肌肉力量的大小和收缩速度。肌肉收缩的速度还决定于肌肉收缩时发挥的力量和阻力的大小，发挥的力量愈大，外部阻力愈小，则其收缩的速度愈快。

（二）运动时的氧供应

从运动生理学角度看，人体的供氧能力，即人体摄取、运输和利用氧的能力，是决定以有氧代谢供能为主的耐力运动能力的基础，也是决定人体体能水平的基础。

人体的运动需要消耗能量。能量的来源实际上是来自体内能源物质的氧化分解。运动愈剧烈，能源物质分解愈多，消耗的氧也愈大。人体在运动时每分钟所需的氧量，称为每分钟需氧量。在运动过程中所测得的需氧量，实际上包含着维持人体处于安静状态时所需要的那部分氧量在内。所以，总需氧量＝运动期的吸氧量＋恢复期的吸氧量－安静时的吸氧量。

当人体在运动中呼吸和循环系统发挥出最大机能水平时，每分钟所能摄取的最大氧量，称为最大吸氧量（氧极限）。最大吸氧能力的高低，主要取决于心脏泵血功能即心脏输出量的大小和肌细胞的摄氧能力，通常可用下列公式表示：

$$吸氧量＝搏出量×心率×动静脉氧差$$

经常参加体育锻炼，特别是耐力性质的锻炼可使心脏的贮备能力以及肌细胞利用氧的能力提高，最大吸氧量也增加。

（三）运动时的能量供应

1. 能量代谢

机体在物质代谢过程中伴随着能量释放、储存、转移和利用的过程，称为能量代谢。机体的一切活动均需消耗能量。体内的糖、脂肪、蛋白质通过生物氧化而释放能量，所释放的总能量大部分以热的形式释放于体外。运动中运动强度越大，运动时间越长，能量消耗就越多，所需要的营养物质也就越多。

在运动中所需要的 ATP 分别由三种不同的能源系统供给。

（1）磷酸原系统（三磷酸腺苷-磷酸肌酸，简称 ATP-CP）

磷酸原系统是由细胞内的 ATP 和 CP 这两种高能磷化物构成。它的特点是供能绝对值不大，持续时间很短，但是它供能快速。ATP 是细胞唯一能直接利用的能源，其能量输出的功率也最高。在体育运动中短跑（40～60米）、跳投、旋转、冲刺等爆发性的动作，主要依靠 ATP-CP 的贮备供能。

（2）乳酸能系统（也叫无氧糖酵解系统）

它是在机体处于缺氧的情况下的主要能量来源。乳酸能系统对人体进行能量供应，它的作用与磷酸原系统一样，能在暂时缺氧的情况下迅速供能。如田径运动中的 400 米、800 米跑主要靠乳酸能系统来供能。

（3）有氧氧化系统

在氧供应充分的条件下，糖完全分解生成二氧化碳和水，所产生的能量可以合成大量的

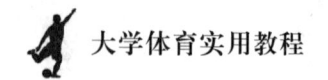

ATP；此外，脂肪和蛋白质的氧化也可以为合成 ATP 提供能量。

如田径运动中的长跑项目、马拉松等主要靠有氧氧化供能。作为一般的健身跑，如 10～15 分钟或半小时慢跑也是靠有氧氧化系统供能。

2. 运动时的能量供应

肌肉收缩时能量的直接来源是三磷酸腺苷（ATP）的分解，最终来源是糖和脂肪的氧化分解。肌肉活动时，肌肉中的三磷酸腺苷在酸的催化下，首先迅速分解为二磷酸腺苷（ADP）和无机磷酸，同时放出能量（每分子 ATP 分解为 ADP 时，可释放 50.24 千焦的热能），这些能量便是肌肉收缩唯一的直接能量。根据当时机体氧供应的情况，糖的氧化分解可有两种方式：第一种方式为当氧供应充足时，来自糖（或脂肪）的有氧氧化；第二种方式当氧供应不足时，即来自糖的无氧酵解时会形成乳酸。乳酸最后在氧供应充足时，一部分又继续氧化产生能量，使其余部分再合成为肝糖原。所以，严格说来，肌肉收缩能量的最终来源是物质（糖、脂肪）的有氧氧化。为了保证运动时的能量供应，人体必须通过调节膳食来保证身体运动时的营养供应。

三、运动健身的美学原理

（一）人体美的基本含义

1. 健康美

体育健身对人体最本质的影响就是健康。人体只有健康，才会有活力，才使人感觉美。健康是内在的本质的美，是外形美的基础。然而，纯粹生理意义的健康还不等于美，对于人体的美，还具有在美学的意义。

2. 自然美

所谓重视人体的自然美，就是按照不同年龄、不同性别、不同职业特征所特具的不同生理和心理特点，让人体的美显露出来。修饰美是自然美的一种必不可少的补充。比如，通过服饰、化装、美容、饰缀、整形等多种途径，可以起到丰富色泽、滋润光亮、遮掩生理缺陷、改变由于年龄对外观的不利影响。但是，服装的设计不应妨碍肢体的运动和健康的要求，饰缀、化装、整容应以身体的健康为前提，过分地强调修饰美，容易造成矫揉造作而影响人体的自然美。

3. 体型美

体型指的是人的整体形态结构方面的指数以及各部分的比例和位置关系。体型美是一种自然美和艺术美的结晶。人的体型大致可分三种类型，即肥胖型、瘦长型和运动员型。运动员的体型是中等以上的身材，肌肉骨骼隆起，颈长而粗，肩宽，胸部发育良好，下腹扁平，腰部较细，四肢粗大，肤色良好，全身发育匀称。由于运动员体型与人们心目中的理想体型相一致，因而成为人们争相效仿的目标。人的体型美一般应该满足如下要求：均衡、对称、对比、曲线。

4. 动作美

动作美是指完成某个生活、劳动和体育动作时所表现的一种美。人们完成动作时谐调、准确、舒展大方、轻捷矫健，给人以美的感觉。美的动作是自然而大方，绝不是装腔作势；是敏捷而庄重，而不是呆板或轻浮。人的姿态动作的美，除与人的自然生理条件有关外，精神因素亦起着重要的作用。

5. 风度美

人的形体在空间运动时会构成多种姿态，这些姿态的综合表现就是风度。风度美具有更强的内在精神因素，它反映出一个人的文化修养和受教育的程度，也是一个人内心世界的外露。

(二) 体育健身的美学原理

（1）人的体型可以通过改善营养构成、形体训练和力量、耐力的锻炼而发生变化。这是因为人的运动器官具有不同程度的可塑性。经过长时间的机械锻炼，运动器官可以发生一定程度的形变，特别是肌肉，哪怕到了老年仍可发生组织内部以至外部形状的变化，从而影响到人的体型。

（2）人体姿态动作行为的可教育性。人体的姿态、动作、行为大多是后天习得的。正确的姿态、动作可以通过劳动、生活行为、体育运动、舞蹈娱乐等学得，而不正确的姿态、动作，也是在日常的学习、生活、劳动中有意无意养成的。有意识地采用正确的行为方式，进行有针对性的形体锻炼，有助于纠正青少年中不恰当和不美观的姿势、动作和行为，从而形成良好的人体美。

（3）人体色泽的可变性。人体皮肤、毛发、指甲、瞳孔的色泽等均有一定的可变性，这是生物进化过程遗留下来的一种保护性反映。改善食物营养，参加体育活动，经常接受阳光照射，使用营养性护肤用品，都可以改变其光泽和色彩，得到健康的肤色和光润的毛发等。

四、大学生运动锻炼的影响因素

(一) 体力基础因素

人们只有具备一定的体力基础以后，才可能参加体育运动。人的体力基础主要包括：走、跑、跳的基本能力，力量、耐力等基本素质和时空感知能力等。参加田径健身活动对体力也有着一定的要求，而且可以根据自身的体力特点进行运动符合的调整。体育健身负荷只有与锻炼者的体力相适应，才有积极效果。

(二) 心理因素

心理因素对锻炼积极性有着重要的影响作用。在运动锻炼时，情绪高涨则锻炼积极性高，运动感觉良好，动作轻松协调，负荷总量容易加大；反之，心理状态不佳，情绪不佳，则使人倦怠，不想参与运动。同时，精神适度紧张对发挥机体能力有一定的好处。但当劳动过度、精神过于紧张时，情绪也会受到影响，此时负荷安排不宜过大。

(三) 体育素养因素

体育素养指的是在人生经历中所受到的体育教育程度与水平，它包括体育知识、技能的掌握程度、身体素质水平等。一个人的体育素养一旦形成，其对运动项目的选择性，对健身运动的倾向性以及对人的运动行为等均会有所影响，从而影响到体育健身的过程。

(四) 作息制度因素

一般人们从事健身运动，都在余暇进行，余暇的多少，对体育锻炼有着直接的影响作用。时间充裕的锻炼者，锻炼形式较为自由，并且有足够的锻炼时间和休整相间；时间较紧的锻炼者，多采用集约化安排方式，注重提高单位时间的锻炼效益。如果缺乏整块余暇的人，也可以分散安排，积零成整，亦有效果。

(五) 饮食营养因素

在运动锻炼的过程中，饮食营养的基本原则是保持机体同化与异化的平衡。当营养不足

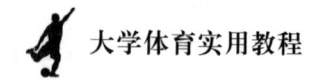

或空腹运动时，则负荷安排宜小，以降低因血糖低而引起的不适；当营养过剩时，要适当加大负荷，特别要注意延长运动时间，促进脂肪的消耗，还应注意饮食平衡和饮食卫生。

（六）劳动负担因素

体育活动和劳动是人体能量消耗的主要方式，所以，劳动量和劳动强度的大小，直接影响到健身活动的安排。当劳动强度过大时，运动更多地带有调整和放松的性质；而当劳动强度小时，运动多带有锻炼因素，就应适当加大锻炼强度和运动量。同时，劳动性质和部位对运动锻炼过程的影响也很大，健身锻炼时劳动肢体要注意放松，非劳动肢体要加强锻炼，脑力劳动者在锻炼过程中，需进行全身性的锻炼，以加强肢体的活动性。

第二节 体育锻炼的原则与方法

一、体育锻炼的原则与规律

（一）体育锻炼的指导原则

1. 自觉性原则

自觉性原则，是指体育锻炼参加者在充分理解体育锻炼目的、意义的基础上，自愿、主动、积极地进行健身活动。健身锻炼是一种自愿行为，目的明确和主动积极是参加并坚持身体锻炼的首要条件。

2. 全面性原则

全面性原则是指身体锻炼过程中，运用多种内容、方法和手段，统筹兼顾，使身体各部位、各器官系统的机能，各种身体素质和活动能力以及心理品质都得到全面均衡的发展。人体是由局部构成的一个整体，各局部协调健康地发展，人体才能成为一个健康发展的整体。人们对体育锻炼的崇尚与其对身体全面发展的追求是紧密相连的，全面性原则正确表达了锻炼者的终极目标。

3. 合理安排运动负荷原则

合理安排运动负荷原则是指在身体锻炼中，恰当合理地安排运动负荷，使之既能满足锻炼者增强体质的需要，又符合身体的实际接受能力。合理安排运动负荷原则是身体锻炼的一个极为重要的原则，这是因为所有的身体练习活动，都在于使机体承受一定的负荷，造成一定的内外刺激，从而引起相应的反应，获得增强体质的实效。运动负荷安排是否合理，直接影响锻炼效果。负荷过小，达不到强身壮体的作用；负荷过大，不但不能增强体质，反而会损害身体。

4. 循序渐进原则

循序渐进原则是指锻炼者要按照事先制订的锻炼计划，经常地、持之以恒地从事身体锻炼，锻炼的内容、形式要由简到繁、由易到难，运动负荷要由小到大。在健身活动中，锻炼者要充分认识到体育锻炼效果不可能在短时间内立见成效，只有坚持下去，才能取得理想的效果。

5. 个人化原则

体育锻炼时，要根据每个锻炼者的年龄、性别、爱好、身体条件、职业特点、锻炼基础等不同情况做到区别对待，使体育锻炼更具有针对性。大学生可进行对抗性强、运动较剧烈的球类运动、爬山比赛等，以增加体育锻炼的兴趣。男同学可进行一些体现阳刚之气的举重等体育锻炼，女同学可练习健美操、健美舞等柔韧性运动项目。

6. 持续性原则

经常参加体育活动，锻炼的效果才明显、持久，所以体育锻炼要经常化。虽然短时间的锻炼也能对身体机能产生一定的影响，但一旦停止体育锻炼后，这种良好的影响作用会很快消失。一次性体育活动可以提高人体的免疫机能，增强人体的抗疾病能力，但这种作用在体育锻炼后的第二天或第三天就消失了。所以要想保持身体旺盛的体力和精力，就必须坚持参加体育锻炼。

7. 专门性原则

专门性原则是指锻炼者在锻炼时要针对身体的某一部位或某一机能进行反复的练习。一般而言，我们进行运动健身的最初目的，就是锻炼身体某一部分或改善某一机能，而在实际锻炼的发展过程中，则会逐渐成为身体锻炼的全面发展。

8. 安全性原则

从事任何形式的体育锻炼都要注意安全，如果体育锻炼安排得不合理，违背科学规律，就可能出现伤害事故。安全性原则要求在体育锻炼的过程中始终要注意保护自己，做到"安全第一"。

（二）体育锻炼应遵循的规律

运动健身要遵循一定的规律。运动健身过程中的规律，主要包括负荷量与强度互变原理、运动负荷阈值理论和身心互制原理。

1. 负荷量与强度互变原理

运动负荷指的是人在体育锻炼时机体所承受的生理负担，决定其大小的主要因素是运动量和运动强度。通常情况下，我们可以把运动负荷分成三种类型：

（1）量小而强度大的负荷，从生理学角度来看，它接近于无氧负荷。此种负荷，即负荷愈是趋向量小而强度大，对机体的影响愈是深刻，后作用愈不稳定；

（2）量大而强度小的负荷，即接近于有氧负荷。此种负荷，即负荷愈是趋向量大而强度小，对机体的影响愈是稳定，这种负荷由于对机体要求不高，又能获得稳定的增强体质的效果，因而是一般健身锻炼者首选的运动负荷方案；

（3）量和强度均为中等的负荷，是介于无氧和有氧之间的混合性负荷。此种负荷，可以把有氧锻炼和无氧锻炼有机地结合起来，也是可供健身锻炼者选择的方案。

2. 运动负荷阈值理论

运动负荷阈值理论，是在机体获得充分氧气供应情况下进行锻炼的理论。这种理论认为，对人体的健身活动有着良好作用的负荷强度，应该保持在一定的范围内。这种适宜的健身强度范围，就是运动负荷的阈值。制订价值阈标准的依据是心搏量（每搏输出量）的极限值。研究认为，当心率处于120次/分以下时，心脏功能未得到充分发挥，健身效果较小。而当心率达到140次/分以上时，机体主要靠加快心搏率以提高心输出量，这时运动只能维持较短时间。如果运动时间延长而强度不减，则会出现全身供血不足而精疲力竭。

3. 身心互制原理

人是自然生物，又是社会存在物，因而具有双重属性——生物性和社会性。因此，看一个人是否健康，不能单从身体上有无疾病和机体功能是否正常来衡量。同样，从事体育锻炼也不能只求获得身体的健康和体质的增强，这是因为健康的身体以良好的精神状态为依据，良好的精神状态以健康的身体为前提。健康不佳，精神容易沮丧；精神不宁，健康也易受到

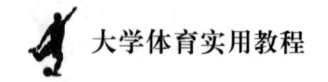

影响。这就是身心互制原理。

二、体育锻炼的方法

体育锻炼效果的取得,在很大程度上取决于训练方法的正确应用。体能训练的方法有许多,但选择体能训练方法的一个重要原则是,体能训练的方法应根据从事活动对身体要求的特点来决定。下面介绍一些体能训练的基本方法。

(一) 变换训练法

变换训练法是指在训练过程中有目的地变换练习的负荷(运动量、运动时间、运动频率等)、单个动作结合,以及变换练习的环境、条件等进行训练的方法。变换训练法能有效提高机体对比赛的适应能力,改进提高运动技术与战术,以及提高身体素质训练水平,有利于培养运动员的各种运动感觉,克服练习时所产生的单调枯燥感,提高对练习的兴趣和进行练习的积极性,对推迟疲劳的出现也有着积极的意义。常采用的变换训练的方法有:改变负荷变换法、改变动作组合变换法、改变练习环境和条件的变换法。

(二) 持续训练法

持续训练法是指在相对较长的时间内,持续不断地进行较稳定的、强度不大的练习的方法。这种方法一般用于发展一般耐力和有氧耐力,是户外运动前身体素质训练最常用的训练方法。持续训练法的基本要求如下:

(1) 由于持续训练的时间较长,练习量较大,因此强度不应太大。一般情况下,心率控制在130~160次/分,并以恒定的运动强度,有利于发展一般耐力。若要提高专项耐力,则可以提高强度,持续适当的时间。

(2) 在训练期或休整期,采用中小强度进行持续训练,是为了发展或保持一般耐力水平。

(三) 重复训练法

重复训练法是指按照要求不改变动作结构和运动负荷量,反复地进行练习,使条件反射得到建立、巩固,从而使运动技术形成牢固的定型。重复训练法是一种最常用的训练方法,适用于各类活动项目,广泛用于发展身体素质,掌握与提高技术、战术,在培养意志品质等方面也有着积极的作用。

(四) 间歇训练法

间歇训练法是指依规定的要求进行练习后,按照严格规定的时间和休息方式进行休息,在机体机能尚未完全恢复的情况下,就进行下一次练习的训练方法。由于这种方法是在运动员的机体未能完全恢复时就进行下一次的练习,所以能有效地提高呼吸和心血管系统的机能。间歇训练方法同重复训练方法的关键区别在于,间歇训练法每次练习的间歇时间有严格规定,要在运动员机体机能能力未完全恢复的情况下就开始下一次练习;而重复训练法的间歇时间是在运动员机体机能能力基本恢复的情况下,才进行下一次的练习。在田径运动体能训练时,可根据训练强度来安排间歇的时间。间歇训练法可分为小强度间歇训练法和大强度间歇训练法。

(五) 竞赛训练法

竞赛训练法是指运动员在比赛的条件和要求下进行练习的一种方法。它不仅是训练的一种手段,是检查训练效果的有效方法,而且能有效地提高运动员创造性地运用知识、技术和战术的能力以及提高身体训练水平,对培养运动员的应变能力和提高运动训练的实战能力等，具有十分重要的意义。根据训练目标，在体育训练中，常用的竞赛训练法包括游戏性竞赛、训练性竞赛、身体素质竞赛、测验性竞赛和适应性竞赛等。

（六）循环训练法

循环训练法是指根据训练的具体目标，建立若干练习站（点），运动员按照既定的顺序、路线，依次完成每站（点）的练习，周而复始地进行训练的一种方法。循环训练法的主要特征是系统地、有顺序地进行两臂、两腿、腹部、背部肌肉的练习。因此，这种方法既可用于身体训练，发展运动员的一般和专项素质，也可用于技术和战术训练。由于循环训练法每站都有事先确定的练习的内容、要求和负荷参数，并能结合其他训练方法形成不同的循环训练方案，所以，要重点地安排、练习内容及循环顺序、每站练习的负荷量和强度、站与站每次循环之间的间歇时间、站的数量和循环的次数等，可以分为耐力循环、力量循环、速度循环。

在训练实践中应根据训练目标、训练对象的水平、项目特点、季节气候及场地设备条件等灵活地、创造性地加以综合运用。随着运动训练学的不断发展，新的训练理论和方法还将层出不穷，为此，参与体能训练的教练员们，要根据受训对象的具体情况，不断改进和创新富有个性特色的训练方法，提高体育训练的效果。

第三节　运动训练计划与运动处方

一、运动计划的制订

运动锻炼计划是指每个准备长期从事体育锻炼的个体依据自身的身心状况和外部环境条件的影响作用而制订的一种定量化的周期性体育锻炼计划。

（一）运动计划的要求

1. 以健康为目标和出发点

运动锻炼的目的在于通过肌肉活动不同程度地促进人体机能的提高和实现人体健康要求。人们参加运动有各种不同的需要和目的，如为锻炼身体、促进生长发育、愉悦心境、开发智力等。但不论为何种目的的运动，只要是身体运动，就必然涉及运动的强度、时间、类型、每周的频度、持续的周期等。这些是构成运动处方的基本要素，而这些要素的实施，必须根据运动的目的和个人身体状况的不同，采用不同的运动处方种类。

2. 具有针对性和科学性

体育锻炼计划是利用科学理论和方法来合理有效地指导健身者增强体质和实现健康，它具有针对性和非随意性的特点。我们要想通过运动来健身，就必须按照有科学根据的运动计划来实施锻炼。一般来说，运动计划要求选用简便可行、实效性高的锻炼项目，要根据每个健身者的特点确定适合自己的运动负荷量。

（二）运动计划的内容

在制订长期体育锻炼计划时，至少应考虑锻炼者的健身目的、年龄和季节等多方面的因素。

1. 健身目的

在进行体育锻炼前，每个人都有较明显的健身目的，这是人们科学安排体育锻炼的重要依据。如果是为了单纯性的增强体质，提高健康水平，那么，安排体育锻炼的内容和时间就比较灵活一些，可以跑步、打球、练习武术等，时间可长可短。如果是为了提高肌肉力量、发展肌肉块，就应该以力量练习为主，每周训练3次，其余时间用于身体机能的全面发展。增加肌肉力量要有科学、现实的目标，制订目标时不要太高，要留有余地，目标过高，肌肉力量增长过快，不仅对肌肉本身不利，反而会破坏机体的协调发展。如果是以减肥为主要目的进行体育锻炼，就应该以有氧运动为主，运动的时间相对较长，以使体内的多余脂肪充分消耗，通过体育锻炼减肥，每月减体重2千克比较合适。如果女性为了保持优美的身材和体形所进行的体育锻炼，就应该多做一些健美操运动。

2. 季节性选择

不同季节的气候条件对安排体育锻炼也有影响，锻炼者应根据季节气候的变化规律安排运动训练，选择锻炼的内容。

（1）春季锻炼

春季科学地进行运动训练可以为一年的运动训练和身体健康打下较好的基础。春季进行运动训练，主要是以加强体内的新陈代谢为主，逐渐提高各器官的机能水平，运动形式多为长跑、自行车、跳绳、爬山、球类等。在春季进行运动训练时，要做好准备活动，充分伸展僵硬的韧带，以减少运动损伤。同时，要注意增减衣服，防止感冒。

（2）夏季锻炼

夏季天气炎热给体育活动带来很大不便，但如果夏季停止运动训练又破坏了运动训练的连续性。所以，夏季既要坚持运动训练，又要掌握锻炼的强度和时间。夏季最理想的运动是游泳，这项运动不仅可以提高身体机能，同时又可防暑解热。夏季可供人们选择的运动训练项目还有慢跑、散步、太极拳、羽毛球等。在进行这些项目的运动时，最好是在清晨和傍晚进行，运动后要注意水分的补充，以防身体脱水和中暑。

（3）秋季锻炼

秋高气爽是运动训练的大好季节。体育运动中许多重大的国际比赛都安排在秋季进行，说明秋季适合多种体育活动的开展，如篮、排、足三大球、长跑、武术、自行车等。一些冬季锻炼项目，如冬泳、冷水浴等，也应该从夏末秋初就开始准备，以便使身体有一定的适应过程。秋季进行运动训练时，由于天气变化无常，早晚气温较低，锻炼时要注意及时增减衣服。另外，秋天的天气干燥，锻炼前后要补充水，以保持黏膜的正常分泌和呼吸道的湿润。

（4）冬季锻炼

冬季参加运动训练，不仅可以提高身体的一般健康水平，更重要的是可以提高身体的抗寒能力，预防各种疾病的发生，所谓的"冬练三九"就是这个道理。冬季运动训练的内容非常丰富，一般可进行长跑、足球、拔河等，北方还可练习滑雪、滑冰。冬季锻炼时身体生理机能惰性较大，肌肉组织容易受伤，所以要做好准备活动。运动吸气时最好采用舌尖顶住上颚，让冷空气从舌根下进入口腔的方式，防止冷空气直接刺激口腔黏膜。

3. 运动量的安排

运动训练时，运动量是影响锻炼效果的重要因素。运动量过小，锻炼效果不明显；运动量太大，会对身体机能产生不利影响。处于生长发育时期的青少年，随着年龄的增加，身体机能不断提高，这就要求锻炼者的活动量不断增加，以使运动量不断适应日益提高的身体机能。如果青少年的活动量只是停留在较低水平，那么，他们所从事的运动训练就只能保持身体机能不下降而无法有效地提高身体机能。

4. 疲劳恢复计划

运动训练一段时间后人体必然会产生疲劳，疲劳是一种生理现象，任何运动训练都会产生疲劳，只有通过运动训练产生人体疲劳，才能出现身体机能的超量恢复。但是，疲劳的不断积累也可能造成身体的过度疲劳，后者会对机体产生不利影响。如果运动训练后感到身体轻松、舒畅，食欲和睡眠情况较好，说明这种疲劳是正常反应。如果运动训练后感到头昏、恶心、胸闷、食欲减退，身体明显疲劳，甚至产生厌恶感，说明疲劳程度较重。

（三）运动计划的分类

具体来说，体育锻炼计划有多年计划、年度计划、阶段计划和周计划几种。这几种计划是一个统一整体，联系密切，由远到近，后者比前者在内容安排上更详细具体。

1. 多年计划

多年锻炼计划是运动员多年锻炼的总体规划。内容主要包括逐年的奋斗目标、方法、任务安排等。计划的形式以文字叙述结合表格。制订多年训练计划应目标明确，任务具体，步骤与时间安排恰当，内容能反映出多年训练发展过程的基本特征。

在制订多年锻炼计划时，应以身体全面发展原则为出发点，每年的训练都应有主要目的，但这一目的不一定都是运动成绩。

2. 年度计划

年度计划是运动者对一年内进行体育锻炼的安排。由于季节、气候等因素具有年度周期性规律，因此，年度计划是多年计划的细化，是一系列锻炼计划中最重要的一个计划。年度计划通常包括下列内容：

（1）奋斗目标、锻炼指导思想和主要措施。

（2）简要说明运动者的思想、技术、战术、身体、心理等方面的实际状况和存在的主要优缺点等。

（3）锻炼的基本任务、内容、要求及手段。时期的划分，各项锻炼任务内容，运动负荷的安排以及工作的考核与总结。

目前年度锻炼计划主要有三种类型：

第一种类型是全年为一个大周期的单周期锻炼计划。单周期可分为准备期、竞赛期、过渡期三个时期。

第二种类型是将全年分为两个大周期的双周期锻炼计划。

第三种类型的年锻炼计划，适合于身体机能和运动成绩已近极限的运动员可采用。

3. 阶段计划

阶段计划也称中周期锻炼计划。是由同一目的小周期联合组成的阶段性训练，这种阶段训练的持续时间在3～8周。每个阶段由数个同一类型或不同类型但又很近似的小周期组成，它是锻炼过程中一个相对完整的阶段。在运动锻炼过程中，该计划可分为以下阶段：引导阶段、一般准备阶段、专门准备阶段、赛前准备阶段和比赛阶段。

4. 周计划

周训练是由数次训练课组成的，它是训练过程中相对完整而又经常重复的单位。不同类型的训练小周期联合在一起，是组成阶段训练中周期的基础。周训练小周期通常以7天为单位，也有非7天为单位的训练小周期。在体育锻炼活动中，为达到最高运动水平，小周期中必须有7个训练日，5～6次主要训练课和7～12次辅助训练课。

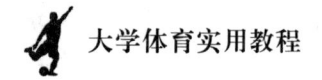

(四) 注意事项

在运动锻炼计划的制订过程中,有以下注意事项:

1. 由易到难,从简到繁

运动锻炼应由易到难,从简到繁。在体育锻炼中,运动内容必须由浅入深、由易到难、由简到繁、循序渐进地进行。锻炼的负荷量也应由小到大,做出合理的安排。

2. 注重长期、系统、科学的训练

体育锻炼的主要任务是发展身体素质,提高技术、战术和心理素质水平。这一切都需要经过不间断的科学系统训练才能达到。为了使运动训练有目的、有要求、有步骤、有措施、有系统地进行,做到心中有数,逐步认识和掌握体育运动的特点和规律,在训练中,一定要重视教学训练科学、合理,解决好基本技术与特长技术、技术训练与战术比赛、技术训练与身体素质、运动负荷—恢复—再负荷—超量恢复等多方面的关系,使技、战术的训练更加科学合理。

3. 注重兴趣的培养

兴趣对于运动锻炼是个很重要的因素,如果人们对某件事物发生了兴趣。就可以保持长时间的注意,自觉、主动、积极地进行学习。教练员应向学生展示准确、熟练、轻快、优美的运动技能,使学生通过视觉,在初学阶段便建立一个正确、完善的形象,有助于提高学生学习兴趣和信心。

4. 掌握正确的技、战术要领

不同的锻炼兴趣和目的使运动锻炼的任务要求不同。以职业竞技为目的的运动训练是异常严格的,必须掌握扎实的、正确的和全面的技、战术,才能获得较高的竞技水平;而以兴趣爱好和健身为目的的体育锻炼应注重"动"起来,达到锻炼出汗的目的即可。技、战术要领掌握得正确、合理,既能节省体能,又能避免运动损伤、延长运动寿命,还能体验动作舒畅、姿态优美的良好感受。而技、战术要领不正确,则不能发挥有效的威力,动作别扭不协调,又容易受伤。

二、运动处方

运动处方的完整定义是:康复医师或体疗师,对从事体育锻炼者或病人,根据医学检查资料(包括运动试验和体力测验),按其健康、体力以及心血管功能状况,用处方的形式规定运动种类、运动强度、运动时间及运动频率,提出运动中的注意事项。运动处方是健身运动者进行体育锻炼的指导性方案,是根据运动者的体适能水平和健康状况以处方的形式,确定其运动方式、强度、时间和频率等各方面内容,是指导人们有目的、有计划、科学锻炼的一种形式。有效的运动处方可以达到下述目的:

(1) 增进身体健康,预防疾病,改善身体状态,提高对环境的适应能力。

(2) 提高身体肌肉力量、耐力、爆发力、身体的灵敏性、技巧性、平衡性、柔韧性等素质,增强运动能力。

(3) 治疗疾病。把运动当作康复疗法的一种手段,严格按处方进行,可以提高运动中的安全性,尽可能减少意外发生。

运动处方按其应用目的和对象不同,可分为治疗性运动处方、预防性运动处方和竞技训练运动处方。

(一) 运动处方的内容

运动处方一般包括运动方式、运动强度、持续时间、运动频率和注意事项等内容。前四项内容又称为运动处方四要素。

1. 运动方式

现代运动处方的运动形式包括三类：①有氧耐力运动项目，如步行、慢跑、速度游戏、游泳、骑自行车、滑冰、越野滑雪、划船、跳绳、上楼梯及功量自行车、跑台运动等。②伸展运动及健身操，包括广播体操、气功、武术、舞蹈及各类医疗体操和矫正体操等。③力量性锻炼，如自由负重练习、部分健美操等。

在运动处方中，要根据运动参加者的目的选择有针对性的运动项目。如以健身或改善心脏功能为主要目的，多参加走、慢跑、游泳、自行车等耐力性项目；为了增强肌肉，宜选择力量性项目；为了松弛精神，缓解神经衰弱，可选择太极拳、保健按摩、散步和放松体操等。

2. 运动强度

运动强度指在单位时间内完成的运动量。由于运动强度对锻炼者的机体影响最大，因此它的安排恰当与否是影响运动处方效果的关键。运动处方的制订，要根据不同人的不同的运动能力，以个性化为原则。在运动处方中，运动负荷强度要根据心率、自感用力度、最大吸氧量贮存百分比进行定量化设计和监测。

运动强度的设定，不要过高也不要过低，应该是有一定难度、通过努力是可以实现的。此外，对负荷强度目标达到的程度要进行定期评价，并根据自身的条件和现状，及时进行调整。

3. 运动时间

运动持续时间和运动强度关系密切。运动的健身效果是由总运动量来决定的，而总运动量＝运动强度×运动时间，即由两者的配合来共同决定，在总运动量确定时，运动强度与运动时间成反比。运动强度较大则运动时间较短，运动强度较小则运动时间较长。前者适宜于年轻及体适能水平较高者，后者适宜于老年及体适能水平较低者。增加运动量时，先延长运动时间，再提高运动强度。

4. 运动频率

对体能较低的人来说，一周进行 3 次运动锻炼就足以增进有氧适能，但随着运动强度和运动持续时间的渐增，要继续改善有氧适能，运动频率也必须增加。对训练的研究表明，当排除强度、持续时间和原先的体适能水平的影响后，体适能的变化与运动频率有直接的联系。每周运动 6 天的效果不只是每周 3 次的两倍，所以，为了增进体适能或控制体重，要考虑适当地增加运动频率。人体对训练刺激做出反应需要时间，在进行长时间的运动后，需要一定时间来消除疲劳以恢复运动能力，为此可以选择隔天一次的运动来提高运动的持续时间。

(二) 运动处方的特点

运动处方是科学锻炼的重要手段。具体来说，运动处方具有目的性强、科学性强、针对性强、计划性强与安全有效等特点。

1. 目的性强

无论是哪一种类型的运动处方都有明确的近期目标与远期目标。以健康促进为目标的运动处方，通常以强身、健心、益智、怡情与健美为目标进行设计与实施。

2. 科学性强

运动处方的制订与实施是严格按照运动医学、临床医学与运动科学的知识与原理进行

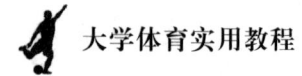

的，具有较强的科学性、可操作性与实效性。实践证明，按照运动处方进行科学的运动锻炼，能在较短的时间内取得提高体适能、防治疾病、增进健康的效果，达到预期的目标。

3. 针对性强

运动处方是针对运动者个人的健康状况、体适能水平、兴趣爱好、职业特点与环境条件等实际情况设计与制订的，具有一对一的针对性与典型的个性化特征。由于运动处方是针对个人的实际情况进行设计与制订的，因此具有良好的适应性与健康促进作用。

4. 计划性强

计划性强是指目的明确，具有明确的健康促进目标。由于运动处方根据本人的需求进行设计与实施，因而易于坚持。练习者依据运动处方进行运动锻炼，可使运动负荷量安排得当，锻炼得法，做到心中有数，同时也能提高运动兴趣，并逐渐养成终身运动的习惯。

5. 安全有效

安全有效是指针对性强、效果好。按照运动处方进行锻炼，花费时间不多，收效却很明显。大学生在掌握终身运动健康的知识与方法后，对运动负荷量和运动效果可以及时进行自我监控与评价，这样能有效地防止运动伤害事故的发生。

（三）运动处方的制订

1. 制订运动处方的原则

运动处方是科学锻炼的要求。在制订运动处方时，应遵循以下一些基本原则：

（1）个性化

处方是根据个人的体质水平设计的。在锻炼过程中，每个人按照自身体质状况和特点选择适当的锻炼内容、手段、方法和运动负荷，以求达到增强体质的良好效果。在贯彻个别性原则时，需要根据个人的体质特点确定锻炼的强度、时间和频度，也要根据自己的体质评价状态来选择有效的增强体质的方法。

（2）全面性

人体是大脑皮层统一调节下的有机体，人体各系统的功能是互相联系和互相促进的。同时各系统又有各自的功能，它们之间不可互相替代。因此，必须全面地发展和完善身体。在选配运动处方时，要考虑处方内容、方法和对身体锻炼的部位、顺序和效果。应针对锻炼目标和身体的薄弱部位"扬长避短"地实施运动处方的内容和方法，从而获得身心的全面发展。

（3）渐进性

渐进性是指根据逐步增强体质的规律，按照循序渐进的形式、遵循超量恢复的法则来逐步提高运动负荷量。运动处方的渐进性原则是根据体质增强的规律确定的，在实施过程中要求针对个人的体质状况由小到大逐步增加锻炼的难度和负荷量。渐进时间和每次渐进的量应按照负荷和有效价值阈所规定的时间合理确定渐进的指标，并且按照每个指标安排渐进的幅度和阶段时间。

（4）反复性

反复性是指用运动处方的手段来增强体质的过程，具有一遍又一遍的多次重复性。现代科学已证明，人体在外界环境条件作用下，经常处于适应性变化中，锻炼的结果不是长期有效不变的，所以需要多次连续地进行反复锻炼。而且，少数几次的锻炼对人体的作用不大，反复锻炼至一定程度对人体有良好作用，反复次数过多也对人体有害。

（5）安全性

安全性是充分考虑了个体体质状况水平、运动能力和身体负荷能力，以及运动项目的运动强度、运动特点和健身要求等基本情况后,在不损害身体健康和不影响身体生长发育的原则下对运动处方制订的综合性要求。

2．制订运动处方的方法

运动处方的制订主要包括三个步骤:健康调查与评价、运动试验和体质测试。

(1) 健康调查与评价

健康调查是为了了解参加锻炼者或病人的基本健康状况和运动情况,健康调查应包括以下内容:

①询问病史及健康状况。包括:既往病史、现有疾病、家族史、身高、体重、目前的健康状况、疾病的诊断和治疗情况。

②了解运动史。包括:参加锻炼者或病人的运动经历、运动爱好和特长、目前的运动情况(是否经常参加锻炼、运动项目、运动量、运动时间、运动中、后的身体反应等)、在运动中是否发生过运动损伤等。

③了解运动目的。包括:应了解参加锻炼者和病人的健身或康复明确目的、对通过运动来改善健康状况的期望等。

④了解社会环境条件。包括:参加锻炼者或病人的生活条件、工作环境、基本的经济状况、可利用的运动设施和条件、有无健身和康复指导等。

以上调查的目的是对受试者的健康状况作出初步评价,评价范围包括身体的健康状况、精神状态、社会适应能力、锻炼动机等。

(2) 运动试验

运动试验是评定心脏功能、制订运动处方的主要方法和重要依据。运动试验方法的选择应根据检查的目的和被检查者的具体情况而定。运动试验主要应用于以下范围:

①为制订健身处方提供依据,提高健身处方实施中的安全性;

②评定体力活动能力;

③评定心脏的功能状况,是评定心脏功能状况的有效方法;

④冠心病的早期诊断,及评定冠心病的严重程度、心瓣膜疾病的功能;

⑤运动试验可用于发现运动诱发的心律失常,其检出率比安静时的检查高16倍;

⑥运动试验的重复性较好,可用来作为康复治疗效果的评定指标。

目前,最常用的运动试验是用逐级递增运动负荷的方法。测定时采用跑台和功率自行车。递增负荷运动试验是指在试验的过程中,逐渐增加负荷强度,同时测定某些生理指标,直到受试者达到一定运动强度的一种运动耐量试验。

(3) 体质测试

体质测试是选择运动项目、运动强度、运动密度,制订科学有效的运动处方的主要依据。体质测试主要包括:运动系统测试、心血管系统测试、呼吸系统测试和有氧耐力测试。

①运动系统的测试主要是肌肉力量的测试。肌肉力量的检查方法主要有:手法肌力试验、围度测试。

②心血管系统的测试主要包括:静态检查和动态检查。常用的心血管系统的指标有:心率、血压、心电图等。通过心血管系统的测试,可以反映人体心脏功能,对运动处方的制订有着重要的指导意义。

③呼吸系统的测试主要包括:肺活量测定、通其功能检查、呼出气体分析、屏气试验、日常生活能力评定等方面。呼吸系统是人体运动能力的重要反映,尤其对于一些激烈的有氧

运动项目，对呼吸系统功能的要求有着严格的要求。

④全身耐力测验的运动方式是采用有氧运动，包括走、跑、游泳三种方式。目前，较多采用的有定运动时间的耐力跑（如 12 分钟跑测验），以及定运动距离的耐力跑（如 2400 米跑和 3000 米跑）。

通过以上几个步骤，可以对受试者的健康状况、体力水平和运动能力等有全面的了解。根据以上结果便可制订处方。制订处方时要按照处方的内容逐项决定运动目的、运动种类、运动强度、运动密度、持续时间、运动时间带、注意事项等。其中强度应设定出安全界限，运动时间应设定出必要的运动时间。

3. 注意事项

（1）从最简单的运动着手，以渐进的方法逐渐增加运动难度，强调由慢到中速的，再到快的运动原则。

（2）做好准备活动及恢复活动：在运动前，做好肌肉和关节的伸展活动。在运动中，要逐渐增加活动强度。在活动进行到最后时，要有短时间的恢复活动，包括慢速步行及伸展运动。这样，可以使呼吸和心跳恢复到正常值，这在运动进行中是非常重要的，可减少在运动结束后产生低血压。

（3）在运动处方制订及实施过程中，运动处方制订者和锻炼者要对处方所引起的生理反应进行观察，了解其生理反应是否正常（如心率反应是否在目标心率范围、呼吸、出汗量、劳累程度如何等）。根据观察结果对处方进行修改和调整，以使锻炼者找到最适合自己条件的运动处方。

（四）大学生运动处方实例

1. 减肥运动处方

肥胖是人体内的脂质代谢紊乱造成脂肪在皮下和脏器周围堆积所致。它对人体的危害很大，由于脂肪的大量沉积，增大了机体的负担和耗氧量，氧消耗较正常人高 34%～40%；胸腹部大量脂肪的堆积，迫使膈肌上移，限制了胸廓和横膈的运动，进而妨碍心脏的舒缩活动，使其收缩机能降低，心搏出量减少，血流减慢，导致肥胖者头晕、头疼、乏力或冠心病。肥胖人群是冠心病、高血压病、糖尿病等慢性病的高发人群。

对于大学生肥胖者来说，制订科学合理而行之有效的运动处方是尤为重要的。大学生肥胖者相对于儿童和中老年肥胖者来说，体力好、对疲劳的耐受性强，因此运动强度和运动量可适当加大。

运动项目：长跑、长距离步行、游泳、划船、自行车、爬山等，也可练习有氧体操，如健美操、迪斯科和球类运动等。

运动强度：一般运动强度可达本人最大吸氧量的 60%～70%，或最高心率的 70%～80%。

运动频率：对于大学生肥胖者来说，大多有减肥的主观愿望，自觉性较强，为提高减肥效果，运动频率可适当增大，一般每周锻炼 4～5 次为宜。

运动时间：每次运动时间应不少于 1 小时，持续时间可视减肥要求而定。

注意事项：①锻炼时可稍调整内容和次数；②锻炼以第二天不感到疲劳为宜，可每周适当增加运动量；③严寒、酷暑或身体不适时，应停止锻炼。

2. 健身跑运动处方

健身跑是采用较长时间、慢速度、较长距离的有氧锻炼方法。其技术简单、容易掌握，不受场地、器材限制，可在田径场、公路、树林、公园及田间小路等地练习，而且具有较高的健身价值，是最适宜普遍开展的健身项目之一。

运动目的：强身健体，提高有氧耐力，提高心肺功能，兼顾力量。

运动方式：健身跑台跑、徒手力量练习。

运动频度：2～3次/周（隔天休息）。

运动时间：30～40分钟/次。

运动强度：以心率、脉搏调控运动强度时，运动时最高心率不超过［220-年龄（岁）×0.7］次/分为宜。

运动内容：首先，开始时低强度慢跑5分钟，在慢跑时或结束时做一些头颈、肩、腰、髋、膝等关节部位的轻微活动；其次，强度低的慢跑与强度稍大的快跑轮换20分钟，可采用慢跑4分钟，接快跑50秒，轮换进行；最后，运动结束时，放松慢走5分钟，在放松慢走时或结束时做一些头颈、肩、腰、髋、膝等关节部位的活动。

注意事项：①跑步时要调节好跑台速度，姿势、动作要正确；如感到吃力，可缩短快跑时间；跑完后进行深呼吸，呼吸均匀后再进行力量练习；②有身体不适或感冒、发烧等症状时，请暂停运动；③在锻炼时可根据自己的感觉（轻松或吃力），可稍微调节运动强度，以锻炼后第二天不感觉疲劳为宜；④应选择良好的锻炼环境，避免在严寒、酷暑、风暴等恶劣环境下锻炼；⑤锻炼前后应注意适当补液，尤其是在天气炎热的夏天；⑥根据能量平衡和膳食平衡的原则，调节好自己的饮食。

3. 女大学生生理周期中的运动处方

经常参加体育运动可以促进女大学生的身体发育并增进健康。与男生相比，女生在身体结构和功能上有许多特点，特别是存在月经周期的生理现象，这就决定了女生在体育运动中的特殊性。充分了解和掌握这些特点，有助于科学地安排体育锻炼，设计适宜的运动处方，对增强体质具有重要意义。

对于处于月经期的女大学生，适宜的体育活动能改善机体机能状态，促进血液循环，改善盆腔的血液供应，并能够通过运动时腹肌、盆底肌肉收缩和舒张对子宫产生一定的按摩作用，帮助经血排出，同时可以调节经期的精神状况，减轻小腹下坠等不适感觉。女大学生在经期的体育运动可以采用如下处方：

（1）腹部运动：两脚左右开立与肩同宽，两手交叉贴住胸部，采用腹式呼吸，呼气时腹部尽量向前挺头向后仰，吸气时尽量收紧腹部，头向前移，原地练习，动作大而平缓，连续20～30次。

（2）体转运动：两脚左右开立与肩同宽，两臂侧平举，膝关节微屈，髋关节放松，以腰为轴左右转动，动作幅度尽量大，节奏慢，连续20～30次。

（3）深蹲运动：双手叉腰，两腿下蹲，下蹲时全身放松，同时呼气；起立时吸气，动作幅度大而平缓，连续30次。

（4）分腿运动：仰卧在床上，两腿上举，做分腿练习，动作幅度尽量大，节奏较慢，连续25次。

（5）抬臀运动：仰卧在垫子上，两腿伸直抬起，两手托住臀部，使臀部尽量提高，两腿尽量伸直，此动作持续2～3分钟。

（6）按摩运动：仰卧在垫子上，两手擦热后放在小腹部轻轻按摩，由上至下，再左右按摩，最后转圈按摩，直到局部发热为止，每天早晚各一次。

注意事项：①避免参加剧烈的、震动大的运动，比如跳高、跳远；不能进行增加腹压的力量性练习，比如举重、练哑铃，否则容易引起经期流血过多或子宫位置改变；②平时习惯进行冷水锻炼的，包括冷水洗脚、冲淋和浸泡等，应暂时停止，可改为冷水擦身、洗脸等。擦身的水温可稍高一些，并且在擦后及时保暖；③不能参加游泳；④对有明显月经不正常（周期过频、血量过多等）、严重痛经、生殖器官有炎症疾病及经期全身不适的女子，月经期间则应暂停参加体育锻炼。

4. 体质瘦弱症的运动处方

人体内的肌肉、脂肪含量过低，体重低于标准体重20%以上即为消瘦。在医学上，通常将一些身材瘦长的体型称为无力型体型，特点是：身体瘦高、颈细长，垂肩，胸廓扁平、胸骨剑突下角小于90°。

体态的丰满，不应是脂肪的堆积，而应是匀称而强健的肌肉组织。因此对体瘦者来说选择器械锻炼对发展肌肉效果最好。体瘦者参加健康体育锻炼，应多练习哑铃、杠铃、拉力器、组合健身器等，但每次锻炼要掌握适当的运动量，运动量过小，对肌肉组织就起不到强有力的刺激作用，达不到锻炼目的；运动量过大，则会使能量的消耗大于补偿，当然也不可能丰满起来，过度疲劳还会损害身体健康。一般情况下，开始选择小运动量，以后逐渐加大运动量。衡量运动量是否适宜的标准，应以运动后每分钟脉搏跳动不得超过160次为宜。训练者每次锻炼的时间不应少于30分钟，一般以隔一天锻炼一次为宜。这样可以消除运动后的机体疲劳和充分补充消耗的能量。

在锻炼期间，还要注意科学饮食，使机体获得充足的养料，以促进机体的生长发育。还要养成良好的生活规律，情绪要稳定，睡眠要充足，这对吸收营养，减少能量消耗，提高锻炼效果也很重要。只要有毅力，持之以恒，坚持锻炼，并注意循序渐进，劳逸结合，科学饮食，体型就一定会变得丰满健美。

5. 神经衰弱症的运动处方

在大学生当中，神经衰弱者人数在不断增多，这主要是由于学习紧张，用脑过度所致。此外，精神受刺激，长期生活不规律，或者患有其他慢性病（如高血压病、肝炎、结核、胃溃疡等），以及自身和社会的各种原因，都可使高级神经活动过度紧张，过度疲劳，造成兴奋和抑制失调，而产生功能紊乱。研究证明，适当的健康体育锻炼对神经衰弱的治疗是非常有益的。

神经衰弱进行健康体育锻炼的方法是很多的，一般以健身性锻炼项目和放松性锻炼项目为好，不宜参加强度过大，时间过长的剧烈运动。治疗神经衰弱常用的健康体育锻炼方法有：太极拳、气功、健身跑、冷水锻炼以及登山、划船等活动。可因人制宜，根据自己体力情况和个人的爱好来选择，并逐步增加活动的项目，提高健康体育锻炼的兴趣，养成锻炼的习惯。

第三章　体育卫生与医疗

第一节　体育锻炼卫生与环境

一、体育锻炼的卫生要求

体育运动参加者的卫生保健，不仅对增进人体健康和预防疾病具有重要意义，而且还能促进身体锻炼的效能和对伤害事故的预防。具体来说，其要求有以下几方面：

（一）养成良好的饮食习惯，戒除不良嗜好

食物是人体能量的来源，也是人体维持生命活动的基础。良好的饮食卫生习惯，对保证消化系统的正常生理活动和营养物质的吸收具有重要的意义。对健身运动参加者来说，还应注意进餐与体育运动之间的时间间隔。在科学饮食的同时，要坚决戒除不良的生活习惯，比如吸烟和过度饮酒。

（二）科学地安排工作、学习和休息

国家教委及卫生部曾专门下发了《学校卫生工作条例》，从学生的健康角度对学生的学习时间提出了定量要求：大学生的学习时间不得超过 10 小时。睡眠是维持正常生命活动的自然需要，能消除疲劳，是人的体力和精力得到恢复。大学生一般应保证每天 7~8 小时的睡眠。在学习和工作中，做到张弛有度、劳逸结合。

（三）注重自然力的锻炼

自然力锻炼是指利用日光、空气和水等自然条件进行的一种身体锻炼。自然力锻炼对于提高机体对外界自然环境的适应能力和对疾病的抵御力有积极的作用。自然力锻炼还能增强中枢神经系统的调节功能，改善心血管、呼吸、皮肤等器官系统的功能，促进新陈代谢，从而达到增进人体健康的目的。

1. 日光浴

日光浴主要是利用日光光谱射线对机体的作用来增进身体健康的一种锻炼方法。紫外线有杀菌和预防佝偻病等作用。日光浴最好在毗邻江湖、海滨或郊外空气清新的地方进行，时间应根据日光强度来决定。在炎热的夏季，应安排在上午 7~10 时，下午 4~6 时进行，而在寒冷的冬季，则应选择在中午 11~14 时进行。进行日光浴的气温一般应在 18℃~32℃之间。特别要注意的是，在阳光过于充足或天气过于炎热时，应当注意避免被阳光长时间暴晒和防止中暑的发生。

2. 空气浴

空气浴主要是利用空气的温度、湿度、流速以及离子作用来刺激皮肤，反射性地引起体表血管的收缩和舒张，借以改善体温调节功能。进行空气浴时，锻炼者应尽量裸露肢体或穿着较单薄的衣服活动，也可与其他项目的锻炼结合起来，如裸露肢体在室外打球、跑步等。此外，在进行空气浴时，要注意周围环境的卫生，避免灰尘、粉尘等有害物质的吸入而影响健康。

3. 冷水浴

冷水浴是指利用水的温度、压力和化学作用等进行身体锻炼的一种方式。冷水浴有提高神经系统的兴奋性，使呼吸加快、心脏搏动加强、体表血管收缩及加速人体物质代谢过程等作用。冷水浴的基本方法有冷水擦身、冲淋和游淋等多种形式。采用冷水浴要因人而异，且应有一个适应过程，一般经过一段时间的适应后，人在水中的兴奋状态和技术动作、活动能力都会趋向于正常。如果开始出现关节活动灵活性下降或有畏寒感觉时，即应结束冷水浴。同时，要注意防止感冒。

二、体育锻炼与环境

经常从事体育锻炼的人会明白环境因素影响体育锻炼的效果。例如，热环境、高海拔和空气污染能导致体育锻炼时心率加快、呼吸急促、耐力下降等。因此，了解环境因素如何影响体育锻炼的效果，对于从事体育锻炼的每个人来说是至关重要的。

（一）热环境中的体育锻炼

人类是恒温动物，体内应保持着恒定的温度。人体进行的生理活动要求体温维持在37℃左右。人对自身的温度调节能力是有限度的，当体温超过41℃时，人体对此温度只能耐受很短时间，热辐射疾病将会发生。人体出现肌肉痉挛、眩晕、呕吐、干热的皮肤等外在表现都可能是发生热辐射疾病的征兆。

体温升高对人体的机能将会产生不利的影响，不仅使运动能力降低，而且还会使体温调节中枢的机能失调，给机体带来严重的伤害，甚至引起机体死亡。下面将讨论在热环境中锻炼时应注意的几个问题。

1. 体育锻炼期间热量的散发

在体育锻炼中热量散发的主要形式有对流和蒸发。对流指体内热量借助身体周围的空气（或水）的流动而散发于体外的一种散热形式；蒸发指体热通过体内水分转化为气体并散发于周围环境的一种散热方式，即人体通过出汗，由汗液在皮肤表面蒸发转变为水蒸气而散发热量。

皮肤是重要的散热器官，对流引起的热量散发是由于身体周围流动的空气和水的温度比皮肤更低的缘故。身体周围的空气和水流动得越快，热量散发得也就越多。

2. 热环境中体育锻炼的原则

人们短时间暴露在热环境中30~60分钟，为了维持体温的恒定，使产热过程和散热过程保持动态平衡，就要依赖人体的调节功能来对付体温的升高，使机体正常的功能活动不受影响。但对于那些上了年纪的人或一些心血管系统适应能力低的人来说，调节体温的能力比较差，易患一些热辐射疾病。即使对那些适应在热环境中进行工作的人而言，在热环境中进行体育锻炼，也会有患热辐射疾病的可能。

考虑到热量和湿度相结合，会对身体造成一定的危害，因此在热环境中锻炼必须遵循以下几点原则，争取把危害降低到最低限度。

（1）开始进行体育锻炼时，速度不宜太快，应逐渐增加速度。锻炼时间不宜太长，保持在15~20分钟之间。

（2）锻炼强度不宜大，应经常检查自己的心率，以便控制心率在目标心率之内。

（3）穿着合适的服装。

（4）不要服用过量的盐分。过量的盐分对应付热应激和补充身体所失去的钠是多余的，而补充身体在体育锻炼中所丧失的水分却是尤为重要的。

（5）在锻炼前、后，喝足够量的温度与体温接近的饮料。

（6）在一天之中最凉爽的时候进行锻炼。早晨进行锻炼是最好的，因为大量的从地面辐射的热量经过一夜已经散发掉了，这时的气温可能是一天之中最低的。日落之后，这又是一个比较好的锻炼时间，可以避免太阳的直接辐射。如果你不得不在一天中最热的时候锻炼，必须寻找阴凉处进行，以避免阳光的直接照射。

3. 热环境中体育锻炼的服装

有许多的方法和手段能够减少热辐射伤害，穿着合适的服装就是其中一个重要方法，能使身体吸收热量降低到最小。穿着的服装应尽可能少，以便最大限度地加大身体与外界环境接触的表面积，这有利于热量散发。穿着的服装应当是轻便的，原料应当是透气性和吸水力强的轻质棉、亚麻制品之类，这将促进对流和蒸发的冷却过程。由于深色的衣服较易吸收从太阳辐射的热量，在户外锻炼应当穿浅色的服装。在太阳直接照射的地方锻炼，要戴遮阳帽，以防中暑的发生。

（二）冷环境中的体育锻炼

在冷环境中进行体育锻炼，严寒会给机体带来一些不利影响，如骨骼肌的粘滞性增大、伸展性和弹性降低、工作效率下降、运动能力受到影响；保温的服装使动作不便，增加了额外重量等。

1. 体育锻炼期间热量的维持

在实际气温26.7℃以下进行体育锻炼时，人体的散热能力增强和患热辐射疾病的概率大大缩减。在15.6℃以下进行体育锻炼时，为防止身体热量的过多散发，穿着合适的保暖服装是必要的。人体在冷环境中锻炼，机体的反应可归纳为产热和保温两个方面：在冷刺激的作用下，机体内分泌系统分泌有关激素，交感神经末梢释放的去甲肾上腺素使体内产热；同时在冷刺激作用下，皮下血管收缩、皮肤和皮下组织血流量减少、皮肤表面与环境之间的温度差偏小，导致体内散热减少，从而保持体温在正常范围。

在冷环境中进行长时间锻炼（1~4个小时）或在冷水中游泳，会导致身体热量过度散发超过机体对体温的调节控制能力，引起过低的体温。为了避免体温过低对身体造成的危险，可以通过缩短冷环境中锻炼的持续时间，穿着合适的服装及避免在水温过低的冷水中游泳来维持体温恒定。

2. 冷环境中体育锻炼的注意事项

在冷环境中血液循环缓慢，肌肉和韧带弹性、伸展性降低，关节灵活性变差，很容易造成肌肉损伤和关节扭伤，因此，在冷环境中进行锻炼必须注意以下几点。

（1）在冷环境中锻炼要因时、因地、因人制宜

一般来说，南方冬季气候较温和，可做强度较大的运动，像足球、篮球等都是很好的锻炼项目；北方比较寒冷，户外可进行滑冰、长跑等项目。室内可以练习举重等。个人可根据自己的能力和喜好，选择合适的项目，强度和时间要安排适当，量力而行。

（2）在体育锻炼前一定要充分地做准备活动

充分的准备活动对冷环境中进行锻炼至关重要。由于冷环境中气温低，人的肌肉和韧带的弹性、伸展性及关节的灵活性都较差，肌肉的粘滞性较大，而做准备活动可使体温升高、参加活动的肌肉得到充分伸展、肌肉和韧带的弹性增强、肌肉的粘滞性降低、关节活动的幅度增大等，这有助于防止锻炼时肌肉、关节和韧带的损伤。同时，做准备活动还可以提高神经中枢的兴奋性，增强内分泌活动，克服内脏器官的惰性，加快血液循环和新陈代谢，以及

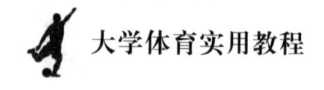

更好地满足体育锻炼时的需要。

（3）体育锻炼时要注意呼吸的方法

在冷环境中进行体育锻炼，主要要用鼻子呼吸，不要张大嘴巴呼吸。因为鼻粘膜的血管丰富，腔道弯曲，对吸入的冷空气有加温和湿润作用，可以避免冷空气直接刺激咽喉而引起呼吸道感染、喉痛和咳嗽等。

（4）在体育锻炼中要注意预防冻伤和感冒

户外锻炼时间不宜太长，锻炼后要及时穿戴保暖。在特别寒冷的时候，注意对手、脚、耳廓、鼻尖和面颊等处的保护，因为这些地方最容易冻伤。锻炼结束之后，要把汗及时擦干并换上干衣服，以防感冒。

3. 冷环境中体育锻炼的服装

在冷环境中进行体育锻炼，合适的服装是一个关键问题。理想的服装应当在具有保温、防寒作用的同时，又能保证汗液的正常蒸发，使锻炼期间所产生的过剩热量能够被散发，以维持正常体温。在冷环境中锻炼维持正常体温的服装应当是多层服装，可以通过层与层之间滞留的空气达到防止热量散发的目的。空气是一种很好的绝缘体，多层服装能够非常有效地滞留空气，接近身体被滞留的空气区域越厚，绝缘的实际效果就会越好，因此多层的轻质服装比一个单单只有厚度和体积的服装有更好的绝缘效果。制造多层服装的最好材料应当是羊毛或者是诸如聚丙烯之类的合成材料。

还要选择大小合适的帽子，使头部保暖。帽子与人体热量平衡关系十分密切。因为头部皮肤毛细血管丰富，血液循环旺盛，所以头部散热能力较高，头部散发的热量占人体总产热量的30%~40%。

人体经过在冷环境中有规律地进行体育锻炼，可对环境温度逐渐产生适应，耐寒力增强，维持身体正常生理状态，产生冷习服。具体表现为：在低温环境中，体温不易降低、基础代谢率较高、皮肤血管紧张度较高，皮肤温度较一般人低。

评定人体对冷的习服有三种基本方法：①测定产生寒颤的皮肤温度阈值，习服者寒颤发生推迟；②测量手和足的温度，习服者手、足温度保持正常，而未习服者温度下降；③观察在寒冷中入睡的能力，未经习服的人会因打寒颤太厉害而不能入睡。习服者入睡能力提高，可以在寒冷中入睡。

（三）体育锻炼与空气污染

空气是人类所不可缺少的生存条件。但是，伴随着工业化的进程以及人口的不断增长，环境问题越来越突出。人类在生产生活中产生出大量有害物质，排入空气，所造成的空气污染不利于人类的生存和发展。

1. 空气污染对体育锻炼效果的影响

大气污染的种类很多，约有一百多种，其中对人类有较大威胁的是：烟雾尘、硫化物、氧化物、氮化物、卤化物、有机物等。大气污染物一般通过呼吸系统进入人体，但也可以通过接触（如皮肤、粘膜、结膜等）危害人体。

在体育锻炼中，臭氧和二氧化碳是影响锻炼效果的两个重要的污染源。臭氧（O_3）主要是指在放电时或在日光（紫外线）的作用下，由空气中的氧变成的。这种形式的污染会对肺和呼吸道产生不同程度的伤害，并导致胸腔发闷、咳嗽、头痛、眩晕及视力下降等。最糟糕的是将导致支气管哮喘。

2. 体育锻炼中对付污染的策略

在体育锻炼中,对付污染的唯一方法是当空气中臭氧和二氧化碳含量高时,不要进行室外锻炼。在炎热夏季的中午(11:00~15:00),臭氧的含量是最高的,阳光中的紫外线辐射也是最强烈的。

在大城市中,人们通常是在公路边的人行道、空地或广场等地方进行身体锻炼的,这些地方在交通拥挤的时候,空气中二氧化碳、臭氧的含量水平是非常高的,这期间最好不要进行体育锻炼。在交通通畅时,空气中二氧化碳含量水平大约是 35ppm,而在缓慢和拥挤不堪的交通条件下超过 100ppm,这时的二氧化碳含量的水平可以扩展到交通线外 18~27 米的距离,所以进行锻炼要离开公路至少 27 米的距离。

第二节 运动与营养补充

一、营养素的分类及功能

(一) 营养素

人体组织的构造和增长,离不开基本的营养素,人体活动的能量也均来源于各种营养素,均衡的营养是理想健康的重要因素,营养良好与否直接关系到身体的健康。

目前所知,人体需要的营养素共有 45 种,分为宏量营养素与微量营养素。其中,人体所必需的七大营养素分别为蛋白质、脂肪、碳水化合物、无机盐、维生素、水和膳食纤维。

(二) 人体所需要的营养素 (表 3-1)

表 3-1 营养素及其功能

营养素	主要食物来源	主要功能
蛋白质	谷类、豆类、肉类、奶类、蛋类、薯类	形成身体结构的主要成分;是所有生命活动过程的催化剂;调节体内水分平衡;帮助伤口愈合
β-胡萝卜素	南瓜、马铃薯、菠菜、胡萝卜等	为脂溶性抗氧化剂,是类胡萝卜素家族中的一员,在体内可根据需要被转化为维生素 A
维生素 D	蛋、鱼、肝、奶	促进正常骨骼、牙齿的形成,刺激钙和磷的吸收,为钙磷代谢过程所必需
维生素 E	小麦胚芽、坚果、植物油、虾	为脂溶性抗氧化剂,可保护身体细胞、维生素 A、不饱和脂肪酸,协助维持正常红细胞
维生素 B_1	向日葵籽、小麦胚芽、啤酒酵母、西瓜、豌豆、芦笋;谷类、豆类、硬果类;猪肉、心、肝、肾	协助碳水化合物的代谢,能量的生成,维持正常的神经功能
维生素 B_2	牛奶、蘑菇、菠菜、肝、椰菜、甜菜、杏仁、牛肝、牛排、奶酪	协助食物中能量的产生,协助红细胞的产生,参与各种代谢过程
尼克酸	蘑菇、鸡、鲑鱼、牛肝、花生、金枪鱼、麦麸、芦笋、虾、烤马铃薯	协助碳水化合物、脂肪、蛋白质中能量的释放(参与血糖控制)

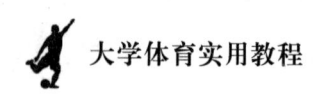

续表

营养素	主要食物来源	主要功能
维生素 B_6	广泛存在于各种食物如肉类、鱼类、禽类、豆类、全谷类食物以及蔬果中	协助食物中能量的释放,参与脂肪的代谢,参与红细胞、激素的合成,是蛋白质、神经系统、免疫系统功能正常发挥的基础
维生素 B_{12}	肉类、鱼类、禽类、贝类、奶、蛋、奶酪	是正常生长的必需物质,参与红细胞的生成,是碳水化合物、脂肪、某些蛋白质代谢过程中所必需的,协助维持正常的神经系统,是DNA合成所必需
叶酸	新鲜食物如菠菜、芦笋、芜菁、欧芹、啤酒酵母、利马豆、豌豆、椰菜、橙、哈密瓜、莴苣	叶酸和维生素 B_{12} 作用相似,育龄妇女充足的膳食叶酸摄入量可以降低胎儿神经管畸形如脊柱裂、无脑儿等的发生危险性,另有实验显示叶酸对心脏有保护作用
生物素	广泛存在于食物中,人类极少缺乏	参与碳水化合物的代谢,参与脂肪、蛋白质的合成
钙	奶、奶制品、全小鱼、豆腐、深绿色蔬菜、豆类、杏仁	形成坚固的骨骼和牙齿,刺激伤后血液的凝固,是正常神经肌肉活动之所需
磷	肉类、禽类、鱼类、蛋类、奶和奶制品、全谷类	与钙协同形成骨骼和牙齿,调节食物中能量的释放,是人体遗传物质DNA的构成成分,是人体能量直接来源ATP的构成成分
镁	坚果、豆类、全谷类、深绿色蔬菜、海产品	是正常神经肌肉(含心肌)活动之所需,参与能量(ATP)代谢和DNA的合成
铁	肉类、鱼类、豆类、贝类、蛋类、干果	是血红蛋白(血液中氧气的运输者)的基本成分,参与能量代谢,缺铁性贫血是世界性的健康问题,常见于儿童青少年、孕妇、老年人
维生素C	芦笋、针叶樱桃、青椒、甘蓝、柑橘类水果	是结缔组织、骨骼、牙齿形成所必需,是伤口愈合和牙龈健康的重要条件,协助脂肪的分解,促进铁的吸收,是重要的抗氧化剂
锌	牡蛎、肉类、鱼类、禽类、全谷类	是正常成长之所需,参与蛋白质的消化、合成,参与伤口愈合、骨骼健康、DNA的合成,调节免疫功能,是体内一种重要的抗氧化酶的成分
碘	海产品如贝类、鱼类、海洋植物	是甲状腺素的成分,调节生长、发育和能量代谢
铜	牡蛎、内脏、巧克力、坚果、谷类、干果、禽类、贝类	参与铁代谢、神经系统功能、骨骼健康的调节和蛋白质的合成能,是一种抗氧化酶的成分,参与皮肤、头发、眼睛等部位色素的形成
锰	全谷类、坚果、茶叶	是骨骼、结缔组织正常成长之所需,是脂肪酸合成酶的成分,参与碳水化合物的代谢
奥米加3脂肪酸	高脂鱼、鱼油及海洋哺乳动物中含量最高,DHA也见于蛋黄、肉、肝以及其他内脏中	调节血脂,减少动脉粥样硬化的发生和发展,预防心脑血管疾病,改善视力和记忆力

二、运动与营养补充

(一) 营养补充的原则

营养补充是指通过饮食结构的调整，使饮食中所含有的营养素种类齐全、比例合适、数量充足，从而能满足人体生理和健康需要。在日常生活中，我们强调营养补充，其主要原则有：

1. 膳食制度的合理性

膳食制度在遵循人体生理活动基本规律的基础上，还要适合自身的身体发育、发展和自己的饮食习惯。要合理安排一日的餐次，两餐之间的间隔和每餐的数量、质量，使进餐与日常生活制度和生理状况相适应，并使进餐与消化吸收过程协调一致。合理的膳食制度可以有助于提高劳动和工作效率。

2. 营养成分的全面性

要实现膳食营养的合理性，必须做到营养成分全面均衡，营养搭配因人而宜，营养过程要持之以恒，才能从营养学角度提高体质与健康水平。日常的饮食中应包括人体所需要的各种营养素，即蛋白质、脂肪、糖类、膳食纤维、矿物质、维生素和水等7大营养素，以维持人体的正常生理功能的需要。自然界中没有任何一种食物能够满足人体所需的各种营养素，所以就必需充分利用自然界的各种食物，组成营养素种类齐全、比例合适、数量充足的完全饮食。同时，营养成分的全面性还要求各种营养素之间应有适当的比例关系。

3. 营养成分的互补性

我们日常生活中的任何一种食物，所含的营养成分都不可能十分全面。在富含一种或数种营养成分的同时，可能缺少另外某种成分。例如，粮食谷物主要提供糖类，肉禽蛋类等主要提供蛋白质与脂肪，而蔬菜与水果是维生素、无机盐的主要来源，只有各种食物合理搭配。才能实现营养成分的互补，满足机体的需要。营养成分的互补性要求我们在选择食物时应尽量多样化。

4. 营养补充的特殊性

日常膳食可满足一般体能消耗，但对那些有特殊体能消耗的人应区别对待。如参加比赛的运动员，因大量排汗而造成蛋白质大量消耗及矿物盐、维生素及水的大量丢失，这就要在膳食及饮料中给予特殊补充。对参加体育锻炼的人，应根据其年龄、性别、活动项目、运动强度、季节温度等因素，对某种营养成分给予适度强化，超量补充锻炼过程的特殊消耗，为实现锻炼效果提供必要的物质基础。

(二) 运动前的营养补充

在运动前，为身体补充蛋白质和脂肪。但即使是健康的蛋白质和脂肪，消耗这些能量也需要花很长时间，还会将珍贵的氧气和传递能量的血液运送到你的胃部，从而无法为你锻炼的肌肉提供足够能量。这样做还很有可能导致你在运动时胃疼。如果你什么都不吃，在锻炼中你有可能会拉伤肌肉，也会为身体带来很大压力。理想的情况应该是在运动前2小时进食，补充300～500卡健康的碳水化合物。如果你在运动前2小时没有时间进食，也可以在运动前5～10分钟快速补充50～100卡的加餐。

运动前2小时适宜的食物：一碗燕麦片、全谷麦片、全麦吐司，甚至甜土豆红薯或山药。如果你不得不直接在运动前进食，可以选择一小份水果、一个苹果或一个香蕉。

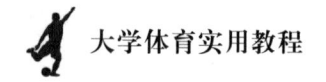

(三) 运动中的营养补充

饮食营养对于运动非常重要，足够而均衡的饮食营养可使运动状态与表现更趋完美。经常参加健身运动的人，如果缺乏合理的营养保证，营养消耗得不到补充，机体就会处于"亏损"状态，运动后的疲劳就不能及时消除。因此，在运动后应通过合理的营养膳食来补充消耗的能量和营养物质。

一般来说，运动锻炼过程中的饮食应注意以下事项：

（1）对大多数喜爱运动的人来说，合理的饮食应包括：60%～70%的糖类，12%的蛋白质，以及18%～28%的脂肪。一般来说，健身运动者和其他人一样应该严格控制脂肪，尤其是饱和脂肪酸，每千克体重需要蛋白质1.0克，这个数字高出正常人0.8克每千克体重，健康的饮食容易达到此要求，不用再补充蛋白质。爱好运动的人消耗的热量常高于正常人，所以饮食中需要补充额外的热量，糖类是最佳的能量来源。

（2）应多补充蔬菜、水果。1天至少食用新鲜蔬菜500克，品种最好有2～3种，以新鲜深色蔬菜为佳。植物油根据菜肴的情况使用烹调油，全天可用20～30克。

（3）当进行健身运动，特别是剧烈运动时，人体依靠大量出汗达到机体散热的作用，导致大量的水分和电解质经由汗水流失，所以，运动后及时补充水分和电解质非常重要。一般来说，健身运动后补充的饮料都为糖盐水，也可饮用菜汁、果汁、咸菜汤等。补充水分的方式是少量多次为宜，不宜一次饮用大量水。

(四) 运动后饮食安排的要求

（1）忌立即进食，至少休息1小时左右；

（2）食物要细软，易于消化，忌暴饮暴食或过饥过饱；

（3）饮食要有规律，每餐基本做到定时定量，一日三餐为宜，如有必要可加餐一次；

（4）运动的供能以糖为主，运动后血糖浓度减少显著，因此应增加糖的补充量，选择含糖量高的食物。糖的补充也能使疲劳的肌肉得到恢复，糖原得到补充。

（5）适当地补充维生素，对加速体力恢复、保持较强运动能力是很有必要的，其中特别是维生素C和维生素B。

（6）水分的补充能补偿出汗的失水量，保持体内水分的平衡。补水时要注意少量多次，还要适当进盐。

第三节 运动损伤与运动性疾病

一、运动损伤的预防与处理

(一) 运动损伤发生的原因

人们在体育运动过程中受到机械性和物理性方面因素所造成的伤害，称为运动性损伤。运动损伤的发生绝非偶然，有其多方面的原因和一定的规律性，因此掌握了发生的原因和规律，就能杜绝或减少运动损伤的发生。学生在体育活动中发生运动损伤的原因，有外在因素和内在因素两种。

1. 外在因素

运动损伤发生的外在因素主要有以下几个：

(1) 科学训练水平不高

因训练科学化水平低,直接造成大学生因为训练程度不高而受伤的病案在低年级大学生中最为突出。主要表现在许多低年级大学生完成技术动作时存在不规范、不合理,主动肌与对抗肌收缩不协调,以及自我保护能力较差等因素。

(2) 慢性劳损

慢性劳损是大学生身体局部过度活动、长期负重,或某部受到持续、反复的外力作用而造成的慢性积累性损伤。慢性劳损致病多发于人体活动枢纽的腰部和反复受到牵拉、应力作用的髌骨,具有病因较难祛除、伤病不易治愈的特点。慢性劳损还与不科学的运动训练、新伤的不彻底治疗以及重复受伤有关。

(3) 场地、器材条件

体育活动中,场地滑或粗糙、灯光不适宜是造成大学生摔伤和扭、拉伤的重要影响因素。此外,大学生服装与运动鞋袜不合适,也会导致意外伤害事故,必须高度重视。

(4) 不同运动的特殊要求

各运动项目、运动技术对人体模型在活动时都有特殊的要求,而这种特殊要求,往往会触犯到机体的易犯部位,成为运动损伤的潜在因素。如篮球运动的滑步动作对膝关节要求很严,膝关节处于屈膝蹲立时,周围几乎没有肌肉保护,其内侧和外侧副韧带处于松弛状态,膝关节的稳定性较差,所以容易发生膝损伤。

2. 内在因素

运动损伤发生的内在因素主要有以下几年:

(1) 缺乏充分的准备活动和整理活动

运动员在比赛和训练前做好准备活动,是预防运动损伤的一个重要环节。

(2) 人体解剖学结构的不完善和弱点

如肩关节由肱骨和肩胛骨的关节盂构成,由于肱骨头大,肩胛盂小关节活动灵活而稳定性差,加上肌力不足,韧带弹性差,容易造成肩关节损伤。

(3) 大学生生物学机能状态不佳

由于过度训练、生物周期性低潮期、疾病、女大学生经期等因素使大学生的生理机能处于不良状态,大学生在训练时往往注意力分散,动作协调性下降,肌肉、关节的本体感受性降低,竞技状态低下,此时极易受伤。此外,在大强度、大运动量的训练中也容易造成心血管、呼吸等系统的"内伤"。

(4) 肌肉收缩力下降

肌肉收缩力引发的损伤在低年级大学生的伤病中较为常见,受伤过程往往是大学生技术动作僵硬不合理、主动肌群和被动肌群收缩不协调或身体大、小肌群力量的不匹配而造成。受伤较多为撕裂(拉)伤,部位多为肌腹、肌肉与肌腱过渡部位,以及肌腱附着处。

(二) 运动损伤的预防

运动损伤不仅使人不能进行正常的训练和比赛,影响运动能力的提高,严重时还可使人残废,甚至死亡。目前,世界各国都把防治运动损伤作为一个重要的课题进行研究。关于运动损伤的预防主要有以下措施:

(1) 全面发展身体素质,特别是注意发展踝关节、膝关节及大腿、小腿肌群的力量和柔韧性。对易伤部位要进行专门训练,如加强肱四头肌力量练习,对预防髌骨软骨病会起到重要作用,亦能增强膝关节的稳定性。同时注意自我保护动作的训练。加强技术练习,正确掌

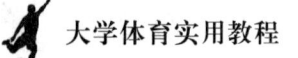

握各种技术并能熟练运用，此外还要注意合理安排运动负荷，防止过度疲劳的产生和局部负荷过重。

（2）比赛及训练中严格执行保护大学生身体健康的有关规定，同时注意场地及器材要符合比赛和训练的要求。

（3）运动损伤的初步急救非常关键，处理得当可以大大减少以后的并发症，加快损伤的好转和愈合，使大学生较快地恢复健康。若急救处理不当，轻者会加重伤情，发生感染，延长治愈时间；重者则可能造成残废。所以，教师、大学生掌握一些运动损伤的初步急救方法非常必要。

（4）平时要注意加强"防伤"观念的教育，在教学、训练和比赛中，认真贯彻"预防为主"的方针。加强对大学生进行组织性、纪律性教育，培养他们良好的体育道德风尚。

（5）根据年龄、性别、健康状况、训练水平和各项运动项目的特点，个别对待，循序渐进，合理安排运动负荷。在教学、训练和比赛前，应充分做好准备活动。

（6）应定期进行体格检查。参加重大比赛的前后，要进行身体补充检查或复查，以观察体育锻炼、比赛前后的身体机能变化。对体检不合格者，则不允许参加比赛，伤病初愈的大学生参加体育或训练时，应取得医生的同意，并做好自我监督。

（三）常见运动损伤的处理

1. 挫伤

肌体某部受钝性外力作用，导致该处及其深部组织的闭合性损伤，称为挫伤。球类运动中的跑、跳等都易发生挫伤，最常见的部位是大腿的肱四头肌和小腿前部的骨膜和后部的小腿三头肌、腓肠肌，此外，腹部、上肢、头部的挫伤也时有发生。挫伤后，以疼痛、肿胀、皮下出血和功能障碍的症状为主。

处理：受伤后，应马上进行局部冷敷、外敷新伤药等，适当加压包扎，并抬高患肢，以减少出血和肿胀。肱四头肌和小腿后群肌肉的严重挫伤多伴有部分肌纤维的损伤或断裂，组织内出血形成血肿，应将肢体包扎固定后，迅速送医院诊治。头部、躯干部的严重挫伤可能会伴有休克症状，应认真观察呼吸、脉搏等情况，休克时应首先进行抗休克处理，使伤员平卧休息、保温、止痛、止血，剧烈疼痛者，可口服可卡因或肌肉注射杜冷丁，并立即送医院诊治。

2. 擦伤

肌体表面与粗糙的物体相互摩擦而引起的皮肤表层的损害叫做擦伤。主要症状为表皮剥脱，有小出血点和组织液渗出。

处理：一般较轻、较小的擦伤，可以用生理盐水或其他药水冲洗伤部，涂抹红药水或紫药水，不需包扎，一周左右就可痊愈。面部擦伤宜涂抹 0.1% 新洁尔溶液。通常较大的擦伤伤口易受污染，需用碘酒或酒精在伤口周围消毒。如果创面中嵌入沙粒、炭渣、碎石等，应用生理盐水棉球轻轻刷洗，消除异物，消毒后撒上云南白药或纯三七粉，盖上凡士林纱布，适当包扎。若不发生感染，两周左右即可痊愈。关节周围的擦伤，在清洗、消毒后，最好用磺胺软膏或青霉素软膏等涂敷，否则会影响活动，并易重复破损。

3. 撕裂伤

撕裂伤是指受物体打击而引引起的皮肤和皮上组织均出现规则或不规则的裂口。

处理：轻者可先用碘酒或酒精消毒，然后用云南白药或其他药物和方法止血，再用消毒纱布覆盖，并适当加压包扎。如不能制止出血，应尽量在靠近伤口处按规定缚以止血带，立即送医院治疗。伤口较大、较深、污染较严重时，应立即送医院进行清创缝合手术，并口服或注射抗菌素药物预防感染，并按常规注射破伤风抗霉素。

4. 关节扭伤

关节扭伤是指关节发生异常扭转，引起关节囊、关节周围韧带和关节附近的其他组织结构损伤。关节扭伤后，关节及周围出现疼痛、肿胀，有明显的压痛感觉和关节活动障碍。

处理：仔细检查韧带是否部分撕裂或完全断裂，关节是否失去功能，注意以冷敷、加压包扎或固定为主，外敷活血止痛的药物。受伤严重时马上送往医院作进一步的诊治。

5. 拉伤

肌肉受到强烈牵拉所引起的肌肉细微损伤、部分撕裂或完全断裂，叫做拉伤。球类运动中，大腿后群肌肉和小腿后群肌肉的拉伤最为常见。拉伤后局部疼痛、压痛、肿胀、肌肉发硬、痉挛、功能障碍。如果肌肉断裂，伤员受伤时多有撕裂感，随之失去控制相应关节的能力，并可在断裂处摸到凹陷，在凹陷附近可摸到异常隆起的肌肉断端。

处理：拉伤时应立即采用氯乙烷镇痛喷雾剂等进行局部冷敷，加压包扎，并把患肢放在使受伤肌肉松弛的位置，以减轻疼痛。肌纤维轻度拉伤及肌肉痉挛者，用针刺疗法会取得良好的效果。肌肉、肌腱部分或完全断裂者应在局部加压包扎，固定患肢后，马上送医院诊治，必要时还要接受手术治疗。通常拉伤48小时后才能开始按摩，但手法一定要轻缓。

6. 骨折

骨的完整性遭到破坏的损伤称为骨折。骨折分为闭合性骨折，即骨折处皮肤完整，骨折端不与外界相通。开放性骨折，即骨椎端穿破皮肤，直接与外界相通，这种骨折容易感染，发生骨髓炎与败血症。复杂性骨折，即骨折断端刺伤了血管、神经等主要的组织与器官，发生严重的并发症，引发危及生命的一些症状。

处理：

①骨折固定前最好不要移动伤肢，以免增加伤员的痛苦和伤情，应尽快固定伤肢，限制骨折断端的活动。对大腿、小腿和脊柱骨折应就地固定。

②对有伤口或开放性骨折的伤员，首先要止血，止血多采用止血带法和压迫法。然后，用消毒巾或纱布包扎后，及时送医院治疗。同时要注意，对已暴露在伤口外的骨折断端不要放回伤口内，以免引起感染，也不可任意去除。

③如有休克和大出血等危及生命的并发症时，应立即抢救休克和止血，给予伤员较强的止痛药物，平卧保暖，针刺人中等，这时可以采取简要的止休克措施。

④使用固定用具，长短宽窄要合适，长度须超过骨折部的上、下两个关节，夹板与皮肤之间要有垫衬物固定，先固定骨折部的上面和下面，再固定上下两个关节。

⑤伤肢固定后要注意保暖，检查固定是否牢靠。四肢固定时要观察肢端是否麻木、疼痛、发冷、苍白或青紫，如出现这些情况则说明包扎过紧，需要宽松一些。

7. 关节脱位

关节面失去正常的对合关系，叫做关节脱位。关节脱位时，通常伴有关节囊撕裂，关节周围的软组织损伤或破裂。关节脱位后，受伤关节疼痛，有压痛和肿胀，关节功能丧失，受伤的关节完全不能活动，出现畸形，关节内发生血肿。如果复位不及时，血肿会机化而发生关节粘连，增加关节复位的困难。

处理：应马上用夹板和绷带在脱位所形成的姿势下固定伤肢，尽快送医院治疗。肩关节脱位时，取三角巾两条，分别折成宽带，一条悬挂前臂，另一条绕过伤肢上臂，于肩侧腋下

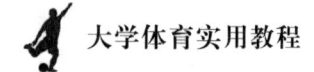

缚结。肘关节脱位时，用铁丝夹板，弯成合适的角度，置于肘后，用绷带缠稳，再用小悬臂带挂起前臂，也可直接用大悬臂带包扎固定。

8. 大腿后部屈肌拉伤

在完成各种动作时，当肌肉主动收缩或被动拉长超出其所能承担的能力时，可造成大腿部肌肉的急性拉伤。准备活动不充分、不当地使用猛力、疲劳或负荷过度、技术动作有缺点、气温过低、场地粗糙是常见的致伤原因。该肌群训练不充分，肌肉弹性、伸展性差，肌力弱是发生损伤的内在因素。肌肉拉伤轻者，可仅有少许肌纤维撕裂或肌膜破裂；重者可造成肌肉大部或完全断裂。

处理：

①肌肉微细损伤或伴有少量肌纤维撕裂者，伤后应迅速给予冷敷，局部加压包扎，休息时应抬高患肢。

②24~48小时后可开始理疗和按摩，按摩时手法宜轻柔，伤部仅能做些轻推摩，伤部周围可做揉、捏、搓等，同时配合点压穴位（宜取伤周穴位）。

③如肌肉大部或完全断裂者，在局部加压包扎并适当固定患肢后，应马上送往医院诊治。

9. 腰部肌肉筋膜炎

腰肌筋膜炎，即腰肌劳损，其病理改变是多种多样的，包括神经、筋膜、肌肉、血管、脂肪及肌腱的附着区等不同组织的变化。通常多系急性扭伤腰部后，治疗不彻底即参加运动，逐渐劳损所致。另外，锻炼中出汗受凉也是重要成因之一。其症状主要有：有局部酸疼发沉等自发性疼痛，最常见的疼痛部位是腰椎3、4、5两侧骶棘肌鞘部，不少患者同时感觉有疼麻放射到臀部或大腿外侧；大部分伤者尚能坚持中小运动量的锻炼，一般表现为练习前后疼痛；在脊柱活动中，尤其是前屈时常在某一角度内出现腰痛。

处理：可采用理疗、按摩、针灸、封闭、口服药物、用保护带及加强背肌练习等非手术治疗手段；对顽固病例可手术治疗。

10. 脑震荡

脑震荡是指头部受到外力打击后，使大脑的膜半规管、椭圆囊、球囊等感受器机能失调，轻则引起意识和功能的一时性障碍，严重者将完全丧失意识，呼吸短浅；脉搏缓慢，瞳孔放大；清醒后，常出现头痛、头晕、恶心、呕吐、情绪烦躁、注意力不集中、耳鸣、心悸、多汗、失眠、记忆力减退等症状。致伤后，应立即让患者平卧、冷敷头部，对昏迷者可指压人中、内关穴，有呼吸障碍者实行人工呼吸，并立即送医院治疗。

处理：脑震荡恢复期，要保持环境安静，卧床休息，直至头疼、头晕症状消失。切忌过早参加体育运动和脑力劳动。

二、常见运动性疾病的预防与治疗

（一）运动性疲劳

运动疲劳是指在运动过程中，机体的机能能力或工作效率下降，不能维持在特定水平上或不能维持预定运动强度的生理过程。根据运动性疲劳发生的部位，可分为中枢疲劳和外周疲劳两大类。

1. 运动性疲劳发生的原因

长时间中等强度运动的疲劳往往与肌糖原大量消耗、血糖浓度下降、体温升高、脱水和无机盐丢失有关；短时间最大强度运动的疲劳是因肌细胞代谢变化导致 ATP 转换速率下降；而较大强度、较短时间运动的疲劳往往是由于乳酸堆积所致。在非周期性运动项目中，技术动作的不断变化和动作技能的复杂程度是影响运动性疲劳的重要因素。静力性运动疲劳的产生就其细胞代谢来讲和短时间大强度运动项目的运动性疲劳相似，但由于中枢神经系统相应部位持续兴奋、肌肉中血流量减少以及憋气引起的心血管系统功能下降而更为明显。

判断运动性疲劳通常可根据以下方法：

（1）静止时和运动前后进行各种机能测验，如台阶试验、联合机能试验、最大吸氧量测定等。疲劳时心血管系统和呼吸系统的调节机能下降。

（2）根据运动员的主观感觉，如疲劳时出现疲乏、头晕、心悸、恶心、面色苍白、眼神暗淡、呼吸表浅、反应迟钝、注意力分散、运动能力下降等。

（3）根据体重判断运动性疲劳。过度疲劳时由于体内脂肪、肌蛋白被大量消耗，可导致体重的持续下降。在进行体重监控时可定期测量体重，一般每周1~2次，最好每次都在清晨或其他固定的时间内进行。另外，还可测量每次运动前和运动后的体重，以作为观察运动对体重影响的参考指标。

（4）根据人体各器官系统的生理、生化指标变化判断运动性疲劳。人体疲劳时心率增快；肌力下降（用握力计、背力计等进行测定）；肺活量值逐渐下降等。

2. 运动性疲劳的恢复

为了使运动中所消耗物质和各器官系统下降了的机能得到恢复，以及运动中所产生的代谢产物尽快消除，不致使疲劳积累而造成过度疲劳，通常可采用下述消除运动性疲劳的方法：

（1）运动中的恢复手段

在经过高强度的负荷训练后，肌肉中乳酸堆积较多，直接引起肌肉机能下降，乳酸增多，肌力减退。如果剧烈运动后完全静止休息，那么肌肉中的乳酸排除就较慢，而采用一定时间的强度较小的运动，则可加快乳酸的消除，这种恢复手段是国外许多运动员普遍运用的。此外，在运动结束阶段，进行一些游戏性的活动，也是运用较多的恢复手段。

（2）运动后的恢复手段

运动后加快肌肉恢复的方法比较多，现代训练中多采用睡眠、按摩等方法。

①睡眠

充足的睡眠是消除疲劳和恢复体力的关键。睡眠时大脑皮层的兴奋过程降低，体内分解代谢处于最低水平，而合成代谢过程则相对较高，有利于体内能量的蓄积。所以，大学生每天应保证充足的睡眠时间，一般每天不少于8~9小时。大运动量训练和比赛期间，睡眠时间应适当延长。

②拉伸练习

拉伸练习是根据肌牵张反射引起肌肉放松的原理而给肌肉施加的一种刺激。这种刺激不但不会使肌肉收缩，而且会使肌肉放松。对开始出现弹性下降的肌肉进行伸展，可以使挛缩的肌纤维展拉，达到放松、促进血液循环的目的。拉伸练习的生理效果在于改善肌肉血液循环，减轻因运动性疲劳而造成的肌肉疼痛，消除肌肉僵硬现象，使缩短的肌纤维重新拉长，恢复弹性。

③按摩

按摩是消除运动性疲劳的有效方法。通过按摩不但能促进大脑皮层兴奋与抑制的转换，使因疲劳引起的神经调节紊乱消失，还可改善局部或全身血液循环的状况，促进代谢产物的消除，减轻肌肉的酸痛和僵硬，提高肌肉的收缩力，改善关节的灵活性。按摩有人工按摩、机械按摩、水力按摩和气压按摩四种，其中人工手法按摩是最受运动员欢迎的消除疲劳的方法，有着良好的效果。

④合理膳食

运动时所消耗的物质要靠饮食中的营养物质来补充，运动训练和比赛后，合理营养有助于运动员体力恢复和运动性疲劳的消除。所以，运动后应根据足球运动项目的特点补充足够的糖、蛋白质、维生素、无机盐和水等。在疲劳时应注意补充能量，尤其是糖、维生素、蛋白质等，应多吃些富含碱性的食物，如水果、蔬菜、豆制品等，以利于保持人体内酸碱度的基本平衡，保持人体健康，尽快消除运动带来的疲劳。

⑤药物疗法

为了加速运动性疲劳的消除，运动后可适当服用一些药物，如中药黄芪、刺五加、参三七、维生素 B_1 和维生素 B_{12}、维生素 C 和维生素 E 等。这些药物都能有效调节人体生理机能，加速新陈代谢，补充能量，减少组织耗氧量，改善血液循环，补充肌肉营养，对促进疲劳的消除有一定的效果。同时，也可适当服用蜂王浆、人参、鹿茸等，也有养血补气、增强体力、消除疲劳的功效。

⑥整理活动

整理活动是消除疲劳、促进体力恢复的一种有效方法。运动后做整理活动，可使心血管系统、呼吸系统仍保持在较高水平，有利于偿还运动时所欠的氧债和使生理机能水平逐渐平缓及逐渐下降到一定的水平上。整理活动包括慢跑、呼吸体操及各肌群的伸展练习。特别是运动后做静力牵张伸展练习，可消除肌肉痉挛，改善肌肉血液循环，减轻肌肉酸胀和僵硬程度，消除局部疲劳。

（二）过度训练

过度训练是指维生素由于疲劳的连续积累而导致机体出现功能紊乱或病理状态的训练和比赛。过度训练是一种训练与恢复、运动与运动能力、应激与应激耐受性之间的失衡状态。

1. 过度训练的征象

维生素过度训练后，常见症状为胸闷、心慌、气短、心前区不适或疼痛，以及心律不齐、血压增高且不稳定、血红蛋白下降、恢复期延长等。早期或轻度患者还主要表现为一系列的神经症状、生理障碍，如身体软弱无力、倦怠、精神不振、无训练欲望甚至厌烦训练，心理上有压抑感且缺乏信心。有的运动员表现为情绪波动较大、爱激动和发脾气或反应迟钝、对周围事情淡漠健忘、失眠或嗜睡现象、注意力不集中等。

2. 过度训练发生的原因

（1）运动量超过身体负荷

由于平时缺少锻炼，体质水平维持在一个较低的程度，而一旦需要大量运动时，出现不适应的现象。

（2）糖原不足

由于持续大强度训练肌糖原供应不足，刺激支链氨基酸和游离脂肪酸氧化供能，支链氨基酸的减少引起血浆游离色氨酸比值升高，大量色氨酸进入大脑，产生 5-羟色胺，5-羟色胺是公认的中枢疲劳的神经递质，因此加速了疲劳的发生。

（3）植物神经系统不平衡

植物神经系统调节紊乱是过度训练发展的高级阶段，即过度训练综合症。过度训练使肾上腺皮质激素的分泌减少、应答下降。

（4）自由基学说

自由基代谢失衡对细胞膜结构、线粒体功能等有很大损害，并直接影响到细胞氧化还原功能，导致运动疲劳。

3. 过度训练的预防

（1）锻炼前做全面的身体检查

锻炼前要进行身体检查，以了解目前的身体健康情况，尤其是心血管和呼吸系统的机能状况。平时如不经常锻炼，也不了解科学锻炼的知识与方法，急于求成地去进行练习，不但无益于健康，反而很容易损伤身体。因此，正式锻炼前必须进行身体检查，为锻炼的方式与运动负荷的选用提供客观的依据。

（2）锻炼要循序渐进，持之以恒

开始运动时，运动量要小些，有10～14天的观察反应期。对没有锻炼习惯的人，参加锻炼后，可能不适应，表现为劳累、肌肉酸痛、食欲稍减，甚至睡眠不佳。适应后再逐渐增加运动量，每增加一级负荷量，都要有一段适应期。对多数人来讲，一般运动量的增加不是直线上升的，而是波浪式渐进的，增加运动量时应以延长锻炼时间为主，不宜强调加快速度。

同时，锻炼一定要系统地进行，要持之以恒。只有这样的锻炼才能使身体结构和机能发生有利的变化，增强体质。

（3）劳逸结合

锻炼和休息要安排适当，劳逸结合，两者不可偏废，要做到动态平衡，即经常要调整好锻炼和休息的时间，要根据身体反应、外界环境和条件的变化不断进行调整，这样可以避免因两者安排不当造成意外。

（4）经常了解锻炼后的脉搏、血压等反应

锻炼时每天或隔天记录自我感觉，对比前、后的脉搏、血压数值，晨起的脉搏、食欲和睡眠情况等，有了这些记录，便于自我监督。

（5）做好准备活动与整理活动

运动前的准备活动是十分有必要进行的，它可以提高身体各器官系统的活性，使身体逐步适应运动时所要达到的强度要求。运动后进行一些恢复性的整理活动，可使运动中比较兴奋的器官逐步地平静下来。运动结束后可进行一些恢复性慢跑、柔韧性放松、局部按摩等。

（6）应避免局部负担过重

锻炼时应避免某一肢体或器官负荷过重。练习时最好有多个部位参加运动或每次运动采用多种形式，以使身体各部位得到活动的机会。活动时呼吸要自然，注意发展腹式呼吸，尽量避免屏气或过分用力。

（7）注意合理的饮食搭配

在锻炼过程中，要注意合理的饮食搭配，多吃些营养丰富易消化的食物，以保证锻炼时体力消耗的补充，减少由于食量增加而给消化系统带来的负荷。锻炼时体内水分消耗过多，运动后要适当地补充水分。

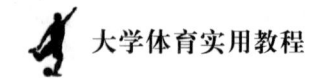

三、其他常见运动性疾病

（一）过度紧张

过度紧张是在训练或比赛时，运动负荷超出了机体所能承受的能力而引起的病理状态，多发生于运动比赛经验不足、体育锻炼基础差、长期中断训练或有某种疾病的人。尤其是患有高血压病、心脏病的人，如果勉强去完成剧烈的运动或比赛，都可能发生过度紧张。

1. 症状

一般来说，过度紧张有以下表现：

（1）急性胃肠功能紊乱及运动应激性溃疡。

急性胃肠功能紊乱是过度紧张中最常见的一种，常在剧烈运动后即刻或短时间内发病，出现恶心、呕吐、头痛及头晕、面色苍白、呈衰弱状态，呕吐物为食物、黏液及水。有的人在运动后仅有恶心或不适感，仍可少量进食；有的人在运动后8～10小时发生呕吐。体检时，腹部有轻微压痛，脉搏稍快，血压多数正常。运动后发生呕吐的原因，可能不是因为胃酸过多，而是运动时发生的物理原因所引起。

（2）昏厥

在运动中或运动后，由于供血量的减少或脑血管的痉挛，引起脑部突然供血不足而发生的暂时性知觉丧失。昏倒前，常有全身软弱、头晕、耳鸣、眼前发黑、面色苍白。昏倒后，意识丧失或模糊不清，面色苍白、手足发凉、出冷汗、脉率增快或正常、血压降低或正常、呼吸慢或增快。

（3）急性心脏功能不全和心肌损伤

表现为运动后出现头晕、眼花、步态不稳、面色苍白，身体迅速衰弱，呼吸困难，并有恶心、呕吐、咳嗽、胸痛甚至意识丧失。

（4）脑血管痉挛

运动后突然发生一侧肢体麻木、动作不灵活或麻痹，同时伴有头痛、恶心及呕吐。

2. 预防

体育运动基础较差者，不可勉强参加紧张的训练或比赛，活动前要做好充分的准备活动，并注意加强身体的全面训练，运动量的增加要做到循序渐进。患病时应积极治疗并注意休息，避免剧烈运动。伤病初愈或因其他原因中断体育锻炼后再重新参加锻炼时，要逐渐增加运动量，不要马上进行大强度训练或剧烈比赛。在参加体力负担较重的比赛前，应做全面深入的体格检查，禁止高血压病、心脏病患者和其他身体检查不合格者参加比赛。

3. 处理

轻度的过度紧张，应将病人安静平卧，并注意保暖，可服用热糖水或镇静剂，一般经短时间休息即可恢复。对患有心功能不全的病人，应处半卧位，保持安静，并针刺或掐点内关、足三里等穴。如果有昏迷，可针刺或掐点人中、百会、合谷、涌泉等穴，并请医生处理。

（二）延迟性肌肉酸痛

延迟性肌肉酸痛通常在运动后24小时之内出现，主要症状为肌肉僵硬、酸痛和自觉酸痛部位肿胀，有压痛，多发生于双下肢主要伸、屈肌群，而肌肉远端和肌肉—肌腱移行处常常症状较重，严重者肌肉全长发生疼痛，且以肌腹为主。24～48小时之内，酸痛达到高峰，之后可自行缓解，5～7天消失。

1. 发生原因

由于运动时肌肉活动量过大，导致局部肌纤维及结缔组织的细微损伤，以及部分肌纤维的痉挛所致。这种酸痛不是发生在运动结束后的即刻，而是发生在运动结束后的1~2天，因此称为延迟性疼痛。由于这种酸痛现象只是局部肌纤维的细微损伤和痉挛，不影响整块肌肉的运动功能。因此，酸痛后经过肌肉内部对细微损伤的修复，肌肉组织会变得更加强壮，以后同样负荷将不易再发生酸痛。

2. 预防

运动时，要充分做好准备活动，要循序渐进。把握运动强度及运动量的递进性原则，根据自身的身体状况安排锻炼负荷，尽量避免局部肌肉负担过重。锻炼后，要对主要的工作肌肉进行推拿按摩。

3. 处理

对酸痛部位进行热敷或按摩，还可配合做一些伸展练习，也可口服维生素C以缓解症状，另外，针灸、电疗等也有一定作用。

（三）运动性贫血

血液中红细胞数与血红蛋白数低于正常值，称为贫血。因运动引起的这种血红蛋白量减少，就叫做运动性贫血。

1. 发生原因

其发病的主要原因有：

（1）由于运动时肌肉对蛋白质和铁的需求量增加，而得不到满足，即可引起运动性贫血。

（2）由于剧烈运动时血流加速，易造成红细胞破裂，致使红细胞的生或与衰亡之间的平衡遭到破坏，从而导致运动性贫血。

（3）运动性贫血发病缓慢，其临床表现有头晕、恶心、呕吐、气喘、体力下降。运动后心悸、心率加快、脸色苍白等。

2. 预防

遵循循序渐进和个别对待原则，合理调整膳食。如运动时经常有头晕现象时，应及时诊断医治，以利于正常参加体育运动。

3. 处理

如运动中（后）出现头晕、无力、恶心等现象时，应适当减小运动量，必要时暂停运动，并补充富含蛋白质和铁的食物，口服硫酸亚铁，这对缺铁性贫血的治疗有良好的效果。

（四）运动性昏厥

在运动中，由于脑部突然血液供给不足而发生的暂时性知觉丧失现象，称为运动性昏厥。运动性昏厥表现为全身无力、头昏耳鸣、眼前发黑、面色苍白、失去知觉、突然昏倒、手足发凉、脉搏慢而弱、血压降低、呼吸缓慢等。

1. 发生原因

其发生原因是由于剧烈运动或长时间运动，使大量血液积聚在下肢，回心血量减少所致，也和剧烈运动后引起的低血糖有关。

2. 预防

平时要经常坚持体育运动，以增强体质；久蹲后不要突然起立；不要带病参加剧烈运动；疾跑后不要立即停下来；不要在饥饿的情况下参加剧烈运动。

3. 处理

应迅速使患者平卧，足略高于头部，并进行由小腿向心脏方向推摩或拍击。同时用手指点压人中、合谷等穴位，必要时给氨水闻嗅。如有呕吐，应将患者头偏向一侧。如停止呼吸，应马上进行人工呼吸。轻度休克者，应由同伴搀扶慢慢走一段时间，帮助进行深呼吸。

（五）运动中腹痛

大学生在训练和比赛中，因生理和病理原因而发生的腹部疼痛症状，称为运动中腹痛。运动中较常见的是肝脾淤血、胃肠痉挛和膈肌痉挛导致的腹痛。

1. 发生原因

运动中腹痛的发生往往与下列因素有关：缺乏训练或训练水平较低，准备活动不充分，过度紧张，空腹运动，以及饭后过早地参加运动，运动前吃得过饱、过多或吃了较难消化的食物使胃肠充盈、饱满，都可以引起胃肠痉挛，以致腹痛。由胃肠道痉挛或功能紊乱而引起的腹痛，性质可以是钝痛、胀痛甚至绞痛，部位一般在肚脐周围。另外，运动中腹痛的程度与运动负荷的大小成正比：强度小，较慢速度运动时，疼痛不明显；随着运动负荷的加大，疼痛逐渐加剧。

2. 处理

对运动时出现腹痛的运动员要慎重对待。首先要了解腹痛的性质、部位，根据腹痛的部位与运动负荷的关系，来判断是由疾病引起的，还是与运动有关的生理原因引起的，做到有的放矢。出现腹痛时应立即降低负荷强度，适当减慢速度，调整呼吸和动作节奏，再用手按压疼痛部位，如果无效或疼痛反而加重，应立即停止运动，请医生诊治。

（六）肌肉痉挛

肌肉痉挛俗称抽筋，是指肌肉发生不自主的收缩反应。运动中小腿腓肠肌和大腿后群肌肉发生痉挛较为常见。痉挛的肌肉僵硬，剧烈疼痛、肿胀，肌肉的运动能力和柔韧性降低，肌肉痉挛所涉及的关节功能也会发生一定的障碍。

1. 发生原因

发生肌肉痉挛一般有以下原因：

（1）长时间或大强度的运动训练，会引起肌肉结构的损伤，肌肉的血液循环和能量物质代谢发生改变，肌肉中大量的乳酸和代谢废物堆积，肌肉收缩与放松不能协调地交替进行，从而引起肌肉痉挛。

（2）运动中大量排汗，特别是在高温条件下长时间的剧烈运动，使电解质从汗液中大量丢失，肌肉的兴奋性增高，从而发生肌肉痉挛。

（3）其他因素。如肌肉受到寒冷刺激，兴奋性会增强，易发生强直性收缩；肌肉突然受到外力的猛烈打击等，也会产生强烈收缩而引起痉挛。

2. 处理

一般肌肉痉挛只要向相反的方向牵引痉挛的肌肉，即可缓解或消失。牵引时用力宜缓慢、均匀，切忌用暴力，以免拉伤肌肉。大腿后群肌肉、小腿腓肠肌痉挛，可尽力伸直膝关节，用力将踝关节充分背伸，尽可能拉长痉挛的肌肉。缓解后，配合局部按压、揉捏、点掐、针刺有关穴位等，效果会更好。

(七) 运动性中暑

由于人体运动时产生的热超过了身体的散热能力而发生的高热状态，称为运动性中暑。在炎热的夏季进行训练和比赛较易出现此种现象。运动性中暑可分为热射病、日射症、热痉挛和循环衰竭四种类型。

1. 发生原因

（1）热射病：热射病是发生在高热环境中的一种急性病。运动时，体内产热较多，如果天气温度和湿度较高，且空气不流通，散热就会受到影响，热量在体内大量积累，会造成体温大幅度升高，水、盐代谢出现紊乱，严重影响体内的生理机能以及中枢神经系统的机能活动。

（2）日射症：由于阳光直接照射头部而引起的机体强烈反应。

（3）热痉挛：运动中机体大量排汗，失水、失盐过多以致电解质平衡紊乱，发生肌肉疼痛和痉挛。

（4）循环衰竭：由于运动时机体失水过多，使血容量减少，如果心脏功能和血管舒张调节不能适应，可导致周围循环衰竭而发生中暑。

2. 处理

一旦出现中暑，首先必须降温，迅速将患者移到凉爽、通风的地方，平卧休息，头部稍垫高，松解衣服，头部冷敷，用温水或酒精擦身，服饮盐开水或清凉饮料，必要时服解热药物。肌肉痉挛者主要是牵引痉挛的肌肉，补充盐和水。头痛剧烈者，针刺或点太阳穴、风池、合谷、足三里等穴。如有昏迷，可刺激人中急救，对四肢用力进行推摩和揉捏，必要时一面急救，一面迅速送医院治疗。

第四节　大学生急救常用知识

一、急救包扎方法

包扎是利用绷带、三角巾或石膏绷带等材料，在急救中暂时固定骨折或受伤的关节、支持或悬吊肢体，使患者保持舒适体位，减轻痛苦的一种方法。包扎应用广泛，具有止血、防止或减轻伤部肿胀、保护创口、预防或减少感染等作用。

（一）包扎的方法

1. 绷带包扎法

环形包扎法：环形缠绕，下一圈将上一圈完全遮盖。用于包扎额部、手腕、颈和小腿下部等粗细均匀的部位，以及开始与结束时做固定带端（图3-1）。

螺旋形包扎法：螺旋状缠绕，每周遮盖上周的1/3至1/2。用于径围一致的部位，如前臂、上臂、大腿下段和手指等肢体粗细差不多的部位（图3-2）。

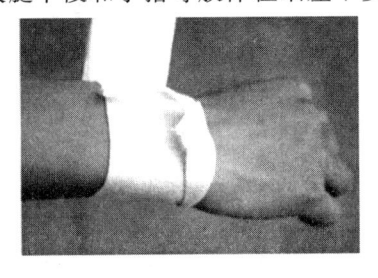

图 3-1 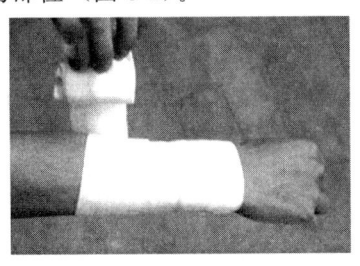　　　　　　图 3-2

反折螺旋形包扎法：包扎时以环形包扎法开始，然后用拇指压住卷带上缘，将其上缘反折（注意要避开伤处）并压住前一圈的 1/2 到 2/3，每圈的折线应互相平行。用于包扎前臂、大腿和小腿等肢体粗细相差较大的部位（图 3-3）。

"8"字形包扎法：包扎方法有两种，一种是从关节中央开始的包扎法；另一种是从关节下部开始的包扎法。以关节为轴心，上下交叉缠绕成"8"字形，每圈向内遮盖其上圈的 2/3 至 1/2。用于肢体径围不一致的部位或屈曲的关节如肩、肘、髋等部位（图 3-4）。

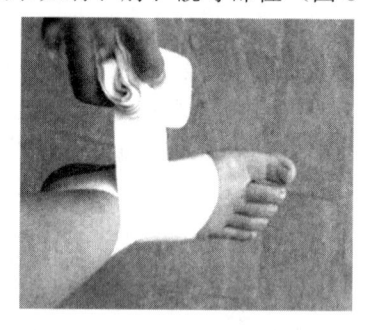

图 3-3

图 3-4

2. 三角巾包扎法

本法适用于急救临时处理。三角巾又名三角带，用本色棉布制成，边长 85～100 厘米的正方形布，对角剪开即成为两块三角巾。三角巾包扎法包扎迅速简便，适用于躯体各部。

大悬臂吊带：大悬臂吊带将三角巾摊开，一角绕过伤员颈部与另一底角打结，将患臂置于三角巾中，再将顶角自肘部折转，以别针固定，包扎肘部。用于前臂骨折等上肢损伤，但锁骨和肱骨骨折不能用（图 3-5）。

小悬臂吊带：小悬臂吊带可将三角巾折成长条，系结挂在患者颈上，以悬吊受伤的手臂。将三角巾叠成四横指宽的宽带，其中央置于伤肢前臂下方 1/3 处，两端在颈后打结。用于锁骨和肱骨骨折（图 3-6）。

图 3-5

图 3-6

（二）包扎要点和注意事项

1. 绷带的使用

绷带必须清洁干净，严禁使用未经洗净灭菌的旧绷带。在包扎或解除包扎时，不能将绷带拖在地上。不能使用潮湿的绷带，因为潮湿绷带可刺激皮肤并造成感染，干燥后出现收缩而导致包扎过紧，影响血液循环。

2. 创面换药

包扎前应先进行创面换药，擦干附近皮肤。对腋下、乳下、腹股沟、耳后等皮肤皱褶处，可先撒滑石粉，并垫以纱布或棉垫。骨隆突处亦应以棉垫保护。

3. 固定位置

包扎时应尽可能不要改变患者的位置，使患者坐卧舒适。如做固定或制动性包扎，应注意肢体的功能位置。

4. 包扎技巧

包扎应做到动作熟练，轻快柔和，不要触碰伤口，以免加重损伤或疼痛，并应根据肢体的形态灵活地运用各种包扎法，使包扎平整、合适。

5. 包扎顺序

应从远心端向近心端进行包扎。包扎开始时常做环形两周固定，以后每周压力要均匀。松紧适中，过紧会影响血液循环，过松则起不到包扎的作用。每周绷带应遮盖前周绷带宽度的1/2或1/3，以充分固定并节省绷带，并随时注意整齐美观。包扎至最后，末端一般用胶布固定。如无胶布，可将末端纵形剪开或撕开，打结固定。固定结应打在肢体的外侧面，切忌固定在创面敷料上、骨隆突处或患者坐卧时压着的地方。在包扎肢体时，要外露指（趾）端，便于观察血液循环情况。

6. 解除绷带

解除绷带时，应先剪开固定结或胶布，然后顺绷带包扎的反方向，用两手互相传送松解，不要拉得很长或拖在地上，以免弄脏。紧急时或绷带已被伤口分泌物浸透且干涸时，可用剪刀剪开以解除绷带。

二、骨折的急救

在运动过程中，出现外伤后，应根据暴力作用的部位及方向，问明疼痛点，同时解开衣服，观察是否有畸形或肿胀，并循骨干检查压痛，骨折的压痛限于骨折断端。如是软组织挫伤，其压痛范围较广、较轻。疑有骨折，应先按骨折急救处理，确诊则需用X线检查。

（一）骨折的征象

1. 局部表现

刚发生骨折时，疼痛较轻，稍后即加重。肢体活动时疼痛加剧，触诊时骨折处压痛明显。骨折后骨及附近软组织的血管破裂出血，即发生肿胀。若是开放性骨折，周围软组织肿胀，甚至可在皮肤上产生张力性水泡，如是闭合性骨折则在其周围形成血肿。如血肿表浅，1～2日后可出现紫色、黄色或青色的皮下瘀斑。患肢骨折后因疼痛、肌肉痉挛、肌肉失去骨杠杆的作用或周围软组织损伤等，使肢体功能部分或全部丧失。因暴力作用或骨折后肌肉的痉挛性收缩等，造成骨折断端移位引起骨折肢体的缩短、侧凸成角、发生异态、变动、旋转畸形等。完全骨折后，在关节以外的地方出现异常的活动。当移动肢体时，在骨的断端可发出摩擦音，这是骨折特有的症状。检查时决不能刻意去寻找异常活动或骨擦音，以免加重损伤和增加患者痛苦。

2. 全身表现

比较严重的骨折，如股骨骨折、脊椎骨折、严重的开放性骨折等，由于广泛的软组织损伤、大量失血或剧烈疼痛等，会引起失血性休克或疼痛性休克。部分患者有体温升高、口渴、便秘等症状。

（二）骨折的临时固定

锁骨骨折：用"8"字包扎法、双环包扎法或"T"形木板固定法固定，患臂用三角巾或毛巾悬吊胸前。注意脉搏，如果太紧，出现脉弱、手绀紫等，则须放松。

肱骨下段骨折：固定方法有两种，一种是直角夹板法，另一种是躯干固定法，如无夹板可将上臂固定在躯干上，取两块合适夹板，分别置于伤肢外侧和内侧，用叠成带状的三角巾在骨折的上下两端将夹板固定，再用小悬臂吊带将前臂挂起，最后用三角巾把伤肢绑在躯干上加以固定。

尺骨鹰嘴骨折：肘关节伸直，在前面从上臂到手放一直夹板以防肘屈。用两条绷带固定夹板，一条在上臂，一条绑在前臂，再用一条宽带子经前臂绕躯干对侧打结固定。

前臂骨折：拇指朝上，肘关节屈成直角，前臂前后部放置夹板。夹板的长度应超过肘和手腕，用两条带子固定，一条在骨折处上端绕2圈打结，一条在手腕处进行"8"字形捆扎，在背侧作结，再用大悬臂吊带将前臂挂于胸前。

指骨骨折：用压舌板放在指的掌侧，然后用胶布固定。

手腕部骨折：患手握棉花团或绷带卷，将垫夹板置于前臂和手的掌侧用绷带缠绕固定，最后用大悬臂吊带将患肢挂于胸前。

股骨骨折：用两块长夹板分别置于伤肢的内外侧，内侧夹板的长度从大腿根部至足跟，外侧夹板的长度从腋下至足跟，然后用5~8条宽带固定夹板，在外侧打结。

髌骨骨折：患者取半坐位，抢救者手持患肢足跟将腿抬起，膝伸直，在腿后放一块长夹板（长度以大腿到脚为宜），膝窝与足跟部垫一些棉花，用3条带子固定夹板。

小腿骨骨折：小腿骨折用两长夹板置于伤肢的内外侧，内侧夹板的长度从大腿中部至足跟，外侧夹板的长度从膝上至足跟，然后用4~5条宽带固定夹板，分别在膝上、膝下和踝部外侧打结，可以用托马氏夹板或用侧夹板法固定，夹板可以稍短，自大腿至足即可。

脊椎骨折：颈椎损伤会发生上肢和躯干的高位截瘫，甚至影响呼吸造成死亡。搬运时必须使头部固定于伤后位置，不屈不伸不旋转，数人合力搬至平板上。颈的两侧用沙袋、纸板或卷叠的衣服固定，防止旋转。

胸腰椎骨折：准备好硬板或担架置于患者体侧，一人稳住头，再由两人将患者推滚到木板上或担架上。注意胸腰椎骨折千万不能让患者弯腰，以防止脊髓受压迫，应将患者在摔伤的卧位姿势下抬到担架上。

开放性骨折：首先要对伤口进行初步消毒，再用消毒纱布和绷带包扎伤口。如无消毒纱布和绷带，即用洁净的布类包扎，一是可以止血，二是防止伤口继续污染。如伤口出血很多，可参照出血急救处理。开放性骨折伤员经急救和固定后，应立即转送到医院。

（三）骨折急救原则和注意事项

1. 骨折急救原则

作为非医学专业的救助者来说，在事发现场一定要坚持骨科急救的"三不"法则：

（1）不复位：因为盲目复位极易造成二次损伤或导致已污染骨折端缩回体内，造成深部感染。

（2）不盲目上药：这种做法会给医生判断出现困难，增加处理难度，建议非专业人员不要给患者上药。

（3）不冲洗：因为冲洗易将污染物带入身体深部甚至骨髓，结成感染，引发骨髓炎。

（4）在夏季骨折高峰期，希望大家谨记这"三不"法则。如果遇见突发状况，第一时间拨打"120"。保护好病人，等待专业人员到场。

2. 骨折急救注意事项

（1）准确、快速固定骨折。

为了避免骨折断端更多地损伤周围的软组织、血管、神经或内脏等，减轻患者疼痛，并便于转运，必须早期就地对骨折部位进行固定。夹板是常用的固定器材。如果没有夹板，则应根据实际情况，就地取材，如树枝、木棍、木板、竹片、纸板、运动器材等，作为临时固定器材。骨折患者未经固定处理，决不能移动，以免加重损伤或合并并发症，甚至发生休克。

（2）先止血再包扎固定。

如伤口出血，应先止血，再包扎伤口，然后固定骨折部位。如有伤口或有开放性骨折造成的出血，应根据具体情况采用适当的方法止血。暴露在伤口外的骨折端，未经处理者，一定不要复回伤口内，以免将污物带入创口深处。

（3）夹板固定注意事项。

夹板应长短宽窄合适，以能固定骨折上下两个关节为宜。夹板上要垫棉花，不可直接接触皮肤，以防皮肤被压伤。固定夹板时，绷带缠在折断处上下段，下肢骨折用夹板固定后，应与健康腿捆在一起再转运。夹板固定要牢固，松紧适宜。过松会失去固定的作用，过紧则会压迫神经血管。四肢骨折固定时要露出指（趾）端，以便观察肢体的血液循环情况。包括观察肢体远程的皮肤颜色、温度、感觉以及手指或足趾的活动，脉搏强弱等。若发现指（趾）端苍白、发麻、发凉、疼痛或呈青紫色时应马上松解夹板并重新固定。骨折整复固定后，应经常检查，随时调整束带的松紧度。

三、出血的急救

健康成年人每千克体重大约有 75 毫升血液。如果急性出血量达全身血量的 20%，就会出现头晕、口渴、面色苍白、全身乏力等一系列急性贫血的症状。如出血量超过全身血量的 30%，就会导致失血性休克而危及生命。因此，当运动性损伤或其他意外事故引起急性出血时，应立即急救止血。

（一）出血的分类

1. 按损伤的血管性质分类

动脉出血：血色鲜红，血液由伤口向体外喷射，危险性大。

静脉出血：血色暗红，血液不停地流出。

毛细血管出血：血色鲜红，血液从整个伤面渗出，危险性小。

2. 按出血部位的不同分类

外出血：由皮肤损伤向体外流出血液，能够看见出血情况。

内出血：深部组织和内脏损伤，血液由破裂的血管流入组织或脏器、体腔内，从体表看不见血。

（二）止血的常用方法

常用的止血法有抬高伤肢法、加压包扎法等。临时止血后必须迅速将患者送往医院治疗。

1. 压迫止血法

压迫止血法是最重要的、简便有效的方法，是在出血点上直接加压（除大动脉破裂者外），可使血管闭塞，发生防御性血栓止血。常用的压迫止血点和止血法如下：

（1）颞浅动脉压迫止血点和颞浅动脉压迫法

颞浅动脉压迫止血点位于耳屏的前方，同侧耳珠前一指宽处。一手扶住患者额部或枕部，将头部固定，用另一手拇指压迫颞浅动脉压迫止血点，可用于同侧头额、颞部的临时止血，称为颞浅动脉压迫法（图3-7）。

(2) 颌外动脉压迫止血点和止血法

颌外动脉压迫止血点位于同侧下颌角前约1.5厘米处。一手将患者头部固定，用另一手的拇指在下颌骨的下缘与咬肌的前缘的交界处，将颌外动脉压迫止血点压迫于下颌骨上，可用于同侧面部的出血，常需将两侧动脉同时压住，才能止血（图3-8）。

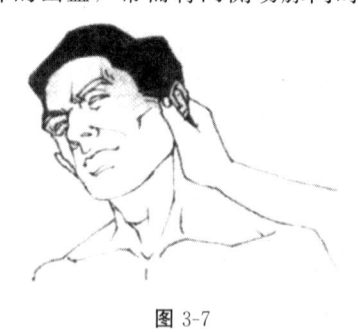

图 3-7 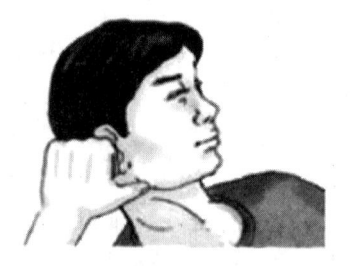   图 3-8

(3) 锁骨下动脉压迫止血点和止血法

锁骨下动脉压迫止血点位于锁骨上方、胸锁乳突肌外缘处。用拇指在锁骨上窝摸到动脉搏动处，即是锁骨下动脉，用力向后向下将动脉压向第一肋骨，可用于同侧臂的上部及肩部的临时止血（图3-9）。

(4) 肱动脉压迫止血点和止血法

肱动脉压迫止血点位于肱二头肌内侧沟处。将伤臂稍外展、外旋，用手指在肱二头肌内侧沟处，将动脉压在肱骨上。也可在肘窝摸到该动脉搏动处，用拇指压迫，可用于同侧前臂和手出血的临时止血（图3-10）。

图 3-9    图 3-10

(5) 桡动脉及尺动脉的压迫止血法

在桡腕关节处摸到桡动脉、尺动脉的搏动处，用双手拇指压迫，用于同侧掌、手背出血的临时止血（图3-11）。

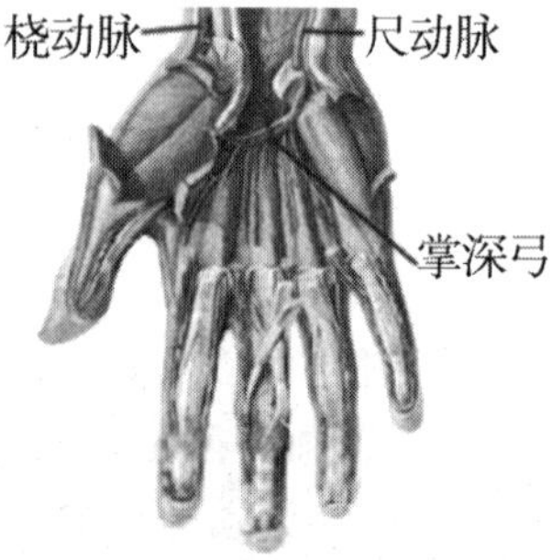

(6) 股动脉压迫止血法

让患者仰卧，伤肢大腿稍外展和外旋，在腹股沟中点处摸到搏动后，用双手拇指重叠将股动脉压在耻骨上，用于同侧大腿、小腿出血的临时止血。

2. 止血带止血法

止血带止血法，主要是用橡皮管或胶管止血带将血管压瘪而

图 3-11

达到止血的目的。这种止血方法较牢固、可靠，但只能用于四肢动脉大出血（图 3-12）。

橡皮止血带使用方法：左手拿橡皮带、后头约 16 厘米要留下；右手拉紧环体扎，前头交左手，中食两指挟，顺着肢体往下拉，前头环中插，保证不松垮。如遇到四肢大出血，需要止血带止血，而现场又无橡胶止血带时，可在现场就地取材，如布止血带、线绳或麻绳等。用布止血带止血时，放平入环，拉紧固定。用线绳或麻绳止血时，可绞紧固定。

紧扎止血带止血法：在伤口处用绷带、三角巾等勒紧止血，其中第一圈绕衬垫，第二、第三圈分别压在前一圈的上面并适当勒紧，然后打结。这两种方法常用于四肢动脉出血的临时止血。

图 3-12

3. 一般止血法

用于伤口表浅的出血，如四肢的毛细血管和小静脉出血，先将受伤的肢体抬高使出血部位高于心脏，降低出血部位的血压而减少出血。然后用冷开水或生理盐水冲洗局部，经过消毒后，撒上云南白药或纯三七粉，盖上消毒纱布，用绷带适当加压包扎。

4. 加压包扎法

用无菌敷料覆盖出血处，然后用绷带包扎，用于毛细血管和小静脉出血。

四、休克的急救

休克是指人体遭受体内外强烈刺激后，循环系统急剧紊乱，生命主要的营养血管灌流量急剧减少，发生一种严重的病理状态或全身综合征。发生休克后应积极抢救。在运动性损伤和运动性疾病中，很少发生休克，偶见于跳水、摩托车、足球、篮球等运动项目。

（一）休克的征象

根据休克的病因及病理生理特点，一般将休克分为低血容量性休克、神经源性休克、心源性休克、感染性休克、过敏性休克五种。在运动性损伤中常见的是低血容量性休克和神经源性休克。由于急剧的大量出血、失液、骨折、脱位、严重的软组织损伤或内脏破裂等，常可合并休克。疲劳、饥饿、寒冷、酷暑、剧痛、长时间使用止血带后突然松解等，都能诱发或加重休克。

休克的病因各有不同，但病理变化是相同的。休克的病程可分为两个时期。

休克代偿期：失血未超过全身血量的 20% 时，由于机体代偿作用，患者中枢神经系统兴奋性提高，表现为精神烦躁、面色苍白、手足湿冷、心率加快、气促等，血压可正常或稍高。休克代偿期时间较短，易被忽略，但这是抢救休克的关键时期。如果处理得当，休克可以很快得到纠正。

休克抑制期：如休克代偿期处理不当，则进入抑制期。休克抑制期的主要表现有神志淡漠、反应迟钝，甚至出现昏迷、唇和肢端发紫，冷汗淋漓、脉细数、血压下降，并可出现进行性呼吸困难，咳出粉红色泡沫样痰等。

（二）创伤性休克的现场急救

现场急救时，应迅速将患者的头和躯干抬高 10°，下肢抬高 20°，以增加回心血量，改善脑部血流。安慰和鼓励患者，消除心理负担。如果有外出血，应立即止血。用加压包扎法或止血带止血；内出血患者，应尽早送到有条件的医院救治。骨折、脱位或软组织严重损伤者，除严重颅脑损伤外，剧烈疼痛时，可给予止痛剂，如肌肉注射吗啡 5～10 毫克或杜冷丁 50～100 毫克。神志清醒又无消化道损伤者，酌情给适当盐水或其他饮料，若需急诊手术则不宜饮水。如果有条件可以让患者吸氧。在不影响伤肢或伤口的情况下，尽可能将患者穿着的潮湿运动服脱去，并盖上毛毯或大毛巾以保暖。但不要加温，以免皮肤血管扩张，影响生命器官的血液灌注量和增加氧的消耗。在炎热天气时应注意防暑降温。

如果患者昏迷，要及时清除呼吸道的分泌物，如口、鼻、咽部的血块等。昏迷的患者，头应侧偏，并将舌牵出口外，以保持呼吸道通畅。必要时，可置鼻咽管吸氧。开放性损伤的患者，应立即用无菌敷料或现场可以得到的毛巾或其他棉制品将创口敷盖包扎。对骨折患者应进行必要的急救固定。另外，在急救过程中应尽量减少搬动或移动患者，以免造成更大伤害。

五、心肺脑复苏术

复苏术是使心跳呼吸功能恢复的急救技术。由于遭到某些意外（如电击、溺水）或某些急危重症（如心肌梗死等）、一氧化碳或药物中毒、严重创伤和大出血引起的心跳和呼吸停止，称为"临床死亡"或"假死"。呼吸、心跳停止，导致血液循环停止。如不及时恢复，可引起全身组织器官缺氧，特别是脑、心、肾等重要器官的缺氧，导致脑水肿、急性肾功能衰竭，以及水、电解质严重紊乱等一系列的病理生理变化，进而至患者迅速的真正死亡。

（一）心脏复苏术

胸外心脏按摩：心脏按摩是指对心脏进行有节律的、有效的挤压，用人工的方法代替心脏的自然收缩，达到维持血液循环的目的。患者突然昏迷，不能摸到颈动脉搏动，即可判断为心跳停止，必须立即就地抢救。

1. 基本方法

患者仰卧在地板上或床上，如果是钢丝床、席梦丝等软床，应在床上垫木板。急救者可在患者肋弓处向中间滑移，找到肋弓交点处找到胸骨下切迹，该切迹上方2横指处即为按压区（图3-13），或者采用两乳头连线与胸骨中线交点处即为按压区。定位后，抢救者两手掌根重叠，双手手指交叉抬起，以掌根部压在按压去上（图3-14），按压时，要有力要快，按压深度要大于5厘米，频率至少100次/分，尽量减少按压过程的中断。

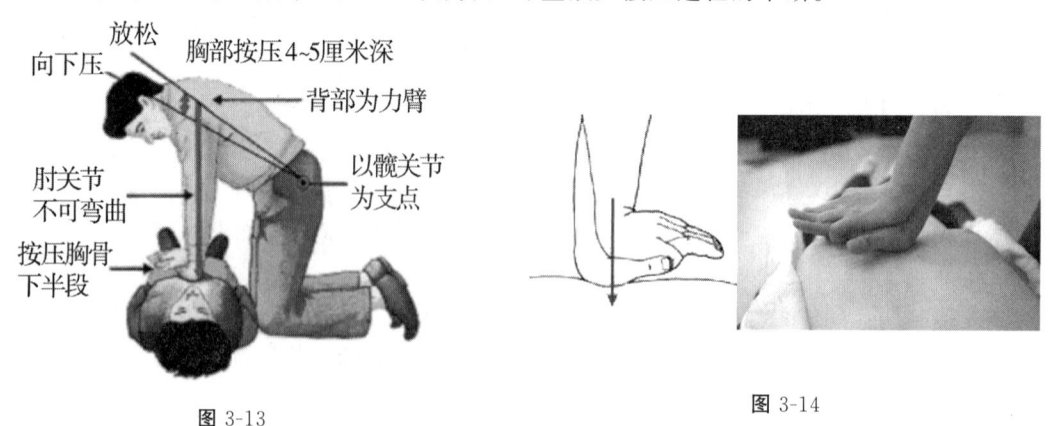

图 3-13

图 3-14

2. 注意事项

（1）按压部位要准确，力量应平稳，避免冲击式按压或猛压，避免出现胃内容物反流、肋骨骨折等并发症。

（2）患者头部应适当放低以避免按压时呕吐物反流至气管，也可防止因头部高于心脏水平而影响脑血流灌注。

(3) 按压与通气比例是 30∶2，每个周期为 5 组 CPR（心肺复苏 cardio pulmonary resuscitation，CPR），时间大约 2 分钟。

(4) 按压期间要密切观察病情，判断复苏效果。按压有效的指标是按压时可触及颈动脉搏动、有知觉反射、散大的瞳孔开始缩小、呻吟或出现自主呼吸。

(二) 人工呼吸术

畅通呼吸道是进行人工呼吸的首要步骤，为尽量减少胸外按压的中间时间，开放气道速度要快。患者仰卧，松解衣领及裤带，清除口中污物及呕吐物，取出活动性义齿后开放气道，气道开放的程度是下颌角与耳垂连线与地面垂直。具体方法有：

1. 开放气道

(1) 仰头抬颈法：患者仰卧，抢救者一手放在患者颈后将颈部上抬，另一手以小鱼际侧下按前额，使患者头后仰，颈部抬起。该方法禁用于头颈部外伤者。

(2) 仰头举颏法是最常用的徒手开放气道手法。患者仰卧，抢救者一手置于其前额，以手掌小鱼际侧用力向后压以使其头后仰，另一手的食指和中指放在下颌骨的下方，将颏部同时向前抬起（图 3-15）。

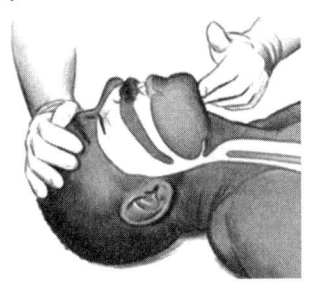

图 3-15

2. 人工呼吸

呼吸道通畅后，立即实行人工呼吸，具体可采用以下方法：

(1) 口对口人工呼吸法，这是一种最常用的、能快速有效地向肺部供氧的急救措施。具体方法：抢救者用放在患者额部手的拇指和食指将鼻孔捏紧，防止吹入的气体从鼻孔漏出，吸气后用嘴包住患者口，口对口将气吹入，然后松开患者鼻孔，让患者被动地吸出气体（图 3-16）。一次人工呼吸完成后，抢救人员正常呼吸一次，进行第二次人工呼吸。

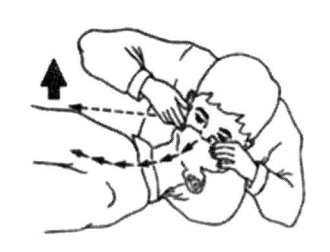

图 3-16

(2) 口对鼻及口对口鼻人工呼吸法，这种情况一般用于患者牙关紧闭不能张口或者口腔有严重损伤时，才改用口对鼻人工呼吸。抢救婴幼儿时，因婴幼儿口鼻均较小，位置又靠近，可行口对口鼻人工呼吸。

(3) 注意事项

①在抢救过程中必须保持呼吸道通畅，并及时处理呼吸道阻塞，如托起下颌、防止舌下坠、勤清除呕吐物或分泌物等。

②成人每次吹气量以患者胸廓有明显隆起为准，每次吹气时间约 1 秒，吹气频率 8~10 次/分。

③成人 CPR，无论单人或双人，按压和呼吸比例均是 30∶2，即按压胸部 30 次，吹气 2 次；儿童单人 CPR 时，按压与呼吸比例是 30∶2，双人 CPR 比例是 15∶2。

第四章 体能训练的基本理论

第一节 体能训练概述

体能是人们正常进行日常活动的体力基础,充沛的体能是大学生积极应对学习和生活中各种问题的基本保证。因此,在大学生中开展体能训练,对于学生体质水平的发展,以及运动能力的提升,促进健康生活方式的形成,工作和学习的质量的提高,都有着十分重要的意义与作用。

一、体能与体能训练

体能是人类一切生命目标和行为的动力基础,更是人们达到休闲健身和竞技目标的首要载体,人的体能通过适当的锻炼,可实现运动能力的提升,以及体质水平的发展。

(一) 体能

体能一词最早来源于美国。从广义上讲,体能是指人体适应外界环境的能力,常被表达为对某种事物的适应能力。在德国,体能被称为工作能力,在法国,被称为身体适应性,在日本,称之为体力,在中国的香港、台湾地区,称之为"体适能"。

一般意义上,可把体能分为基本体能和运动体能两种。基本体能是人体身体形态、机能和技能的综合表现,包括人体防卫和行动能力两大部分。防卫能力包括人体对病原体的抵抗能力、对外在环境的适应能力等。行动能力包括人体的柔韧性、平衡性与协调性、灵敏、速度、力量、耐力等能力。运动体能则是有机体在中枢神经系统控制下,通过运动员身体形态结构、各器官系统机能水平和能量物质储备及代谢水平在运动时表现出来的各种综合表现能力。

(二) 体能训练

体能训练是采用特定的方法和手段来提高人体生理各系统的机能与代谢水平,使之适应竞技运动需要而进行的专门身体训练,包括身体形态、身体机能、身体健康和运动素质。它是技术训练与战术训练的基础,促进身体健康,防止伤病及延长运动寿命等具有极大的作用。

体能训练是运动训练的重要内容,是发展人体运动能力的重要途径。

二、体能训练的基本要求

体能训练是一项长期的、系统的工程,只有坚持进行科学化的运动锻炼才会收到增强体能的效果。在进行体能训练时,基本要求如下:

(一) 全面发展与突出重点

专项训练及比赛对身体运动能力的要求较高,要求人体具备全面发展的体能基础。大学生应全面发展身体运动能力,奠定良好的体能基础,以利于专项训练的深化发展。体能的全面发展并不等于各种身体运动能力同步发展,而要因人、因时、因项而异,有所侧重,根据个人具体情况和专项比赛的需要，进行全面而有针对性的训练。

（二）合理安排一般训练和专项训练

身体训练分为一般身体训练和专项身体训练。一般身体训练所发展的机能潜力是专项训练发展的基础条件，它可以促进专项运动素质的发展，为技术和战术训练水平的提高打下良好的机能基础，弥补因专项训练而对身体发展所造成的局限性。但一般身体训练不能取代专项身体训练，特别是在高水平阶段，只有强化专项身体训练，才能最有效地发展专项训练和提高运动能力。所以，在体能训练过程中，应根据训练过程的不同发展阶段和年度训练各时期、各阶段对体能训练的要求，对一般身体训练和专项身体训练作出合理的安排，使大学生的运动素质和身体机能得到良好的发展，并达到满足人体活动对体能的要求。

（三）体能训练必须与技术训练紧密结合

大学生的体能训练应紧密结合技术进行，使体能训练获得的训练效果与专项技术有机地联系在一起，使之能够在比赛中通过技术和战术的形式充分地发挥出来。体能训练手段的选择和运用是使体能训练与技术训练紧密结合的关键，专项体能训练的内容安排和训练手段的选用，不仅要突出专项特征，在表现形式上尽量与专项技术动作相一致，而且要充分考虑身体练习的生物力学等特征，以利于体能训练的效果通过专项技术转化到实际活动中去。

（四）对体能训练的效果进行系统的评价

在体能训练的过程中，应对大学生的身体运动能力进行定期或不定期的测验，检查体能训练的效果。通过训练信息的反馈，运用量化分析和定性分析，评定体能训练是否达到了预期目标，弄清楚哪些运动素质和机能水平已经具备专项所需程度或已经达到特定阶段应具备的状态，哪些运动素质或机能水平还没有达到要求，找出体能训练的薄弱环节，从而为运动员体能训练的组织和实施以及体能训练过程的控制，提供科学的依据，避免训练的盲目性。

三、体能训练的原则

体能训练的原则是人们对体能训练客观规律的认识与反映，是体能训练实践普遍规律和基本经验的概括与总结，是进行体能训练必须遵循的准则。一般而言，这些原则可分为总体原则和具体原则。

（一）总体原则

总体原则是针对体能训练的一般规律而言，有以下几点：

1. 从实际出发原则

从实际出发原则是指体能训练的安排要因人而异，要从训练对象的个人特点、比赛要求、训练条件等实际情况出发进行安排。从实际出发原则要求：首先，体能训练必须要有针对性，要紧紧围绕提高专项成绩和技术水平这一最终目标进行；其次，还要根据大学生的各方面条件以及专项需要，合理确定和安排体能练习的内容与负荷；再次，还应使大学生的运动素质在各个方面按比例平衡发展，以适应提高运动技术水平的要求。

2. 系统性原则

系统性原则是指人体从开始训练到取得成绩，直至运动寿命终结的长期过程中，都应按照体能发展的内在规律，作出相应的合理规划，持续不断地进行体能训练。系统性原则要求对整个训练过程的体能训练不仅要系统规划，对不同发展阶段的体能训练，要从内容、比重、手段、负荷等方面作出系统安排。

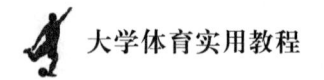

3. 全面性的原则

全面性的原则是指在发展专项体育运动技能的前提下，应全面安排和充分发展人体的各项运动素质，特别是青少年时期，更应全面发展运动素质，提高一般身体机能水平，以促进专项成绩的全面提高。

4. 结合专项的原则

结合专项原则是指在一般发展的基础上，体能训练必须根据各项目的技、战术和专项能力特点，充分发展专项所需的运动素质，以提高大学生直接创造优异的专项运动成绩和专门的健身效果。

（二）具体原则

具体原则是针对体能训练的特殊规律而言，有以下几点：

1. 力量素质是体能训练的核心

由于人体一切运动都是肌肉在神经系统支配下的工作，所以，肌肉力量的大小不仅对运动成绩起着重要的主导作用，而且直接影响着其他各项运动素质的发展与提高，甚至可以说，是一切运动能力的原动力。因此，在体能训练中，应始终将力量训练作为最重要的核心内容来加以重视和进行。

2. 耐力素质是体能训练的基础

疲劳是影响和限制运动成绩的直接因素之一，任何项目都要求人体具有相应的耐力素质，并将它作为训练中一种基本要素来抓。而对于那些必须具备高水平耐力素质的运动项目（如中长跑），发展耐力就显得尤为重要了。

进行耐力训练应注意几点：耐力训练要注重呼吸质量、耐力训练应坚持以有氧训练为基础、耐力训练与专项需要相结合。

3. 灵敏素质是体能训练的保证

灵敏与协调能力对各种运动技能的形成与发展起着重要的支配作用，是大学生迅速、准确、流畅地掌握和完成各种动作的基本能力和保障。协调性不好的大学生，是很难达到较高运动技术水平的。因此，灵敏与协调性的训练，也是体能训练的一个不可忽视的重要内容。

进行灵敏与协调性训练应注意几点：练习时间要妥善安排、训练方法与手段要多样化。

4. 速度素质是体能训练的灵魂

体育运动中最重要的运动能力之一就是速度。对于大学生来说，发展速度素质更为重要。速度能力的提高永远是运动员素质训练内容中的主题与中心。

进行速度训练时应注意几点：合理安排练习时间和练习强度、速度训练中要培养多种能力、速度训练也要结合专项。

第二节　体能训练的内容与运动素质发展

一、体能训练的基本内容

体能是运动员为提高技战术水平和创造优异成绩所必需的各种身体运动能力的综合。体能训练涉及身体形态、身体机能、运动素质、健康诸因素，其中运动素质是体能的最重要决定因素，而身体形态、身体机能是形成良好运动素质的基础。运动素质是机体在中枢神经系统控制下,在运动时所表现出来的各种基本运动能力,通常包括力量、速度、耐力、柔韧、灵敏等。

体能训练包括一般体能训练和专项体能训练。一般体能训练即运用非专项的体能训练方法,所进行的旨在增进人体健康、全面发展运动素质、掌握基本的运动技术,为专项运动打基础的训练。专项体能训练是指采用直接提高专项素质的练习手段,以及专门性的体能练习,最大限度地发展对专项运动能力有直接关系的专项运动素质,以保证各种专项技术的运用。

二、运动素质的发展

运动素质指的是人体在运动及各种身体活动中表现出的能力。任何一项运动都是在一定的运动素质支持下完成的,可以说运动素质是各项运动的基础。一般运动素质主要分为力量素质、速度素质、耐力素质、灵敏素质、柔韧素质。

(一) 力量素质

力量素质是指人体肌肉工作时,依靠肌肉紧张或收缩克服或对抗阻力的能力。肌肉收缩力是由完成动作时肌肉群收缩的合力、肌肉收缩的协调能力、骨杠杆的机械效率组成的。完成任何动作都要求有相应的力量,它是一切体育活动的基础。发展力量素质对塑造健美体型、促进血液循环、增强体力等有极为重要的作用。力量是一项基础素质,与其他素质有极为密切的关系。

1. 力量素质的分类

按照不同的标准,力量素质可分为不同种类。

(1) 按肌肉活动的性质,力量素质可分为动力性力量和静力性力量。

(2) 按表现方式,力量素质可分为速度力量和耐力力量。

(3) 按体重和力量的关系,力量素质可分为绝对力量和相对力量。

2. 发展力量素质的基本原理

体育锻炼可以使力量增长,主要的生理变化有:

(1) 肌纤维的体积增长,使肌肉体积增大;

(2) 参加活动的肌纤维数量增加;

(3) 肌肉中的蛋白质含量增加,使肌肉收缩的力量加大;

(4) 肌肉中的毛细血管网增多,增加了肌肉组织所需氧和营养物质的运输;

(5) 肌肉中结缔组织增加,使肌肉获得良好的支持;

(6) 肌肉组织中脂肪减少,减小肌肉收缩的阻力;

(7) 肌肉生化代谢的改善,使肌肉获得更多能量物质储备;

(8) 中枢神经系统的同步作用和协调能力提高,使肌肉工作时有更多运动单位同时兴奋,而相关肌肉的兴奋和抑制过程协调统一。

3. 力量素质的练习手段

常用的发展力量素质的练习手段有以下几种:

(1) 负重抗阻力练习。一般可运用杠铃、壶铃、哑铃等有一定重量的器械进行练习,这种练习可适用于任何部位的肌肉群,是发展力量素质的常用手段。

(2) 克服外部环境、阻力的练习。如在草地、沙地、坡地、台阶等处做各种跑跳练习,来发展力量素质。

（3）克服自身重力的练习。这种练习让机体局部部位承受体重，使局部力量得到发展，如俯卧撑、引体向上、双臂屈伸、倒立推起等练习。

（4）对抗性练习。它是依靠对抗的双方以短暂的静力作用发展力量素质，如双人的拉、顶、推等就属于这种练习。

（5）克服弹性物体的练习。这种练习是利用弹性物体变形所产生的阻力发展力量素质，通常运用拉力器、拉力棒、橡皮带等进行练习。

（6）专门的力量训练器械练习。利用各种专门力量训练器械使身体处于不同的姿势，用特定的运动方式进行练习。这类练习针对性强，用来发展所需要的肌肉力量。

4. 发展各种力量素质的方法

在锻炼活动中，科学地掌握练习负荷是提高力量素质的关键。决定力量练习负荷的主要因素是负荷重量、练习次数与组数、持续时间、组与组之间的间歇时间、动作要求等。发展不同种类的力量素质，其练习的要求与负荷也不同。

（1）发展绝对力量时，一般采用本人最大负荷重量的70%～85%，每组重复7～10次，组数以不少于重复次数为原则，每组练习时间为30～60秒钟，组间间歇3～6分钟。但基础训练应从50%的负荷量开始，经过基础训练后，应每周安排1～2次80%以上的负重练习。练习一般采用金字塔式，即强度渐增、重复次数随减。

（2）发展相对力量的方法

发展相对力量时，既要提高最大力量，又要控制体重的增长，因而主要靠提高肌肉的协调能力来完成。通常采用85%以上强度练习，每组重复1～3次，组数为6～10组，组间间歇3～4分钟，动作要连贯而有爆发性。练习前要充分做好准备活动，组间休息时保持轻微活动，练习结束后要采用有效的肌肉放松活动与恢复手段。

（3）速度力量决定于动作的力量与速度，因而负荷强度（重量）要适宜。在练习时一般采用30%～50%的负荷强度，每组重复5～10次，组数为3～6组，组间间歇2～3分钟。动作要求尽量协调、流畅，肌肉工作方式常用超等长练习（先拉长肌肉，然后立即收缩肌肉）。

（4）爆发力是速度力量的一种主要表现形式。发展爆发力时，负荷强度变化较大，以练习的任务、途径、参加工作的肌肉群的多少等因素为转移。练习次数为1～5次，组数为3～5组，每组练习持续时间为5～10秒钟，一次训练时间为10～20分钟，组间间歇时间为1～5分钟。动作要求必须是突发式不遗余力地快速运动，尤其是启动速度要快。

（5）发展耐力力量主要靠提高血液循环系统和呼吸系统的功能来实现，一般采用动力性（克制性和退让性）的肌肉工作方式进行练习。采用此方式发展耐力力量时，负荷重量宜小，练习重复次数随负荷重量不同而异。每组练习的持续时间和组数，视练习者循环系统的机能水平而定。组间的间歇时间根据练习的持续时间和参加工作的肌肉群多少而定，一般当心率恢复到110～120次/分，便可做下一组练习。

5. 注意事项

力量素质发展水平是影响身体训练水平提高的关键因素。在发展力量素质的过程中，必须注意如下几点：

（1）循序渐进，制订科学的计划。练习要符合循序渐进的原则，要注意重量和组数、次数的递增。发展肌肉力量的生理过程是：刺激——反应——适应——增加刺激——反应——再适应——增加力量。

（2）发展力量练习要做好准备活动，对练习手段要正确选用，符合要锻炼的肌肉群的要求。练习的重量要由轻到重，练习的速度要由慢到快。一般来说，练习顺序是先练技术动作，后练力量素质；先练上肢力量，后练下肢力量；先练大强度力量，后练力量耐力。

（3）应重视身体各个部位的锻炼，全面发展各个部位的力量，如上肢、躯干（腹肌、背肌、腰部两侧肌肉）、下肢的力量，以及举、提、蹲、跳跃等能力。

（4）进行动力性肌肉力量练习时，负荷和速度之间有着密切关系。负荷越大，速度就越小，应根据练习的要求合理安排。对于青少年来说，爆发力非常重要，在力量练习时，选择适宜的负荷，尽量加快动作速度，对提高肌肉的爆发力十分有益。

（5）在进行力量练习时，应根据自己的实际情况选择合适的负荷，但无论选用什么样的负荷，都要遵循由小到大的原则，切勿突然增加运动负荷造成伤害事故。

（6）要持之以恒，如果停止练习，已经获得的肌肉力量也会逐渐消失，肌肉力量消失的速度相当于获得肌肉力量速度的1/3。为了保持已经获得的肌肉力量，可每周进行一次力量训练。

（7）在练习中，要注意掌握技术要领及练习的时间和次数，合理安排练习，防止运动损伤和运动过度。

（8）训练实践中，主要采用的是动力性练习的方法。肌肉处于动力性状态下进行的练习，力量可以得到最大的发展。

（二）速度素质

速度素质是指人体进行快速活动的能力，即在单位时间内迅速完成某一动作或通过某一距离的能力。它是人体反应速度、力量、柔韧性等素质的一种综合能力的体现，是基本素质之一。按其在运动中的表现形式可以分为反应速度、动作速度和周期性运动中的位移速度。

1. 发展速度素质的要求

研究证明，速度素质与人体运动神经中枢兴奋与抑制的转换速度，即神经过程的灵活性，以及肌肉的类型和肌肉活动的协调性有关。因此，在发展速度素质的训练中，有以下要求：

（1）改变中枢神经系统的反应能力，中枢神经系统的反应能力主要表现在反应速度上。

（2）要与专项技术训练紧密结合。

（3）重视练习的强度和增强肌肉力量。运动员在完成速度练习时，要最大限度地动员自己的力量，使动作的频率快、幅度大，达到自己最高的速度水平。

（4）注意改变肌肉群之间的协调配合，改善协同肌与对抗肌之间的协调配合，以提高动作之间的协调性。

2. 发展反应速度的方法

反应速度是指人体对外界刺激所做出的应答能力。反应速度的快慢取决于兴奋通过反射弧所需要的时间，与神经肌肉组织的兴奋性和灵活性有关。通过体育锻炼，反应速度可缩短11%～25%。

发展反应速度的方法主要有：

（1）练习者根据声音、动作、哨声、口令等突发信号迅速做出正确反应。

（2）练习者对突然发出的信号迅速做出某一个相应的动作。

（3）移动目标的视觉反应练习。练习者在看到目标后，迅速做出应答反应。

（4）在练习中通过有意识增强外部刺激因素，使练习者迅速做出反应。

（5）选择性练习。把几种信号规定好后，发出任何一个信号时，练习者都要做出符合规

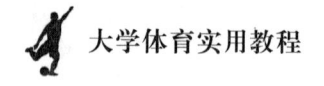

定的反应。

3. 发展动作速度的方法

动作速度是指完成单个或成套动作的快慢能力。动作速度的快慢取决于肌纤维的类型和面积、肌肉收缩力量、肌肉组织的兴奋性、条件反射的巩固程度等。通过体育锻炼可使条件反射巩固，动作愈熟练动作速度愈快。

发展动作速度的主要方法有：

（1）减小阻力的练习，如减轻器械的重量、顺风、下坡跑等练习。

（2）缩小练习空间、练习时间界限来提高动作速度，如球类活动利用小场地练习，按规定时间完成一定数量的练习等。

（3）以最快的速度完成小步跑、高抬腿跑、后蹬跑、摆臂等专门练习或采用立定跳远、跨栏、行进间单、双足跳等提高爆发力的练习，都有助于发展动作速度。

（4）利用一定的限制或标志提高完成动作的速度，如利用双人拉橡皮条来练习动作速度，缩短栏间距离提高过栏速度，利用器械重量或形状的变化提高动作速度等。

（5）利用外界助力提高动作速度，如利用加助力跑，克服"速度障碍"，提高跑的频率；利用语言或信号刺激提高完成动作的速度。

（6）通过提高每个单个动作的熟练程度和各个动作之间的相互连接，来提高成套动作的运动速度。

4. 发展位移速度的方法

位移速度是指在周期性运动中，人体在单位时间内快速移动身体位置的能力。周期性活动中的位移速度，以跑为例，跑速主要决定于步长和步频，而步长与步频又受多种因素制约。步长受肌肉力量、髋关节的柔韧性及腿长等因素制约，步频除受快肌纤维百分比及面积百分比影响外，主要受大脑皮层运动中枢神经活动过程灵活性及各神经中枢间协调性制约。

发展位移速度的主要方法有：

（1）保持最高速度能力的练习，如采用较大强度的短距离间歇跑及各种快慢相结合的变速跑、反复跑或比赛等。

（2）提高步幅的练习，如发展腿部力量的负重练习，提高髋、膝、踝、肩关节肌群的柔韧性练习。

（3）各种提高步频的练习，如快速小步跑、短距离冲刺跑、起跑接加速跑、后蹬跑接加速跑和下坡跑等。

5. 注意事项

在发展速度素质的训练中，有以下注意事项：

（1）速度素质的发展是一个复杂的综合过程，只有把速度练习同快速力量、爆发力、灵敏、协调等素质结合起来才能取得较好效果。对于青少年来讲，在练习中要运用多种手段进行全面锻炼。

（2）发展速度素质的练习手段和安排方法，既要注意相对集中的稳定，又要防止过分单调。

（3）要注意用多种节奏和频率进行练习，应多采用逐渐加速和可以控制的速度来进行练习。

（4）发展速度素质应在练习者兴奋性高、精力充沛、运动欲望强的情况下进行，安排在每次课的前半部分为宜。同时，要注意练习的质量，不要片面地追求练习量的大小。

(三）柔韧素质

柔韧素质是指跨关节的肌肉、肌腱、韧带等软组织的伸展能力，即关节活动幅度的大小。影响柔韧素质的因素有肌肉韧带组织的伸展性、关节面的结构、关节周围组织的体积和中枢神经对骨骼肌的调节能力。柔韧素质分为一般柔韧性和专门柔韧性两种。

1. 发展柔韧素质的要求

柔韧素质具有两个明显的特点：一是年龄特征。从人的生理自然生长规律看，年龄越小柔韧性越好，年龄越大柔韧性越差。二是性别特征。根据生理解剖特点，女子的柔韧性好于男子，因此要掌握生理发展规律，及时抓住发展柔韧性的有利时机进行训练。

2. 各关节柔韧性练习的手段

（1）肩关节

发展肩关节的柔韧练习主要有主动或被动地压肩、拉肩、吊肩、转肩等，如手扶肋木的体前屈压肩；背对肋木双手上摆，身体向前拉肩；在单杠上做各种握杠的悬垂，借助绳或木棍的转肩运动等。

（2）肘关节

肘关节运动时屈伸动作较多，所以在发展屈肌力量练习的同时配以屈肌的伸展性练习。主要采用压肘、旋内、旋外、绕环的练习。

（3）脊柱

脊柱的柔韧包括颈椎、胸椎、腰椎的柔韧。颈椎柔韧主要采用头前后屈、左右侧屈、左右转动及绕环练习；胸腰椎柔韧练习主要采用下腰、甩腰、体前屈等练习。

（4）手关节

发展手关节柔韧性比较好的办法是打篮球、排球、乒乓球、手球、网球等，这些项目对手腕的灵活性要求较高，既发展屈伸、内收、外展，又发展旋转的能力，主要通过其基本动作和基本技术来发展手关节的柔韧度。

（5）膝关节

发展膝关节柔韧性应主要发展腿部后面肌群，包括股二头肌、半腱肌、半膜肌、小腿三头肌、胫骨后肌的伸展性；发展屈膝能力主要发展腿前面肌群，包括股四头肌、缝匠肌、胫骨前肌、拇长伸肌的伸展性。

（6）髋关节

发展髋关节柔韧性应主要发展屈、伸、外展、内收和旋内、旋外的能力。

（7）踝关节

发展踝关节柔韧性应主要发展背屈、背伸、内翻、外翻的能力。发展踝关节的柔韧练习主要有屈踝、伸踝、踝关节的内翻、外翻和绕环。

3. 发展柔韧素质的方法

（1）拉伸法

拉伸法是发展柔韧素质的基本方法，拉伸法又分为动力拉伸法和静力拉伸法。动力拉伸法是指有节奏地重复同一动作练习，可使软组织逐渐被拉长；静力拉伸法是指用缓慢的动作将软组织拉长到一定程度时停止不动，从而使软组织受到持续拉长的刺激。

在动力拉伸法和静力拉伸法中，都有主动练习和被动练习两种方式。前者是靠自己的力量将软组织拉长的练习，而后者则是靠外力帮助使软组织拉长的练习。在练习中常将上述两种方式结合起来运用。

(2) 发展四肢柔韧性的方法

发展肩、腿、臂、脚部柔韧的主要手段有压、扳、摆、踢、拉、绕环等。

(3) 发展躯干柔韧性的方法

发展腰部柔韧性的主要手段有站立体前屈、转体、甩腰、绕环、俯卧背伸等。

4. 注意事项

发展柔韧素质有以下注意事项：

(1) 发展柔韧素质是需要顽强的意志品质的，初练习者多半疼痛难忍，要以极大的毅力才能坚持。而且，柔韧素质退化很快，必须经常练习才有可能保持现有水平。

(2) 柔韧素质的发展要注意外界温度变化。一般说来，当外界温度在 18℃ 左右时，有利于柔韧的发展，因为肌肉在这个温度下，容易伸拉。温度过高或过低，肌肉紧张或无力都会影响其伸拉的能力。

(3) 柔韧练习之后注意放松练习。每个伸展动作练习之后，应做相反方向的练习，促进被拉伸肌肉的血液循环，有助于伸展肌群的放松和恢复。

(4) 要根据对象特点和动作及专项的要求，认真分析研究，有目的地发展所需要的柔韧性。柔韧性练习时，应由简到繁，由易到难，循序渐进，动作幅度也应由小到大，不能操之过急。练习动作要规范，不要用力过猛，强调把注意力集中在放松及拉长的肌肉和韧带上。

(5) 不同项目对柔韧性有不同程度的要求，因此在确定练习的量、强度、内容和手段时，要结合自己的实际情况，科学地进行安排。

(6) 力量素质与柔韧素质的关系不是十分密切，在一定的范围内，两者不产生相互影响，但一方的过度发展，则会在一定程度上限制另一方的发展。因此，要注意柔韧性训练后的弹性放松活动，也要注意力量训练后的放松练习，使柔韧和力量协调发展。在每次以柔韧为主的练习后，还应安排一些协调、耐力等全面身体锻炼的内容。

(7) 柔韧练习时注意防止受伤。柔韧练习如果不讲究科学合理性，容易出现肌肉拉伤的现象。因此，在进行柔韧练习前，可做一些热身活动，减少肌肉的黏滞性；在做柔韧练习的过程中，不易用力过猛；尤其是做被动拉长时，更应注意施加的外力要适当，以防止发生伤害事故。

(8) 在发展柔韧素质的练习中，一般要求有辅助练习者。辅助练习者应是有经验的人，切不可随便让不了解情况者给予助力。

(四) 耐力素质

耐力素质是指人体长时间进行肌肉活动的能力，也可看作是对抗疲劳的能力。发展耐力素质，能有效地改善心肺功能、防止心肺疲劳，对提高工作效率和运动成绩，对提高人的健康水平、培养刻苦耐劳的精神和顽强的意志品质，都有积极作用。按照运动的能量供应特点，耐力素质分为有氧耐力和无氧耐力。

1. 有氧耐力的发展

有氧耐力是指人体在供氧充足情况下克服疲劳的能力，又称为一般耐力。

发展有氧耐力的方法有：

(1) 根据最大摄氧量，进行连续练习和间歇练习的方法。

最大摄氧量是指身体发挥最大功能水平，每分钟摄入并供给组织细胞消耗的氧气量，它是有氧代谢能力的基础。一般人的最大摄氧量为 2~3 升/分钟，经常参加体育锻炼的人可达 4~9 升/分钟。在进行有氧练习时，可以把最大摄氧量作为参考指标确定运动强度。

(2) 运用无氧阈进行锻炼。

无氧阈是人体在进行递增性体育锻炼过程中,由有氧代谢供能开始到大量动用无氧代谢供能的转折点,这一转折点相当于一般人心率在 140~150 次/分钟时的运动强度。也就是说,体育锻炼时心率在 150 次/分钟以下,主要是发展有氧耐力;心率在 150 次/分钟以上,则主要是发展无氧耐力。因此,不管采用何种体育锻炼方式来发展有氧耐力,心率最好不要超过 150 次/分钟。

2. 无氧耐力的发展

无氧耐力通常称为速度耐力,它是指人体在氧气供应不足的情况下,能坚持较长时间工作的能力。耐力素质主要涉及心血管耐力。

发展无氧耐力的方法有:

(1) 乳酸供能练习法

练习强度一般达到身体负荷的 80%~90%,心率可达到 160~175 次/分,每次练习的时间可控制在 35~120 秒,练习 2~4 次,练习 3 组左右,组间休息 15 分钟左右。如 200 米跑,3 次一组,练习两组,每次跑间歇时间保持一致,也可逐次缩短。

(2) 非乳酸供能练习法

练习负荷强度在 90%~95%,练习时心率可达 180 次/分钟以上,练习持续时间是 3~8 秒,重复次数 2~4 次,练习组数 3~5 组。如 30 米快跑,每组 3 次跑 4 组,每次间隔 1~2 分钟,组间休息 7 分钟左右。

3. 肌肉耐力的发展

发展肌肉耐力一般采用轻重量、多次重复、持续时间长、尽量达到极限负荷为止的练习,并随着训练的进程,不断增加次数和练习时间。如采用各种轻重量、多次数、长时间的力量练习和穿沙衣或绑沙袋的长跑、多次跳跃练习等。

4. 注意事项

发展耐力素质时,有以下注意事项:

(1) 要根据自己的体力、营养等实际情况,合理安排负荷量和强度,科学地进行锻炼,使耐力素质逐步得到提高。

(2) 在耐力素质练习中,要重视呼吸问题。在锻炼中,通过有意识地控制呼吸节奏,调节呼吸的深度和改变呼吸的方式,从而使机体保持良好的运动状态。同时还要注意呼吸节奏与动作节奏相互配合,以促进机体运动和呼吸机能合理地协调发展。

(3) 发展耐力素质是长期的、渐变的过程,要持之以恒,循序渐进,不可操之过急,一曝十寒。

(4) 发展耐力素质时,最好组织集体练习,练习手段要多样化,以避免单调枯燥。

(5) 有氧耐力是无氧耐力的基础,对于大学生来说,应首先重视有氧耐力的锻炼,并通过有氧耐力的锻炼,提高内脏功能,为无氧耐力的发展打下坚实的基础。

(五) 灵敏素质

灵敏素质是指人体在各种突然变化的条件下,能够迅速、准确、协调、灵活地完成动作的能力,是人各种运动技能和身体素质在运动中的综合表现。灵敏素质是运动技能、神经反应和各种素质的综合表现。

1. 发展灵敏素质的方法

由于灵敏素质是人体综合能力的表现,发展灵敏素质必须从全面发展身体素质的综合能力入手，重点培养掌握动作的能力、反应能力、平衡能力等。主要练习方法有：

（1）固定转换体位的练习，如各种穿梭跑、"8"字跑和折返跑等，这些练习主要发展人体的基本灵敏能力。

（2）在跑、跳中做迅速改变方向的各种跑、躲闪、突然起动以及各种快速急停和迅速转身等练习。

（3）突然发出各种指令信号，练习者接受信号后，迅速做出应急反应，这种方法主要是提高人体应用灵敏的能力。

（4）器械、体操、武术中的一些复杂动作练习，以及速度、动作、力量、高度、方位等经常变化的不对称练习和各种球类活动。

（5）做复杂多变的综合练习。例如，用之字跑、躲闪跑、穿梭跑和立卧撑四项组成的综合性练习。

（6）专门练习，如立卧撑跳转180°连续进行、上步纵跳、左右弧线助跑、单腿起跳、旋转360°连续进行等。

（7）变速和变向练习。在跑、跳过程中快速、协调、准确地完成各种动作，如变向、变速、急停、急起、转体等。

（8）其他方式的练习。按各种信号做出应答反应的游戏和各种变向的追逐游戏，专门设计的各种复杂多变的练习，如躲闪跑、穿梭跑等。

2. 注意事项

灵敏素质练习有以下注意事项：

（1）灵敏性的全面提高有赖于多建立有严格要求的条件反射。也就是说，学会正确的、随意的动作，越多越好。因此，要重视学习和掌握各种运动技能。

（2）灵敏素质是由大脑皮层神经活动过程的可塑性和灵活性所决定的，前者表现为对动作的掌握能力，后者表现为对参加运动肌群的控制、指挥能力。灵敏素质与复杂的运动反射速度及准确性密切相关，这要求练习时要有较强烈的欲望，要有明确的目标追求，减少不动脑筋的盲目重复练习。

（3）发展灵敏素质应在体力较好时进行锻炼，练习负荷强度要大，每次负荷持续时间不宜过长，重复次数也不宜太多，间歇时间要充分，以不产生疲劳为限度。

（4）人在疲劳时灵敏性会变差。因此，不断提高自己的耐力水平，对保持灵敏性有积极的作用。

（5）灵敏素质是一种综合素质，与力量、速度、协调等素质有密切关系，尤其是反应速度、动作速度、爆发力和协调性等对灵敏素质影响最大。因此，发展灵敏素质应从这些基本因素着手，可结合所锻炼项目的运动特点组合，设计切合自己实际的锻炼内容。

（6）灵敏素质应从小抓起，少儿年龄阶段是发展灵敏素质的关键时期。同时，在发展灵敏素质时，应加强心理素质培养，避免由于紧张和恐惧心理而导致反应迟钝，动作的协调性下降，影响正常动作的发挥。

在实际训练中，各项身体素质之间既互相制约又互相促进，要全面发展体能，就应按照人的生长、发育规律来进行全面的、科学的身体锻炼。

第三节 体能训练的检测与评价

一、体能训练效果测评概述

在体能训练中,正确的效果测评有助于克服体能训练的盲目性,对获得最佳身体锻炼效果、克服伤病等不良反应均具有重要的意义。

(一) 体能训练效果测评的概念

体能训练效果的测评是指通过系统的锻炼后,检查与评定体育锻炼对身心所产生的影响和结果。其具体内容包括对体能训练过程所取得的身体形态、机能的改善,运动能力、身体素质水平的发展,以及身体适应环境和抵抗疾病的能力等方面进行检查、测定和评价。体能训练的终极目标是收到益寿延年之效,但这一整体性变化是由每个锻炼单元(若干个锻炼日)的局部变化逐渐积累而成的。只有各个锻炼单元中都能取得良好的锻炼效果和积极的局部变化,体育锻炼的整体积累效果才有保证。在具体的效果评价中,体能训练的效果主要表现在生物性效果、心理性效果和社会性效果三个基本方面。

(二) 体能训练效果测评的意义

体能训练效果测评具有重要的实际意义,根据测评结果,可以及时的反馈锻炼的效率与具体的成效,提供一些有参考价值的意见和建议。具体来说,其意义表现在:

(1) 在系统身体锻炼之前进行身体检查,可以预先了解身体是否患病或存在患某种疾病的风险,明确身体锻炼的禁忌症,从而有针对性地采取必要的医疗保健措施,避免盲目锻炼所带来的不良后果。

(2) 在各个锻炼阶段开始前进行的身体状况的测定和评价,可以明确锻炼者在身体各机能、身体素质和运动能力方面的基础条件,以便科学地确定体育锻炼的内容、方法和负荷量度,并为阶段体育锻炼结束后评价体能训练效果提供基础指标。

(3) 体能训练过程中或结束后进行的测定和评价,有利于分析体育锻炼时身体受到刺激的程度和"阶段性"锻炼效果,为锻炼过程的负荷控制积累资料,为健身锻炼的整体过程提供阶段性的改善资料。

(4) 体能训练效果测定与评价中的良性结果,有助于调动锻炼者的积极性和兴趣,其不良结果为改进锻炼手段、方法敲起了警钟。因此,它为促使体能训练的科学化,提高健身锻炼的效益提供了基本保证。

(三) 体能训练效果测评的原则

1. 及时性原则

测评报告结果的反馈应充分体现及时性原则。对于所做出的结论与建议应尽快反馈到受试者和健身指导员手中,使他们对所采用的健身方法的效用有正确的认识,为科学的制订下一阶段的锻炼计划提供重要依据。

2. 简洁性原则

测评报告的内容应遵循简洁性原则,即报告所展现的内容尽可能做到逻辑清晰、简捷明了,以便于迅速了解受试者的现实状况。报告的篇幅要小且尽量避免同一数据反复出现。

3. 实用性原则

体能训练效果的测评必须遵循实用性原则,即所选择的方法与指标一定要具有实用价

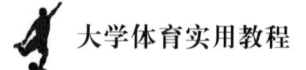

值，既有利于数据的收集，又便于理解、掌握和使用。虽然检查与评定的方法和指标有许多种，但应用于实践时必须因地制宜，根据实际情况选择检查、评定方法，不要为追求新颖而使用非常难操作和应用价值很小的方法与指标。

4. 可靠性原则

体能训练效果的测评必须遵循可靠性原则，即所用的方法必须科学、得出的结论必须准确可靠。这是体能训练效果的检查与评定的科学基石和根本保障。为了确保分析数据及所做出结论的可靠性，对受试者的机能状态、训练内容与条件、数据采集等关键环节必须高度重视。

二、体能训练效果测评的分类

（一）经验测评

对运动员体能训练效果的经验评价，主要表现在两个方面：一是对体能训练锻炼负荷的主观检查和评定，即内部检查；二是对运动动作的整体评价，即外部检查。

1. 内部检查

运动锻炼中的一个核心问题，是如何科学确定个人的锻炼负荷。要确定合理的锻炼负荷，必须依据每个人承担负荷的能力。评价锻炼者的负荷是否合适，可从以下几方面着手：

（1）主观感受

如果运动负荷安排适宜，则锻炼者的主观感觉应该是精神饱满，体力充沛，备感舒服，渴望运动。每次锻炼后稍有疲劳和肌肉酸痛感，而通过休息能较快地消除。

（2）情绪

一般来说，人体具有运动的需要，当这种需要得到满足时，人就会产生愉快的情绪体验。在运动锻炼后，人的精神饱满，情绪乐观，说明运动负荷比较合适，健康状况良好。反之，则应引起重视，及时调整运动负荷和改进锻炼方法，特别要降低运动的强度。

（3）食欲

如果运动后生理反应正常，健康状况良好，人的食欲是很旺盛的，食量也会增加。相反，如果运动负荷安排过大，生理反应异常，健康状况不佳时，就会出现食欲不振。

（4）排汗量

轻微运动时，人体出汗较少或基本不显汗。这种负荷对人体的锻炼价值不大。当运动负荷适宜时，人体可有微汗或中等程度的出汗。如果负荷过大，机体过于疲劳，则锻炼者会满头大汗，浑身湿透，颊部出现盐迹，甚至夜间盗汗。

（5）工作效率和生活能力

如果体能训练负荷适宜，锻炼效果明显，则会对工作效率和生活能力起到明显的促进作用。

（6）睡眠状况

人体进行了适宜的体育运动后，大脑皮层和全身各器官系统会产生一定的疲劳，一般应睡眠良好，睡得深沉，较少做梦，觉醒后感到精力充沛，处于良好的工作和应激状态。如果身体锻炼的负荷过大或不太适应，或者由于病变的影响，则可能导致失眠、多梦或嗜睡等不良现象，觉醒后仍感到精力不支。

2. 外部检查

运动行为的整体评价，主要用以评价运动动作的外部表现。在观察体能训练运动的外部动作时，也有一些共性的方面，是我们在实际锻炼活动中要引起注意的。

（1）动作的准确性

只有准确的动作才能有针对性地使相应部位得到活动。从动作的目的性衡量其准确性和动作形式是否符合技术要求。如投篮是否命中、射门是否进球等是对动作目的准确性的衡量，而在健美操等运动项目中，动作是否准确要按技术规范去做。

（2）动作的实用性和安全性

动作的实用性，即动作练习尽可能与职业特点相一致，与身体疾病的康复相吻合，与生活劳动的动作互补。同时，在选择和运用体能训练活动项目时均要注意其安全性，特别要注意运动的弹性和缓冲性。

（3）动作的协调性

协调即运动练习相关方面的和谐。协调的动作给人以美观、轻捷的感觉。体能训练动作的协调包括身体各部分的协调、各个动作要素之间的协调、身体动作与内部器官活动的协调等。

（二）生理测评

1. 定量负荷试验测评

受试者经过一定的定量负荷后，根据恢复期的脉率、血压等生理指标的不同变化，评定受试者心血管系统机能状况的机能试验，统称为定量负荷试验。定量负荷试验主要包括以下几个步骤：

（1）测定相对安静状态下的脉率与血压等生理指标。
（2）严格按规定要求做定量运动。
（3）测量运动后的即刻脉率或恢复期的脉率和血压。
（4）计算评定指数或描记指标曲线图，并根据评定标准予以评定。

2. 脉搏的测评

脉搏测定法是心搏频率的主要方式。与体能训练锻炼有关的脉搏测定可测安静时脉搏、基础脉搏和运动前后脉搏。其测定方法是：以食指、中指、无名指轻压在受测者的桡动脉上，以10秒钟为单位连续记数其脉搏频率。如连续三个10秒钟的脉搏数是一样的，说明此时脉搏趋于稳定，即以这个数字乘以6，得出受测者每分钟的脉搏频率。基础脉搏和相对安静脉搏是评价机体对身体锻炼负荷适应性的重要指标之一。同时，基础脉搏和相对安静脉搏也可用以评价一段时间内锻炼负荷安排的大小。如连续几天发现基础脉搏偏高，则说明身体运动负荷过大，需要休息或调整运动形式。

3. 肺活量的测评

肺活量作为呼吸机能健康程度的指标之一，是呼吸肌收缩运动的结果。因而是对体质和健康水平进行评价的重要指标。肺活量越大，说明呼吸系统的功能越强。肺活量受后天影响较大，体能训练锻炼能增强呼吸肌的收缩能力，扩大胸廓活动范围，从而导致肺活量的增加。肺活量的测定需用肺活量计（或肺功量计），以及消毒棉球、酒精等辅助用具。先将肺活量计外筒盛水，水量约为外筒容积的80%，将内筒下沉到外筒底部，调节记量盘上的指针到零位。受测者自由站立，一只手握通气管，头部略后仰尽力深吸气，直到不能再吸气后，嘴对准吹嘴做一次性尽力深呼气，直到不能再呼气为止。记下计量盘上的刻度数，测两次，取最大值，记录以毫升为单位，不计小数。通过体育锻炼后，在完成同样的运动负荷时，肺通气量不变或下降，这表明身体机能提高。而且，随着身体机能的提高，在运动时，呼吸深度明显增加，肺活量也不断增强。

4. 血压的测评

血压是指流动的血液对血管壁的侧压力，一般常指动脉血压，血压随心动周期的变化而有所不同。正常人安静时的动脉血压较为稳定，收缩压为100～120毫米汞柱，舒张压为60～80毫米汞柱。随着年龄增高，动脉血压也逐渐增高，但收缩压的增高比舒张压升高更为明显。一般而言，正常情况下清晨血压应比较稳定。如果锻炼负荷适宜，血压变化范围在10毫米汞柱以内，以收缩压高、舒张压下降、脉压差增加为最好。如果发现清晨血压较平时增加20%，而且血压有明显的上升趋势，在排除疾病因素以后，则可能是运动量过大和疲劳积累的征兆。有条件的家庭和锻炼者，可自备血压计，定时进行测定和评价。

(三) 身体素质测评

1. 力量素质的测评

力量素质的测评常用手段有测握力、背力、俯卧撑、仰卧起坐和立定跳远等。

(1) 握力

握力测评可用以评价上肢和手指屈肌力量。测定时使用弹簧式或电子握力计。受测者两脚自然分开约一脚距离，身体直立，手心向内持握力计，握力计指针朝外。先将指针调至零位，然后转动握距调节钮，使食指第二关节屈指成直角，用最大力紧握上下两个把柄。用力手测两次，取最大值。将测定结果与《中国成年人体质测定标准》对照，确定得分。

(2) 背力

背力测评可用以评价背肌力量。使用背力计。受试者站在背力计底盘上，两脚尖分开约15厘米，膝关节伸直不动，上体前倾约30°，两手正握背力计的把柄，伸直背上体抬起，由缓慢用力至全力拉。测两次，取最好成绩。

(3) 俯卧撑

用以锻炼和评价上肢肌与肩带肌力量。使用普通平坦场地，要求受试者手掌与脚尖在同一平面上。受试者双手按地，手指向前，两手距离与肩同宽，两腿向后伸直，身体挺直，然后屈臂使身体平直下降，至肩与肘成平面，此时两肘和头的投影线成正三角形，躯干、臀部和下肢要挺直，然后再撑起。两臂伸直为一次。

(4) 1分钟仰卧起坐

用以锻炼和评价腹肌力量。受测者仰卧于垫上，两腿稍分开，屈膝成90°，两手交叉置于脑后，一人压住受测者两踝关节，起坐时以两肘触及或超过两膝为完成一次，仰卧时，两肩胛必须触垫。检测员发出开始口令的同时计时，记录1分钟内完成的次数。

(5) 立定跳远

用以锻炼和评价下肢力量和全身爆发力，使用跳远沙坑，起跳地面要平展，不得有坑窝。受试者两脚自然分开，脚尖不得踏线，两脚同时蹬地起跳，起跳时不得垫步，两手臂顺势前移。丈量起跳线前沿至最近着地点的垂直距离。跳3次，记录最好一次成绩。

2. 速度素质的测评

速度素质的测评方法有反应时测评和短距离跑测评。

(1) 反应时测评

用以评价中枢神经系统的反应能力和神经、肌肉的协调能力。使用反应尺，受测者坐在桌旁，受测臂放松平放在桌子上，手指伸出桌边约10厘米，拇指与食指上缘呈同一水平，做好准备。检测人员抓住反应尺的上端，置反应尺的下端于受测者拇指与食指之间（不要碰到手指），反应尺的零点线与拇指上缘呈同一水平。受测者两眼凝视反应尺的下端，听到"开始"的口令后，反应尺下落时迅速将反应尺捏住，记录拇指上缘处反应尺的刻度。测5次，去掉最高值和最低值，计算中间3次的平均数。记录以秒为单位，精确到小数点后2位。

(2) 短距离跑测评

用以锻炼和评价身体位移速度。常采用50米跑。受试者听到"预备"的口令后取站立式起跑姿势，听到"跑"口令或鸣枪声后，迅速沿跑道线跑出，记录下通过终点线的时间。记录以秒为单位，精确到小数点后1位。

3. 柔韧素质的测评

柔韧素质的测评手段有站位体前屈和坐位体前屈。

(1) 站位体前屈

放一平面方凳，在凳子侧面安装一把刻度尺，台面处刻度为"0"，往上25厘米，往下40厘米。受试者双脚靠拢站立于方凳上，两腿伸直，上体前屈，两手臂尽量下伸，两手指尖（要齐）伸向标尺，努力使指尖触到最下端的刻度。如指尖达不到"0"点，则其成绩前加负号。记录其最好成绩，精确到小数点后1位。注意动作不要过猛，头要置于两臂中间，两手要并直。

(2) 坐位体前屈

使用坐位体前屈测量计，受测者坐在平坦垫物上，两腿伸直，脚跟并拢，脚尖分开约10~15厘米，踩在测量计平板上，然后两手并拢，两臂和手伸直，渐渐使上体前屈，用两手指尖轻轻推动标尺上的游标前滑，直到不能继续前伸。测两次，取最好成绩，记录成绩以厘米为单位，精确到小数点后1位。

4. 耐力素质的测评

耐力素质的测评方法有12分钟跑和定距离跑。

(1) 12分钟跑

采用时间较长的定时跑，可以有效地锻炼和测定锻炼者的耐力水平。定时跑最常用的方法有12分钟跑。12分钟跑可在室内或室外的跑道上进行。受试者需先做好准备活动，特别要使下肢关节活动充分。测试开始后，受试者要在规定的12分钟时间内，尽最大力量跑（或走到交替）到终点。记录所能达到的最大距离（米）。注意跑时尽全力，最好用匀速跑完全程。如跑中感到呼吸困难，可稍放慢速度，使呼吸恢复正常。再根据相应的评分表评价身体耐力状况。

(2) 定距离跑

此法与12分钟跑相类似，但测试更加灵活方便。最典型的定距离跑是库珀的2400米跑。在我国的学生体质测验中，常采用1500米（男子）和800米（女子）跑。测验可在室内或室外的跑道上进行。受试者做好准备活动后，要尽最大力量快跑，力争在尽可能短的时间内跑完预定的距离。根据时间评价受试者的耐力水平。

三、体能训练效果测评的方法

体能训练效果测评的方法多种多样，在实际中，可根据不同的需要加以选用。通常情况下，有以下一些方法：

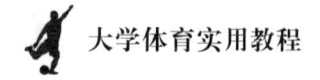

（一）自我测评与他人测评

自我测评多采用主观感觉、观察进行定性检查和评价，也可采用较为简易的定量测评方法。这是体育锻炼最常用的方法，其特点是方法简便、及时，便于操作，但主观成分较大。他人测评是根据特定要求进行的，它需要一定的设备和仪器，但客观性较好，比较规范，但要有一定的组织工作。在实际测评中，常把自我测评和他人测评结合起来。

（二）个体测评与群体测评

个体测评是以某个人作为测定评价对象，运用有关手段、方法进行测定评价的方法。群体测评是在对个体进行测评的基础上，对某一特定群体的身体状况和体能训练效果进行测评，如对某个学校学生或社区体育锻炼者进行的整体评价。有了对不同群体的身体状况和体育锻炼的测评结果，就可以进行不同群体之间的比较分析，而个体也可以用群体指标作为参照系，评价自身的身体状况，并对体能训练过程加以综合分析。

（三）主观测评和客观测评

主观测评即评价人根据观察、感觉和个人经验等来评价体能训练锻炼效果，既可由锻炼者个人进行，也可由他人进行。该法不需要仪器设备，简便易行，缺点是客观性较差。客观测评是借助于测试仪器设备，用规范的方法获得精确的数据，用一定的标准去评价锻炼效果。在实践中，应创造条件更多地采用定量化评价的方法。

（四）单一指标测评与多指标综合测评

单一指标测评是指选择一个指标对身体锻炼的某一方面效果进行测评。如长跑锻炼中采用时间测评法，减肥锻炼中采用体重测评法。这种测评方式较为简便，针对性强，能较灵敏地反映身体锻炼后身体机能的改善情况。要使单一指标测评更为有效，重要的是选择合理有效的测评指标和进行科学的测定。

多指标综合测评是根据锻炼者体质和身体锻炼的特定需要出发，精选若干个测定指标，组成一个测定体系，对锻炼对象进行测定，再利用一定的权重关系对锻炼者身体锻炼情况作出综合评判，如我国的《国家体育锻炼标准》《中国成人体质测定标准》等。多指标综合测评的具体方法很多，虽然可以有定性评价，但是以定量评价为主。

（五）静态测评与动态测评

静态测评是在锻炼者处于静息或相对安静时所进行的测评，如测评锻炼者的基础脉搏、血压、锻炼前的脉搏等。动态测评则是对锻炼过程进行的测评与控制，如根据遥测心率计测定和控制锻炼者的心率变化。静态测评主要是了解锻炼者的长期适应情况，以评价身体锻炼的效果，而动态测评则有助于了解身体在运动过程中的反应及身体运动指标等。

（六）对体能训练结果的测评与对体能训练过程的测评

对体能训练结果的测评侧重于对体能训练锻炼结果（即某一锻炼单元结束后成果）的测评，是由果推因的评价。这种评价结果往往对提高锻炼者的积极性有直接的推动作用，但周期较长。对体能训练过程的测评则是对体能训练锻炼过程状态的检查，是一种由因推果的方法。如根据运动处方的要求组织的测评，可使锻炼者达到所规定的运动强度、运动时间和频度。由于它侧重于行为本身的评价，方法简单，标准明确，能直接推动人们参加身体锻炼。

第五章 校园体育文化欣赏

第一节 校园体育文化概述

一、体育文化的概念

体育文化一词,最早被译为身体文化。在《体育运动词汇》里,将体育文化定义为:体育文化是广义文化的一个组成部分,它综合利用各种身体文化来提高人的生物学和精神潜力的范畴、规律、制度和物质设施。

体育文化包含有体育精神文化、体育制度文化和体育物质文化,也就是说,体育文化由心理、行为、物质三个方面(三个不同层面)的要素构成。

二、校园体育文化的含义

校园体育文化是指校园内所呈现的一种特定的体育文化氛围。它是学校的师生员工在体育教学、健身运动、运动竞赛、体育设施建设等活动中形成和拥有的所有的物质和精神财富,以及体育观念和体育意识,是以学生为主体,以课外体育文化活动为主要内容,以校园精神为主要特征的一种群体文化,它和校园德育、智育、美育文化等一起构成了校园文化群,又与竞技运动文化、大众体育文化组成了广义的体育文化群。

(一)校园体育文化的特点

1. 校园体育文化的客观性

校园体育文化是在长期的教学实践中逐步形成的,是一种文化的历史积淀,它在社会文化环境和学校本身发展的合力作用下形成,尽管不排除人为的主观努力,但从总体上看是客观的、独立的。

2. 校园体育文化的连续性和继承性

校园体育文化和其他文化一样,同样具有历史延续性,是可以形成传统和风气的。学校体育传统和风气是指一个学校在体育活动方面形成并进行的带有普遍性、重复出现和相对稳定的一种集体行为风尚,是学校教育的一种氛围与环境,是师生员工共同创建的校园文化,是校风的有机组成部分。这种传统和风气作为一种社会文化现象,既有区别又有联系。

3. 校园体育文化的新颖性

体育活动的最大特色就在于它的新颖性。譬如在每年春季运动会上推出团体操、健美操、武术表演以及广播体操比赛、趣味性游戏等内容,某些师范院校对所有师范生在毕业前进行队列、口令指挥及广播体操的过关测试等。

4. 校园体育文化的闭合性

从组织观念看,学校是一个大组织,其内部由一个个小组织构成,因此,具有组织分明、组织单位集中的特点,这给校园体育文化带来了新的特点。一方面在内容上向开放方面发展,但另一方面也存在形态上的相对闭合,从而形成一个个"体育文化圈",如院校里的

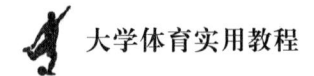

专业、年级、班级以及自发组成的专项体育协会等。

5. 校园体育文化的动态性

校园体育文化形成的主体是在校学生。他们天生好动，不习惯于长期静坐和沉默。一般而言，校园的课堂教学活动是一种静态性的教育形式，长时间"三点一线"式的学习生活，往往使许多好动的学生感到枯燥无味。因此，在学习之余他们所钟情的是既能调剂生活，又能获取各种瞬息万变、充满强烈动感的校园体育文化。

（二）校园体育文化的价值

校园体育文化是一种精神文化，积极向上的校园体育文化有助于创造生动丰富的校园文化和风气，有助于冲破校园文化的封闭性，增强开放性，有助于弘扬校园文化的创新精神。

1. 校园体育文化与智育

良好的校园体育文化对促进学生的智力发展有着重要作用。健康的体质，特别是健全的神经系统，是智力发展的物质基础。通过体育锻炼，可以培养敏锐的感知能力、灵活的思维能力、丰富的想象能力、良好的注意力和记忆力；可以使学生进行积极性休息，消除大脑的疲劳，恢复和提高大脑的工作能力，提高学习的效率。

2. 校园体育文化与德育

对学生进行共产主义思想品德教育，既是德育的任务，也是体育的任务，两者在全面教育中是很难截然分开的，在学校教育中往往寓德育于体育之中。事实证明，校园体育文化是培养学生共产主义品德及完善个性的重要手段。

3. 体育文化与美育

校园体育活动对中专学生美学修养的提高更具促进作用。美作为人个性和谐发展的综合标志，是寓于智育、德育和体育之中的。思想品德和情操的美是德育的主要内容，而风度美、语言美、环境美等又是与一个人的文化知识水平和美学修养直接相关的。至于"美"与"健"的关系更为密切，离开了"健"去谈"美"是不可思议的，而没有"美"，"健"也会失去光彩。只有体育与美育相结合，才能培养出集"健"与"美"于一体的人。

三、校园体育文化的建设

（一）校园体育文化建设的内容

1. 校园体育文化意识的建设

文化意识集中反映了文化主体的精神、道德观念和知识等。在校园体育文化建设中，应积极倡导健康的体育精神，如爱国主义、集体主义精神，拼搏进取精神，敬业笃学精神，竞争开拓精神等，把体育精神与学风建设融为一体。思想、行为道德也应是校园体育意识文化建设中的重要内容。

2. 校园体育文化行为的建设

师生共同参与的体育活动是校园体育文化的一个重要方面。学生的课外体育活动对学生体育兴趣、能力和观念的培养有重要意义，从而对体育文化素养的提高非常有利。学校可通过运动会，体育节和种种小型多样、生动活泼、师生员工们喜爱的活动来丰富大家的余暇生活。

3. 校园体育文化物质的建设

校园里的体育建筑、雕塑，加上设施、场地等，它们本身就是一种文化现象，是人的本质力量的外化。同时，它们又成为意识文化的载体，凝聚和展示着人类的知识、思想和智慧，体现着人们的情操、意志、价值观念等多种文化特质，这些特质会折射人们的心灵，对人起到一种潜移默化的陶冶作用。

(二) 校园体育文化建设的措施

具体而言，加强高校校园体育文化建设有以下措施：

1. 加强媒体宣传力度

经常运用标语、图展、广播等媒体形式，进行体育文化的渗透，使师生员工真正认识到强健身体的重要性，培养他们对体育的兴趣，提高参与程度，使大家都了解体育、参与体育、享受体育带来的乐趣。

2. 重视课外体育活动

课外体育活动是开展体育文化活动的主要途径，它既要完成体育锻炼的任务，又要活跃学生的课余文化生活。要认识到课外体育活动对提高学生锻炼意识和积极性有很好的促进作用。

3. 组织体育知识讲座

体育知识讲座是丰富学生体育知识的重要手段，可以请校内外体育专家、运动员配合体育教学任务进行讲座，介绍国内外体育赛事、体育形势、体育文化等，拓宽学生视野、丰富学生体育文化知识。

4. 组织体育知识竞赛

学校组织体育知识竞赛具有简单易行的特点。可充分利用所掌握的知识，组织班级、年级甚至全校的体育知识竞赛活动，以提高学生对体育文化的兴趣和参加的积极性。

5. 重视校园体育组织系统的建设

如健全学校的体育运动委员会组织机构，支持学生和教工成立各种体育社团并为他们的活动提供方便和创造条件。制订学校体育的各项规章制度，使学校的体育工作纳入制度化、规范化的运行轨道。

6. 发挥本校体育传统，形成特色

体育文化的传统和特色指的是一个学校在体育方面形成并延续着带有普遍性、重复出现的相对稳定的一种独具特点的文化形态，表现出自觉、经常的基本特征，并具有教育、导向、规范、凝聚和激励的力量。由于各个学校的类型、规模、办学条件、师生构成等不同，加上学校所处的地区、环境、地理气候等的差异，决定了建设校园体育文化的具体思路会有所不同。因此，在建设校园体育文化的过程中，各个学校应该根据自己的具体情况发展校园体育文化，最终形成自己的体育特色。

第二节 奥林匹克运动与文化

一、奥林匹克运动的发展

(一) 古代奥林匹克运动会

1. 古代奥林匹克运动的起源与发展

古代奥林匹克运动会（简称"古代奥运会"）是希腊人民的伟大创举，也是人类文明与进步的巨大文化源泉。尽管古代奥运会的起始可追溯到公元前11世纪，但直到公元前776年才有正式记载。据历史记载，古希腊各城邦的平民百姓多信奉万神之首宙斯，因城邦之间经常发生战争，使民间的各种祭祀活动时断时续。公元前 776 年，在人民渴望和平、自由生活的要求下，古希腊伊利斯国王、斯巴达国王和比萨国王在"神"的旨意下，签订了"神圣休战"的协定，并决定在奥林匹亚"宙斯神"庙前举办祭祀活动和举行第一届古代奥运会，以后每四年一次。

公元前 388 年，马其顿人征服希腊，尽管马其顿王菲利甫和其子亚历山大为笼络人心，仍然保留了奥运会，但奥运会的神圣光环已大为褪色，其规模和人们对它的热情和关心已远不如昔。奥运会已不再是以往希腊人民盼望的那种全民的节日了。

公元前 146 年，罗马人征服了马其顿人，希腊半岛也因此而成为罗马共和国的一个省份，奥运会因此而更加衰落。公元三世纪以后，随着基督教在欧洲兴起，古代奥运会迎来了彻底衰亡的厄运。公元 394 年，罗马皇帝狄奥多西立基督教为国教，他认为源于希腊的奥运会是一种异教徒的活动，下令废止了已经有名无实的奥运会，威严的宙斯神像被运往君士坦丁堡。具有一千多年历史的古代西方体育文明，就此终结。

到公元 394 年为止，古代奥运会举行过 293 届。每届奥运会均在能容纳 5 万观众的奥林匹亚运动场上举行。最初只有短跑（192.27 米）一项比赛，后来逐渐增加了长跑、跳远、标枪、铁饼、角力、五项全能（赛跑、跳远、标枪、铁饼和角力）、拳击、赛马和赛车等运动项目。

2. 古代奥林匹克运动的文化特征

古代奥运会每四年一届，从公元前 776 年有文字记录的第一届奥运会到公元 393 年，共举办了 293 届，历时 1169 年。古代奥运会是人类体育文化宝库中的一颗明珠，对社会的发展、人类的进步和世界和平起着巨大的促进作用。

古代奥运会仪式十分隆重，以祭祀竞技为主，内容形式丰富多彩。盛会期间，每天都有宗教活动，然后隆重的盛典便在燃烧的"圣火"中正式开幕。运动员及他们的父兄要在神像前宣誓。奥运会从清晨开始，一直进行到深夜，而且风雨无阻。竞赛期间，还伴有各种政治、经济和文化活动。竞技场外又是另一番景象，哲学家一起讨论自然与社会问题，诗人和艺术家展示作品，商人推销商品，城邦使节缔结条约等，使古代奥运会成为一个综合性的文化节日，参加人之多、涉及面之广，盛况可想而知。

古代奥运会的竞赛有严格的章程，对组织者、运动员、裁判员以及竞赛办法都有严格的规定。古代奥运优胜者被视为英雄，享有极高的荣誉。比赛结束时，在宙斯神坛前为各项目优胜者举行隆重而庄严的发奖仪式，授予橄榄枝的桂冠（传说橄榄枝是智慧女神雅典娜奉献给人类的，因为它全身是宝，意喻生活和生命，至今奥运会奖牌上都有橄榄枝的图案）。

古代奥运会是在奴隶制度时代发展起来的一种体育文化，为人类社会留下了丰富的文化遗产。古代奥运会所创造的竞技比赛传统模式和奥运精神是现代奥林匹克运动继承和弘扬的精神财富。

（二）现代奥林匹克运动的发展

1. 现代奥林匹克运动的诞生

现代奥林匹克运动会是在古代奥林匹克运动会的基础上发展起来的。从 18 世纪开始，一些欧洲学者相继对奥林匹亚进行了实地考察，发现了宙斯神庙的遗址，引起了轰动。在学者们对奥林匹亚进行考察、发掘之时，欧洲一些有识之士相继提出恢复古代奥运会的建议。最早主张恢复古代奥运会的是被誉为德国"体操之父"的古茨穆茨，他在 1793 年提出这一主张时并未引起人们的重视。19 世纪中叶，埃恩斯特·克尔提斯在柏林作了一次希望恢复古代奥运会的专题报告，在社会上引起了较大的反响。

1859年，一位名叫尤安格利斯·扎巴斯的希腊军官，经希腊国王的批准，于当年10月1日在雅典举办了第一届泛希腊奥运会。之后于1870年、1875年、1887年、1889年相继举行了四次泛希腊奥运会。由于泛希腊奥运会仅限于希腊人参加，其规模和影响非常有限，再加上大会组织管理缺乏经验，比赛不正规，延续了五届的泛希腊运动会便自生自灭了。

1889年，被誉为"现代奥林匹克运动之父"的法国人皮埃尔·德·顾拜旦，开始着手现代奥林匹克运动会的创办工作。1892年11月，他在巴黎发表了"复兴奥林匹克运动"的著名演说，之后，他四处奔波，进一步宣传复兴奥林匹克运动的主张，并团结国际体育人士，共同促进奥林匹克运动会的复兴。1894年6月18日在法国巴黎索邦学院召开了一次重要的国际体育会议——"恢复奥林匹克运动会代表大会"。大会一致同意顾拜旦的主张，通过了恢复奥林匹克运动会的决议，并决定于1896年在希腊首都雅典举行第一届现代奥林匹克运动会，以后仍按照古代奥运会的传统，四年举行一次。这次大会还于6月23日通过了成立国际奥林匹克委员会的决议，并批准了顾拜旦先生制订的第一部《奥林匹克宪章》，选举希腊诗人维凯拉斯为国际奥委会第一任主席，顾拜旦为秘书长。另外，还从12个国家选出了14名委员。至此，一个在世界上最有影响的国际体育组织、国际奥林匹克运动的领导机构——国际奥委会正式诞生了。

在国际奥委会的积极努力下，现代奥林匹克运动史上第一届奥运会于1896年4月6日在雅典举行。来自13个国家的295名运动员参加了田径、游泳（包括跳水）、举重、摔跤、体操、自行车、射击、击剑等项目的竞赛。第一届奥运会虽然还很不正规，但现代奥林匹克运动终于登上了历史舞台。国际奥委会的成立和第一届奥运会的召开，标志着现代奥林匹克运动的诞生。

2. 现代奥运会的发展

现代奥林匹克运动自1894年国际奥委会成立至今，已经过了一个多世纪。其发展可分为四个阶段。

（1）探索阶段（1894—1914年）

这一时期的奥运会存在着诸多缺陷。首先，奥运会设项不固定，每届项目有所不同，主办者可临时增减项目（如首届奥运会的赛艇和帆船比赛，因天气不好而取消，临时增加了一项100米自由泳比赛），项目内容重复（第2届奥运会体操个人全能由双杠、单杠、吊环、鞍马、跳马、自由体操、跳远、跳高与跳远综合跳、撑竿跳、爬绳、50千克举重等项目组成）。其次，运动场地缺乏统一标准，不仅跑道长度不同，有333.33米（1896年奥运会）、500米（1900年奥运会）、536.45米（1904年和1908年奥运会）、383米（1912年奥运会）等几种，而且场地的设计也不统一，如首届奥运会采用U形跑道，第2届奥运会使用草地赛场。最初的游泳比赛在天然水域内进行。再次，比赛缺乏必要的规范，如马拉松比赛的距离每届都不相同，举重和摔跤无体重分级和时间限制，度量体系混乱，时而英制，时而公制；组织者可擅自临时改变比赛日程；裁判多由举办国人员担任，执法难以公正；各项目运动员参赛资格不一致，运动员住宿地分散而混乱。奥运会也没有固定期限，短则10天，长则五六个月。第四，经费紧缺。首届奥运会因为资金短缺，几至半途而废。紧接着连续3届奥运会因资金问题，不得不与商业博览会联合，成为博览会的陪衬。

1908年伦敦奥运会是奥运会发展史上的一个重要里程碑，出现了脍炙人口、强调参与的奥林匹克名言："重要的不是取胜，而是参与。"这届奥运会各项比赛的技术性工作，从制订赛制、编排赛程，到选派裁判、组织比赛均由各单项体育协会负责，规范化程度大大提高，这为后来由各国际单项体育联合会管理奥运会技术工作奠定了基础。奥林匹克三大支柱的组织结构已现雏形，各自职责相对明确，从而确定了奥林匹克组织体系的基本框架。

在这一阶段即将结束时，第5届奥运会于1912年在斯德哥尔摩举行，其参赛成员国的数量比第一届翻了一番，运动员人数增长了75倍。现代奥林匹克运动巩固了自己的阵地。

（2）初具形态（两次世界大战之间）

因第一次世界大战而中断的奥林匹克运动会于1920年重新进行，这一阶段经过5届夏季奥运会和4届冬季奥运会。国际奥委会从实践中意识到奥运会规范化的重要性，整个奥运会的基本框架和运行机制在这一时期基本形成，具体表现在：比赛项目的设置逐渐趋向合理；比赛设施进一步完善；会期基本固定；申办、举办程序基本确立，并基本解决了有关运动员的参赛资格问题。自1928年起，女子田径项目纳入正式比赛，这一重要变化对奥林匹克运动的普及性和号召力起到了推动作用。另一重要发展是有了冬季奥运会，它使奥林匹克运动的覆盖面大大增加。

这一时期，奥林匹克运动的组织机构也得到发展，国家奥委会由第一次世界大战前的29个增加到60个，为奥林匹克思想在世界各地的传播做出了重要贡献。与此同时，各国际单项体育组织也相继成立，通过国际奥委会与各国际单项体育组织和各国家奥委会的协调，使国际奥委会摆脱了每届奥运会都存在的具体技术事务，而更多地在领导、协调、决策等更高的层次发挥作用。

（3）发展与危机（1945—1980年）

第二次世界大战后，奥林匹克运动出现了一系列新变化。奥运会规模扩大，项目剧增。战争结束后的1948年奥运会有来自59个国家的4062名运动员参加136个项目的比赛，1972年时则有121个国家和地区奥委会派出7121名运动员，参加195个项目的比赛。冬季奥运会参赛运动员数目也由1948年的28个成员国的369人增加到1972年的35个成员国1006人。在奥运会规模扩大的同时，竞技运动的水平快速提高，奥运会举办地不再局限于欧洲和美洲，各大洲范围的运动会、伤残人奥运会也相继产生，竞技运动水平也迅速提高，非洲体育开始崛起。与此同时，现代奥运会的发展也出现了危机：①政治格局的变化对奥运会产生影响，部分国家出于政治原因而对奥运会实行的抵制连续不断，且规模越来越大。②竞技运动商业化和运动员职业化的进程开始加快，违禁药品的滥用日益严重，在女子项目的比赛中出现了有男性特征的运动员，运动员的性别问题成为人们关注的对象。③奥运会出现经济危机。随着奥运会的膨胀，举办奥运会所需要的人、财、物等各种资源的投入急剧增加，给举办城市带来沉重的经济负担，如1976年蒙特利尔因举办奥运会而债台高筑。到20世纪70年代后期，愿意举办奥运会的城市只剩下洛杉矶一个。④国际奥委会与国际单项体育联合会和国家奥委会之间出现了矛盾，为了集聚各自的力量，国际单项体育联合会于1967年成立了国际单项体育联合会总会，各个国家的国家奥委会也于1979年成立了国家奥委会协会。

（4）改革与创新（1980年至今）

1980年西班牙人萨马兰奇出任国际奥委会主席，开始对奥运会进行全面的改革。首先，这场改革的核心内容是变封闭为开放，充分肯定商业化对体育运动的积极作用，积极而有控制地对奥运会进行多种商业开发，给奥林匹克运动建立了一个坚实的经济基础。1992年国际奥委会已拥有资产125亿美元，1993～1996年整个奥林匹克运动从商业开发中获得23～25亿美元的总收入。其次，废除了参赛者业余身份的限制，宣布奥运会向世界上一切最优秀的运动员开放，这就保证了奥运会的比赛具有最高的竞争水平和观赏价值。再次，国际奥委会承认体育运动不可能独立于政治之外，采取主动出击的姿态，同政府与非政府的组织建立广泛的联系，积极灵活地斡旋于国际的风云变幻中。商业化给奥林匹克运动奠定了经济基础，增强了国际奥委会政治上的独立性。再次之，改革了国际奥委会总部的行政机构，使之有良好的办事效率，调整并充实了国际奥委会的专门委员会，使国际奥委会在处理各种专业性很强的问题时能够及时咨询各方面的专家。最后，奥林匹克运动在法治的道路上也迈进了一大步，国际奥委会在1981年得到瑞士联邦的正式承认，成为具有法人资格的国际组织，从而结束了其长达87年的法律真空的身份。

2001年7月，国际奥委会迎来了历史上第8位、也是21世纪第一位主席比利时人罗格。罗格在上台后宣布的施政纲领是：在未来的国际奥林匹克运动中，最需要解决的问题一是如何控制越来越庞大的奥运会，二是如何在全球范围内开展有效的反兴奋剂斗争。此外他还公开表示，今后的每一届夏季奥运会的比赛大项将保持在28个，如果有新的项目要进入，将必须有旧的项目退出。国际奥委会还将对每一届奥运会的比赛项目的受欢迎程度进行追踪，从而做到在每一届奥运会的项目设置上"有的放矢"。

奥林匹克运动在20世纪已经为世界体育的发展和人类社会的进步做出了巨大贡献，在21世纪，尽管它还会遇到各种意想不到的困难和挫折，但是它会在困难和挫折中走出自己的发展之路，继续以其独特的方式，促进人类社会的和平、友谊和进步。

3. 现代奥林匹克运动的文化特征

现代奥运会保留了古奥运会的名称，继承了每四年举行一次的传统，沿袭了许多具有浓厚宗教色彩的仪式，并对诸如公平竞争、参与意识、顽强拼搏与和谐发展等优秀思想给予了充分的肯定。另外，为了体现时代精神，现代奥运会强调参与的国际性、内容的多样性、民族的广泛性、文化的现代性及组织机构的严谨性等，超越了宗教、肤色、种族和语言的限制，开始了它为全人类和平进步事业服务的里程。

由奥林匹克运动所反映的道德精神文化，其实质包含了道德情操和法制观念两部分内容。它不仅要求运动员不断提高思想道德修养，树立高尚的奋斗目标，养成良好的体育职业道德，发扬自尊、自信、自强的民族精神，还要求必须加强运动员遵纪守法、服从裁判的法制观念，强调以高尚的体育道德作风和精神风范感染观众，使"扶正祛邪、扬善惩恶"的社会风气在奥林匹克运动中得到充分体现。

二、奥林匹克运动的内容形式及其思想体系

（一）奥林匹克运动的活动内容与形式

奥林匹克运动具有丰富多彩的活动内容与形式，包括奥林匹克运动会、大众体育以及与体育有关的教育、科学和文化等活动。

1. 夏季奥运会

夏季奥运会简称奥运会，为有别于冬季奥运会称为夏季奥运会，每4年举办一届。夏季奥运会沿袭古代奥运会旧制，不管运动会举办与否，届次照算。自1896年在雅典举行的第一届奥运会起，到2016年里约热内卢奥运会为止，共举办了31届。因两次世界大战，实际只举办了28届。2008年奥运会在中国北京举行。

现代奥运会自产生以来，便得到了迅速发展。第一届奥运会仅有13个国家的295名男运动员参加，有9个比赛项目，42个单项。到2004年第28届奥运会，参加的国家和地区达到202个，参赛的男女运动员超过万人。奥运会比赛项目已增加到大项28个，单项301个。这28个大项是：游泳、射箭、田径、羽毛球、棒球、篮球、拳击、皮划艇、自行车、马术、击剑、足球、体操、手球、曲棍球、柔道、现代五项、赛艇、帆船、射击、垒球、乒乓球、跆拳道、网球、铁人三项、排球、举重和摔跤。

2. 冬季奥运会

冬季奥运会简称冬奥会，是奥林匹克运动会的重要组成部分。冬季奥运会届数的计算方法与夏季奥运会不同，是按实际举行的次数计算届次。1924年1月27日～2月5日在法国夏蒙尼举行了一次冬季运动会。后来国际奥委会正式确认这次运动会为第一届冬季奥运会，并规定冬季奥运会也是每4年举行一届，与夏季奥运会在同一年举行，但不得在同一城市。从1924年至1998年共举行了18届冬季奥运会，而且运动会的规模越来越大。1924年第一届冬季奥运会只有16个国家和地区的293名运动员参加，比赛项目仅有4个大项、14个小项。而1998年第18届冬季奥运会参加的国家和地区已达72个，运动员2304名，比赛大项为7个，单项68个。

冬季奥运会比赛项目有：花样滑冰、雪车、滑板滑雪、自由式滑雪、冰球、滑冰、滑雪、北欧两项、速度滑冰、速度滑雪、跳台滑雪、高山滑雪、雪橇、现代冬季两项、越野滑雪、短跑道速度滑冰、冰橇、冰壶。

3. 奥林匹克运动的其他活动

奥林匹克运动的其他重要竞赛活动，包括各大洲的洲际运动会、伤残人奥运会等国际奥委会承认的竞赛活动；大众体育活动主要是每年6月23日都举办的"奥林匹克日"，旨在促进群众体育活动的开展，扩大奥林匹克影响；奥林匹克科学、文化教育活动主要包括开办国际奥林匹克学院、建立奥林匹克博物馆、召开奥林匹克科学大会等。

另外，还有为表彰一些为发展奥林匹克运动作出贡献的团体或个人而进行的颁奖活动。

（二）奥林匹克运动的思想体系

1. 《奥林匹克宪章》

现代奥林匹克运动在其发展过程中，形成了一个完整的体系。这个体系由思想体系、组织体系、活动体系三大部分组成。奥林匹克运动的思想体系包括奥林匹克主义、奥林匹克精神、奥林匹克理想及其宗旨和格言等，它们都属于一个统一的范畴，包含在《奥林匹克宪章》中。

第一部《奥林匹克宪章》由顾拜旦亲自制订，于1894年6月在巴黎召开的国际体育会议上正式通过。其主要内容包括奥林匹克运动、国际奥林匹克委员会、国际单项体育联合会、国家奥林匹克委员会和奥林匹克运动会五个部分。它是国际奥林匹克委员会为发展奥林匹克运动所制订的总章或总规则，为国际奥委会所承认的国际单项体育组织、各国（地区）奥委会所应遵循的总的活动规范。在《奥林匹克宪章》中，对奥林匹克运动宗旨、格言、标志等都有明确说明。

2. 奥林匹克精神

奥林匹克精神是奥林匹克运动的实质内容，《奥林匹克宪章》指出，奥林匹克精神就是相互了解、友谊、团结和公平竞争的精神。通常它包括参与原则、公正原则、竞争原则、友谊原则和奋斗原则。萨马兰奇主席说过，奥林匹克运动就是文化加体育，人类的各项竞技运动成绩和运动记录是社会文化的一部分。

3. 奥林匹克理想

奥林匹克理想是奥林匹克主义和奥林匹克精神的综合，是人们对奥林匹克运动未来和前景的向往与希望。奥林匹克运动提倡人的全面发展，提倡人类社会的和谐与公正，共同建立一个和平的更加美好的世界。古代奥林匹克运动包含了这些朴素的思想，现代奥运会也是人们寄托愿望的一种形式，希望人类自己去求得团结、友谊、进步，这正是维系现代奥林匹克运动发展的精神力量。

4. 奥林匹克运动宗旨

奥林匹克运动宗旨具体的体现为：使体育运动为人类的和谐发展服务，以友谊、团结和公平竞赛的精神，促进人们更好地相互了解，从而有助于建立一个更加美好和平的世界；使世界运动员在每4年一次的盛大节日——奥林匹克运动会中聚会在一起。

5. 奥林匹克格言

奥林匹克格言为："更快、更高、更强"。它是国际奥委会对所有参与奥林匹克运动的人们的号召，号召他们本着奥林匹克的精神奋力向上。这个口号于1913年获国际奥委会正式批准，将其定为奥林匹克格言，1920年它又成为奥林匹克标志的一部分。

6. 奥运会圣火

奥运会圣火象征着和平、正义、友谊、团结和青春活力，因此，自1928年起，在奥运会开幕时都要点燃圣火。无论奥运会在哪里举行，奥林匹克火炬都得在希腊奥林匹亚村希腊女神赫拉庙前，按照传统仪式将火炬传到举办国，并在开幕时，由主办国一名运动员高擎火炬，穿过主体运动场，登上火焰塔点燃圣火，圣火将一直燃烧到大会闭幕为止。

三、奥林匹克运动与中国

中国人最初是通过了解奥运会来认识奥林匹克运动的。1904年许多中国报刊曾报道过第3届奥运会的消息，但未在社会上引起广泛反响。1907年以后，一些基督教青年会和教会学校人士开始在社会上宣传奥林匹克运动。著名教育家、体育家张伯苓先生也曾在天津青年会第5届学校运动会演说中提到：虽然许多欧洲国家获奖机会甚微，但仍派出选手参加奥运会，中国应加紧准备，争取早日参加奥运会。

1910年，在"争取早日参加奥运会"口号的鼓舞下，我国于10月18～22日在南京劝业会会场举办了历史上第一次全国运动会，随后中国又以积极参加远东运动会为契机，使得以举办全运会、参加远东运动会和奥运会为中心的竞赛制度逐步确立。1922年，当时任北京中国大学校长的王正廷入选第一位中国籍和远东地区的国际奥委会委员，中国与国际奥委会建立了直接的联系。

1924年8月，中华全国体育协进会成立，标志着中国体育的发展和中国奥林匹克运动开展都进入一个新的阶段。同年派出3名网球运动员参加了巴黎第8届奥运会的网球表演赛。之后，中国陆续加入田径、游泳、体操、网球、举重、拳击、足球和篮球8个国际体育联合会。1928年，中华全国体育协进会派出代表宋如海作为观察员，参加阿姆斯特丹第9届奥运会的开幕式，但没有派运动员参加比赛。1932年洛杉矶第10届奥运会，派出一名运动员刘长春参加比赛，虽然成绩不佳，但向世界宣告了中国奥林匹克运动的存在。1936年和1948年中国又分别参加了第11届和第14届奥运会。期间，国际奥委会又于1936年和1947年分别增补了孔祥熙和中华全国体育协进会总干事董守义为国际奥委会中国委员。

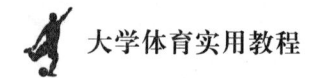

1949年新中国成立，给奥林匹克运动在中国的发展提供了前所未有的机遇。

1952年，在芬兰赫尔辛基的国际奥委会会议上，以多数票通过了邀请中国参加第15届奥运会的决议，这是新中国第一次派团参加奥运会。1954年，国际奥委会在雅典举行的第49次会议上，正式承认中华全国体育总会为中国国家奥委会。但后因国际奥委会中一些人坚持在国际奥林匹克运动中制造"两个中国"，1958年8月，中华全国体育总会发表声明，中断与国际奥委会的一切关系。在国际体坛和国际奥委会的一些人士的努力下，1979年11月，国际奥委会根据中国的提议，确定了著名的"奥运模式"，恢复中国在国际奥委会中的合法席位，允许台湾作为中国的一个地方性组织在国际体育组织中占有席位。

从1980年开始，中国连续参加了第23、25、26、27、28届夏季奥运会和第13~19届冬季奥运会。第23届奥运会上，中国运动员许海峰一枪实现了中华民族奥运史上金牌"零"的突破；第19届冬奥会上，女子速滑选手杨扬又为中国夺得冬奥会上的第一枚金牌；在28届雅典夏季奥运会上，田径选手刘翔第一次代表中国乃至亚洲站在奥运会短距离决赛跑道上并夺得金牌使世界为之一振。在第27、28届夏季奥运会上中国金牌总数和奖牌总数均进入前三位。奥运战场上不断进取的战绩，为中国屹立于世界体育之林奠定了雄厚的基础。

1998年11月25日，北京市向中国奥委会递交了举办2008年奥运会的申请书，1999年4月北京市政府和中国奥委会代表赴瑞士，正式向国际奥委会递交了关于承办2008年第29届奥运会的申请报告，并向海外推出了"新北京、新奥运"的申奥口号。2001年7月13日，国际奥委会在莫斯科举行的第112次全会上，北京市以绝对优势获得了第29届奥运会的举办权。

2008年，北京成功举办了第29届奥运会，把一届出色的、令人难忘的奥运会载入史册。而在本届奥运会上，中国代表团获金牌51枚、银牌21枚、铜牌28枚，金牌数列第一位。

第24届冬季奥林匹克运动会，北京——张家口冬季奥林匹克运动会（2022 The winter Olympics in Beijing & Zhangjiakou），简称"北京张家口冬奥会"或"2022冬奥会"，将在2022年2月4日~20日在北京市和张家口市联合举行，北京、张家口同为主办城市，这是中国继北京奥运会、南京青奥会后，中国第三次举办的奥运赛事，也是中国首次举办冬季奥林匹克运动会。

第三节　体育文化欣赏

一、体育欣赏概述

体育运动是一项美的运动。在其漫长的历史岁月中，它与美结下了不解之缘。体育运动又是一项综合艺术，因此它的美是丰富多彩的。从美学角度看，体育欣赏实际上是一种审美活动。

（一）体育欣赏的意义

人们在学习和工作之余，一方面通过参加各项体育活动来放松自己，另一方面通过看电视、到现场观赏比赛来丰富自己的业余文化生活。从而达到愉悦身心、陶冶情操的目的。具体来说，体育欣赏具有以下几方面意义：

1. 满足精神快乐与享受生活乐趣

经常观赏体育竞赛、表演，除了可以享受各种运动美感外，还可以使自己的心理状态与运动场上发生的一切同步律动，达到精神需求的满足。同时也会被那绚丽缤纷的文化氛围和环境所感染，无论你看到运动中的腾飞、旋转、减速、冲撞、造型或感受到的音乐旋律、色彩，还是凭自己的经验、情感去预测比赛胜负和不可预测的结果，都将使你的情绪处于兴奋之中，甚至会永远留在你的脑海里，"回味无穷"乃至"永不忘记"。

2. 陶冶道德情操与领悟人生真谛

通过观赏体育竞赛、表演，不但可以满足精神快乐，同时可以培养和陶冶道德情操，从中领悟人生真谛。良好的道德情操的形成，受内部和外部两个方面因素的影响，体育所创造的文化环境有着独特的价值观念和功能，道德意识、意志信念、高尚情操在体育竞赛的表演中有着实质的反映。

3. 品味体育文化与振奋民族精神

奥林匹克运动的创始人提出了体育运动与文化艺术结合，已达到身心均衡发展的重要思想，一直影响着体育文化的发展。我们经常受到重大体育竞赛的一切宣传、推广、开幕式、闭幕式的大型的文艺演出，纪念章、纪念币、邮票、画展、火炬接力、电视转播、新闻报道等文化形式的影响。这些文化形式渗透在人们的生活里，相互交融，完美结合，丰富了人们的物质和精神生活。

4. 缓解压力，享受生活

随着现代社会知识更新周期的日益缩短和生活节奏的加快，人们越来越面临着工作、生活、学习上的巨大压力。体育欣赏成为缓解这种压力的有效途径之一。在体育欣赏活动中，人们可以暂且忘记生活的烦恼，尽情享受体育带来的快乐。人们可通过鼓掌、呐喊、唱歌等形式来尽情发泄释放自己在工作、生活、学习中产生的压力，从而在繁忙的工作之余高质量地享受生活。

5. 丰富情感，感受竞争

欣赏竞技体育，可以从运动员的拼搏中增强自豪感；欣赏群众体育，可以从团结协作中提高对集体的信赖感；欣赏家庭体育，可以从和睦欢乐的气氛中增强家庭的归属感，等等。总之，欣赏体育运动，丰富了现代人的情感生活。

此外，现代社会又是一个竞争激烈的社会，没有竞争力很难在社会上找到自己的立足之地。而体育运动最能体现公平竞争的法则。欣赏激烈的体育比赛，感受竞争的存在，可以提高欣赏者的竞争意识。

6. 通过体育观赏了解世界

有人通过对学生运动方面的知识和动态信息的获得渠道进行研究发现，观赏能力较好的学生比较注重与外界的交流，其获得运动方面的知识和动态信息来自于大众传媒。例如，经常观赏篮球、足球比赛的人知道，NBA球队名称如爵士队、火箭队、马刺队、公牛队、湖人队，欧洲足球俱乐部如皇马、曼联、国际米兰等，巨星绰号如"空中飞人"乔丹、"魔术师"约翰逊、"大鸟"伯德、"球王"贝利、"外星人"罗纳尔多，等等。通过了解球星、球队，有助于我们了解各国、各洲整体技、战术水平的发展趋势以及各洲大球运动的特点等，所以在观赏大球运动比赛的同时，有助于我们了解世界。

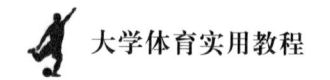

（二）体育欣赏的内容

1. 运动员的身体美

身体美是通过体育运动使骨骼、肌肉等人体组织得到正常发育后所具有的形体和姿势上的美。身体美具体可以表现为身体、线条、姿态的造型美，筋骨、肌肉、肤色的机体美和生命活力的气质美，其内容由体型、皮肤、毛发、形体构成。我们通常所说的身体美的主要内容有以下几方面：

（1）身体形态美

形态美是指身体健壮而匀称。它包括：体形美（身体外表匀称、协调）、姿势美（动作正确协调、舒展）、肌肉美（肌肉的形状与弹性）、肤色美（颜色、光泽）以及精神面貌美（精神与体力）。

（2）体格健壮美

身材高大，体形匀称，躯干短，四肢长，关节灵活，上肢手大臂长，下肢大腿粗，小腿细，骨骼发达，肌肉丰满结实，剽悍健美，肤色光泽，气度轩昂，富有朝气，体能充沛，有惊人的弹跳能力，表现出一种体格的健壮美。

（3）运动中动态美

动态美包括运动的时空变化，技、战术变化，节奏变化等。例如篮球运动中，篮球的时空变化美常常是非常复杂的，篮球有时在手中，有时在空中，有时在篮圈上盘旋，这种空间的变化能给人以美的享受和美的遐想。

（4）气质风度美

气质风度美是指人的风采与气度的美。风度美一般具有两个基本特征：一是符合职业道德规范和社会道德规范，二是表现出鲜明的个性特点。在球类比赛中，裁判的误判是不可避免的。在这种情况下，有的运动员表示理解，能立刻服从裁判的判罚，并向队友示意。这一切给人的印象极为深刻，使人觉得他们的风度非常美，从而引起崇敬之感。相反，在比赛场上恶语攻击观众、追打对手、围攻裁判等行为就不具备风度美，会让人产生反感。

2. 体育活动的运动美

运动美是指人在体育实践中，通过身体运动所呈现的一种动态的美。运动美是体育美的重要内容，同时也是体育美的基本表现形式。具体而言，运动美的内容主要有：

（1）技术美

技术美是指运动员在运动比赛中完成技术时所表现出的准确性、协调性、连贯性、实效性、稳定性的有机结合。一个出色的运动员可以通过跑、跳、带球、投篮、射门、扣球等基本动作向人们展示变化莫测、丰富多彩的动态美。在激烈的比赛中，NBA球星的跳起空中盖帽、摆脱抢位、空中转体扣篮，以及足球运动中一连串令人分辨不清的假动作和排球运动中传球进攻的流畅性等，无不使观众为之高超的技艺而叹服，同时也使观众享受着一种大球运动特有的运动美。

（2）战术美

战术美是比赛中队员个人技术的合理运用和队员之间相互协调配合的组织形式，它是运动员根据比赛双方的情况，把各自的技术通过战术基础配合巧妙联系到一起，采取合理行动，以发挥己方特长，限制对方优势，夺取体育比赛胜利的一种艺术。

（3）动作美

动作美是指人在运动中，人的形体或部位的造型所展现的美。从实际情况看，体育运动的整个过程都体现了一个"动"字。运动是一种活力美，是人体生命的有力展示。但是，只有动没有静，仍不能完全展现人的运动之美。这就是要求我们在欣赏中，对人体的动作要从动与静的结合上去欣赏、享受。

(4) 风格美

①思想风格美。思想风格美是指运动员在比赛中所表现出来的思想品质、道德修养、行为作风等综合的社会意识美。在欣赏体育比赛中，看到运动员良好的思想作风也是一种享受。

②技术风格美。技术风格美实质上是技术的个性之美。一个运动员（队）在技战术上，根据自身的条件和特点，创造出与众不同的风格，才能形成自己独特的风格美。

思想风格与技术风格之间有着密切的联系，这两种风格在其形成过程中往往是互相促进、互相制约、互相表现的。

(5) 意志品质美

意志品质美指在体育活动中所表现出的个性心理特征，主要是指积极、努力、忍耐等顽强的意志，观察、思考、探索等智力活动，热爱、体谅、互助等基本的道德观念等。

3. 体育比赛的环境美

环境美是一个人、一个集体、一个民族、一个国家文明程度的窗口，它能够直接反映出人们不同的精神风貌，环境美是精神文明的标志，它对陶冶人们的情操，提高人们的文明素质；对满足人们的审美需要，提高人们的生活质量有重要作用。环境美的基本内容包括以下内容：

(1) 运动员和教练员是环境美的重要组成部分。

(2) 裁判员既是环境美的组成部分，也是环境美的重要保证。

(3) 球场观众的基本素质。

(4) 体育场馆设备状况。

（三）体育欣赏的身心机制

1. 生理机制

(1) 视觉冲击占据首要位置

看电视台的现场直播或现场看球赛时，球场上的布置、各种服饰的拉拉队、激情热烈的舞蹈、队员的精彩表演，会让你感受到精彩纷呈，目不暇接。而赛场的变幻无常，呈现出的是一种动态美，能让观众感受到蕴涵其中的生命节律。

(2) 听觉冲击占据重要位置

在大比赛中，当队员随着解说员的介绍依次跑步进场时，会引起万众欢呼、旗帜挥舞、相机闪烁、全场沸腾，这是全场的第一次高潮。在比赛中，解说员的解说，场上的拉拉队的叫喊声、击棒声，一浪高过一浪，此起彼伏，呐喊声震耳欲聋，观众随即感受到大球运动的气势磅礴，随后的音乐一会儿把你带到遥远的天边，一会儿把你带到比赛现场，随着比赛时间的推移，观众的心情也会越来越激动和振奋，所以听觉冲击在观赏篮球比赛时占据了重要的位置。

2. 心理机制

(1) 感知是体育欣赏的第一要素

感知是体育欣赏的第一个心理要素，它包括感觉和知觉两个心理过程。感觉是对事物个别属性的反映，只有通过知觉才能达到对客观事物的整体把握。在篮球运动一次技战术的配合中，先是空切篮下，同伴的妙传，随后是起跳接球与扣篮。我们在欣赏这个动作的过程

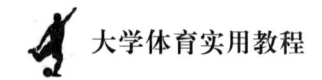

中，首先要求观赏者通过感觉（主要是眼睛的感觉），弄清它的个别属性（如空切路线、传球的时机、接球起跳时机的把握），然后才能从知觉上对该动作进行整体的把握。这时候如果观赏者能将传切过程的个别属性全部都看得一清二楚的话，那就会更完整、更准确地认识和理解这一扣篮动作，所以感知是观赏大球运动比赛的第一要素。

（2）情绪和情感是观赏体育比赛时主要的心理体验

情绪和情感是人对客观事物与人的需要之间关系的反映。在欣赏运动比赛时，人们的情绪和情感是随着运动比赛的过程和结果而不断变化的，因此，情绪和情感是通过认知活动的"折射"而产生的。在观看体育比赛中所有这些喜、怒、悲、愤等都是人的具有某种独特色彩的心理体验。

（3）想象是体育欣赏的主要心理活动

想象是对留存于头脑中过去事物的表象进行重新改造而构成新形象的过程。人们在体育实践中，不仅能感知当前作用于自己的事物，能回忆起过去曾经经历过的事物，而且还能在已有表象的基础上，在头脑中创造出没有直接感知的新形象。

二、大学生体育欣赏能力的培养

体育欣赏不仅是审美活动的主要形态之一，也是大学生综合素质培养的重要内容。体育欣赏为大家呈现的是体育比赛中永无止境的超越与追求，还有运动员在赛场上表现出来的那种团结协作的精神与体育精神。

（一）大学生培养体育欣赏能力的必要性

体育是一种艺术，充满着艺术的魅力。在高校，体育欣赏不仅开阔了大学生的体育视野、丰富大学生体育运动知识的需要，而且又让大学生的体育文化素养得到了提高，让大学生真正明白体育的内涵。通过培养大学生的体育欣赏能力，可以使他们得到精神上的愉悦和对美的需求，这也是高校对大学生进行美育的一种措施，对他们形成正确的体育观有很重要的意义。

大学生体育欣赏能力培养的必要性主要体现在以下方面：

1. 提高大学生体育欣赏能力是高校教育工作的一项重要任务

随着社会的不断发展，体育事业的日益进步，体育教学内容和教育方法也应随之变化。在大力推行素质教育的今天，学校体育教学不应只定位在"增强体质，使学生身心得到和谐发展的身体活动"上，还应包括体育文化、终身体育思想等内容。就体育文化来说，培养当代大学生良好的体育欣赏能力，既是现代高校体育教学的任务，也是大学生综合素质培养的重要内容。

2. 提高大学生体育欣赏能力是加强高校校园文化建设的一项重要内容

校园体育文化从属于校园文化，是校园文化建设的重要组成部分，也是校园体育工作的一项重要任务，对培养德、智、体全面发展的合格人才具有十分重要的意义。因此，大学生体育欣赏能力也在一定程度上对校园文化有所影响，所以对校园文化的建设也不能忽略了学生体育欣赏能力的培养。

3. 提高大学生体育欣赏能力有利于提升学生的素质

体育欣赏是一种审美活动。人们通过对体育运动竞赛，体育艺术作品的欣赏，产生很大的心理与生理上的冲击，从而达到欢欣愉悦，并受到一定的教育。使学生的自身审美能力、观察能力、运动能力、情绪调控能力等得到培养和提高。对于大学生群体而言，以上这些体育运动项目的欣赏不仅可以提高学生自身的体育素质，还可以培养大学生的审美能力，而且通过欣赏不同级别和项目的比赛还能使学生增强民族自豪感，激发他们对祖国、对人民的热爱之情，形成良好的道德品质。

（二）大学生培养体育欣赏能力的途径

体育欣赏能力的养成不是一朝一夕的事，这需要长期的积累和培养。具体而言，高校可通过以下途径开展体育欣赏能力的培养。

1. 组织学生观摩体育比赛，提升自身素质

培养大学生体育欣赏能力最直接最有效的方法可以通过组织大学生现场观看各种不同的体育比赛。观看比赛不是凑热闹，而是通过观看国内外一些重大比赛，让大学生感受到体育之美的同时，也让大学生了解到很多知识，比如运动员在比赛中顽强拼搏的精神，集体主义精神以及优美的动作等。观摩后组织学生进行讨论，这样使学生对比赛内容有进一步的了解，提高大学生欣赏水平，使其终身受益。

2. 积极举办校园体育文化活动和参与社会体育文化活动

利用体育节开展体育知识讲座、体育知识竞赛、体育图片展览等活动；通过组织学生集中进行观看国内外一些重大比赛，让学生感受到体育的力与美，更感悟到体育发展的源动力——对抗与竞争，从而使体育精神、体育思想植根于学生的心底，使当代大学生从体育欣赏中终身受益。

3. 加强和提高体育实践能力

体育欣赏者在条件允许的情况下，尽可能多地参加一些适合自己的体育运动和比赛。培养大学生体育欣赏能力，需要在具体而广泛的实践中习得，要充分调动和发挥大学生的主观能动性，使之主动参与、切身感悟其中的规律和意蕴。这样不仅能够丰富大学生的审美体验，对大学生体育欣赏能力的培养也是十分有效的。

4. 创新体育课堂教学

体育课堂教学是培养大学生体育欣赏能力的主要途径。通过具体教学活动对学生进行潜移默化式引导，在练习中让学生体会影响跳高的诸因素，使学生懂得运动员在比赛过程中的种种因素，均可能导致运动员成绩不理想，乃至比赛失败，从而要求学生在欣赏比赛时应给予运动员以鼓励和支持，不要喝倒彩，做一个文明礼貌的欣赏者。

5. 了解各项运动的技、战术特点及比赛规则

任何一项体育运动，都有自己完整的技术和战术体系，不同的比赛项目也有不同的规则。其内容包括裁判员的职责、运动员的行为准则等。体育欣赏者只有在了解运动项目的基本知识的情况下，才能更好地欣赏体育比赛，提高自己的欣赏水平。

6. 加大宣传力度，营造体育欣赏氛围

为了培养大学生体育欣赏能力，可以通过营造良好的校园体育环境，加强体育的宣传，通过广播、报刊、板报、图片展览、组织体育知识竞赛等对体育比赛进行更全面综合的报道，通过这些方法激发大学生对体育的激情，培养大学生的体育欣赏能力。

下篇　体育运动实践

第六章　田径运动

第一节　田径运动概述

扫描观看视频

田径运动是人类最古老的运动项目之一，田径运动所培养的能力也是人类最基本的运动能力。在现代社会的发展中，田径运动不仅作为一项竞技项目，象征着人类向"更高、更快、更强"的体育精神永不止步的追求；更为重要的是，田径运动作为一项大众健身项目，已成为人类体育生活化的重要实践内容，并深刻影响着人类生活与社会发展。

一、田径运动的起源与发展

田径运动是由走、跑、跳、投与全能所组成的运动项目，是人类最基本的运动项目之一。一般来说，以时间计算成绩的竞走、跑、接力跑和跨栏跑的项目称之为"径赛"；以远度和高度计量成绩的跳跃和投掷项目称之为"田赛"；以规定的跑、跳、投掷项目组合的项目，采用查分表计算成绩的项目称之为全能运动；田赛、径赛和全能运动合称为田径运动。

1985年，苏联体育运动出版社出版的体育学院教科书《田径运动与教学方法》中对田径运动的定义为：最大众化的体育运动项目之一，包括最自然的、开展最为广泛的、与生活密不可分的走、跑、跳、投练习。而《世界田径大全》一书中又有这样的解释：田径运动由走、跑、跳、投所组成，分为田赛与径赛两个部分。径赛是在跑道或公路上举行的比赛项目，田赛是在专用场地举行的比赛项目。另外，由部分跑、跳、投项目组成的综合项目，用评分办法计算成绩的叫做全能运动。在国内外已有的田径运动教材和专著中，对田径运动定义论述的基本内容大致是一样的，但是，在文字表述上却有所不同。例如，高校体育专修通用教材《田径》中说："田径运动包括男、女竞走、跑、跳跃、投掷40多个单项以及由跑、跳跃、投掷部分项目组成的全能运动。以时间计算成绩的竞走和跑的项目叫'径赛'，以高度和远度计算成绩的跳跃、投掷项目叫'田赛'，田径运动是径赛、田赛和全能的合称。"《田径史话》一书对田径运动解释为："田径运动是人类从跑、跳、投这些自然运动而发展起来的体育运动和竞技项目。"现在关于田径运动，比较通用的定义是《国际田联手册（2006版）》的表述：田径运动包括径赛和田赛、公路跑、竞走、越野跑和山地赛跑。

田径运动是一项古老的体育运动。远古时代，人们为了获得基本的生活资料，在和大自然以及飞禽走兽的斗争中，需要有快速的奔跑、敏捷的跳跃和准确的投掷等本领。由于在劳动实践中经常地重复这些动作，便逐渐形成了走、跑、跳、投等各种技能。为了提高同大自然作斗争的能力，人们又有意识地进行走、跑、跳、投的练习，进而逐渐形成了这些项目的比赛形式。

随着时代的发展和人类社会的进步，各种田径运动项目不断出现，并不断得到发展，同时，随着奥运会的产生和发展，田径运动得到了更大范围的推广与普及。公元前776年，在古希腊奥林匹克村举行的第1届古代奥运会上，只有短跑项目。在公元前708年，投掷铁饼就成为古代奥林匹克运动会五项全能竞技运动项目之一。赛跑、跳跃、投盘、投标枪和摔跤这五项中的"投盘"指的就是掷铁饼，不过那时仅是一种石制的圆盘罢了，后来才用铁和青铜来制作。

二、田径运动的健身特点

走、跑、跳、投是人类生活的重要技能，也是最基本的形体活动。关于田径，其具有显著的健身特征，具体包括如下内容。

（一）个人参与，全面锻炼

田径运动锻炼是以个人练习为主要方式进行的走、跑、跳、投等练习。走、跑、跳、投掷是人类生活和运动的基本能力，不仅是田径运动项目中最基本的运动形式，而且是大多数运动项目的体能和运动基础。人们在进行锻炼时，既可以以个人为单位进行自我锻炼，也可以是多人集体参加的体育锻炼，但运动的主体是个人的活动。例如，晨练长跑可以是个人练习，也可以是多人合练，参加者无人数限制，或多或少，灵活方便。

同时，田径健身锻炼项目极为丰富，活动形式多样，并且人们可以根据个人情况选择适宜的运动项目和运动负荷进行锻炼，因而能够全面发展人的力量、速度、耐力、灵敏、柔韧等身体素质，可以有效地提高机体对外界环境变化的适应能力，提高人体对疾病的防御能力，从而达到增强体质、增进健康、防病治病的健身目的。

（二）群众基础广泛

田径运动是最普及、参赛人数最为广泛的运动项目之一。在群众体育中，它是群众健身的主要活动方式之一；在学校体育中，它是规定的重点教学内容。田径运动项目受到欢迎的原因主要有针对性强，可选择的余地大；受条件限制的因素较小，尤其是走步、跑步，运动场、空地、公路、乡间小路、城市公园都可以作为活动的场所。田径运动还具有受时间、气候影响小的优势，可以安排在工作之余和闲暇进行；田径运动适合不同人群、不同性别、不同年龄、不同身体状况的人参与活动；参加田径运动健身的人还可以根据自身的情况，合理控制运动的量和强度，是一项相对安全的健身运动。

（三）竞争激烈，技术要求较高

田径运动是体能、技术和心理的较量，无论是径赛、田赛还是全能项目，其比赛或者需要长久的时间考验，或者是在瞬间决定胜负，运动员需要有坚强、果敢的意志品质。因此，田径运动非常紧张而激烈，在运动员实力的竞争和较量中，激烈竞争的气氛贯穿全过程。

田径运动项目就技术动作本身而言，既不同于技巧性项目，如体操、花样滑冰，也不同于一些直接对抗性的项目，如篮球、足球等。但是它对运动员技术发挥的稳定性、精确性和技术性要求较高。田径运动中，严格的技术性还体现在瞬间要达到高度的精确，每一个动作、身体的每一个环节、每块肌肉或肌群的用力和放松的时间与顺序，构成了技术严密的统一体。同时，对手、观众、气候、场地条件等都会对运动员产生重要的影响，没有稳定而严格的技术，就难以在比赛中发挥出水平，表现出最好的成绩。

（四）负荷适宜

田径健身锻炼是以个体为单位进行的，人们在进行田径运动健身锻炼时，可以根据自己的身体状况选择适宜的运动项目，自主控制锻炼的强度和锻炼的时间，进而达到适宜的运动状态和最佳的健身效果。田径运动健身锻炼的练习负荷可以随练习者年龄、性别和身体状况

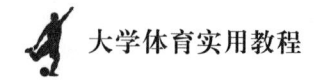

进行自我控制和调节，以最适宜的健身锻炼负荷进行练习，可长期坚持，老少皆宜。

（五）形式多样，方式简便

田径运动锻炼的方法很多，比如健身走、跑步、各种跳跃性练习、跨越障碍、掷垒球等。其中仅跑步一项就有几十种练习方法，如慢跑、快跑、加速跑、变速跑、行进间跑、追逐跑、越野跑、接力跑、蛇形跑和后退跑等。田径健身锻炼项目多，选择余地大，不同年龄的人都可选择适合自己的项目进行锻炼，因而能吸引各个年龄层的人参加。

（六）终身受益

田径健身锻炼项目主要由走、跑、跳跃和投掷等项目组成，而这些项目都起源于人类自然生存本能的动作。人们在从事其他体育健身锻炼项目时所进行的练习主要是由这些基本练习组合而成，因此，可以说，田径运动是其他体育运动项目的基础。人们通过经常从事田径运动健身锻炼，可以有效提高自己的身体素质，为从事其他体育项目提供了必要的运动方式基础和运动素质基础，有助于各种运动项目技能水平的提高，而更重要的意义在于为终身体育奠定了基础。

第二节　竞走

竞走起源于英国，是在普通走的基础上发展起来，属于单脚支撑和双脚支撑交替进行的周期性运动。竞走作为奥运会项目始于 1908 年在伦敦举行的第 4 届现代奥运会，当时只设男子项目，比赛距离为 3500 米和 10 英里（16093.4 米）。目前，奥运会竞走项目为男子 20 千米、50 千米和女子 20 千米。

一、竞走的定义与实践发展

（一）竞走的定义

国际田联比赛规则第 230 条规定了竞走项目的定义：竞走是运动员与地面保持接触，连续向前迈进的过程（即膝部不得弯曲）。对裁判的裁决也进行了一些特殊规定。例如，在指定的裁判中应选一名为主裁判；凡竞走裁判员均应独立工作，其裁决应以眼睛观察为依据；每个国家（单位）只能有一名裁判员等。

竞走是一种比赛时间长、负荷强度大、技术动作要求严格的典型的耐力与技战术相结合的周期性竞速项目。它与普通走和跑的区别主要表现在以下几方面：

（1）竞走项目是眼睛观察到的单腿支撑和双腿支撑相交替，支撑腿在通过垂直面瞬间膝关节伸直的周期性运动。

（2）竞走与普通走的区别：竞走时前腿从脚触地瞬间至垂直阶段必须伸直（即膝部不得弯曲），而普通走则没有具体要求，普通走的步长一般为 80 厘米左右，步频为每分钟 100 步左右。竞走步频、步长要远大于普通走，优秀竞走运动员的步长可达 110～120 厘米，步频可达每分钟 200 步以上。

（3）竞走与跑的区别：在竞走过程中眼睛观察不到腾空阶段，否则犯规，而跑的动作有明显的腾空阶段。

（二）竞走的项目特点

1. 竞走的技术特点

全程平均速度高，位移速度快，维持高速走技术的能力强；步频快、步幅大；身体重心更加平稳且趋于直线；骨盆绕身体纵轴转动明显，绕矢状轴和额状轴的补偿运动很小；竞走时，身体保持正直姿势稍有前倾；肩部和两臂活动幅度大，肘关节自然弯曲约 90°，两臂沿身体两侧进行积极的前后摆动（图 6-1）。

图 6-1　竞走技术

2. 身体形态、机能与心理特征

（1）身体形态：身体匀称，下肢较长，肩部宽厚，骨盆较窄，膝、踝关节围度小，足弓弯曲度较大，跟腱明显，膝关节自然伸直，踝关节屈伸幅度大，小腿比大腿略长，小腿三头肌发达；男子身高一般在 1.75 米以上，体重在 70 千克以下，体脂较低；女子身高一般在 1.60 米以上，体重在 60 千克以下，体脂百分比为 15%～20%。

（2）身体机能：竞走属于中等强度项目，机体长时间工作是靠人的有氧能力实现的，运动结束后即刻产生的氧债不大，所以竞走运动员的心血管系统功能和呼吸系统功能良好，一般安静时脉搏为每分钟 60 次以下。

（3）能量代谢特点：竞走是典型的体能类耐力性项目，专项功能特征是以有氧供能为主，同时伴随有氧、无氧混合代谢功能形式。

（4）心理特征：有顽强的意志品质，能吃苦耐劳。

运动员要想在竞走比赛中取得优异成绩，除了要在身体条件、竞走技术、生理机能、心理素质等方面具有极大的优势外，还需具备全面发展的身体训练水平。这就对于竞走运动员的耐力素质、速度耐力素质、关节灵活性、柔韧性以及肌肉紧张放松交替的协调能力等提出了很高的要求；对于如何克服训练和比赛中长时间单一的技术动作易形成厌烦情绪，以及训练和比赛后如何尽快恢复，也是竞走训练和比赛要解决的重中之重。为此，竞走项目的训练和比赛必须遵守其项目特点。

二、竞走训练内容

竞走训练内容主要包括身体素质训练、技术训练、战术训练、心理训练、恢复训练等。根据竞走运动持续时间长、运动负荷大的特点和严格的技术要求及规则约束，在训练内容上应突出技术训练和全面身体训练。在负荷安排上，应以负荷强度为主，同时运用多种训练手段增加负荷量，以达到增大训练负荷的目的。不同年龄、不同水平的训练对象在训练内容和负荷安排上其侧重点不同，要区别对待。

1. 身体素质训练

在进行竞走的专项身体素质训练时，应根据竞走的项目特点和运动员的个人特点及身体素质差异，针对不同练习者进行有目的、有计划的训练，使初学者更快地掌握竞走技术，使有一定水平的练习者通过专项练习进一步提高和改进技术动作。加强专项训练能够提高竞走动作的规范性、经济性和实效性。

（1）速度训练：可采用等于或高于预定比赛速度的练习方法，如间歇训练法、重复训练法、变速训练法、时限训练法等。要求尽量在田径场中进行（便于速度的掌握），并使脉搏达到每分钟 160~180 次，以提高运动员的无氧及混合供氧能力，通常采用 400~1000 米的距离，总量为比赛项目距离的 40%~50%。例如，20 千米竞走运动员的最好水平为 1 小时 30 分，1000 米间歇训练强度要求为 4 分 15 秒，间歇 2~3 分钟，重复 8~10 次。

（2）速度耐力训练：可采用等于预定比赛成绩的平均速度进行训练，如重复训练法、间歇训练法、时限训练法等。可以在田径场或公路上（应有准确距离）进行训练，脉搏控制在每分钟 150~170 次，以提高运动员的有氧和混合供氧能力。例如，20 千米竞走运动员预期成绩为 1 小时 30 分，采用重复训练法，要求运动员 9 分钟内完成 2000 米的距离，当每分钟脉搏恢复到 120 次以内时进行下一次练习，总量为 16~24 千米。

（3）耐力训练：可采用等于或大于比赛项目距离，强度为 70%~80%，脉搏控制在每分钟 140~160 次，以提高运动员的有氧能力。例如，20 千米竞走运动员最好成绩 1 小时 30 分，采用 20~30 千米的公路竞走，强度为每 1000 米用 4 分 45 秒至 5 分完成。

2. 技术训练

由于田径竞赛规则对竞走技术有严格的规定，所以运动员必须掌握准确规范的竞走技术。尤其是新手，应严格按竞走定义加强技术训练。随着训练水平和运动成绩的提高，运动员应不断改进和完善竞走技术，只有扎实地掌握了竞走技术，才能在高速竞走中控制好技术，而不被裁判判罚，从而取得理想的运动成绩。

竞走技术动作的规范主要取决于没有腾空和屈腿犯规；技术动作的实效性主要取决于动作幅度、速度和频率，以及动作的节奏感和直线性；技术动作的经济性主要体现在动作的放松程度和技术的协调自然。

竞走技术训练要以掌握先进、正确的技术动作为重点，可选择观看一些高水平运动员的影像资料，建立正确完善的竞走技术概念，然后再进行竞走专项辅助练习及专项练习。具体可采用以下几种方法：

（1）小步幅、足跟着地的高频竞走练习。要求足跟着地后做出迅速滚动动作；膝关节放松，着地伸直。主要作用是提高竞走步频和使膝关节快速伸直。

（2）"8"字竞走练习：练习者沿着两个直径为 8~10 米的圆圈竞走，并随着身体重心的变化，调整动作的幅度和转髋的方向。要求两脚尽量走在弧线上，身体重心随着弧线变化做向左或向右的倾斜。

（3）沿直线竞走练习：练习者沿跑道边线竞走，两脚尽量在线上着地。要求两脚的落点在直线上，髋关节沿垂直轴和矢状轴转动。主要作用是提高竞走的直线性。

3. 战术训练

（1）匀速走。匀速走一般是运动员按事先与教练员制订好的速度分配方案，在全程跑的过程中合理地分配好体力，凭借自己的速度感，按预定计划走，以创造优异成绩。

（2）领先走。领先走通常被水平高、一般耐力好的竞走运动员采用，以便拉开对手或不受对手影响，按自己的节奏走，争取好的名次和成绩。

（3）跟随走。跟随走一般被速度好的竞走运动员采用，比赛开始时跟随走，后半程加快超越、拉开对手。也有一些缺少比赛经验的竞走新手采用此法，以提高成绩和丰富比赛经验。

（4）变速走。变速走主要是为了在比赛中甩开跟随的对手而采用。但采用该战术的竞走运动员必须有较高的训练水平和变速走的能力，否则，反而会破坏自己的呼吸和比赛节奏。

竞走训练多采用集体练习的方法来培养战术意识和实施战术方案。一般有轮流领先带走、不断变换速度的交替走、加速走、追逐走等。

4. 心理训练

（1）注意力转移法。减少与比赛有关的信息输入，避开紧张气氛，力求思想"超脱"，抑制赛前过早兴奋。教练员应根据运动员的性格特点和业余爱好，选择一些内容适中、方式新颖的活动，使注意力暂避比赛，以便于养精蓄锐。

（2）鼓励暗示法和表象重现法。运用鼓励暗示法和表象重现法暗示自己达到身心平衡，进入竞技状态，并以"过电影"的形式，重温过去最佳竞技状态时的技术表现和比赛场上胜利在望时的身心感受，以便加深对技术、战术的理解，提高参赛意识，坚定取胜信心。

5. 恢复训练

训练后，尤其是比赛后的恢复应该作为竞走运动员的一项重要训练内容。竞走训练和比赛负荷非常大，为了使繁重的训练任务得到延伸和连续，必须采用有效的恢复措施。训练负荷的加大和疲劳的加深，已使自然恢复早已不能适应训练和比赛的要求。实践证明，"没有恢复就没有训练"这一观点已被广大运动员、教练员所接受。具体可采用以下几种方法：

（1）在安排多年、全年及各训练阶段的训练时，要在大负荷训练或比赛后安排一定量的积极性休息，如郊游、森林慢跑、滑雪、球类活动等。

（2）训练负荷的安排要有节奏性，即大、中、小运动量的节奏应贯穿于整个训练过程，训练内容要有目的地相互搭配，以便各项内容在相互作用下产生良性反应，从而促进机体恢复，提高训练效果。

（3）运用医学、生物学手段恢复方法。首先要加强医务监测，运用心率、血压、血色素、血乳酸等生理指标，对运动员训练负荷后进行监测，并及时掌握训练后身体的变化情况，也可采用中药、按摩、针灸、桑拿浴、高压增氧舱等方法促进恢复。

第三节　跑

一、短跑

（一）短跑运动概述

短跑堪称世界上最古老的一项田径运动项目。远在上古时期，人们为了获得生活资料，在与大自然的斗争中，就不得不具备快速奔跑的技能，以获取猎物，因此，这种快速奔跑的技能被世世代代相传，这就是短跑的最初形态。随着时代的进步，人们在短跑训练中，不断运用先进科学技术和科学理论，使短跑运动训练的测评方法、监督手段、反馈控制技术、恢复措施等更加科学和精细，从而不断完善了短跑运动比赛技术，推动了短跑运动员的水平不断提高。

（二）短跑技术学练

短跑技术可分为四个步骤：起跑、起跑后加速跑、途中跑、冲刺跑。

1. 起跑技术

根据田径规则，短跑比赛一律采用"蹲踞式"起跑，"蹲踞式"这种起跑的任务是发令枪一响，运动员立马快速跑出。

"蹲踞式"起跑是由"各就位""预备""起动"这三个基本连贯的动作完成的。当运动员听到"各就位"的口令时，首先做几次深呼吸，调节一下情绪，然后走到起跑器前，俯身两手撑地，两脚依次蹬在起跑器的前后抵趾板上（一般要把较有力的腿放置在前面），后腿膝盖跪在地面，两手呈"八"字形撑在起跑线后沿，两臂伸直与肩同宽或稍宽于肩；身体重心处在两手两脚支撑点中央，整个躯干微微弓身，但不能蜷缩。此时运动员应集中注意等待发令员的下一个口令。听到"预备"口令后，首先吸一口气，然后从容不迫地抬起臀部，高度约稍高于肩，随着抬臀重心适当前移（注意身体重心的前移，以不使两臂支撑负担太重为前提）。这时身体重量落在支撑的两臂与前腿上，以便于支撑腿的起动用力。此时，前腿的膝关节角度约为90°，后腿的膝关节角度约为120°，两个脚都要压紧抵趾板。这种姿势、角度和全身状态，便于起动时蹬、摆配合，有利于迅速起动和发挥速度，身体各部位的姿势摆好后，专心听枪声。听到"预备"口令后，平稳地抬起臀部，向前移肩，身体重心前移，双臂有力支撑，压紧起跑器抵趾板。此时，前腿的膝角为90°～100°，后腿膝角为110°～130°，注意力高度集中，等候鸣枪。枪声响后，两手迅速离地，两臂屈肘快而有力地前后摆动，同时两腿迅速蹬离起跑器屈膝快而有力地向前摆动，身体形成较大地前倾姿势，也称"起跑步"（图6-2）。

图 6-2

2. 加速跑技术

短跑中起跑后能否加速重要取决于起跑姿势和力量的发挥。起动后第一步不宜过大，也不能过小，通常落在起跑线前60～70厘米处。起跑后的几步要求运动员上体要较大的前倾，摆臂也要十分有力；两脚着地点是沿两条相距不宽的直线前进，几步以后才逐渐合拢，一般加速跑20米左右后就可以进入途中跑。起跑后加速跑技术要领可总结为有3个"逐渐"：逐渐抬体，逐渐加大步长，逐渐加快步频（图6-3）。

图 6-3

3. 途中跑技术

途中跑是短跑全程中距离最长、跑速最快的一段。途中跑技术包括两腿动作、重心起伏、摆臂和上体姿势。途中跑技术要领是身体端正稍前倾，两臂以肩为轴、以肘用力（屈肘关节角度约为90°），手掌伸出快而有力摆动。前摆时肘关节角度可达60°～70°，后摆时肘关节角度可达130°～140°。大腿带动小腿自然有力地大幅度快速摆动，前脚掌扒式着地，两腿蹬摆与两臂摆动协调配合，快速奔跑，完成途中跑的距离（图6-4）。

图 6-4

4. 冲刺跑技术

终点冲线的意义在于到达终点时有利于名次的判别，确定运动员的输赢，对跑速并无密切关系。跑法与途中跑相同，但要坚持加快跑速向终点冲击。终点冲跑的最后一步加大躯干前倾以胸部尽快冲过终点线。由于体力关系，快到终点的这段距离一般都会减速，要想尽力保持途中跑的速度，到达终点前还需要做到加快摆臂速度，保持上体前倾。快到终点时，上体急速前倾，以胸部或肩部撞终点线，撞线后放大步，缓冲跑速，以防止跌倒（图6-5）。

图 6-5

二、中长跑

（一）中长跑运动概述

中长跑是中距离跑和长距离跑的统称。中长跑项目主要有800米、1500米、3000米、5000米、10000米等。进行中长跑锻炼能改善呼吸系统和心血管系统功能，发展耐力，培养顽强的意志和克服困难的精神。在我国战国时期，也有以长跑来选拔和训练士兵的记载。另外，在第15届古代奥运会上就有中长跑项目比赛。当时中长跑项目比赛是在192.7米的直道上进行的，终点处设立一根标杆，运动员跑到终点时要绕过标杆再跑回来，反复进行。因此，当时的中长跑比赛可称之为"往返跑"比赛。跑的距离为6~24个直道距离，为1150~4600米。

中长跑是一种具有较大锻炼价值的运动。经常参加中长跑锻炼，能提高呼吸系统和心血管系统的功能，发展耐力素质，增强抗疲劳的能力，培养坚毅、顽强的意志和克服困难的精神。现代医学观察和研究证明，中长跑具有预防、治疗某些慢性疾病和增强体质、延年益寿的作用。尤其是长时间的跑步具有明显的预防肥胖和减肥的效果。因此，近些年来在世界范围内掀起了群众性的"长跑热"。而且，由于中长跑锻炼不受性别、年龄、场地、器材、季节等条件的限制，因此，在世界范围内群众性的健康长跑得到了广泛开展。在我国，中长跑不仅是各级种类学校体育与健康教学大纲规定的教学内容，同时也是《体质健康标准》和《全国田径业余锻炼等级标准》规定的锻炼、测验项目。中长跑运动已成为广大人民群众锻炼身体的重要手段之一。

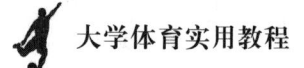

（二）中长跑技术学练

1. 起跑技术

中长跑一般采用"半蹲式"起跑或者"站立式"起跑。

（1）"半蹲式"起跑

运动员到起跑线后，有力的脚在前站在起跑线后沿，另一脚在后站立，两脚前后距离约一个脚掌。前腿的异侧臂支撑地面，支撑地面的手将拇指与其他四指分开呈"人"字形撑在起跑线后沿，另一臂放在体侧。这时的体重主要落在支撑臂与前腿上。这种姿势比较稳定，不容易造成由于重心不稳而导致犯规。听到发令员枪响后，两腿迅速并行蹬伸，后面的腿积极屈膝前摆，两臂则配合两腿的蹬摆动作进行屈臂前后摆动，整个身体前倾，完成准备动作，为起跑后加速跑做准备（图6-6）。

图 6-6

（2）"站立式"起跑

两脚前后开立，有力的脚在前，脚尖紧靠起跑线后沿，前脚跟和后脚尖之间的距离约为一个脚掌长，两脚左右间距约为半个脚掌长（15～20厘米）。体重大部分落在前脚掌上，后脚用脚尖支撑站立。两腿弯曲，上体前倾，头部稍抬，眼看前面7～8米处，身体保持稳定姿势，集中注意力听枪声。这时两臂的姿势有两种：一种是前腿的异侧臂在前，同侧臂在体侧；另一种是两臂在体前自然下垂。听到鸣枪或"跑"的口令时，两脚用力蹬地，后腿蹬地后迅速前摆，前腿充分蹬直，两臂配合两腿动作做快而有力地摆动，使身体迅速向前冲出（图6-7）。

图 6-7

由于中长跑起跑及起跑后的加速跑阶段，不需要像短跑那样激烈、迅猛。而且，有较多的中长跑比赛项目是不分道进行。因此，中长跑的起跑技术要求有独自的特点。这就要求运动员在起跑和起跑后加速跑阶段，应根据自身和对手的情况，占据一个适合自己需要的位置。

2. 加速跑技术

在加速跑的过程中，上体前倾稍大，摆腿、摆臂和后蹬的动作都应迅速而积极。加速跑的距离主要根据项目、个人特点与比赛情况而定。一般800米要跑到下弯道才结束；1500米跑到直道末才结束，然后进入匀速而有节奏的途中跑。

3. 途中跑技术

途中跑是中长跑的主要部分，因此，掌握途中跑的技术是极其重要的。

（1）上体姿势

上体自然挺直，适度前倾5°左右，跑的距离愈长，上体前倾角度愈小，胸要微微向前挺出，腹部微微后收，头部自然与上体成一条直线，颈部肌肉放松，眼平视。尽量避免上体左右转动或扭动，否则会破坏跑的直线性，影响跑的速度。后蹬时髋前送，以提高后蹬效果。

（2）摆臂

臂的摆动应和上体及腿部动作协调一致。正确摆臂能维持身体平衡，并有助于腿的后蹬。中长跑时，两臂稍离开躯干，肘关节自然弯曲，半握拳，两肩下沉，肩带放松，以肩为轴前后自然摆动，前摆稍向内，后摆稍向外，摆幅要适当，前不露肘、后不露手。摆臂动作幅度的大小应随跑速的大小而变化，感到疲劳时，可改为低臂摆动，以减小疲劳程度。

（3）腿部动作

①后蹬和前摆动作

当身体重心移过支撑点以后，支撑腿就进入了后蹬阶段。当摆动腿通过身体垂直部位继续向前摆动时，支撑腿的各关节要迅速伸直。后蹬时各关节要充分伸直，首先以伸展髋关节开始，在摆动腿积极前摆的配合下向前送髋，腰稍向前挺，此时膝关节、踝关节也积极蹬直，这样能够适当地减少后蹬角度，获得与人体运动方向一致的更大水平分力，推动人体更快地向前移动。在后蹬结束时，后蹬腿完全伸直，上体、臀部与后蹬腿几乎成一条直线，摆动腿使小腿与蹬地腿成平衡状态。

②腾空动作

后蹬腿蹬离地面后，人体进入腾空状态。其任务是最大限度地放松蹬地腿的肌肉，并积极省力地将大腿向前上方摆出。当后蹬腿的大腿向前上方摆动时，膝关节的有关肌肉群放松，小腿顺惯性与大腿自然折叠。当摆动腿的大腿摆至与地面垂直时，骨盆向摆动腿一侧下降，摆动腿的膝关节低于支撑腿的膝关节。这样摆动腿一侧的膝关节比较放松，使肌肉用力与放松交替控制得好。

③落地动作

当大腿膝盖摆到最高位置后开始下压时，膝关节也随之自然伸直，用前脚掌做"扒地式"的着地。当脚与地面接触之后，膝关节和踝关节弯曲，脚跟适度下沉，脚着地点更靠近重心投影点，落在重心投影点前一脚左右的地方。跑时可用脚掌外侧着地过渡到全脚掌，也可用全脚掌着地，着地动作要柔和而有弹性，两脚应沿着直线落地。

（4）弯道跑技术

中长跑一半以上的距离是在弯道上进行的，为了克服沿弯道跑进时产生的离心力，在跑进时，身体需适当向左倾斜，跑速越快向左倾斜的程度越大。摆臂时，右臂向前摆的幅度稍大，前摆是稍向内，左臂后摆幅度稍大。摆动腿前摆时，右膝前摆应稍向内扣，左膝前摆稍向外展。脚着地时，右腿用前脚掌内侧着地，左腿用前掌外侧着地。弯道跑时，应靠近跑道的内沿，以免多跑距离。超越对手最好不要在弯道上进行。

4. 终点跑技术

终点跑是在到达终点前的一段加速跑。动作要求基本上和短跑相同。这时运动员已处于疲劳状态，此时运动员依靠顽强意志冲向终点。跑的动作应该是摆臂加快而用力，加强腿的后蹬与前摆。终点跑距离的长短，应根据个人余力、场上情况和战术要求而定。一般情况下，800米跑应在最后200～250米开始加速并逐渐过渡到冲刺跑。1500米可在最后300～400米逐步加速。

5. 呼吸技术

参加中长跑锻炼时，在技术上有一个特别要求，就是要掌握好跑时的呼吸节奏，运用好正确的呼吸方法。正确的呼吸方法应该是口与鼻共同进行的，通常是采用微张口与鼻同时吸气，用口来呼气。在寒冷的季节里，吸气时为了避免冷空气直接从口腔进入体内，可采用卷起舌尖抵住上腭的口腔吸气方法来缓解冷空气吸入。

呼吸的节奏应和跑步的节奏相配合。通常在慢速跑时，可采用三步一呼、三步一吸的方式，跑速加快时，可用两步一呼、两步一吸的方式。跑速比较快或感到有些疲劳时，可用一步一呼吸的方式。在跑步中的呼吸动作，应特别注意吸气的深度。呼气时应用力，最好把气呼净，这样便于更好地吸入空气，供给跑步时必要的氧气，使参加者能长时间地坚持锻炼。

中长跑是属于中等强度的运动。大学生在进行长跑锻炼健身时，只要控制好跑的速度（控制运动强度），身体不会出现缺氧现象。长跑锻炼时，身体基本属于有氧代谢。因此，同短跑、中距离跑相比较，长跑的运动强度较小一些。但是由于长跑的距离长、运动的时间长，消耗体力较多。因此，参加长距离跑锻炼一方面要掌握跑的正确技术，减少不必要的体力消耗，另一方面也要在总量上进行控制。

三、接力跑和跨栏跑

（一）接力跑

接力跑是由跑和传、接棒技术组成的集体径赛项目，能培养团结协作的集体主义精神，是发展速度素质的有效手段。它包括4×100米接力跑、4×400米接力跑。

接力跑的技术基本同短跑，只是传递接力棒时，要求各棒队员之间协调配合，保证在快速跑进中完成传和接棒动作。接力跑成绩的好坏，不仅决定于每个队员单项跑的成绩，而且在很大程度上取决于队员之间的密切配合和传、接棒技术的好坏。接力跑的距离越短，传、接棒技术越难，所以，学习接力跑技术时，应以4×100米接力跑为主。

1. 4×100米接力跑

（1）起跑

跑第一棒者通常采用蹲踞式起跑，用右手的中指、无名指和小指握住棒的末端，用大拇指和食指分开撑地，接力棒不得触及起跑线或起跑线前面的地面。起跑技术和弯道起跑技术相同。跑第二、三、四棒者用站立式或用手撑地的半蹲踞式起跑姿势，站在自己的起跑线前面或预跑线内，两腿前后开立，两膝弯曲，上体前倾。第二、四棒运动员站在跑道外侧，所以，用左腿在前、右手撑地，身体重心稍向右偏，头转向左后方，目视跑来的同队队员和自己的起动标记。第三棒运动员站在跑道内侧，应以右脚在前，用左手撑地，身体重心稍向左偏，头转向右后方，目视跑来的同队队员和自己的标记。当传棒人跑到标记线时，接棒人便应迅速起跑。

（2）传、接棒

传接棒方法一般有上挑式、下压式和混合式3种。

①上挑式。接棒的手臂自然向后伸出，掌心向后，拇指与其他四指自然张开，虎口朝下，传棒人将棒由下向前上方送入接棒人的手中（图6-8）。

②下压式。接棒的手臂自然向后伸出，手腕内旋，掌心向上，虎口张开朝后，拇指向内，其余四指并拢向外，传棒人将棒的前端从上向下传给接棒人手中（图6-9）。

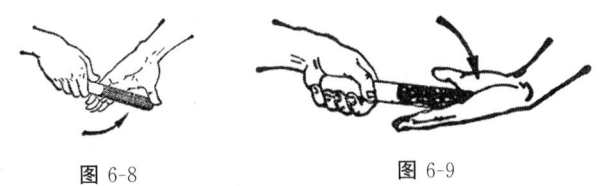

图6-8　　　　图6-9

③混合式。跑第一棒的队员用右手握棒起跑，沿跑道内侧跑，用"上挑式"将棒传给第二棒队员的左手，第二棒队员接棒后沿跑道外侧跑，用"下压式"将棒传给第四棒队员的左手，第四棒接棒后一直跑过终点。

（3）队员的分配

接力跑是由四个人配合跑完全程，在安排各棒队员时，必须要考虑发挥每个人的优点。一般安排起跑技术好并善于跑弯道的人跑第一棒；第二棒应是速度好耐力好又善于接棒的人跑；第三棒除了具备第二棒运动员的长处外，还要善于跑弯道；而把全队速度最好、冲刺能力最强的运动员安排在最后一棒跑。

2. 4×400米接力跑

进行4×400米接力跑时，由于跑速降低，传接棒就比较容易进行，一般是根据传、接运动员的跑速来决定传接方式的。

第一棒采取蹲踞式起跑，起跑技术同4×100米接力跑的起跑；第二棒采用站立式起跑，头部转向后方，看好自己的队员，如果传棒人跑的速度快时，则接棒人会起跑早些。4×400米接力跑时，可采用换手传、接棒的方法，右手接棒后立即换到左手。

（二）跨栏跑

跨栏跑是在快速奔跑中跨过固定距离上设置的固定数量、高度的栏架的运动，属于体能类速度力量性项目，运动形式上具有非对称周期性的特点。跨栏跑的突出特点是要求运动员在短暂的时间内，通过熟练的跨越栏架的技术最大限度地发挥出自己的体能潜力。现在比赛的项目有男子、女子110米栏和400米栏。我国男子运动员刘翔于2004年第29届雅典奥运会男子110米栏决赛中获得冠军，创造了中国田径新的历史。

跨栏跑的基本技术如下。

1. 起跑至第一栏前的加速跑

起跑技术和短跑相同，在加速跑中因跨栏跑和短跑技术不同，跨栏跑躯干抬起的速度比短跑快，有节奏感、有弹性的跑有利于上栏和过栏动作的发挥，起跑至第一栏一般跑8步。

2. 过栏动作

跨栏前的最后一步应相对小些，目的是为起跨腿做好前期准备，起跨腿后蹬有力，使髋、膝、踝三个关节充分伸展，同时，摆动腿迅速屈膝抬高，积极前摆，伸腿下压；起跨腿蹬地后立即收髋屈膝外展，大小腿折叠，脚尖自然勾起，以膝领先平拉过栏；上体前倾；两臂应与摆动腿协调配合，摆动腿的异侧臂应积极前摆，同侧臂屈肘后摆，腿、臂、躯干相互协调配合，过栏后摆动腿积极下压，起跨腿提拉前摆。

3. 栏间跑

动作基本与短跑相同，但跑时要有轻松节奏感，身体重心稍偏高，起伏要小，一般用跑三步过一个栏的节奏。

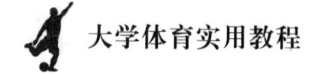

4. 终点冲刺

跨过最后一栏后的冲刺跑和短跑技术相同。

第四节　跳跃

一、跳远

（一）跳远运动概述

跳远是一项历史悠久的田径运动项目。作为比赛项目，跳远在 2000 多年前的古希腊奥运会上就已经出现了。现代跳远技术是从 1896 年第 1 届奥运会确认下来的。男子跳远的第一个正式世界纪录为 7.61 米，现在的世界纪录是 8.95 米。女子跳远是从 1948 年才被列入奥运会比赛项目的，目前女子跳远的世界纪录为 7.52 米。

跳远是一项速度与弹跳力量相结合的项目，经常进行跳远练习，既可以锻炼速度、灵敏、协调等素质及弹跳能力，又能培养勇敢、坚毅等意志品质。

（二）跳远技术学练

跳远的完整技术由助跑、起跳、腾空和落地四部分组成（图 6-10）。

图 6-10

1. 助跑

助跑可以使运动员获得必要的水平速度，以确保准确踏板和起跳动作的完成。助跑速度，直接关系到跳远的成绩。

助跑的距离因人而异，男子一般在 30～40 米，跑 18～22 步；女子在 25～35 米，跑 16～20 步。助跑起步一般从静止姿势开始，也可先走或跑几步，踏上起点线后开始加速助跑。加速的方式，可从助跑的开始就积极加速跑出，也可逐渐加快速度。助跑应平稳、轻松而有弹性，有稳定的节奏，并保持发挥出自己所能控制的最高速度。最后跑 6～8 步，在步长相对稳定的情况下，加快步频，保持和发挥最高跑速，助跑的最后一步适当缩短步幅，使助跑和起跳紧密衔接。

2. 起跳

起跳动作应以最小的水平速度耗失而获得必须垂直速度，使身体向前上方腾起。助跑至最后一步时，摆动腿积极蹬地，起跳腿的大腿积极下压，起跳脚脚跟触及踏板后迅速滚动转为全脚掌支撑。此时，上体要保持正直或稍后仰，摆动腿积极折叠并迅速前摆。当身体重心前移至起跳腿支点的垂直部位时，即快速有力地蹬伸髋、膝、踝三关节，上体挺起，摆动腿大腿积极向前上方摆至水平位置，小腿自然下垂。与此同时，提腰、提肩、顶头，两臂积极上摆至关节水平位置突停，以增大起跳效果。

3. 腾空

随着起跳腿踝关节最后蹬直，身体便进入腾空阶段。此时，上体要稳定，起跳腿伸直滞留在身后，摆动腿高抬，小腿自然下垂成"腾空步"动作。

依据腾空后身体姿势的不同，跳远分为蹲踞式、挺身式和走步式。

4. 落地

完成腾空动作后，两腿尽量屈膝前摆高抬，使脚尖自然勾起，并前伸小腿，两臂向后摆动。脚跟触及沙面后，迅速屈膝缓冲，臀部顺势前移，两臂由后向前摆动，自然协调地平稳落在沙坑里。

二、跳高

（一）跳高运动概述

跳高作为一种游戏活动可以追溯到远古时代。跳高运动在各个国家的不同时期都曾广为流传。在古代日耳曼人中曾盛行过跳越横排马匹的比赛，有人最多跳越过横排着的 6 匹马。非洲的图西人还曾有过利用厚木头的跳板或石头踏跳进行的跳高比赛。现代跳高始于欧洲。1864 年，英国首先将跳高列入田赛比赛项目。男子跳高于 1896 年首届现代奥运会上被列为正式比赛项目。女子跳高于 1928 年开始正式列入奥运会项目。

19 世纪 60 年代以后，跳高在欧洲和美洲开始普及，运动员的成绩不断提高。为了进一步提高成绩，运动员不仅发展速度力量素质，同时还改进过杆技术动作。1864 年第一种正式载入田径史册的跳高姿势是跨越式，它出现在 1864 年牛津大学和剑桥大学的田径对抗赛上。1895 年美国人斯维尼改进了跨越式，其特点是运动员在过杆时，身体急速侧向转体，两腿交叉如剪刀，这就是"剪式"，这种技术在当时创造了 1.97 米的新纪录。1912 年美国运动员霍林在美国斯坦福大学田径赛上采用左侧斜向助跑，过杆时以身体左侧滚过横杆的技术赢得冠军，霍林把这种技术命名为"滚式"，也正是这种技术使人类首次越过了 2 米的高度。1923 年，苏联运动员伏洛佐夫又创造出"俯卧式"跳高技术，这种新型技术动作很快就被田径选手们所接受。在 1968 年第 19 届奥运会上，美国 21 岁的福斯贝里过杆动作与众不同，他越过横杆时，不是面朝下，而是面朝上、背朝下地"飞"过横杆，这个动作被命名为"背越式"过杆技术。在这一届奥运会上，福斯贝里以 2.24 米的成绩夺得金牌。1973 年，美国优秀运动员斯通斯用背越式跳高技术跳过了 2.30 米，成为第一个用背越式技术创造世界纪录的运动员。从这以后，背越式跳高技术逐渐替代了俯卧式技术，成为现代流行的跳高姿势。

（二）跳高技术学练

跳高是通过助跑、起跳越过一定高度的横杆的体育运动项目，跳高从跨越式—剪式—滚式—俯卧式发展到现在的背越式。背越式跳高技术由助跑、起跳和过杆落地组成（图 6-11）。

图 6-11

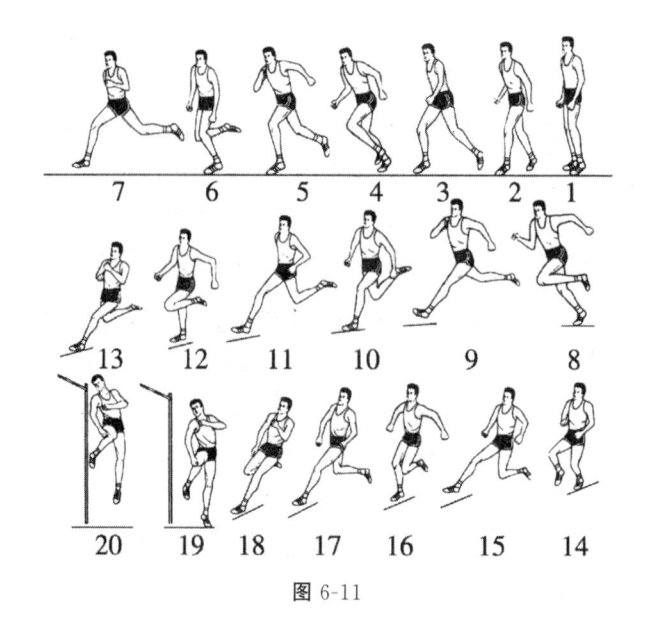

1. 助跑

背越式的助跑采用前段直线后段弧线助跑，助跑距离一般 6~8 步，前段直线跑 4 步，后段弧线跑 4 步，跑法与其他加速相似，后段弧线跑时，身体应该向圆心倾斜，且跑速越快，倾斜度越大。

助跑路线的前几步为直线或近似直线，最后 4~6 步呈弧线，被称之为弧线助跑。全程助跑距离一般需跑 8~12 步。全程助跑的距离、步数和弧线曲率的选择因人而异，由助跑速度和起跳能力来决定。起动方式有两种：原地起动和行进间起动。原地起动的优点是助跑起动稳定，步长相对固定，有利于助跑步点的准确性，但起动动作较紧张，发挥速度较慢；行进间起动优点是助跑起动自然放松，有利于发挥速度，但由于行进的速度、用力的大小不易控制，影响助跑步点的准确性。

助跑技术要求：自然放松、富有弹性、步幅开阔、后蹬充分、重心平稳。开始起动时的前几步，应加强后蹬，上体略前倾。进入弧线助跑时，身体逐渐向内倾斜外侧的肩略高于内侧的肩，内侧的臂摆动幅度较小，外侧的臂摆动幅度要大。助跑最后几步应逐渐加快频率，提高助跑速度，为起跳做好充分准备。助跑速度的快慢应适合自己的起跳能力。

2. 起跳

背越式的起跳用远离横杆的脚起跳，起跳脚顺弧线的切线方向踏上起跳点，从脚跟落地迅速滚动到全脚掌，同时摆动腿屈腿向踏跳腿同侧肩方向内扣上摆，身体由倾斜向垂直背对横杆，起跳腿用力蹬伸，两臂快速有力地向上提肩摆起，完成整个起跳动作。

起跳腿是指用于蹬伸起跳的腿，一般应选择有力腿或者起跳时能够做到协调用力的腿。摆动腿是指起跳时用于协调配合起到摆动作用的腿。起跳技术是跳高的关键技术。正确的起跳技术要求在助跑最后一步身体内倾达到最大程度时，摆动腿应积极扒地后蹬，在保持身体内倾的情况下，推动髋部迅速前移，使起跳腿快速踏上起跳点，形成肩轴与髋轴交叉扭紧姿势。起跳腿大腿积极下压，带动起跳脚以脚跟外侧着地并迅速过渡到全脚掌积极扒地，支撑用力，以减少制动。由于身体重心的水平速度、惯性和地面的支撑反作用力很大，迫使起跳腿被动屈曲，肌肉被拉长进行退让性工作形成起跳腿自然屈膝被压紧的状态。然后，起跳腿的髋、膝、踝三个关节依次迅速发力，快速完成蹬伸起跳的动作。在起跳过程中，摆动腿和摆动臂酌摆动是起跳技术不可忽视的重要因素。最后一步摆动腿蹬离地面后，以髋部发力，带动自然折叠紧的大、小腿迅速前摆，摆过支撑垂直面后快速向上摆动。同时，摆动臂协调配合，快速摆动。摆动腿、臂的摆动力量因其惯性的作用会对起跳腿产生能量的转移，以使身体重心获得更大的垂直加速度。臂的摆动可以采用双臂同时摆动或单臂交叉摆动。

由于背越式跳高是背对横杆，起跳技术的控制稍不好，就会倒向横杆，影响身体重心腾起的垂直高度。因此，起跳动作结束蹬离地面时，身体重心应正好处于支点上方，起跳腿的髋、膝、踝三个关节应该蹬直，使整个身体垂直于地面；摆动腿和臂全摆至最高位置，以保证身体向垂直方向充分腾起。

背越式跳高技术与其他跳高技术相比，除过杆动作有明显不同外，最大的特点是助跑速度较快，可以充分利用助跑的水平速度，以获得更大的腾起初速度。

3. 过杆和落地

当起跳结束时，身体应保持起跳结束时的正确姿势，充分伸展身体，向上腾起。利用摆动腿的力量尽量提高髋部位置，然后以摆动腿同侧的臂、肩领先过杆，顺势仰头、倒肩、挺髋，围绕横杆进行旋转。在横杆上，髋部超过两膝时，形成背弓的拱形姿态，使头、肩、背、腰、髋、腿依次超过横杆，当髋部越过横杆时，顺势收腹；带动大腿向上甩小腿，使整个身体迅速摆脱横杆，以适宜的屈髋姿势下落，用背部顺势落在海绵上，收膝动作，避免膝盖碰撞脸部，造成损伤。

第五节　投掷

一、推铅球

（一）推铅球运动概述

铅球是一项古老的投掷项目。早在原始社会里，就有投掷石块的游戏，它是人类与大自然斗争的产物。到了中世纪，随着火炮的诞生，在士兵中出现了投掷炮弹的比赛，最早的炮弹是圆形的，重量为16磅，约为7.26千克，现代的铅球依然沿用了这个形状和重量。19世纪末，铅球成为一项比赛项目，人们制作了比赛专用铅球，因为最初的铅球是铅制的，所以中文称作铅球，并一直沿用至今。后来又出现了金属外壳，内灌铅块的铅球，即现在国际比赛通用的铁质外壳，内灌铅块的铅球。

最初推铅球比赛很简单，只需要画一条直线，人们站在线后推球就行，无论采用什么姿势，助跑或不助跑只要不过线，将球推出就不犯规。后来规定在一个方块区域里推球，最后规定必须在直径2.135米的圆圈里推球，并且铅球必须落在90°角的扇形区里方为有效，这种方法一直沿用至今。

（二）推铅球技术学练

推铅球主要有背向滑步推铅球和背向旋转推铅球两种方式。下面以右手持球为例，分别介绍两种方法。

1. 背向滑步式推铅球

（1）握球与持球

①握球

五指自然分开，把铅球放在食指、中指和无名指的指根处，大拇指和小指自然扶在铅球的两侧，起稳固铅球的作用。5 根手指基本上处在铅球的半圆，手腕自然背屈。手指和手掌力量比较弱的运动员可以把中间 3 根手指或 5 根手指适当并拢起来，这样可以使力量集中些，只要最后用力动作正确，在最后用力过程中是不会出现掉球或降肘抛球现象的（图 6-12 左）。

②持球

握好球后，把铅球放在右侧锁骨外端，贴住颈右侧，掌心向内，掌心所指方向与身体平行，右臂屈肘，从正面看右上臂与躯干的夹角约呈直角，也可以使右肘略低些，夹角也小些。从侧面看，右肘与身体处在同一平面，不宜过前或过后（图 6-12 右）。

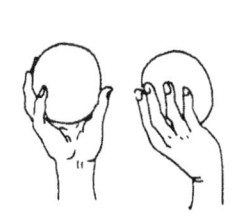

图 6-12

(2) 预备动作

持好球后做预备动作。预备动作做得好可以使运动员获得一个良好的开始姿势，也可使精力集中，稳定情绪。预备动作简单地讲就是动作要规范。一般预备动作是右脚背对投掷方向站立，身体重心在右脚全脚掌上，右腿直立。左脚在右脚后方 20~30 厘米处，以脚尖点地，左腿微屈，帮助维持身体平衡。身体站立姿势端正，肩横轴和髋横轴与地面平行，与投掷方向垂直。颈部正直，头不要侧屈或扭转，眼睛看前下方几米处，左臂向身体前上方或正前方自然伸出。预备动作主要分为高姿与低姿。

①低姿

背对投球方向，站在投掷圈内靠近后沿处，两脚前后站立，右脚尖指向投掷反方向，右脚以全脚掌着地。左脚位于右脚后 50~60 厘米处，以脚尖或前脚掌着地。左臂向右前方平伸并内旋，两腿弯曲，体重落在右腿上，目视前方（图 6-13）。

②高姿

右脚背对投掷方向站立，身体重心在右脚全脚掌上，右腿直立。左脚位于右脚后方 20~30 厘米处，以脚尖点地，左腿微屈，帮助维持身体平衡。身体站立姿势端正，肩横轴和髋横轴与地面平行，与投掷方向垂直。颈部正直，头不要侧屈或扭转，眼睛看前下方几米处，左臂向身体前上方或正前方自然伸出（图 6-14）。

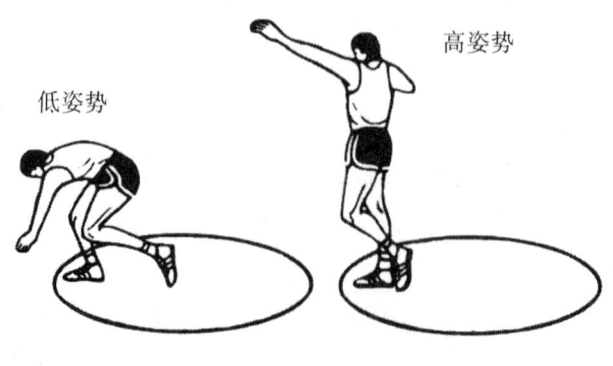

低姿势　　　　　高姿势

图 6-13　　　　图 6-14

(3) 团身动作

预备动作完成之后做团身动作,它是滑步前的准备动作。保证身体正确姿势,维持好身体平衡是做好团身动作的必要条件。一般情况下,完成动作的顺序如下:开始时上体前俯,左臂随上体前俯逐步下垂,同时左腿向后上方摆起,摆到左腿大致与身体形成一条直线的合适高度后,然后顺势屈右膝、收左腿、身体重心平稳下降形成团身姿势。

正确的团身动作是:右脚背对投掷方向;身体重心在右脚前脚掌上,右脚跟提起或不提起;根据个人腿部力量右膝弯曲到适当角度,约100°;右膝前缘超过右脚尖;左腿在右腿之后,左膝靠近右小腿;左脚尖离地或轻轻触地;从身体侧面看,肩横轴和髋横轴的连线与地面平行(或构成一定的角度);背部肌肉保持适当拉长和放松;左臂自然下垂或向投掷反方向伸出;右臂动作不变;眼看前下方。在这个动作的完成过程中,一般是先屈体后屈膝,这样比较容易维持身体平衡和完成动作。

(4) 滑步动作

滑步的任务是使投掷者和器械获得一定的预先的速度,为最后发力创造有利的身体条件,也为发挥运动员全身的能力创造发力前的最佳身体姿势。

滑步开始时,运动员身体重心应尽量水平地向投掷方向快速运动,左腿以大腿带动小腿的形式向抵趾板方向踹出,左脚尽量沿地面滑动,左脚背朝下,当左脚经过投掷圈直径约3/4距离时有个外翻动作,左脚最后落在抵趾板中间略偏左处,左脚的纵轴与投掷方向构成为90°~100°角。左腿踹出后,在侧面看整个身体从左脚到左肩呈一条直线。配合左腿的动作,右腿有个蹬伸动作,身体重心由右脚前掌过渡到脚后跟,右脚的动作似滚动动作,滑步过程中右膝感觉不要伸直,双腿的夹角要大,髋部动作要伸展,然后右小腿迅速内收,右脚稍内扣,落在圆心附近,右脚纵轴与投掷反方向夹角为20°~45°角。在滑步开始左腿做动作的同时,左臂有个很轻快向投掷反方向摆动的动作,这个动作有拉长主要肌群、保持较好超越器械动作的作用。此时上体基本上保持原来的姿势不变。

滑步结束时,左脚的纵轴与投掷方向的夹角为90°~100°;脚外侧抵住抵趾板中间略偏左处,左腿基本上处于伸直并紧张的用力状态;右脚内扣20°~45°;右脚跟与左脚尖基本上处在同一条直线上;右膝弯曲到110°~130°角;身体重心落在右脚前脚掌上;右脚跟不要落地,保持用力状态;右脚跟与左脚尖大致在投掷方向正中间的直线上;髋横轴与地面平行;肩横轴与地面平行,与投掷方向垂直;上体尽量向投掷反方向伸展;躯干与地面的夹角最好小于60°;左臂向后下方伸出;右手臂动作不变;面部端正;眼看投掷圈后面的前下方。滑步过程中,身体重心的移动尽量保持平稳,努力做到沿地面平行运动,具有一定水平的运动员,开始滑步时可以要求其臀部向抵趾板方向运动,这样有利于提高滑步速度和减少身体重心的起伏。

(5) 最后发力动作

最后发力动作是一个比较复杂的运动过程,身体许多部位都要同时进行运动。

滑步结束后右脚脚跟力争不落地,右腿用力时右脚内侧用力形成侧蹬动作,右膝尽量沿水平方向前运动,右腿侧蹬中伴有转动动作。当右小腿与地面形成比较小的夹角之后,右腿尽可用力蹬伸推动身体向前。滑步结束左脚落地后,左腿始终保持着紧张的蓄力状态,随着身体重心向前运动,左膝有个微微弯曲再伸直的过程,这个过程是左腿在紧张用力状态下的退让动作,由于生理上的牵张反射,最后左腿形成强有力的支撑后的蹬伸用力动作。在下肢积极动作和身体重心向前运动中,上体由向后伸展的背面转成侧面,从下至上整个身体形成

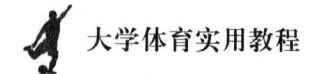

一个侧弓形,这个动作过程造成了整个身体主要工作肌群拉长拉紧状态。这个阶段可分为两个阶段:

第一个阶段是右脚落地→左脚落地;

第二个阶段是双脚落地形成双支撑→形成侧弓。

(6) 结束动作

结束动作的主要作用在于维持身体平衡。铅球出手之后,由于身体向前的惯性易造成身体失去平衡,整个身体仍会继续向投掷方向跟进。维持身体平衡,避免出圈而犯规和出现跌倒现象,也是在最后用力和铅球出手动作时必须注意的。一般采用的方法是及时交换双腿改变运动方向,下降身体重心,左腿积极后退来维持身体平衡避免犯规,保证已取得的成绩。

2. 背向旋转式推铅球

背向旋转推铅球技术较为复杂,它主要有以下优点:首先,运动员能够获得更大的动量和在更大的距离内为铅球获得预先的加速度,为那些动作敏捷、爆发力强的中小身材运动员也提供了比赛制胜的机会;其次,旋转动作可以预先使躯干肌群快速拉长,在出手动作之前储存了更多的转动动能,使运动员能够更成功地发挥躯干、肩部和投掷臂肌群的力量能力;最后,旋转推铅球动作过程中铅球不易出现停顿,为连贯地完成最后用力动作创造了更为有利的条件。

背向旋转式推铅球基本技术动作如下:

(1) 握球与持球

运动员背对投掷方向,两脚左右开立比肩稍宽,持球臂的肘部向外展开与肩齐平,上体微前屈。背向旋转推铅球预备姿势的持握铅球方式,与背向滑步推铅球技术的右臂肘部动作略有不同,为了在后续的旋转和最后用力动作过程中对抗铅球的离心力和稳定地控制铅球,应保持右肘在体侧与肩轴成一条线的姿势。

(2) 预备姿势

两脚左右开立,稍比肩宽,脚尖靠近投掷圈后沿,体重在两腿上。左臂自然向下,两膝稍屈,上体稍前倾。

(3) 旋转动作

以上体先向左转前尽量大幅度地向右转动进行预摆,预摆结束后,以身体左侧为轴,左脚、左膝和左肩开始向左转动。在身体转向投掷方向之前,右脚尽可能晚一些离开支撑点。躯干向投掷方向微前倾,右腿微屈向投掷方向迈出,左脚顺势蹬离地面。在身体重心从左腿转到右腿的过程中,只有很短暂的腾空,右脚落地要平稳且富有弹性。

(4) 过渡动作

右脚顺前摆而后积极落地,并用前脚掌不停顿地进行转动。之后,左脚要尽快落地,以便形成双脚支撑条件下躯干的最大扭紧状态,为最后转体用力提供有利的条件。此时,眼睛的视线微向下,移向投掷的反方向,头与肩部的转动放慢,右脚、右膝、右髋向投掷方向积极转动,形成髋轴、肩轴的最大交叉扭紧状态。

(5) 最后发力动作

最后用力与滑步推铅球动作相似,存在的主要区别是:旋转推铅球能够更多地利用了转体的动量,用力过程中双脚间距较短,造成了较大的向上动量。

(6) 结束动作

铅球出手后,运动员通常采用两腿交换位置、继续顺惯性左转身体并降低重心来减缓人体转动动量和向前冲力，以维持身体平衡，防止犯规。

背向滑步推铅球技术和背向旋转推铅球技术，都是经过多年实践证明的成功技术，运动员可以根据自己的实际情况自行选择。

二、掷铁饼

(一) 掷铁饼运动概述

掷铁饼是一项古老的田径项目，早在公元前的古希腊奥运会就有这个比赛项目。关于掷铁饼的起源有许多传说，至今还保存有古希腊艺术家的"掷铁饼者"的雕塑作品，说明掷铁饼这项运动源远流长。正因如此，掷铁饼的技术、比赛规则以及器材的演变也经历了一个漫长的过程。据记载，人们最早是站在一块石头台上投掷石头饼，以后就在一块方形带边的场地上投，最后发展到在直径2.50米圆圈里投铁饼，这个过程经历了2000多年。

19世纪末，近代掷铁饼运动逐渐在全世界得到推广与开展。在百余年的漫长岁月中，掷铁饼技术经历了原地掷铁饼—上步掷铁饼—侧向旋转掷铁饼—背向旋转掷铁饼的复杂变革过程。投掷场地、器材的革新和训练理念、内容、方法的创新，都不同程度地促进了掷铁饼运动水平的不断提高。

从现代掷铁饼技术的发展特征看，主要表现在以下方面：广泛采用宽站位、大幅度、低腾空、快速度的背向旋转掷铁饼技术；深入认识旋转技术的重要作用，注重提高整体技术实效和旋转速度利用率；对掷铁饼出手速度的研究提出了一些新的观点；注重基本技术原理与运动员自身条件、特点的完善结合；掷铁饼技术和运动水平的发展迫切需要创新等。

(二) 掷铁饼技术学练

掷铁饼基本技术由握法、预备姿势与预摆、旋转、最后发力和结束动作等几项技术组成。

1. 握法

握铁饼时首先五指应自然分开，然后将拇指和手掌自然靠贴铁饼，其余四指自然分开，用四指的最末节抠住铁饼边沿。手腕稍屈把握着铁饼不要滑落。握好铁饼后投掷臂在体侧放松下垂。握铁饼不能太紧也不可太松，以便于用力拨饼为宜（图6-15）。

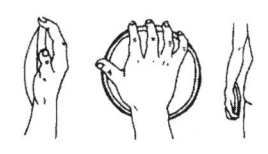

图 6-15

2. 预备姿势和预摆

（1）准备姿势

当前，多数练习者都采用背向旋转掷铁饼的技术。因此，预备姿势应背对投掷方向，两脚左右开立同肩宽，两脚站在投掷圈后沿，左脚尖稍离开铁圈一点便于旋转，持铁饼的手臂放松下垂于体侧。其基本技术要点同于其他投掷项目。

（2）预摆

掷铁饼的预摆动作是为旋转做准备的，也是使肌肉活动获得一个最佳状态。预摆时要注意：适当降低身体重心并注意重心的左右移动，持饼臂肩部放松，预摆动作幅度应大些；摆动要靠两腿有弹性地蹬地和躯干的旋转，继而带动投掷臂摆动；预摆结束的"制动"瞬间，保持肩轴与髋轴的扭紧，右侧臂充分拉长，尽量加长铁饼的运动路线；预摆动作要富有节奏，预摆的速度要和旋转相适应。一般来说，预摆分体前左右摆和左上右后预摆两种方式。

①体前左右摆

摆好预备姿势以后，先在体侧自然摆动几次，当铁饼摆到身体后面时，重心向右腿靠拢，躯干向左扭转并带动投掷臂持铁饼经体前向左摆动。当持饼手摆到体前时，手掌翻转向上，右肩前倾，体重移向左腿。然后持饼臂经体前向后回摆，持饼手掌翻掌向下，体重移向右腿。在往复摆臂时，上体应向左右随之扭转，尤其在向右回摆铁饼时，上体充分扭转，形成扭紧状态。此种预摆方式幅度大，动作放松，但必须很好地握控铁饼防止滑落。

②左上右后预摆

摆好了预备姿势以后，开始预摆。先由持饼臂启动在体侧前后自然摆动，此时身体重心也随着摆臂左右移动。当铁饼摆到体后时，重心靠近右腿，然后右腿蹬地向左移重心，投掷臂持饼向左上方摆动，右臂稍弯曲，铁饼大约摆到前额左方，为了防止铁饼滑落，左手去托饼，重心完全移到左腿，上体也随之向左转动。随后投掷臂放松向右后方摆动，重心又从左腿移至右腿，上体又自左向右后方转动，右腿稍有弯曲，左臂自然屈于胸前。在整个预摆过程中，头随上体转动，两眼平视。当向后摆到最高点时（约与右肩同高）即是制动点。左上右后的预摆方式简单易行，较适合于初学者（图6-16）。

图 6-16

3. 旋转

旋转同助跑一样，在铁饼最后用力出手之前使器械得到一个初速度，并为最后用力和出手创造有利的身体姿势。整个技术过程如图6-17所示。

旋转动作是从预摆结束的瞬间开始的，首先是以左脚支撑为旋转的轴心，借助右腿的蹬地力量，向投掷方向转动左膝和左肩，身体重心略下降，重心从右侧转移到左腿方向，左腿的动作是边屈膝、边旋转，带动身体也向左转动，身体要稍前倾并稍收腹。当左肩转动，移到左腿支撑点垂直线上时，左腿再屈膝向投掷方向移动，同时左肩带动整个身体向左转动，形成了以左半身为轴的旋转姿态。这时右腿的大腿带动小腿，右腿弯曲成弧线绕过支撑的左腿进行旋转（右腿稍内扣），右腿好像贴着地面向投掷方向跨步，整个身体形成了以左侧身体为轴的大扇面旋转。当身体重心通过左腿时，左脚蹬地，身体向投掷圈的圆心移动。在这个旋转过程中，投掷臂和右肩放松，被滞留在旋转身体的后面，右侧身体的肌肉也被拉长，形成了身体超越器械。掷铁饼的旋转动作，实际上是左腿蹬转和右腿右髋内扣旋转的结合。在旋转过程中的短暂腾空，要保证髋和腿的动作先于臂的动作，以便形成髋轴超越肩轴的超越器械动作。

旋转动作结束时，首先是右腿以前脚掌着地，落在圆心附近，形成一个非常短暂的、以右脚为轴的单腿支撑。这时整个身体并不停顿，仍然以右脚为轴继续旋转，紧接着就是左脚以脚内侧着地支撑，并且开始最后用力出手的技术过程。

图 6-17

4. 最后发力动作

最后发力是掷铁饼的关键技术。旋转结束后，要为最后发力准备一个正确而舒适的身体姿势，这取决于旋转动作右脚落地之后仍需不停顿地转动。当左脚一着地做好了左脚支撑，紧接着就和最后用力相衔接。右脚边转动边向投掷方向蹬伸，带动着持铁饼的投掷臂进行大弧度的运动。左腿则承担着支撑作用，使右侧绕着左侧轴转动，形成了一个以胸带动臂向前鞭打的甩臂动作。此时左腿向上蹬伸，左肩制动，形成有力的左侧支撑。在上下肢、左右侧协调动作配合下，使全身的各部位用力都集中在铁饼上，加大出手的速度、力量及工作距离，并且也能使身体处在较高位置，为最后出手创造一个较好的角度。

实践证明，决定最后发力技术好坏的因素有：其一，要有较长的工作距离；其二，要有较快的用力速度；其三，作用于铁饼的力量；其四，要有一个适宜的出手角度。

5. 结束动作

铁饼离手的瞬间，应由右手的小指到食指依次拨饼，使铁饼能沿着顺时针方向在空中转动飞行。出手后为了避免犯规或跌倒，应及时地交换两腿，降低身体重心，顺势再向左转体，维持身体平衡。

三、掷标枪

（一）掷标枪运动概述

掷标枪运动具有悠久的历史，早在希腊就有非正式的掷标枪比赛。实际上掷标枪运动是人类与自然界进行斗争过程中形成的一种技术，在长期演进中，逐渐成为一种锻炼身体和进行竞赛的运动项目。在原始社会，类似标枪的长矛是人们用于狩猎、获取生活资料的工具和与野兽搏斗保护自身安全的武器。作为人类赖以生存和谋生的这种投掷技能,不仅被人们在生活中广泛地应用着,而且成为教育后代提高生活技能的重要内容。最早的标枪比赛不仅比掷远而且还比赛掷准,在公元前 708 年的古希腊奥运会上,标枪就被列入当时的"五项竞技"运动中了。19 世纪末,近代掷标枪运动首先在斯堪的纳维亚地区的国家中兴起,并逐渐在全世界得到推广与发展。

(二) 掷标枪基本技术

掷标枪的技术较复杂,分为握枪、持枪助跑、最后发力、技术动作等几个技术阶段。下面以右手持枪为例,分别介绍。

1. 握法和持枪

(1) 握枪

握枪技术主要分为普通式和现代式。

①现代式

现在国内外练习者大都采用的握法是将标枪斜握在掌心,拇指与中指握住标枪绳把末端第一圈上端(图 6-18a),食指自然地贴在标枪上,无名指与小指也自然握住绳把。现代式握枪方法能利用中指的长度,有利于加大投掷距离,使标枪在出手时获得较大力量。

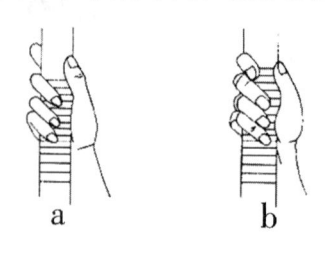

图 6-18

②普通式

用拇指和食指握住标枪绳把末端的第一圈,其余三个手指握住绳把(图 6-18b)。普通式握枪方法动作比较自然。无论采用什么方式握枪,都应保持手腕放松自如,要便于最后出手的鞭打动作,标枪出手时能沿纵轴旋转飞行,保持标枪在空中滑翔的稳定。

(2) 持枪

正确的持枪技术应是有利于持枪助跑发挥速度,有利于引枪并控制标枪的位置和角度并保持肩部放松和持枪臂的放松。持枪有多种方式,如肩上持枪法、腰间持枪法和综合式持枪法等。

①肩上持枪法

这种方法是把枪举在肩上,弯曲投掷臂和手腕来控制标枪,标枪的尖部略低于尾部,整个标枪稍高于头部,这种持枪方式,手腕比较放松,也便于引枪。肩上持枪还可以把标枪放在右肩上耳际部位,枪身和地面保持平行,肘关节弯曲较大,这种方式容易控制标枪的稳定性,但投掷臂比较紧张。

②腰间持枪法

握枪后,将标枪置于腰侧,助跑时枪尖在后,枪尾在前,持枪助跑仍像平跑时那样前后摆臂,进入投掷步时再引枪,将枪尖对准投掷方向。这种方式引枪时,需翻手腕将枪尖对准前方,因此难度较大。优点是助跑时肩、臂动作自然放松,便于发挥速度。

③综合式持枪法

该方法是持枪助跑前半段采用腰间持枪，后半段变换成肩上持枪，到投掷步时再引枪。这样做既可以在前半程有利于发挥速度，后半程又便于引枪，也便于控制好标枪。所以，许多运动员都喜欢采用这种综合方式持枪助跑。

2．助跑

掷标枪助跑的作用如同推铅球的滑步、掷铁饼的旋转一样，是给器械获得预先速度，并控制好标枪投掷的位置，为引枪和超越器械创造良好的条件。助跑由预跑和投掷步两部分组成。

（1）预跑

掷标枪的助跑一般要25～35米。从第一标志到第二标志为15～20米距离作为预跑阶段，通常跑8～14步（图6-19）。

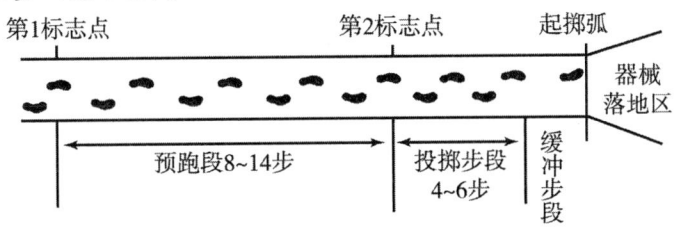

图 6-19

预跑段时，投掷臂持枪，上体稍前倾，用前脚掌着地，高抬大腿，蹬伸动作有力，动作轻快而富有弹性，并且助跑的节奏性要强，持枪臂和另一臂要与两腿动作协调配合，两眼平视，头部自然抬起。

预跑段的助跑应是逐渐加速的，助跑的步长要稳定，助跑阶段要能控制，以便于完成投掷步和最后用力为前提。据有关资料介绍，掷标枪助跑时的速度，相当于本人最高跑速的60%～85%，就是适宜助跑速度。但这也得根据个人的技术熟练程度而定。对初学者来说，预跑段的助跑速度更要控制，随着技术熟练程度的提高，可逐步提高助跑的速度。

（2）投掷步

由于掷标枪的投掷步，不同于普通跑步，在投掷步中还包含一个特殊的交叉步，为此，有人把掷标枪的投掷步叫做交叉步阶段。

投掷步是从第二标志点开始，到投掷弧这一段距离内的助跑。实际上是从预跑加速，过渡到最后用力直至标枪出手这一系列的动作阶段。投掷步的任务是通过特殊的助跑技术，使下肢动作加快，在快速向前运动中完成引枪，并且通过投掷步形成身体超越器械、为最后用力和出手创造良好条件。投掷步通常有两种形式，一种是跳跃式投掷步，另一种是跑步式投掷步，个人可酌情选择。

①跳跃式投掷步

跳跃式投掷步有些像弹跳步。这种形式腾空时间较长，两腿蹬伸的力量大，有利于引枪动作和超越器械的完成，动作也比较轻快自如。但这种跳跃式的投掷步，要防止跳得过高，造成重心起伏过大，影响动作的直线性和连贯性。

②跑步式投掷步

跑步式投掷步则近似平常跑步，特别是向前速度较快，身体向前平直，但不利于形成身体的超越器械。

目前，许多优秀运动员多采用"混合式"的投掷步。即前两步采用跑步形式，使其尽量发挥速度，到第三步（也就是交叉步）采用跳跃形式，最大限度地形成超越器械。

以下介绍常用的四步投掷步动作技术：

第一步：是左脚踏上第二标志，右脚向前迈步的同时右肩后撤，左肩对着前进方向，此时开始引枪。由于右肩后撤，持枪的手臂沿着身体靠近胸部向后引枪，但右臂并没有完全伸直。枪尖大约和左肩的位置齐平。此时眼向前看，左臂自然摆到胸前。

第二步：是从左脚离地开始向前迈步，这时随着左脚向前迈步，髋开始向右转动，逐渐朝着前进方向。右肩则继续后撤，右臂继续后伸，完成了引枪动作。伸直的右臂大约接近肩的高度，标枪接近右臂的前臂，控制好标枪角度，枪尖的高度接近右侧眉弓。保持标枪的纵轴和投掷方向相一致，第二步用左脚掌落地。

第三步：是个交叉步。这一步的任务就是要通过特殊的交叉步，使躯干落后于下肢，形成超越器械的身体姿势。第三步是以左脚有力地蹬伸，右腿积极大幅度地前摆迈步，使下肢超过躯干和上肢，加大躯干的向后倾斜，髋轴超过肩轴，从而实现超越器械的动作。随着左腿蹬伸，右腿向前摆动时身体应侧对投掷方向，但头仍然向前方，这样才能形成髋轴与肩轴的扭紧，成交叉步。右脚以脚外侧着地，并且落地时脚掌与投掷方向约成45°角，体重大部分已落在弯曲的右腿上。第三步交叉、转髋动作的幅度，视运动员自身的情况而定。

第四步：是最后用力的第一步，这是一个难度较大的技术环节。当第三步的右脚落地后，躯干已形成一定的后倾，身体重心落在右腿上，右腿被迫弯曲，左腿则顺助跑向前的惯性积极地向前迈步，左大腿不要高抬，左脚比较低而平的向投掷方向偏左方着地。与右脚的落地点相距20～30厘米，左脚尖和投掷方向约成20°角，落地后形成一个稳固的左侧支撑，成为最后用力的预备姿势。

投掷步阶段应尽量保持预跑段获得的速度，跑的节奏各步也有所不同，通常第一、二步比较快，第三步稍慢，第四步最快。

3. 最后发力动作

最后发力是从投掷步的第三步右脚落地后开始的。此时，髋部顺向前惯性继续运动，身体继续向前运动，在身体重心越过了右脚支撑点上方，左脚还未着地时，右腿积极蹬伴用力。左脚着地时，左腿做出有力的制动动作，可加快上体向前的运动速度。右腿的继续蹬地，推动右髋加速向投掷方向运动，使髋轴超过肩轴，并带动肩轴向投掷方向转动。在肩轴向投掷方向转动的同时，投掷臂快速向上翻转，使上体转为面对投掷方向，形成"满弓"姿势。此时投掷臂处于身后，与肩同高，与躯干几乎成直角，标枪处在肩上后方，掌心向上，枪尖向前。形成"满弓"后，胸部继续向前，将投掷臂最大限度地留在身后，右肩部的肌肉最大限度地伸展。由于向前的惯性的作用，左腿被迫屈膝，但随即做迅速有力的充分蹬伸，同时以胸部和右肩带动投掷臂向前做爆发性"鞭打"动作，并使用力的方向通过标枪纵轴。

在做最后用力动作时，取得最大出手速度的关键就是合理的用力顺序。从右脚落地后的及时发力至右臂的快速鞭打和标枪出手，人体各环节形成一个完整的运动链，人体参与用力各环节肌肉群自下而上按照严格的顺序依次用力，使人体各环节依次加速和减速，实现了动量的传递，并获得最大的出手速度。

由于标枪的出手速度是助跑速度和投枪速度的合速度，为了提高助跑速度的利用率，在现代掷标枪技术中，越来越重视助跑与最后用力的衔接动作。为了做好衔接动作，运动员在交叉步时身体不应腾空过高，在右脚着地后，应及时发力，左脚应主动快落，并做好制动和支撑用力动作。

4. 结束动作

标枪出手后，保持身体平衡是全过程的结束动作。为了防止人体越过投掷弧而造成犯规，标枪出手后，右腿应及时向前跨出一大步，降低身体重心，以保持平衡。为了保证最后用力时运动员可以大胆向前做动作而又不犯规，最后一步左脚落地点至投掷弧的距离应在1.5~2米之间。

第七章　球类运动

第一节　篮球

一、篮球运动概述

（一）篮球运动的起源与发展

篮球运动是 1891 年由美国马萨诸塞州斯普林菲尔德市（即春田市）基督教青年会干部训练学校的体育教师詹姆士·奈·史密斯博士发明的。他受启发于当地儿童摘桃扔入桃筐的活动，在此基础上组织成一种在一定地面范围的场地两端设置两个竹制桃筐，展开投篮游戏，篮球运动由此而生。

由于这项活动的游戏性和趣味性较强，有较好的健身作用，后来在游戏的基础上很快充实活动内容，制订了某些限制性规则，并且不断改革比赛方式，从而使篮球游戏逐步完善并向现代篮球运动过渡。篮球运动不断发展和完善，逐渐风靡全世界，成为受到亿万球迷关注的一项体育运动。1932 年国际业余篮球联合会在瑞士日内瓦成立。

篮球运动以其特有的魅力，吸引并深受世界各国人民的喜爱，使国际业余篮球联合会成为世界上单项体育人口最多的国际单项运动协会。四年一届的奥林匹克运动会男、女篮球比赛，世界男、女篮球锦标赛，美国 NBA 职业联赛，这三大赛事代表着世界篮球运动的最高水平，汇聚着世界最强的篮球队伍和最著名的篮球明星。篮球运动的发展历程折射出人类从个体到集体，从民族到国家的一种自强精神、创造理念与文明进步的层次氛围。篮球运动在各级学校的体育教学与课余校园文化生活中，已成为增进学生健康的身体教育手段和贯彻德、智、体、美全面素质教育的手段之一。

（二）篮球运动的健身特点

参加篮球运动具有多方面的健身价值。由于篮球运动是由球类游戏演变发展而来的，参加者不受年龄、性别的限制，学生可以在学习生活之余随时组织几个人进行全场或半场的比赛，从运动中取得极大的乐趣，尝试获胜的喜悦，从紧张的生活中得到恢复和放松，从而丰富大学生的业余生活，提高劳动、工作和学习的效率。

1. 增进身体健康

（1）篮球运动与生理健康

个体生理健康包括机体内部器官和系统功能的完善，功能的平衡，身体活动能力和身体素质的提高等多个方面。参与篮球运动能有效促进人的生理健康。篮球运动的技术动作是由各种各样的跑、跳、投、掷等基本技能所组成，长期进行篮球运动，能够促进人体全身肌肉的发展，同时使人体的心肺功能得到提高。根据体育运动的项群分类理论，篮球运动属综合性的非周期性的体育运动，这是由其运动内容结构的多元性和竞赛过程的多变性、综合性特征所决定的。因此，从事篮球运动有助于培养活动者的综合素质，增进身体健康、活跃身心，增长知识；促进力量、速度、耐力、灵敏性等多方面素质的全面发展，提高内脏器官的功能。同时对改善人们的心理素质也有显著的作用。从而，对提高人的综合才干、开发人的智慧，培养优良的道德品质和顽强的意志作风也起到了一定的影响。

（2）篮球运动与心理健康

人的心理健康表现在：具有完整的人格、保持良好的情绪，有较好的自控能力和观察能力，能保持正常的人际关系，具有良好的社会适应能力，自尊、自爱、自信等多方面。这些心理健康标准也是篮球运动训练和比赛对参与者的最基本要求。篮球运动对促进人的心理健康的积极影响主要体现在：稳定情绪、降低焦虑水平，确立良好的自我评价，增强自信心，培养坚强的意志和团结协作精神，消除心理疲劳，缓解心理应激，让运动者在参与活动过程中学会将自己的情绪和兴奋状态调整在一个适宜水平。现在，篮球作为健身、娱乐、会友、提高生活质量、丰富生活内容的手段已经被越来越多的人群（包括老人、妇女和青少年）所喜爱，人们通过篮球运动增进了解、适应环境和社会。

2. 丰富文化，娱乐生活

篮球运动最开始是作为一种游戏而存在的，所以，娱乐性就是一种根植于篮球运动中的原始特性。随着竞技水平的提高，商业的推广和艺术的包装，篮球文化中充满了休闲、娱乐的元素，这些元素，以一种特有的表现形式和作用方式，感召着大量篮球运动爱好者关注篮球运动的发展，并参与到篮球活动和篮球竞赛中，去体验篮球运动带给他们的快乐。对于相当数量的爱好者而言，他们参加篮球活动的主要目的，并不是为了提高自己的篮球运动技能，而是为了缓解工作、生活中的压力，调节自己的情绪，追求愉悦身心体验、兴趣的满足及收获运动的快乐。此外，观赏有规模的高水平篮球比赛时，除了精彩的比赛对抗，穿插安排的娱乐活动、文艺演出、杂技表演、比赛音乐及整个赛场热烈的气氛，都能使观赏者在视觉、听觉、情感方面获得艺术的享受。

3. 价值整合功能

不同自然环境和不同社会人文环境产生了不同的篮球文化，不同的篮球运动参与者也有其不同的价值观念，整合不同的篮球文化，使参与者在篮球文化的核心文化层的影响下熔铸成为一个有机的统一整体，是篮球文化的一大功能。

（1）提倡公平竞赛的原则。篮球运动要求运动双方在身体素质、技战术水平、心理和智能多方面展开对抗和竞争，这种对抗和竞争，应当遵循公平公正的原则。同时，对抗和竞争又是建立在本方团结协作基础上的，要求每一个群体内部必须相互团结、相互合作。篮球比赛中的传切、掩护、突分、策应、夹击、补防、关门等攻守战术配合，需要依靠两三人在局部上的协同配合。综合多变的攻守战术体系，更是必须依赖全队的密切合作、协同行动才能完成。依靠个体之间统一目标、统一认识，通过沟通和理解才能使队伍形成一个有机的整体。所以，这种公平竞争、沟通理解和团结合作具有普遍的社会意义。

（2）篮球文化对参与活动的个体具有社会意义的行为引导和规范作用。篮球活动过程受到竞赛规则以及相应的规章制度的约束，参加者的行为要遵循规则、体育道德、规章制度及社会规范的要求。竞赛规则、规章制度要求对抗双方在公平公正的条件下展开攻防活动，依靠技巧、协作、顽强和智慧取胜，另外，参加者的行为还要符合体育道德的要求和取得社会规范的认同，要具有敬业精神、责任感和顽强拼搏的精神，鼓励对抗但又限制粗野动作和不道德行为。

综上所述，参与篮球活动过程是一种实现德育、智育、美育和身体锻炼的教育方式，是一种人的社会化形式。

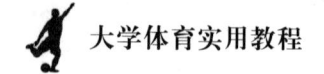

二、篮球运动技术学练

(一) 基本站立姿势

站立时，两脚左右或前后自然开立，两脚之间距离与肩同宽，脚跟稍提，屈膝降低重心，上体稍前倾，手臂自然放于体侧，肘微弯，两眼平视，随时准备向各个方向起动（图7-1）。若原地持球，基本站立姿势是：保持上述姿势，持球于胸腹之间，随时做"传、运、投"的准备。

防守时的站立姿势两脚间距离略比肩宽，两臂屈肘左右或前后开张（图7-2）。

图 7-1

图 7-2

(二) 移动

移动是篮球技术的基础，篮球移动技术是在人体活动能力的基础上发展起来的专门化动作，基本动作方法有跑、跳、急停和转身。

1. 跑

跑是队员在场上改变位置、速度、方向等的重要方法，是快攻、移动选位的基本途径，在比赛中运用最多，具有快速、多变的特点。常用跑的方法有：

(1) 变速跑

加速时，降低重心，身体前倾，两脚短促有力地连续蹬地，加快频率；减速时，用前脚掌抵地缓冲，上体直起，身体重心后移，降低速度。

(2) 变向跑

变向跑是队员在跑动中突然改变方向来摆脱对手的方法。向左变向时，最后一步右脚着地，用脚前掌内侧发力蹬地，脚尖内扣，屈膝，腰部左转，快移重心，左脚快速跨出，右脚迅速随着跨出。

2. 跳

跳是队员在场上争取高度、远度的一种方法。比赛中多数动作要在空中完成，因此要重视跳的高度、跳得快、滞空时间、连续起跳等。

(1) 双脚起跳

起跳时，两脚开立，两膝快速下蹲蹬地起跳，两臂自然摆动，身体向上腾起。多用于原地起跳、并步、上步、跳步和助跑等情况。

(2) 单脚起跳

前脚掌用力起跳，同时提腰摆臂。另一条腿提膝积极上抬，重心上移，落地注意缓冲。多用于助跑情况。

3. 急停

急停是队员在跑动中突然制动的一种方法。比赛中多与其他动作配合运用，急起急停摆脱对手。急停分以下两种：

(1) 跨步（两步）急停

快速跑动中急停时，先向前跨出一大步，用脚跟着地过渡到全脚掌，屈膝同时上体后仰缓冲。第二步着地脚尖内扣，并用前脚掌着地。两膝微屈，重心下降并落于两腿之间，屈肘，两臂自然张开，保持身体平衡。

(2) 跳步（一步）急停

队员在中慢速跑动中常用，起跳后离地面不能过高，上体稍后仰，两脚同时落地。落地时全脚掌着地过渡到前脚掌用力抵地，屈膝，两臂屈肘微张保持平衡。

4. 转身

转身是指队员以一脚做中枢脚进行旋转，另一脚蹬地向前后跨出，改变原来身体方向的一种动作方法。它可与急停、跨步、持球突破结合运用，有效地摆脱防守创造传球、投篮机会。转身分为前转身和后转身。

(1) 前转身

移动脚向中枢脚脚尖方向跨出改变身体方向为前转身。转身时，中枢脚前掌用力碾地，移动脚蹬地并迅速跨步，同时转腰转肩并保持身体平衡。动作要点：转体蹬跨有力，重心迅速转移，跨步后降低重心，不要起伏。

(2) 后转身

移动脚向中枢脚脚跟方向跨出改变身体方向为后转身。转身时，中枢脚碾地旋转，移动脚蹬地并向自己身后撤步，同时腰胯主动用力旋转，身体重心随着转移，保持身体平衡。后转身可在原地或行进间运用。动作要点：腰胯带动躯干旋转，蹬跨有力，保持身体平衡。

（三）传球

传球是进攻队员在场上相互联系和组织进攻的纽带，传球的好坏直接影响到战术的质量甚至比赛的胜负。传球分双手传球和单手传球。双手胸前传球是双手传球的基本动作方法，单手肩上传球是单手传球的基本动作方法。

1. 双手胸前传球

持球时，双手手指自然分开，拇指相对成"八"字形，指根以上部位持球，手心空出。两肘自然弯曲于体侧，将球置于胸前，身体成基本站立姿势。传球时，手腕翻转，后腿蹬地、身体重心前移同时两臂前伸，拇指用力下压，手腕前屈，食指和中指发力拨球将球传出。根据距离远近决定前臂前伸、蹬地的幅度和全身的用力（图7-3）。

图 7-3

2. 单手肩上传球

传球时，左脚向传球方迈出半步，同时将球引至右肩上方，上臂与地面平行，肘外展，手腕后仰。左臂对着传球方向，重心落在右腿上，右脚蹬地，转体，前臂迅速向前挥摆，手腕前屈，食指和中指拨球将球传出。出手后重心前移身体向前跟进，保持基本姿势（图 7-4）。

图 7-4

不论是双手还是单手传球，给球的力量的大小和时间长短决定球飞行的距离和速度。中远距离的传球出手角度要稍高于水平方向，以克服重力的影响。传球时要注意接球队员的位置和防守队员的位置，要达到在最舒服的接球位置传球，不要给接球队员增加难度。传球给移动当中的队员时，要判断移动的速度和方向，做到人到球到，人球相遇。

（四）接球

接球是篮球运动中获得球的动作，是抢篮板球和断球的基础。在激烈对抗的比赛中，能否采用正确的动作接好球，对减少传球失误、弥补传球不足以及截获对方的球等都是非常重要的。

1. 双手接球

（1）双手接中部位的球

两眼注视来球，两臂迎球伸出，双手手指自然张开，两拇指成"八"字形，其他手指向前上方伸出，两手成一个半圆形。当手指触球时，双手将球握住，两臂顺势屈肘后引缓冲来球的力量，两手持球于胸腹之间，成基本站立姿势。动作要点：伸臂迎球，在手接触球时收臂后引缓冲，握球于胸腹之间，动作连贯一致（图 7-5）。

图 7-5

（2）双手接高部位的球

这种接球方法与双手接中部位高度的球相同，但要求两臂必须向前上方迎球伸出。

2. 单手接球

单手接球范围大，能接不同部位和方向的来球，有利于队员接球后的快速行动。接高部位、中部位、低部位的动作方法基本相同，只是在接高部位的球时掌心向上。

原地单手接球时，接球手向来球方向伸出，五指自然分开，掌心正对来球，手腕、手指放松。当手指触球时，顺球的来势迅速收臂，置球于身体前方或体侧，另一手迅速扶球，保持身体平衡，做好下一个进攻动作的准备姿势。在移动中接球时，要判断来球的时间和落点，及时向来球方向跨步移动，接球后要迅速降低重心，衔接下一个进攻动作。动作要点：手指自然分开伸臂迎球，触球后引要快，另一手及时扶球。

（五）运球

运球是指持球队员在原地或移动中，用手连续按拍使球借助地面反弹起来的动作。运球是进攻技术中重要的基本技术，是组织全队进攻配合和突破防守的手段。

1. 高运球

高运球时两腿微屈，上体稍前倾，眼平视，以肘关节为轴，前臂自然伸屈，用手腕、手指柔和而有力地按拍球的后上方。球的落点控制在运球的手臂的同侧脚的外侧前方，使球的反弹高度于胸腹之间。

2. 低运球

运球时，两腿应迅速弯曲，重心下降，上体前倾，球的落点在体侧，用上体和腿保护球，同时，用手腕和手指短促地按拍球的后上方，使球控制在膝关节的高度。

3. 运球急停急起

在快速运球中突然急停时，采用两步急停，使身体重心降低，手按拍球的前上部，使球停止向前运行。运球急起时，两脚用力后蹬，上体急剧前倾，迅速起动，同时，按拍球的后上部，人、球同步快速前进（图 7-6）。

图 7-6

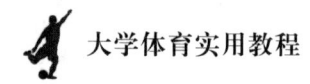

4. 体前变向换手运球

运球队员从对手右侧突破时,先向防守人左侧做变向运球假动作。当对手向左侧移动堵截运球时,运球队员突然按拍球的右后上方,使球经自己体前右侧反弹至左侧前方,同时,右脚向左前方跨出,上体向左转,侧肩挡住对手,同时换左手按拍球的后上部,左脚跨出并用力蹬地加速,从对手的右侧突破。

5. 胯下变向运球

以右手运球为例,第一步左脚向右前方上步,欲从防守的左侧过人,诱使防守者向左侧移动重心;第二步右手运球从胯下反弹至左侧,右脚向左前方上步,上体顺势转体侧右肩;第三步左手接过胯下反弹球,向前推进,从防守的右侧过人。脚步动作和身体姿势要与运球动作协调配合。

(六) 持球突破

持球突破是持球队员运用脚步动作和运球技术超越对手的一项攻击性技术。在比赛中,掌握好突破时机,合理地运用突破技术,既能直接切入篮下得分,又能打乱对方的防守部署,创造更多的攻击机会,增加对手的犯规,给防守造成较大的威胁。

1. 交叉步突破

以右脚作为中枢脚为例。两脚左右开立,两膝微屈,身体重心降低,持球于胸腹之间;突破时,左脚向左前方跨出,假装做向左侧突破,当对手重心向左偏移时,右脚前掌内侧迅速蹬地,上体向右转体探肩,左肩向前下压,重心向右前方移动,左脚迅速向右侧前方跨出,同时将球移于右侧,推放球于左脚外侧,右脚用力蹬地向前跨出,迅速超越对手(图7-7)。

图 7-7

2. 顺步突破

以左脚做中枢脚为例。准备姿势和突破前的动作要求与交叉步突破相同。突破时,假做投篮,当对手重心前移时,右脚迅速向前方跨出一步,上体向右脚外侧偏前方,左脚前脚掌迅速蹬地,向前方跨出运球突破防守。

3. 同侧步突破

同侧步突破是指持球突破时前脚与重心脚不交叉,在同一侧。这种突破技术的特点是动作快,并可结合假动作,防守者往往是未反应过来,已被假动作迷惑。突破时,重心要低,放球要快,否则容易带球走;右脚上步同时运球,球要放在身体右侧;身体右转,左肩在前上左步,左臂肘稍外展在防守者腰侧,紧贴对手。

(七) 投篮

投篮是进攻的最终目的,队员通过不停地移动、变换个人技术和战术等都是为寻找一个投篮的机会。投篮应注意自己的瞄准点、球飞行的路线、全身的协调用力,掌握正确的投篮技术并熟练运用,是提高投篮命中率及得分的基础。

1. 原地单手肩上投篮

这是基本的单手投篮方法。双脚开立，右脚稍前，身体重心落在两脚中间，屈肘，手腕后仰，掌心向上（手心空出），持球于右眼前上方，左手扶球的侧方，两膝稍屈，上体放松前倾一些，眼睛瞄准篮点。投篮时下肢蹬伸，手腕向前屈，用指端拨球，最后用食指和中指柔和投出，自然跟进，注意动作保留。

2. 跳起投篮

其出手动作与原地单手投篮基本一样，只是在动作中增加了起跳部分，投篮要在空中完成，又简称跳投。双手持球于胸腹之间，两脚前后或左右开立，两膝微屈，重心落在两腿之间，眼睛注视篮圈。脚掌蹬地发力，提腹伸腰，迅速摆臂举球起跳，举球肩上或头上。当身体到最高点出手，投篮动作与原地单手投篮相同。跳投在比赛中被运动员普遍采用，成为主要得分手段，因为他可以在不同距离、不同位置投篮得分，可以与运球急停、跨步、转身、后撤步等技术组合运用，摆脱对手的干扰，在空中可以后仰、闪躲等（图7-8）。

图 7-8

3. 行进间单手投篮

这种投篮方法又称跑动中投篮（三步篮）。一般在快攻或切入篮下时运用。单手低手投篮是最基本的动作。球在空中或运球时，右脚向来球方向或投篮方向跨一大步，接球，然后左脚再跨出一小步，上体稍后仰，同时用力蹬地起跳，右脚屈膝上提，左脚蹬离原地。同时，双手向前上方举起球，腾空后右臂前伸投篮，两脚落地，两腿弯曲注意缓冲。左手上篮先出左腿，其他动作相同。高手投篮腿部动作相同，腾空后，将投篮手举到最高点，手腕前屈，食、中指用力将球投出（图7-9）。

图 7-9

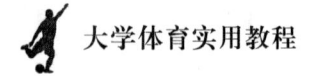

(八) 抢篮板球

篮板球是攻守双方争夺的焦点，抢篮板球是获得球权的主要手段。

1. 抢进攻篮板

观察对手防守动向，判断球反弹的方向、速度和落点，根据对球的反弹判断和对手防守的态势，及时采取迂回的快速起动，争取在位置上取得相对的或更好的优势。在抢位的同时，注意屈膝降低重心，并用肩、背主动接触对手。积极用力蹬地起跳，争取空中的高度，占据一定的空间位置。充分伸展身体及手臂，尽可能在更高的空中位置上获球。抢球时手臂和腕、指的力量要大，紧握球体或迅速托臂屈肘握球在手。即使在不能获球的情况下，也要极力用挑、拨、捅等办法将球从对方手中打出。

2. 抢防守篮板

防守队员抢篮板球要突出挡的意图，利用自己占据篮下或内侧位置挡抢篮板球。

当进攻队员投篮时，防守队员要根据对手的移动情况和位置，运用上步、撤步和转身等动作把进攻队员挡在身后，并抢占有利位置。在篮下抢位挡人时，一般采用后转身挡人，降低重心、两肘外展来抢占空间位置，并保持最有利的起跳姿势。

(九) 防守技术

防守技术是防守队员合理地运用脚步移动和手臂动作积极地抢占有利位置，阻挠和破坏对手的进攻动作，并以争夺控球权为目的的行动。要达到上述目的，防守时必须积极主动、认真负责，把防守姿势、位置站法、脚步移动、手臂动作，以及抢、打断球技术结合起来，加以合理运用，才能更好地完成防守任务。防守技术分为对无球队员的防守和对有球队员的防守。

1. 防无球队员

在比赛的绝大部分时间里，防守的主要对象为不持球队员。对此需给予充分的重视。防守无球队员的基本方法有：

(1) 位置的选择

防守时，位置的选择非常重要，正确、合理地占据有利位置，会使防守主动。就一般情况来说，防守队员应站在对手与球篮之间的内侧位置上，保持与对手有适当的距离和角度，以便能按要求来行动。与对手的距离要根据对手与持球队员的距离而定，一般来讲离球近则近，离球远则远，以能控制对手为原则。

(2) 手臂的配合

在积极移动的同时，必须借助手臂的动作，扩大防守面积。手臂要随着移动配合做伸出、挥摆、上举等动作，以便更有效地阻挠对手接球和争取断球。

(3) 积极移动

防守时，要随时保持有利的防守位置，就必须有正确的准备姿势，以保证及时地移动。由于对手不断地向不同的方向移动，所以防守队员的准备姿势的站法也要随着变换。为了及时起动，防守队员应以短小的步幅，不停地滑动，以便更快地移动阻挠对手，使他向不利的位置上转移。

2. 防有球队员

进攻队员有球时对防守队员来说是有威胁的，因此，必须尽可能地去阻挠和影响他的各种进攻技术的运用。防守有球队员的基本方法有：

(1) 位置、距离的选择

当对手接球后，必须迅速调整位置和距离，在占据对手与球篮之间的有利位置基础上，还要与对手保持适当的距离。一般来讲，离篮远则远，离篮近则近，并根据对手的特点、战术的需要而有所调整。

(2) 防守的动作

由于有球队员的特点、意图以及与球篮的距离不同，所以防守有球队员时的动作也有所不同。一般防守有球队员有两种方法。

①平步防守：两脚取平行站立的防守姿势，两臂侧伸和挥摆。这种方法防守的面积大，便于左右滑动，对防突破比较有利。

②斜步防守：两脚前后站立的防守姿势，一臂上伸、另一臂侧伸进行阻挠。这种防守方法便于前后移动，对防投篮比较有利。

不论采用哪种防守方法，都要积极移动，当对手运球或突破时，应阻截他的移动路线，迫使他运向边角，当对手做假动作时，不要受其引诱而失去身体平衡。

(3) 合理地运用抢球、打球技术

在防有球队员的过程中，始终要伺机抢、打对手的球，但要判断准确，动作突然快速，注意保持身体平衡，避免犯规。

（十）抢球、打球、盖帽及断球

在比赛中成功地抢断不仅可以破坏对方进攻，鼓舞本队士气，而且由守变攻获得球权发动进攻。这4种是具有攻击性的防守动作，是从对方手中获得球的重要手段，要有准确的判断、迅速的移动、准确的出击，也要有同伴之间的密切配合，注意动作要突然，手部动作要正确，避免犯规。如果出击失败没有断到球要马上恢复到正确防守位置。

1. 抢球

抢球就是抢进攻队员的手中球。抢球时首先要接近对手，看准手持球的空隙下手，动作要突然。运用时，在接近对方后抓住队员注意力分散、转身、空中获球下落、运球停止的时机，下手抢球，要迅速突然，快而准，双手抓住球猛力拉或转拖。

2. 打球

打球是打掉进攻队员手中的球。要把握好时机，根据对手持球部位的不同而从不同方向（由上向下、由下向上、侧面）快速伸出前臂，用腕、指的力量拍球，动作要突然、迅速、准确。打球有原地持球时的打球动作、运球的打球动作、上篮时的打球动作。

3. 盖帽

盖帽是防守投篮出手后的打球技术。在不同情况下可以采用按压式，上挑式，侧击式，封盖式进行拍打球。基本要领：身体重心降低，迅速移动，准确判断对手的起跳和投篮时间，及时起跳用前臂、手腕、手指打球，动作短促有力。

4. 断球

断球是在对方传球过程中球飞行时的抢获球。根据防守队员与对手之间的位置关系，分为横断球、纵断球和封断球。横断球和纵断球要注意迈出的步伐，蹬地要快而有力，用身体将接球对手挡在后面。封断球则要手臂动作快速拦截，断球后要注意身体平衡，迅速转入下个动作，由守变攻。

三、篮球运动战术学练

篮球战术是篮球比赛中队员个人技术的合理运用和全队队员相互协调配合的组织形式和

方法。篮球战术的目的是把队员组织起来，确保全队整体实力和特长的发挥，制约对方，掌握比赛的主动，争取比赛的胜利。篮球战术可分为进攻战术和防守战术。

（一）攻防战术的基本配合

战术基本配合是指两三个人之间所组成的简单配合方法，它是组成全队攻防战术的基础。

1. 传切配合

传切配合是进攻队员之间利用传球、切入等技术组成的简单配合。

示例1：如图7-10所示，④传球给⑤后，立刻摆脱对手❹向篮下切入，接⑤传来的球投篮。

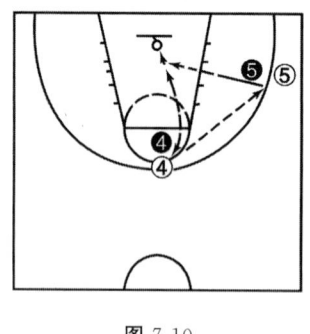

图 7-10 　　　　　图 7-11

示例2：如图7-11所示，在⑤与⑥互相传球之际，④乘对手❹不备之机，突然空切篮下，接外围同伴的传球，然后投篮。

2. 突分配合

突分配合是持球队员突破后，利用传球与同伴配合的方法。

示例：如图7-12所示，⑤突破❺后，遇到❼迎上补防，立刻把球传给切入篮下的⑦，⑦接球后投篮或与其他同伴配合。

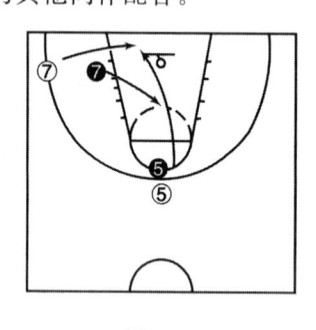

图 7-12 　　　　　图 7-13

3. 掩护配合

掩护配合是指进攻者以合理的行动，用身体挡住同伴防守者的通路，为同伴摆脱防守，创造接球和投篮机会的一种配合方法。

（1）前掩护

前掩护是掩护队员站在同伴的防守者前面，用身体挡住防守者向前移动的路线，使同伴借机摆脱防守的一种配合方法。如图7-13所示，④传球给⑤后，先做向篮下切入的假动作，然后突然跑到❺身后，形成前掩护。⑤接球后投篮或做其他进攻动作。

(2) 后掩护

后掩护是掩护队员站在同伴的防守者身后，挡住他的移动路线，使同伴借以摆脱防守。如图 7-14 所示，⑤传球给④的同时，⑥到❺身后做掩护。⑤传球后先做切入假动作，然后利用同伴的后掩护摆脱防守，切入篮下，接④的传球投篮，⑥及时转身跟进。

图 7-14　　　　图 7-15

4. 策应配合

策应配合是指进攻队员背对篮或侧对篮接球，以他为枢纽，与同伴相配合而形成一种里应外合的配合方法。如图 7-15 所示，⑤传球给④后，利用假动作摆脱防守，上提到外策应位置接④的传球做策应，④传球后摆脱防守，然后接球投篮或突破上篮。

（二）攻防战术的整体配合

1. 快攻与防守快攻

（1）快攻

快攻是由防守转入进攻时，以最快的速度、最短的时间，在人数上造成以多打少的优势或在人数相等以及人数少于对方的情况下，趁对方立足未稳，果断而合理地进行的一种快速进攻战术。

① 长传快攻

也称长传偷袭快攻，是指队员在后场获球后，用一次或两次传球，将球传给快速向对方篮下跑动的同伴投篮的一种配合。其特点是突然性强、速度快、时间短、成功率高。长传快攻一般是由快攻的发动和结束两个阶段所组成。如图 7-16 所示，④抢到篮板球后，首先应观察全场情况，掌握发动快攻的时机，⑦和⑧及时快攻超越防守。④根据情况，长传球给⑦或⑧进行投篮。④⑤⑥应随后插空跟进。

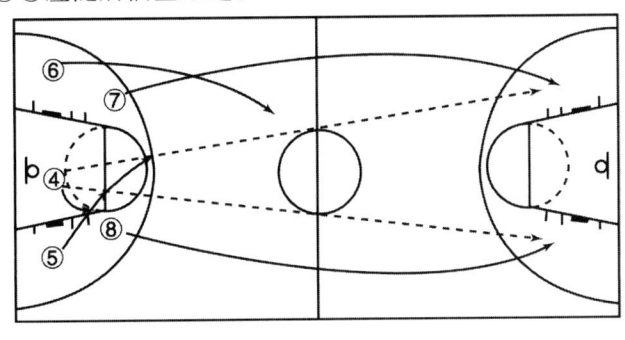

图 7-16

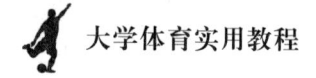

②短传快攻

短传快攻是指队员在后场获球后，利用快速的短距离传球推进到前场进行攻击的一种配合方法。其特点是灵活多变、层次清楚、容易成功。短传快攻由发动与接应、推进和结束三个阶段所组成。如图 7-17 所示，⑧首先从两防守队员之间的中路运球突破，突破中遇到❹的堵截时，⑧立即把球传给⑨上篮，当⑨接球后又遇到❹的堵截时，⑨要快速将球传给⑩进行投篮。⑨、⑧跟进抢篮板球。

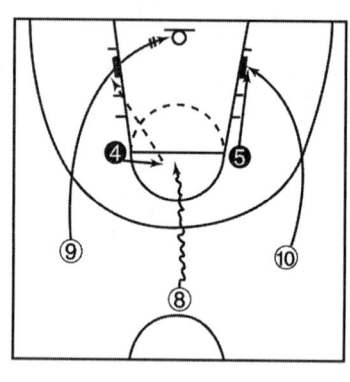

图 7-17

（2）防守快攻

防守快攻是在由攻转防的过程中，队员有组织地运用个人战术行动和几个人之间的协同配合，主动堵截对手，积极抢、断球，破坏其快攻战术，为争控制对手进攻的速度，以达到稳定防守，迅速组织起各种不同形式的全队防守战术的目的。其方法和手段是，提高进攻成功率，积极拼抢前场篮板球，封堵快攻第一传和截断接应。

2. 半场人盯人防守与进攻半场人盯人防守

（1）半场人盯人防守

半场人盯人防守是在篮球比赛中由进攻转入防守时，全队有组织地迅速退回后场，在半场范围内进行盯人防守的一种全队战术。

基本要求：①防守队应根据双方队员的身高、位置和技术水平，合理地进行防守分工，尽量与对手力量相当；②由进攻转入防守时，要迅速退回后场，找到自己的对手，积极抢、断球，夹击和补防；③防守有球队员要逼近对手，主动攻击球，积极封盖投篮，干扰传球。

（2）进攻半场人盯人防守战术方法

进攻半场人盯人防守战术方法是根据半场人盯人防守战术的特点，从每个队员的具体实际出发，综合运用传接球、投篮、运球、突破等个人技术动作，及传切、掩护、策应等几个人之间的战术基本配合，组成一种全队的进攻战术。共分三个阶段：

第一阶段：准备阶段，即推进前场，快速落位做好进攻部署阶段，避免中场停球。

第二阶段：发动阶段，即运用战术配合投篮攻击阶段，注意队形的合理变化。

第三阶段：结束阶段，即完成配合投篮攻击阶段，投篮后，有组织地争夺前场篮板球和调整位置，保持攻守平衡。

3. 区域联防与进攻区域联防

（1）区域联防

区域联防是指由进攻转入防守时，防守队员退回半场后，各按分工负责防守一定的区域，严密防守进入本区域的球和进攻队员，并与同伴协同防守，形成一定的队形，有机地组成集体防守战术。其特点是位置较为固定，分工明确，有利于组织抢后场篮板球和发动快攻，但容易在局部区域被对方以多打少。

区域联防的常用形式有："2-1-2""2-3""3-2"等阵容。

其战术要求：①根据攻守双方的特点合理布置。一般是把快速灵活善于抢断队员放在外防区，把身材高大、力量好、补防意识强，可控制篮板球的队员放在内线防区；②5个队员要积极协同配合，以球为主，人球兼顾，有球紧、无球松，整体队形随球的转移而及时调整；③要充分利用"关门"夹击、补防等防守配合，严防背插、溜底线和突破等攻击性较强的进攻配合，注意保护中锋。

（2）进攻区域联防

进攻区域联防是根据对方防守的队形和本队的特长所采用的进攻配合战术。其常用形式有"1-2-2""1-3-1""2-1-2""3-2"等。其战术要求：①快攻是进攻区域联防的有效方法之一。进攻争取在对方尚未退回后场组织好防守队形之前，积极发动快攻；②进攻队应针对防守队形，采用插空站位的进攻队形；③进攻是要利用各种配合声东击西、内外结合的攻击，借以打乱防守队形，创造投篮机会。要积极争抢前场篮板球并随时准备退守。

第二节　排球

一、排球运动概述

（一）排球运动的起源与发展

排球运动起源于美国，是1895年由美国马萨诸塞州霍利沃克城的基督教青年会干事威廉·莫根首创。

19世纪末的美国盛行橄榄球、篮球等项目，由于这些运动运动量太大，比较紧张激烈，适合青年人参加，但对多数中老年人来说就只能是可望而不可即了。为此，莫根在经过一段时间的摸索之后，创造了一种较为缓和、活动量适当的运动方式，男女老少都较为适宜参加。在网球场上把球网架在5英尺6英寸的高度上（1.98米），然后让人们用篮球内胆隔着网来回拍打，使其在空中飞来飞去，这就是排球运动的雏形。1896年，在美国马萨诸塞州斯普林菲尔德基督教青年会体育指导大会上进行这种游戏的首次表演赛。当时观看比赛的春田市的哈尔斯戴特博士发现这种打法和网球有些相似，因而建议把这一运动命名为"Volleyball"，即"空中截球"之意。这个名称得到了莫根及表演者的一致同意。于是Volleyball就一直被沿用至今。自从排球运动产生之后，美国通过教会的传播和美国军队的军事活动，逐渐把排球运动传播到世界各地。

排球运动在长达一百多年的发展历程中，形成了自身特有的运动形式与文化，而其自身的发展也有着鲜明的特点。排球运动的场地设备比较简单，可设在室内亦可设在室外。地板、沙地、草地、雪地，甚至水中都可以进行排球运动。人们既可在球场上比赛和训练，亦可以在一般空地上活动，单人或多人都可以活动，运动量可大可小，适合于不同年龄、不同性别、不同体质、不同训练程度的人。排球是一项全面健身的运动项目，大学生学习掌握排球运动技术有利于养成终身体育的习惯。而且，排球运动不拘泥形式，可隔网相斗，也可围圈嬉戏。只要一个空间，无论沙滩还是草地，尽可享受其中的乐趣。排球通过隔网对抗，双方没有身体接触，安全儒雅，是人们欢悦、休闲的理想方式。

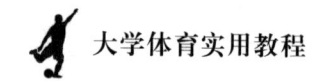

（二）排球运动的健身特点

排球运动具有竞技与娱乐并存的特点，不同年龄、不同性别、不同技术水平的人都能参与活动或比赛。经常参加排球运动，不仅能改善人体中枢神经系统和内脏器官的功能状况，还能提高人的力量、速度、弹跳、灵敏、耐力等专项身体素质和运动能力。

排球是一项身体活动很全面的运动项目，它能给人的身心带来全方位的锻炼价值，而且这种价值在人的每一个发展阶段都是有效的，可使人终身受益。例如，排球运动中每一个动作都包含了跑、跳、移、转、击等各种技巧动作，尤其是跳起后的空中扣球动作，既增强了上、下肢的力量，又培养了掌握时间、空间的节奏感。经常参加排球运动，对改善人的身体状况、提高身体素质、增进人体基本活动能力和对各种自然环境的适应能力，均大有裨益。同时可使人的大脑皮层特别是中枢神经系统的反应速度和协调性明显提高，对人的思想和意志品质产生积极的影响。排球运动要求在参加活动过程中注意力集中，人体重心随各种来球而向上、下、左、右、前、后迅速变换，体现出快速敏感的反应与应变的能力。这对提高观察、思维、分析能力，养成勤思敏捷、当机立断的习惯都是有好处的，有利于益智与健脑。

此外，经常参加排球运动的训练或比赛，会学到很多控制自己情绪和调节自身心理的手段和方法，如连续失误时，如何使自己尽快冷静下来，而且不灰心，比分落后时沉着和不气馁，关键比分时进攻不手软的自信心等，都是对人的良好心理品质的培养和锻炼。

二、排球运动技术学练

排球技术是指在排球规则允许的条件下，运动员采用的各种合理的击球动作和其他配合动作的总称。排球技术主要有发球、传球、垫球、扣球和拦网。准备姿势与移动称为无球技术，无球技术是完成各项击球动作的前提和基础，直接影响着击球动作的质量。传球、垫球、发球、扣球和拦网等技术称为有球技术。

（一）准备姿势

运动员在起动、移动和击球前所采用的合理的身体姿势叫做准备姿势。准备姿势是完成排球各种技术和组成战术的基础。它为移动和击球做好了充分的准备，为更快捷地移动和准确击球创造条件。良好的准备姿势可以应付比赛中各种可能发生的情况，可以迅速起动，快速移动，接近来球，占据良好的击球位置。准备姿势按照身体重心的高低可分为稍蹲准备姿势、半蹲准备姿势和低蹲准备姿势三种。

1. 半蹲准备姿势

半蹲准备姿势主要运用在传球、接发球和拦网时。两脚前后或平行开立，比肩稍宽，脚尖朝前或适当内收，两膝内扣，脚跟稍提起，膝关节保持一定的弯曲。上体前倾，重心靠前，膝部的垂直线应在脚尖前面。两臂放松，肘关节自然弯曲并下垂，双手置于腹前。两眼注视来球，两腿微动，全身处于待发状态。

2. 稍蹲准备姿势

稍蹲准备姿势一般用于来球速度较慢、弧度较高的传球、垫球或扣球助跑前。稍蹲准备姿势比半蹲准备姿势重心稍高，动作方法与半蹲准备姿势相同，一般用于扣球助跑前或对方正在组织进攻时，需快速起动的场合。

3. 低蹲准备姿势

低蹲准备姿势多用于接快速、有力的低球，如防守、保护等技术动作。低蹲准备姿势比半蹲准备姿势的身体重心更低、更靠前，两脚左右、前后的距离更宽一些，膝部弯曲程度更大一些；肩部投影过膝，膝部投影过脚尖，手置于胸腹之间。

（二）移动

移动是指从起动到制动之间的位移和动作。一个移动的过程包括起动、移动、制动三个环节。移动的目的是为了及时接近球，保持好人与球的位置关系以便击球，同时也是为了迅速占据场上有利的位置。队员能否及时移动到位，直接影响着技、战术的质量。移动是由起动、移动步法和制动三个环节所组成。移动步法有并步与滑步、交叉步、跨步与跨跳步、跑步及综合步5种。

1. 起动

起动是移动发力的开始，起动的快慢是移动的关键，起动的速度取决于运动员采用正确的准备姿势、反应能力和腰腿部的速度力量。起动时，根据场上的情况，采取不同的准备姿势。身体重心越高，稳定性就越小，起动越快。起动的主要动力来源于蹬地腿的肌肉爆发式的收缩，因此蹬地腿预先拉长的肌肉爆发力越大，起动就越快。

2. 移动

起动后，应根据临场技术与战术的需要，灵活地采用多种移动步法进行移动。移动主要步法的动作方法有以下几种：

（1）并步与滑步

两脚前后站立与肩同宽，两膝微屈，上体稍前倾，两手自然放松置于腰腹。并步时，前脚向来球方向跨出一步，后脚迅速蹬地跟上，并做好击球前的姿势。并步的优势是容易保持身体平衡，便于做击球动作。并步可向前、后、左、右各方向移动。并步过程中身体重心水平移动。滑步与并步是同一类动作，并步是短距离脚步的并列移动，滑步是连续的并步移动。来球较远时，一般使用滑步移动。

（2）跨步

跨步时，利用后腿蹬地力量，向来球方向跨出一大步，膝部弯曲，上体前倾，身体重心移至前腿上，后腿留在原处。

（3）跨跳步

跨跳步是在跨步的基础上，后脚向来球方向蹬离地面，有一个腾空阶段。前脚落地后，迅速屈膝，后脚及时跟上，同时降低重心，上体前倾，准备击球。

（4）交叉步

交叉步的特点是步子大，动作快，从而便于制动。这里以右交叉步为例。两脚左右开立，向右侧交叉步移动时上体稍向右转，左脚从右脚前向右交叉迈出一步，然后右脚再向右侧方向跨出一大步，同时重心移至右脚，身体转向来球方向，保持击球前的姿势。

（5）跑步

跑步的时候一脚蹬地起动，另一脚迅速向前迈出，两脚交替进行，两臂配合摆动，不要过早做击球动作的准备，以免影响跑步速度。如果球在后方或侧方时，应边转身观察球边跑，跑步的特点是移动速度快，便于随时改变方向。

3. 制动

制动是指从快速移动转为突停状态的过程。制动是移动的结束，但同时也是击球动作的开始。在快速移动后，为了保持稳定的击球姿势，必须经过制动克服身体移动的惯性，以便于完成下一个击球动作。制动的方法有一步制动法和两步制动法。一步制动法多在短距离移动之后前冲力不大时采用；两步制动法多在快速移动之后前冲力较大时采用。

（1）一步制动法

一步制动的时候，在移动的最后跨出一大步，降低身体重心，膝部和脚尖适当内转，全脚掌横向蹬地，以抵住身体重心继续的惯性力。同时以腰腹力量控制上体，使身体重心的垂直线停落在脚的支撑面以内。

（2）两步制动法

两步制动的时候，以倒数第二步开始做第一次制动，紧接着跨出最后一步做第二次制动，同时身体后倾，两膝弯曲，重心下降，双脚用力蹬地，使身体处于有利于做下一个动作的状态。

（三）发球

发球是指队员在发球区内，用一只手将抛起的球直接击入对方场区的技术动作。发球是比赛的开始，同样也是进攻的开始。准确而有攻击性的发球，不仅可以直接得分或破坏对方进攻战术的组成，还可减轻本方防守压力，为防反创造有利条件。发球时可运用正面、侧面、上手、下手、助跑或起跳等各种技术动作。

1. 正面上手发球

利用蹬地动作，使上体向左转动，同时收腹，带动手臂向前上方快速挥动。在右肩前上方伸直手臂到最高点处，用全掌击球的后中下部。击球时，手指和手掌要张开与球吻合，手腕要迅速做推压动作，使击出的球呈上旋飞行。击球后，随着重心前移，迅速入场（图7-18）。

图 7-18

2. 正面下手发球

正面下手发球是指发球队员面对球网，手臂由后下方向前摆动，在体前腹部高度击球过网的一种发球方法。正面下手发球的特点是动作简单，容易掌握，准确性大。但由于击球点低，球速慢，攻击性不强。发球时，要"一低、二直、三跟进"：即抛球的高度低；挥臂击球时手臂要伸直；身体重心随向前摆臂而跟进前移，并顺势入场（图7-19）。

图 7-19

3. 侧面下手发球

侧面下手发球的发球动作比较简单，容易掌握，可借助转体力量击球，比较适合女生初学者。发球失误少,但攻击性不强。动作要点:腹前低抛球,转体带摆臂,击球后下部,身体转向网。

4. 跳发球

跳发球是指发球队员在端线后,利用助跑跳起在空中,像扣球似的将球击入对方场区的一种发球方法。由于队员跳起在空中身体能充分展开并向前游动,不仅可以升高击球点,而且缩短了击球点与球网的距离,从而增强发球的力量和攻击性。跳发球可运用一步、两步或多步助跑起跳的方法,可正对网助跑或斜对网助跑。

(四) 垫球

垫球是指用除手指弹击动作外的身体任何部位击球的动作。垫球是排球的基本技术之一。

1. 正面双手垫球

正面双手垫球是双手在腹前垫击来球的一种垫球方法,适合于接各种发球、扣球和拦回球,也可用于组织进攻。垫球时,身体面对来球成半蹲姿势,手型成叠掌式,即两手手指和前半个手掌上下重叠,掌跟紧靠,两拇指朝前平行,前臂外翻靠拢,两臂伸直,手腕下压,使前臂内侧形成击球面(图 7-20)。用前臂腕关节以上 10 厘米左右的桡骨内侧平面去击球。正面双手垫球按来球力量大小可以分为垫轻球、垫中等力量球和垫重球(图 7-21)。

图 7-20　　　　　　　　　　　　　　图 7-21

2. 体侧双手垫球

体侧双手垫球是指在身体侧面用双手垫球。当来球飞向体侧,队员来不及移动对正来球时,可采用体侧双手垫球。这种垫球动作的特点是伸臂动作快,控制范围大,但不易控制垫球方向,准确性不及正面垫球。

左侧垫球时,先以右脚前脚掌内侧蹬地,左脚向左跨出一步,重心移至左脚,保持两膝弯曲,同时,两臂向左侧伸出,左臂高于右臂,右肩微向下倾斜。击球时,用右转体和收腹的动作,配合提肩抬臂在身体左侧稍前的位置截住来球,用两前臂垫击球的后下部。右侧来球时,以相反方向的动作击球。

3. 跨步垫球

跨步垫球是指向前或向侧跨一步垫球的动作。跨步垫球是当来球离身体前方或斜前方较远而低,队员来不及移动对正球时采用,在接发球和防守中运用较多,它又是各种低姿垫球动作的基础。

跨步垫球时,在判断来球落点后,同侧脚迅速向来球方向跨出一大步,上体顺势前倾下压,身体重心落在跨出脚上,同时两臂前伸插入球下,用蹬地、提肩抬臂动作击球的后下部。

4. 背垫

背垫是指背对出球方向的垫球方法，这种方法大多用于接应同伴垫飞的球或将球处理过网。其特点是垫击点较高，但由于背对垫球方向，不便于观察目标和控制击球的方向和落点，准确性稍差。

背垫球时，要判断好来球的方向，快速移动到球的落点处，背对出球的方向，两臂夹紧伸直，插到球下。击球时，用蹬地、抬头挺胸、展腹和上体后仰的动作带动两臂向后上方摆动抬送，以前臂触球的前下方，将球向后上方击出，背垫的击球点一般应在肩前上方。

5. 跪垫

当来球低、速度快且落点离身体较远时，可采用跪垫动作。垫球时，在低蹲准备姿势的基础上，向来球方向跨出一步，跨出腿膝关节外展，后腿脚内侧和膝关节内侧着地，取得稳定的支撑，犹如半跪，上体尽量前倾，塌腰塌肩，屈肘，使两臂贴近地面插入球下，用翘腕动作以及双手虎口部位将球垫起。

6. 挡球

挡球是指当来球高、速度快、力量大，不便于传球和垫球时，用双手或单手在胸部以上挡击来球的方法。这种方法的特点是伸手动作快，挡击胸、肩部以上高度的来球较方便，可扩大防守范围，是垫球的重要补充。但挡球不便于协调用力，因而控制球的落点和方向比传、垫球差。挡球有双手挡球和单手挡球两种。

(五) 传球

传球是利用全身协调力量并通过手指手腕的弹力，将球传至一定目标的击球动作。传球是排球运动中组织进攻战术的基础。

1. 正面传球

正面传球是指面对目标的传球。正面传球是传球中最基本的方法，是掌握和运用其他各种传球技术的基础。传球球员手触球时，十指应自然张开使两手成半球状，手腕稍后仰，以拇指内侧、食指全部、中指的二三指节触球的后下部，无名指和小指在球两侧辅助控制球的方向，两拇指相对近"一"字形。在迎球动作的基础上，当手和球即将接触前，手腕和手指要有前屈迎球的动作，当手和球接触时，各大关节应继续伸展，最后用手指手腕的弹力将球击出（图 7-22）。

图 7-22

2. 背向传球

背向传球是背对目标的传球。背向传球是传球技术中的一种基本方法，在比赛中运用较多。传球球员的手型与正面传球相同，但触球时手腕要稍后仰，掌心向上，拇指托在球下，击球的下部。传球时，利用蹬腿、展体、抬臂、伸肘和手指手腕的弹力，把球向后上方传出（图 7-23）。

3. 侧向传球

侧向传球是指身体侧对传球目标，在不转动身体的情况下，靠双臂向侧方传球的动作。侧传的准备姿势、手型及迎球动作同正面传球，但击球点应偏向传出方向一侧。迎球时，通过下肢蹬地使身体重心向上伸展，上体和双臂向传球方向一侧伸展。异侧手臂动作的幅度要大些，伸展的速度也应快些，以双臂和上体侧屈的协调动作将球传出。

图 7-23

（六）扣球

扣球是指队员跳起在空中，用一只手或手臂将本方场区上空高于球网上沿的球击入对方场区的一种击球方法。扣球是排球的基本技术之一，也是排球技术中攻击性最强的一项技术，是得分的主要手段。扣球技术主要有正面扣球、勾手扣球、单脚起跳扣球、超手扣球和吊球等。

1. 正面扣球

正面扣球是扣球技术中最常用的一种方法。由于面对球网，便于观察，准确性较高，而且正面扣球挥臂动作灵活，能根据对方防守情况，随时改变扣球的路线和力量，控制落点，因而进攻效果较好。扣球助跑前采用稍蹲姿势，两臂自然下垂。助跑时，左脚先向前迈出一步，接着右脚再迅速跨出一大步，左脚及时跟上，踏在右脚之前，两脚尖稍向右转。在助跑跨出最后一步的同时，两臂绕体侧向后引，左脚在上踏制动过程中，两臂自后积极向上摆动，随后双脚蹬地向上起跳。起跳后，挺胸展腹，上体稍向右转，右臂屈肘向后上方抬起，身体成反弓形。挥臂时，以转体、收腹动作发力，依次带动肩、肘、腕各关节成鞭甩动作向前上方挥动。击球时，五指微张呈勺形，以全手掌包满球，在最高点击球的后中部，同时主动用力屈腕屈指向前推压，使扣出的球加速上旋。当扣球动作完成后，以前脚掌先着地再过渡到全脚掌着地，同时顺势屈膝、收腹，以缓冲下落力量。

2. 勾手扣球

勾手扣球是指起跳后，左肩对网，通过转体动作，带动右臂向左上方挥动击球的一种方法。勾手扣球适合于远网扣球或由后排调整过来的球。

扣球球员跳起后，上体稍后仰或稍向右转，右肩下沉，当右臂随着起跳动作摆至脸前，迅速引至体侧，手臂伸直，掌心向上，五指微张，手成勺形，同时，挺胸展腹。击球时，利用向左转体及收腹动作带动伸直的手臂，由下经体侧向上划弧挥动，在头的前上方最高点，用全手掌击球的后中部。

3. 单脚起跳扣球

单脚起跳扣球是指助跑的最后一步以单脚踏地，另一只脚直接向前上方摆动帮助起跳的一种扣球方法。这种扣球在现代排球中被大量使用。

扣球时，扣球球员的助跑节奏由慢到快，一步定向两步迈，后脚快并猛蹬地，两臂协调

135

向上摆，腹腰发力带肩肘，力速挥臂如挥鞭，击球保持最高点，全掌击球要上旋。

4. 超手扣球

超手扣球是指扣球时，队员利用自己的身高和弹跳优势，将球从拦网者手的上空击入对方场区的一种扣球方法。这种扣球力量不大，路线较长。队员充分利用助跑起跳，保持好击球位置，击球时利用收胸动作带动手臂挥动，肩尽量上提，手臂充分伸直，以提高击球点。在右肩前上方，以全手掌击球的后上部，使球从拦网者手的上面呈上旋长线飞出。

5. 吊球

吊球是一种辅助性的进攻手段，即扣球球员在起跳后用手指手腕以传球、拨球、压球、搓球等手法，把球吊入对方空当的进攻方法。吊球可分为高压吊球和轻吊球。

(七) 拦网

拦网是排球的基本技术之一。拦网是指靠近球网的队员，将手伸向高于球网处阻挡对方的来球，并触及球的技术动作。拦网不仅可以将对方的扣球拦回、拦起，减轻后排防守的压力，而且可以直接将球拦死，使之成为得分的重要手段。拦网技术可分为单人拦网和集体拦网，其中集体拦网又可以分为双人拦网和三人拦网。

1. 单人拦网

（1）准备姿势

队员面对球网，两脚左右开立，约与肩同宽，距网 30~40 厘米，两膝微屈，两臂屈肘置于胸前。

（2）移动

常用的步法有一步、并步、交叉步、跑步等。无论采用哪种移动步法，都要做好制动动作，以保证向上起跳，避免触网和冲撞同队队员。

（3）起跳

原地起跳时，两腿屈膝，重心降低，随即用力蹬地，两臂以肩发力，在体侧近身处，做划弧状前后摆动，帮助身体迅速跳起。移动后的起跳，其起跳动作与原地起跳一样，但要注意制动并使移动与起跳动作紧密衔接。

（4）空中动作

起跳时，两手从额前沿球网向上方伸出，两臂伸直并保持平行，两肩上提。拦网时，两臂应伸过网去接近球。两手自然张开，屈指屈腕成半球状。当手触球时，两手要突然紧张，手腕下压盖在球的前上方。

（5）落地

拦球后，要做含胸动作，以保持身体平衡。手臂要先后摆或上提，从网上收回至本方上空，再屈肘向下收臂，以免触网。与此同时屈膝缓冲双脚落地，随即转身面向后场，准备接应来球或做下一个动作准备

2. 集体拦网

（1）双人拦网

由前排两个队员互相靠近，同时起跳组成的拦网，称双人拦网。双人拦网是集体拦网的一种，是比赛中最常用的一种拦网形式，主要在对方大力扣球时采用。拦网的技术动作与单人拦网相同。

双人拦网时，应以一个人为主拦队员，另一个人为配合队员。但主拦队员不是固定的，一般情况下距对方扣球点近的队员应为主拦队员。主拦队员必须抢先移动到对正扣球点的位

置，做好起跳准备，配合队员则迅速移动靠近主拦队员准备同时起跳。两队员之间的距离一定要合适：距离太远，跳起后将出现"空门"；距离太近，起跳时互相干扰，致使双方都跳不高。双人拦网起跳时，两人的手臂应该在体前划小弧向上摆伸，都要尽量垂直向上起跳，要防止互相碰撞或干扰。手臂在空中既不能重叠，造成拦击面缩小，又不能间隔太宽，造成中间漏球。扣球靠近边线时，靠边线近的拦网队员外侧的手应适当内转，以防打手出界。

（2）三人拦网

三人拦网是集体拦网的一种形式，一般情况是在对方扣球进攻力强，路线变化多，而且很少轻扣和轻吊时采用。三人拦网技术动作与双人拦网相同，组成三人拦网关键在于迅速移动，取位恰当，配合密切。无论对方从哪个位置扣球进攻，一般都以3号位为主拦，2、4号位队员协同配合。也可以根据对方扣球进攻的特点，以2号位或4号位队员为主拦，另外两人主动配合。无论采用双人拦网或三人拦网，关键是队员之间的协同配合。

三、排球运动战术学练

排球战术是指运动员在比赛中，根据排球竞赛规则和排球运动的规律、比赛双方的具体情况和临场竞赛的变化，合理运用个人技术及集体配合所采取的有意识、有组织的行动。这里主要介绍一下排球比赛的阵型和基本战术。

（一）排球基本阵型

排球运动的基本阵型有"四二"阵型和"五一"阵型。

1. "四二"阵型（图7-24）

"四二"阵型有4个攻手和2个二传手。二传手通常在前排中间的位置进行二传，因此在比赛的任何时刻全队有两名前排进攻球员。在轮转中两名二传手对角站位。在典型的阵型中包括两名对角站位的主攻手，因此在任何时刻前排和后排都各有一名主攻手。发球之后，前排球员移动到各自负责的位置，二传手总是在前排中间。或者二传手移动到前排靠右的位置，此时前排另外两名球员分别担当主攻（左侧）和副攻（中间），但缺陷在于缺少一名在二传手身后的进攻球员，使得对方有一名前排球员可以放心地参与中间位置的拦网。从另一个角度看，二传手也是一种攻击力（虽然是较弱的攻击力），因为当二传手轮转到前排时，是允许扣球的，所以当一传过来的球近网时，二传手可以选择击球过网（二次球）。这意味着在其他情况下可以忽略对二传手进行拦网的对方球员，此时必须留意二传手的进攻，那么我方的进攻球员就可能得到更好的机会。"四二"阵型很明显的弱点就是只有两名进攻球员，使得球队可采用的进攻手段很少。

2. "五一"阵型（图7-25）

"五一"阵型中只有一名球员担任二传手，不管他的位置在前排还是后排，因此当二传手在后排时，全队拥有三名前排攻击球员；而当二传手在前排时，只有两名前排攻击球员。在"五一"阵型中，轮转中与二传手对角站位的球员称为接应二传。一般来说，接应二传不参与一传，当对手发球时，接应二传站在队友们的后方。当二传手位于前排时，接应二传可以作为第三进攻点（后排进攻），这在现代排球中已经成为各队提高攻击力的常用手段。因此接应二传通常是队中扣球技术最好的球员。后排进攻通常来自后排右侧（1号位），但在高级别的比赛中从后排中间位置进攻的情况正在增多。"五一"阵型的一大优势是二传时总有3个攻击点可攻选择。如果二传手运用好这一点的话，对方的副攻手可能没有足够的时间与主攻手组织双人拦网，从而增加了我方进攻得分的机会。

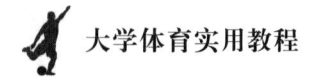

图 7-24 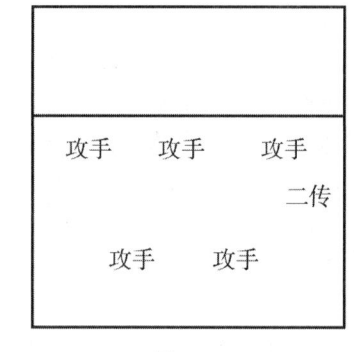   图 7-25

（二）进攻战术

进攻战术是指在接对手发过来、扣过来、拦过来和传、垫过来的球后，全队所采取的有目的、有组织的配合进攻行动。

1. 进攻阵型

进攻阵型就是进攻时所采取的基本队形。合理地选择进攻阵型是各进攻战术变化的基础。在现代排球比赛中，进攻战术的运用已不是前排队员的专利，而是形成了高快结合、前后结合的全方位进攻格局。后排队员参与进攻及后排与前排融为一体的进攻体系，在排球比赛中显示出越来越大威力。进攻基本阵型有"中一二""边一二"和"插上"。

（1）"中一二"战术阵型（图 7-26）

3号位队员担任二传，将球传给4、2号位队员进攻的组织形式。这种方法的优点是一传向网中3号位垫球比较容易，因而有利于组成进攻，适合初学者采用。缺点是战术变化少，对方容易识破进攻意图。

（2）"边一二"战术阵型（图 7-27）

2号位队员担任二传，将球传给3、4号位队员的组织形式。这种方法的优点是右手扣球者在3、4号位扣球比较顺手，战术变化较多。缺点是5号位接一传时，向2号位垫球距离较远；一传垫到4号位时，二传传球较为困难。

（3）"插上"战术阵型（图 7-28）

二传队员由后排插上到前排担任二传，把球传给前排4、3、2号位队员进攻的组织形式。这种方法的优点是能保持前排三点进攻，战术配合变化多，并能利用网的全长组织进攻。缺点是对插上二传队员的要求较高。

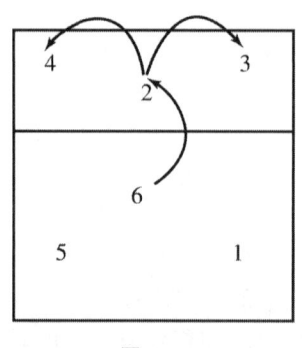

图 7-26 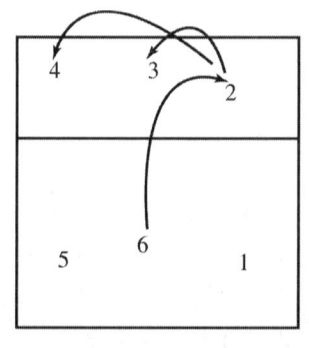   图 7-27 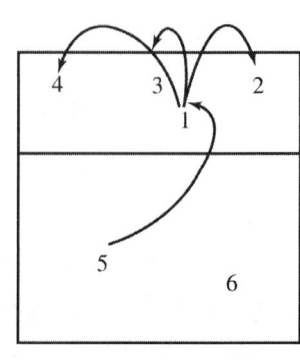   图 7-28

2. 进攻打法

进攻打法是指二传队员与扣球队员之间所组成的各种配合。进攻打法要灵活地运用在每一种进攻阵型中，以达到避开拦网、突破防线、争取主动的战术目的。进攻打法一般可分为快攻、强攻、两次攻及其转移以及立体进攻等。

（1）快攻

快攻是指各种快球及以快攻作为掩护，由同伴或本人所进行的进攻。

①快球进攻

快球进攻是指二传队员将球或快或平传给扣球队员，扣球队员快速挥臂击球的进攻方式。快球进攻是我国的传统打法。快球进攻的特点是速度快、突然性大、掩护作用强，有利于争取时间、空间和组织多变的战术。快球有近体快、短平快、背快、背短平快、背溜、平拉开，以及调整快、远网快、后排快、半快球、单脚快等。

②自我掩护进攻

自我掩护进攻是指用自己打各种快球的假动作来掩护自己的第二个实扣进攻。自我掩护进攻有可分为"时间差"进攻、"位置差"进攻和"空间差"进攻。

③快球掩护进攻

"快球掩护"进攻是指利用各种快球吸引对方拦网，然后给其他队员创造一打一或空网扣球的进攻打法。在快球掩护下，其他队员还可以进行各种形式的跑动进攻，能起到出其不意、攻其不备、集中兵力、以多打少、避实就虚的作用。在快球掩护进攻中，主要有交叉进攻、梯次进攻、夹塞进攻、双快或三快进攻和双快一跑动进攻等多种打法。

（2）强攻

强攻是指在无掩护或掩护较小的情况下，主要凭借个人力量、高度和技巧强行突破对方的拦、防。

①集中进攻

在4号位或2号位组织比较集中的不拉开的高球进攻或在3号位扣一般高球。这种打法容易被运动员掌握，但是也容易被拦，适合初学者和水平较低的队运用。

②拉开进攻

二传队员将球传到标志杆附近进攻的打法叫拉开进攻。拉开进攻可以扩大攻击面，以避开拦网，有利于线路变化及打手出界。

③围绕进攻

围绕跑动换位的目的是发挥自己的扣球特长，避开对方拦网的有效区域。进攻队员从二传队员前面绕到后面或后面绕到前面去扣球，称为"后围绕"进攻。进攻队员从二传队员后面绕到前面去扣球称为"前围绕"进攻。

④后排进攻

后排队员在进攻线后起跳扣球，称为后排进攻。由于击球点离网较远，使得过网面加宽，给对方的拦网造成较大的困难，比赛中的运用效果是显而易见的。后排进攻已从过去的"被动式"转变为"主动式"，现在被世界各个强队普遍采用。

（3）两次攻及其转移

两次攻及其转移是指当一传来球较高，落点在网前适当的位置，前排队员可以起跑做两次攻，如遇拦网，也可在空中改扣为传，转移给其他队员进攻。

两次攻中的跳传转移主要有以下几种变化：

①短传转移：2号位队员跳传低球转移给相邻的队员进攻。
②长传转移：2号位队员跳起长传给4号位队员扣球。
③围绕转移：2号位队员跳起背传低球转移给围绕到身后的3号位队员扣球。

（4）立体进攻

立体进攻是一种前排与后排、快攻与强攻、时间与空间上的多方位组织进攻。它吸取了各种打法的精髓，使前后排融为一体，互为掩护，因此是进攻打法的最高境界。在整个立体进攻中，后排进攻占有极其重要的位置，在一定程度上决定着立体进攻的主攻方向，起到了掩护前排快攻的作用。

（三）防守战术

排球运动的防守战术是组织进攻或反攻战术的基础。没有严密的防守，进攻就无从组织，而一切防守战术都是从积极为进攻和反攻创造条件的角度进行设计和考虑的。

1. 个人防守战术

个人防守战术的任务就是指队员在防守的时候，选择最有利的位置，并采用合理的接球动作，按战术要求把球防起。个人防守战术的基本原则：

（1）根据判断，及时移动取位，守住"最危险"区域。

（2）运用各种击球动作防守起球，力求控制球的高度和落点，使之便于组织反攻。如来球能够控制，要垫给二传队员组织快攻或强攻。

（3）在选择前后位置的时候，应根据对方二传球与网的距离和扣球队员击球点的高低选择防守，比如球离网近，无人拦网时，防守取位可向前；球离网远或近网球被拦时，防守队员取位可向后。

（4）在选择左右位置的时候，要根据对方扣球队员的助跑路线和扣球队员起跳的人与球所保持的关系来选择防守位置。一般来讲，防守位置应取在对方扣球队员和球连线的延长线处。

（5）防守还应根据本方前排拦网队员的情况，主动选择防守位置加以配合与弥补，重点防守前排拦网的空当。

2. 集体防守战术

集体防守战术包括接发球防守战术、接扣球防守战术、接拦回球防守战术和接传、垫球防守战术等。

（1）接发球防守战术

当对方发球时，本方处于防守地位，也是组织第一次进攻的开始。事先站好位置，摆好队形是接好发球的基础。站位的阵型，要根据对方发球的特点，不仅要有利于接球，也要有利于本方所采用的进攻战术。通常采用5人接发球、4人接发球和3人接发球阵型。

（2）接扣球防守战术

接扣球的防守与组织反攻是密不可分的，只有防守成功才能富有成效地反攻。接扣球防守包括拦网、后排防守两个环节。其中拦网是第一道防线，有效的拦网不仅可以遏制对方的进攻能力，减轻后排的压力，还能提高防起率，为反攻创造机会。

（3）接拦回球防守战术

随着排球运动的发展，运动员的身高、拦网高度和技巧的提高，扣球被直接拦死或拦回的比例逐渐增大，因此接拦回球对比赛胜负的影响也越来越大。

接拦回球防守阵型，应根据本方的进攻战术和对方拦回的情况，以及参加防守的人数来确定。一般采用 5 人、4 人、3 人等阵型。

(4) 接传、垫球防守战术

当对方无法组织有力的进攻，被迫将球传、垫、挡过网时，是本方得分的极好机会。这种情况在初级水平的比赛中出现得比较多，在高水平比赛中有时也会出现。

接对方传、垫过网的球，根据其运用的时机、条件以及来球性能的差异，可采用"中、边二传"或"心二传"阵型，以利于组织战术进攻。

第三节　足球

一、足球运动概述

(一) 足球运动的起源与发展

足球运动是世界上开展最广泛、影响最大的体育项目之一，被称为"世界第一运动"，深受广大群众特别是大学生的喜爱。关于足球运动的起源，历史上一直众说纷纭。直到 2004 年，国际足联主席布拉特先生在北京正式宣布：足球最早起源于中国——中国古代的蹴鞠就是足球的起源。在众说纷纭的古代足球起源中，目前唯有现存的中国古代文物和文字能够为我们提供一条较为清晰的线索，而其他国家和地区关于起源过程的证据则颇为有限，所以把中国视为世界古代足球的最早起源地之一。

现代足球运动诞生于英国。1857 年，英国成立了世界上第一个足球俱乐部——谢菲尔德足球俱乐部。此后，英国的其他一些地区相继成立了足球俱乐部。由于比赛不断增多，迫切需要成立一个全国性的足球组织，制定统一的比赛规则，以及有组织的足球比赛。1863 年 10 月 26 日，英国 11 个足球俱乐部的代表在伦敦举行会议，成立了世界上第一个足球运动组织——英格兰足球协会。它的成立标志着世界足球运动进入了新的阶段，人们把这一天称为现代足球的诞生日。1846 年，英国剑桥大学为了适应本国各学校比赛而综合制订了一个简单的规则，当时称之为《剑桥大学规则》。1863 年的伦敦会议以后，修改了《剑桥大学规则》，制订了最早的足球竞赛规则，它是现代世界足球史上第一部统一的足球竞赛规则。

1896 年，首届现代奥林匹克运动会就有了足球比赛项目。当时只有英、法两国派队参加。到了 1908 年奥运会时，参赛球队增至 8 支队伍，但都是欧洲国家的球队，直到 1924 年，南美洲国家才开始参加奥运会足球比赛。当时奥委会规定参赛队员必须是业余选手。1928 年，国际足联决定每 4 年举行一届世界足球锦标赛（世界杯），并规定每届比赛与奥运会相间举行。1930 年，第一届世界足球锦标赛在乌拉圭举行，至今已举办了 20 届。

随着足球运动在世界范围内的开展，足球运动的技战术也得到了长足的进步。1930 年，英国人埃尔贝·契甫曼根据新的越位规则，创造了"WM"阵型，"WM"阵型的运用在世界足坛上经久不衰。直到 20 世纪 50 年代初，匈牙利人的"四前锋"踢法才取代了"WM"阵型，被认为是足球运动的第一次变革，1958 年，巴西人创造了"四二四"阵型，被称为足球运动的第二次改革。1974 年，荷兰人和德国人（西德）采取了"全攻全守"整体型打法，堪称足球运动的第三次变革。

现代足球运动的流派一般分为欧洲派、南美派和欧洲拉丁派三种类型。虽然各流派间的差别越来越不明显，但它们仍各自保留着自己的鲜明特点。其中，欧洲派主要以力量见长，

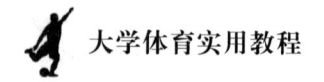

南美派以技术见长，欧洲拉丁派是两者的结合。

（二）足球运动的健身特点

足球运动是一项竞争激烈的对抗性项目，比赛中双方为争夺控球权，达到将球攻进对方球门，而又不让球进入本方球门的目的，展开短兵相接的争斗，尤其是在两个罚球区附近时间、空间的争夺更是异常凶猛，扣人心弦。因此，足球比赛，特别是高水平比赛，激烈、精彩、变化莫测，胜负难以预料，因而引人入胜，具有极强的观赏性。

足球运动的健身特点主要表现在以下方面：

首先，足球运动是广大青少年最乐于参与的具有很大健身价值的运动项目。经常参加足球运动，能有效提高人体各器官系统的功能，全面发展和提高人体的各项身体素质，还有助于培养学生顽强拼搏的竞争意识、机智果断、思维清晰、反应敏锐的逻辑思维能力，以及团队合作、齐心协力的集体主义优良品质和荣誉感。

其次，足球运动具有灵活性和趣味性的特点。足球竞赛规则比较简练、明了，器材设备要求也不高。一般足球比赛的时间、参赛人数、场地和器材也不受严格限制，可选择性较强，而且参加者不论基本技术水平的高低，战术意识的好坏，均能在足球活动中各得其乐。因此便于开展，易于普及，是全民健身中一项十分易于开展的群众性体育运动项目。

再次，足球运动具有一定的文化内涵和经济功能。足球运动满足了现代人的生理、心理需要，是表现人的行为举止、思想感情甚至民族情感、民族风格的身体文化运动，足球运动因其固有的内在特征，显示出其具有广阔的发展前景。

二、足球运动技术学练

足球基本技术主要包括踢球、接球、运球、头顶球、抢截球、掷界外球、射门和守门员技术。

（一）踢球

踢球是指运动员有目的用脚把球击向预定目标的技术，它按脚踢球的部位可分为脚内侧、脚背正面、脚背内侧、脚背外侧等。

1. 脚内侧踢球

脚内侧踢球是指用脚内侧部位踢球的一种方法，由于脚内侧与球接触面积大，触球较稳，且易于掌握。其缺点是出球力量相对较小。

（1）脚内侧踢定位球

正面直线助跑，最后一步稍大，支撑脚踏在球的侧方 10～15 厘米处，足尖正对出球方向，膝关节微屈。与此同时摆动腿以髋关节为轴，大腿带动小腿由后向前摆动，在前摆过程中髋关节、膝关节外展，足尖翘起，脚掌与地面平行，用脚内侧（足弓部位）击球的后中部。在击球的刹那间身体稍前倾，踝关节紧张，足跟前送，两臂配合协调摆动，将球击向预定目标（图 7-29）。

（2）脚内侧踢反弹球

根据来球落点移动位置，支撑脚的站位与球的落点应保持踢定位球时的相对位置。踢球腿摆动与踢定位球时相同。在球着地后刚弹离地面的瞬间用脚内侧击球的中部。

（3）脚内侧踢空中球

根据来球速度和运行轨迹及时移动到位，踢球腿大腿抬起并外展，小腿绕额状轴后摆，利用小腿绕额状轴由后向前摆动，当摆至额状面时与球接触，击球的中部。

图 7-29

2. 正脚背踢球

脚背正面踢球由于摆幅相对较大，加之脚背与球接触面较大，因而踢球力量也大，准确性也较强。但受以上因素的影响，出球的方向及性质相对变化也较小。在比赛中经常使用脚背正面踢定位球、地滚球、空中球、反弹球及倒勾球。

(1) 正脚背踢定位球

直线助跑，最后一步稍大、支撑脚积极地以脚跟着地，踏在球的侧后方 10～15 厘米处，膝关节微屈，足尖正对出球方向；摆动腿以膝关节为轴，大腿带动小腿屈腿积极向前摆动，当膝盖摆至接近球的垂上方时，小腿做爆发式的前摆，使膝盖处在球的正上方时用脚背正面击球的后中部。击球时脚面绷直，踝关节紧张、上体稍前倾、两臂配合协调摆动（图 7-30）。

图 7-30

(2) 正脚背踢反弹球

根据来球的速度、运行轨迹、落点，支撑脚踏在球落点的侧面。在球落地时，踢球腿爆发式前摆，在球刚弹离地面时，用脚背正面击球的中部，并控制小腿的上摆（送髋、膝关节向前平移），出球则不会过高。

(3) 正脚背踢倒勾球

根据来球的速度、运行轨迹及时移动到位。选择支撑位置时应考虑将击球点放在身体的前上方，支撑腿膝关节微屈，上体后仰，踢球腿以髋关节为轴向上方摆动，当球落到身体前上方适当高度时，用脚背正面击球后部，将球向身后踢出。

3. 脚背内侧踢球

(1) 脚背内侧踢定位球

踢定位球时，斜线助跑，助跑方向与出球方向约成 45°角。支撑脚外侧积极着地，踏在球的侧后方 25～30 厘米处，膝关节微屈，足尖指向出球方向，身体稍向支撑脚一侧倾斜并转向出球方向，腿带动小腿积极前摆，当膝盖摆到接近球内侧垂直方向时小腿加速前摆，同时足尖稍外转，脚面绷直，脚趾扣紧，足尖指向斜下方，以脚背内侧击球的后中部。踢球后，踢球腿随球继续前摆、两臂随踢球动作自然摆动（图 7-31）。

图 7-31

（2）脚背内侧踢空中球

根据来球的速度和运行轨迹，选好击球点及时移动到位，身体侧对出球方向，用来球方向的异侧脚支撑，支撑脚脚尖指向出球方向，身体向支撑脚一侧倾斜，展腹。支撑脚站稳后，摆动大腿带动小腿由后向前摆动，当大腿摆至接近与击球点成一条直线时，小腿做爆发式摆动，用脚背内侧击球的中部，同时身体向出球方向扭转，眼睛始终注视球。击球后，踢球腿顺势前摆以维持身体平衡。

（3）脚背内侧踢弧线球

脚背内侧踢弧线球，通常称为削香蕉球。踢球时，脚背内侧部位击球的中后部，摆腿的方向不通过球心，沿弧线前摆，在击球的瞬间，踝关节用力内转，使球侧旋沿弧线运行。

4. 脚背外侧踢球

（1）脚背外侧踢定位球

踢定位球时，正面直线助跑，最后一步稍大，支撑脚积极踏位以脚跟着地，踏在球的侧后方 10～15 厘米处，膝关节微屈，足尖正对出球方向；摆动腿以髋关节为轴，大腿带动小腿屈膝积极向前摆动，当膝盖摆到接近球的垂直上方时，小腿加速前摆，同时足尖内转，脚面绷直，脚趾扣紧，足尖指向斜下方，用脚背外侧击球的后中部。踢球后，踢球腿随球向前继续摆动，两臂配合踢球动作协调摆动（图 7-32）。

图 7-32

（2）脚背外侧踢地滚球

对踢球腿同侧的来球多用直线助跑，对异侧来球则多用斜线助跑，支撑脚要适当提前选位着地，其他动作则类似踢定位球。

（3）脚背外侧踢外弧线球

支撑脚踏在球侧后方，踢球腿略呈弧形摆踢，使用力方向与出球方向约成 45°，击球点在球内侧后部，脚形同踢定位球。击球后，踢球脚向支撑脚侧斜摆，以加大球的外旋力量。

（二）接球

接球是指用身体的合理部位把运行中的球接到所需要控制的范围内，以便衔接下一个技术动作。常用的接控球部位有脚内侧、脚底、脚背正面、脚背外侧、胸部、头部、大腿、腹部等。

1. 脚内侧接球

（1）接地滚球

接地滚球时，身体正对来球方向，支撑脚的脚尖与来球方向一致，膝微屈。接球腿提起屈膝外转并前迎，足尖稍翘起，使足内侧对准来球，当脚与球接触前的刹那开始后撤，以缓冲来球的力量，把球停留在便于衔接下一个动作的控制范围内（图7-33）。

图 7-33

（2）接反弹球

接反弹球时，支撑脚跨步踏在球落点的侧前方，膝关节微屈，上体稍前倾并转向接球方向。接球脚提起，踝关节放松，脚内侧对准球反弹方向，当球刚弹离地面时，用脚内侧推压球的中上部，将球停留在便于衔接下一个动作的控制范围内（图7-34）。

图 7-34

（3）接空中球

选择最佳支撑脚的位置，根据来球确定接球动作的方向，接球腿要屈膝抬起，可根据需要采取引撤或切挡动作，接球落地后，将球控制在地面或控制在下一个动作的准备中（图7-35）。

图 7-35

2. 脚底接球

（1）接地滚球

接地滚球时，身体面对来球方向，当球接近体前，支撑脚踏在球的侧后方，足尖正对来球，膝关节微屈。接球脚抬起，膝弯曲，脚跟离地低于球，脚尖翘起高于球，当球刚刚接触脚掌时，脚掌轻轻下压球的中上部，将球停于脚下。

（2）接反弹球

接反弹球时，支撑脚踏在球落点的侧后方，膝关节微屈维持身体平衡。接球腿膝关节弯曲，足尖翘起，前脚掌对准球的反弹方向，当球弹离地面的一刹那，用接球脚的前脚掌触球的后上部并下压，将球停留在脚下。

3. 脚背正面接球

脚背正面接球的部位是穿系鞋带的部位。其特点是迎撤动作自如，关节自由度大，接球稳定，但变化较少，适用于接下落球。

接球前，身体面对来球，支撑腿微屈维持身体平衡。接球腿屈膝抬起，小腿前伸主动迎球，用脚背正面接触球的底部，当脚背触球前的一刹那，小腿下撤以缓冲来球力量，同时膝关节和踝关节放松，将球停留于体前适当的位置，身体随之转动，控制出球方向。

4. 脚背外侧接球

脚背外侧接球特点是动作幅度小、速度快、灵活机动、隐蔽性强。但动作难度较大，接球时常伴随假动作和转体动作，适用于接地滚球和反弹球。

（1）接地滚球

接地滚球时，接球脚稍提起，膝关节和脚内转，用脚背外侧对准来球，在支撑脚的前侧方接触球的侧后方（偏支撑脚一侧），脚与球接触的刹那向外侧轻拨，将球停在侧方或侧前方。

（2）接反弹球

接反弹球时，面对来球，支撑腿的膝关节微屈，接球脚在支撑脚前方稍提起，脚内翻，使小腿与地面成一定角度，踝关节放松，当球刚反弹离地时，用脚背外侧触球的侧上部，将球停在体侧。

5. 胸部接球

（1）挺胸接球

挺胸接球时，身体正对来球，两脚前后开立，两膝弯曲，上体后仰，重心落在两脚之间，两臂自然张开，微收下颌，当球运行到胸部接触的刹那间，两脚蹬地，胸部上挺、憋气，使球触胸后向前上方弹起、改变运行方向然后落于体前（图7-36）。

图 7-36

（2）收胸接球

收胸接球时，身体正对来球，两脚前后开立，两臂自然张开，重心前移，挺胸迎球，当球运行至胸部接触前的刹那，重心迅速后移，收胸、收腹以缓冲来球力量，将球停于体前。

6. 头部接球

当来球高于身高时，可以选择头部接球。头部接球时，放松身体和脖子，用额头去触球，同时通过脖子的收缩来化解球的反弹力，头部接球之后要准备好用身体的其他部位控制好下落的球。

（三）运球

运球技术是指运动员有目的地用脚的各个部位连续推拨球，使球处于自己控制范围内的触球动作。常见的运球技术有脚内侧运球、脚背外侧运球、脚背正面运球等。

1. 脚内侧运球

运球时，支撑脚向前跨，踏在球的侧前方，膝关节稍弯曲，上体前倾向里转。随着身体向前移动，运球脚提起，在落地之前，用脚内侧推球的后中部。在改变方向运球时，经常是用两只脚交替拨球（图 7-37）。

图 7-37

2. 脚背外侧运球

运球时，支撑脚保持在球的侧后方，运球脚抬起时，脚跟提起，足尖稍内转，迈步前伸落地，用脚背外侧推拨球。向前跑动时身体自然放松，上体稍前倾，两臂自然摆动。

3. 脚背正面运球

运球时，身体正对运球方向，运球脚提起时，膝弯曲，脚跟提起，足尖下指，迈步前伸落地，用脚背正面推拨球的后中部，向前跑动时身体自然放松，上体稍前倾，两臂自然摆动（图 7-38）。

图 7-38

（四）头顶球

头顶球是指运动员有目的地用前额将球击向预定目标的动作。头顶球的击球位置高，是争取时间和空间的主要技术手段。头顶球的方法很多，但按顶球的部位可分成额头正面顶球和额头侧面顶球。

1. 额头正面顶球

额头正面顶球是头顶球技术中最为常见的方式，其特点是触球部位平坦，动作发力顺畅，容易控制出球方向，准确性强，出球平稳有力。

(1) 原地顶球

身体正对来球，两脚前后站立或平行站立，膝关节微屈，两眼注视来球，上体稍后仰，两臂自然张开，挺胸展腹，下颌收紧，顶球时，蹬地、收腹、摆体、顶送发力，当头摆至身体垂直部位时，用前额正面顶击球的后中部，顶击球瞬间，颈部肌肉保持紧张，顶球后继续前送，以便于控制出球的方向（图 7-39）。

图 7-39

(2) 转身顶球

身体稍侧对来球，出球方向一侧的支撑脚靠前站立。击球刹那，后脚用力向出球方向蹬转带动身体转动，当身体转向出球方向时加速摆体，用前额部顶击球。

(3) 跳起顶球

选择较好的起跳位置，两脚前后站立，维持身体平衡，掌握好起跳时机，起跳脚积极蹬跳发力，手臂协调向上提摆，以加强跳起力量。起跳后，挺胸展腹，形成背弓，两眼始终注视来球。跳至最高点时，迅速收腹摆体，下颌收紧，前额积极迎球顶送发力，顶球后屈膝缓冲落地时，看清球的飞行路线，以便进行下一步动作。

2. 前额侧面顶球

在实际比赛中，该技术特点是击球动作快捷，变换方向突然，顶出球的运行线路难以预测。但该动作难度较大，侧摆发力和出球方向较难控制，适用于应急时破坏球和门前的头球攻门。

(1) 原地顶球

选择好击球的方向，身体稍侧对来球，两脚自然前后站立，击球一侧的支撑腿在前，身体稍向侧后微屈，重心落在后腿上，两臂自然张开，眼睛注视来球。顶击球时，后脚向击球方向猛力蹬伸，身体随之向出球方向转动侧摆，同时颈部侧甩发力，用额侧部将球击出。

(2) 跳起顶球

基本方法类似额头正面跳顶，只是在起跳上升阶段，上体应向出球的相反方向侧屈转体。跳至最高点时，上体向出球一侧加速转动，摆体侧甩，可利用脚的侧下方蹬地，加快侧摆速度，用额侧部将球顶出。

（五）抢截球

抢截球技术是指运动员在足球竞赛规则允许的范围内，使用身体的合理部位把对手的控球权夺过来或破坏掉。其常见的技术有正面跨步堵抢、合理冲撞抢球和铲球等。

1. 正面跨步堵抢

两脚前后开立，迎着运球者而站，两膝微屈，身体重心下降，当运球者与抢球者间的距离缩小到一定范围（即抢球者上前跨一大步可能触及球）时，运球者脚触球后即将落地或刚刚落地时，抢球者后脚用力蹬地并跨步向前，以脚内侧去堵截球，当已堵住球时，另一只脚应迅速上步。若抢球脚堵住球，两位对手也堵住球时，则抢球者应将另一只脚迅速前移做支撑脚，抢球脚在不脱离球的情况下迅速向上提拉，使球从对手脚面滚过，身体重心也迅速跟上并将球控制好。

2. 合理冲撞抢球

当防守者并肩与运球者跑动追球时，防守者重心稍下降，靠近对手一侧的手臂紧贴身体，利用对方同侧脚离地的过程，用肘关节以上部位适当冲撞对手同样部位，使对手身体失去平衡，趁机将球控制住。

3. 铲球

（1）正面铲球

要移动接近控球队员，膝关节微屈，重心要下降，当运球队员触球脚触球后并没有落地时，防守队员双脚沿地面向球滑铲，随即用手扶地做向一侧的翻滚，并要尽快起身。

（2）同侧脚铲球

防守者在跑动中根据双方离球的距离作出判断，当对手不能立即触球时，用异侧脚用力蹬地，使身体向前方跃出，同侧脚沿地面向前滑出的同时向外摆踢，脚踝外展，用脚背外侧将球踢出。也可用脚尖将球捅出，接着向对手一侧翻转，手撑地迅速恢复到下一个动作所需要的位置。

（3）异侧脚铲球

在跑动中，当双方都不能用正常的动作触球时，防守者应根据与球的距离，同侧脚用力蹬地使身体跃出，异侧脚向前沿地面对着球滑出，脚底将球铲出，然后小腿外侧、大腿外侧、手依此着地。或铲出球后身体向铲球腿一侧翻转，手撑地后立即起身，使身体恢复到与下一动作衔接的状态和位置。

（六）掷界外球

掷界外球是指运动员按规则的规定用双手将球掷入场内预定目标的动作。掷球时，掷球队员必须面向球场，用双手将球从头后经头顶用一个连续动作掷入场内，脚可以踩在边线上，但不得越过边线。

1. 原地掷界外球

面对出球方向，两脚前后或左右开立，每脚均应有一部分站立在边线上或边线外。膝关节弯曲，上体后仰成背弓，重心移到后脚上（左右开立时，重心在两脚间），两手自然张开，拇指相对，持球的侧后部，屈肘将球置于头后。掷球时，后脚用力蹬地（或两脚用力蹬地），两腿迅速伸直，身体重心由后脚移到前脚，收腹屈体，同时两臂急速前摆。当球摆到头上时用力甩腕将球掷入场内。掷球时，后脚可沿地面向前滑动，两脚均不得离地。

2. 助跑掷界外球

两手持球放在胸前，在助跑迈出最后一步时，上体后仰成背弓，同时将球上举至头后，掷球时的动作与原地掷界外球动作相同。将球掷出后，后脚可在地面上向前滑行，但不得离地。

（七）射门

射门是指进攻到对方门前时，运用不同的脚法（或头顶法）将球攻向对方的球门。射门是得分的主要手段，而破门则是比赛的最终目的。但是，射门常常是在与对手激烈的竞争中进行，需要摆脱对方的阻截、冲撞甚至一些不符合规则的粗野动作，这就要求进攻者技术全面，动作快速，真假结合，起脚突然、准确有力和良好的射门意识以及高尚的道德修养，这样才能抓住战机、破门得分。

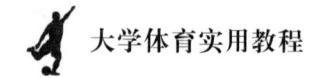

射门技术根据射门方式的不同把它分成直接射、运射、接趟射、过人射和踢定位球等五种。直接射、运射、接趟射、过人射往往采用踢球力量较大的脚背正面、脚背内侧或脚背外侧脚法。其中头顶射门也是重要的得分途径。掌握好射门技术的关键是起脚时机、脚法正确、准确有力。

(八) 守门员技术

守门员技术包括准备姿势、接球、扑球、托击球、发球等。

1. 准备姿势

两腿屈膝，重心前移，左右开立，两臂在胸前自然弯曲，并注视来球。移动则主要采取滑步、交叉步以及跑步。选位是守门员的站位应在球与两球门柱所形成的分角线上，以扩大防守面积。

2. 接球

(1) 低手接球

接低手球技术主要用于接地滚球、低于胸部的平直球。接球时，成准备姿势，正对来球，两臂并肘前迎，两手小指靠近，掌心朝前上方。在手触球的刹那，随球后引并屈肘、屈腕，两臂夹紧将球抱于胸前。

(2) 高手接高球

该技术用于接胸部以上的来球。身体正对来球，两臂上伸迎球，两手拇指相对成"八"字形，手指自然张开，手掌对球做包球状。当手触球时，手腕和手指适当用力将球接住，并顺势屈肘，回收下引，迅速转腕将球抱于胸前。

(3) 接高空球

面对来球，两臂上伸，两手拇指相对呈"八"字形，其余四指微屈，手掌对球。判断球路，纵身起跳，在最高点触球瞬间，手指、手腕适当用力，缓冲来球并将球接住，顺势转腕屈肘、下引将球抱于胸前。

3. 扑球

守门员来不及移动正对来球时，常采用扑球动作接球。常用的有倒地扑侧面的低球、鱼跃扑球等。

(1) 扑侧面球

异侧脚用力蹬地，双手快速向侧伸出，一侧手置于球后，另一侧手置于球的侧后上方。身体向同侧脚方向倒地，落地时以小腿、大腿、臀、肘外侧依次着地，落地后即团身。

(2) 扑平空球

完成这一动作时应注意空中展体，手指用力抓住球，接球后以球、肘、肩、上体、臀、腿外侧依次着地并迅速团身。

4. 托击球

在守门员没有把握接住球或有对方猛烈冲门情况下，为了避免接球脱手造成被动，常采用拳击球或用手将球托出界的方法，以避免球入球门。拳击球有单拳或双拳击球；托球也有单掌或双掌托球。

5. 发球

发球是守门员接球后组织进攻的手段。它常用的方法有手抛球和脚踢球两种。

(1) 手掷球

①侧身勾手掷球

掷球前，由于球从异侧经头顶后将球掷出，作用力距离长，又能较好地借助腰腹力量，故出球速度快，距离远。

②单手肩上掷球

充分利用后腿蹬地、持球手臂后引、转体挥臂和甩腕力量将球掷出。

(2) 脚踢球

①踢空中球

将球置于体前，在球自由下落过程中踢球。它多用于远距离或雨天场地泥泞时。

②踢反弹球

体前抛球，球落地后反弹起来的瞬间将球踢出。它比踢空中球准确性要高，速度较快，出球弧度低，隐蔽性强。

三、足球运动战术学练

足球战术可分为进攻和防守两大系统。

(一) 进攻战术

1. 局部进攻战术

局部进攻配合是指在局部区域中，2～3名队员，通过运球、传球、跑位等配合，突破1～3名防守队员的方法。局部进攻配合主要有以下几种：

(1) 斜传直插二过一

当传球队员看到插上队员接近防守队员时，迅速的将球传到防守队员的身后。传球队员要掌握好传球的力量和位置，做到人到球到，尽量传地滚球，传球后，立即跟进或快速插入准备接球。同时，插上队员在持球队员控球后，要迅速地接近防守队员。在持球队员传球的一刹那，立即直线插上越过防守队员准备接球（图7-40）。

(2) 直传斜插二过一

当插上队员接近防守者时，持球队员迅速向前直线传球，掌握好传球的力量和位置，做到人到球到，传球后迅速斜线交叉跑位，准备接球。插上队员在持球队员传球前，要斜线移动接近防守队员；当持球队员传球的一刹那，迅速斜线插入到防守者的身后接球（图7-41）。

图 7-40　　　　　图 7-41

(3) 传切配合

传切配合是控球队员向防守队员身后空隙传球时，另一同队队员要越过防守队员，切入得球的行动。切入者要善于掌握时机，动作应快速突然。传球者要做到及时、准确、传球方式要准确合理。传切配合通常有两种：一传一切和长传转移切入。

①一传一切。如图7-42所示，⑧向❹身后传球，⑦快速切入得球。

②长传切入。如图7-43所示，⑧把球斜穿到❹背后，另一边的进攻队员切入得球。

图 7-42　　　　　　　　　图 7-43

2. 整体进攻战术

整体进攻战术是为完成进攻战术任务所采用的全局性的进攻配合手段。整体进攻战术依据进攻发展的场区可以分为边路进攻和中路进攻。

（1）边路进攻

边路进攻是指在对方半场两侧地区发起的进攻。边路进攻通常是围绕边锋进行的配合方法，因此边锋的速度要快，个人突破能力要强，传中技术要突出。其方法是由守转攻时，获球队员把球传给边锋或其他边路上的队员，从边路发起进攻，经过局部配合突破后，通常采用下底和回扣传中方式，把球传到中央，由其他队员包抄射门。通过各种战术配合和运球突破对方防线，创造传中或切入射门的机会。

边路进攻采用的配合方法主要有以下两种：

①如图7-44所示，③传球给⑦或⑩，⑦或⑩运球突破防守队员传中。

②如图7-45所示，⑦接⑧传球后与⑩进行二过一配合突破防守传中。

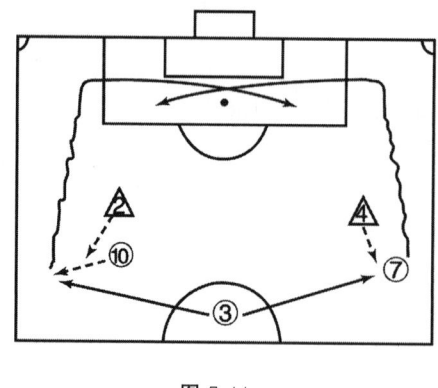

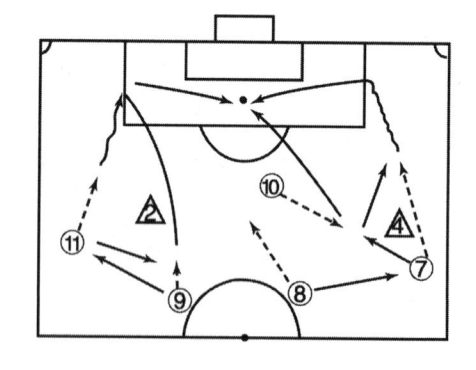

图 7-44　　　　　　　　　图 7-45

（2）中路进攻

中路进攻是在对方半场中间区域发展与结束的进攻。中路进攻时，要求边锋拉开，借以牵制对方的后卫，诱使对方中间区域出现较大的空隙，为中路进攻创造条件。前场和中场队员应机动灵活地跑位，来拉开对方的防线。进攻的推进要有层次和梯队，传球准确，技术动作要在跑动中准确简练地完成。

中路进攻一般采用的配合方法有以下两种：

①当进攻队员在中前场得球，对方守门员离球门较远时，可以立即起脚远射。

②当守方全队压上进攻，后防空虚，暴露较大空隙时。攻方一旦得球就会立即长传给突在前面的队员进行快速反击。进攻者抢得球，立即长传到防守队员背后，另一进攻者快速切入接球射门。

（二）防守战术

1. 局部防守战术

局部防守战术指两个或两个以上防守队员之间的相互配合方法，是集体防守战术的基础，其基本配合形式有保护、补位和围抢。

（1）保护

保护指给逼抢持球队员的同伴心理和行动上的支持，使其没有后顾之忧，全力以赴紧逼对手。一旦被持球队员突破，保护队员可以及时补防，堵住进攻路线或夺回控球权。如果逼抢队员夺得控球权，保护队员可及时接应发动进攻。

（2）补位

补位指防守队员弥补同伴在防守中出现漏洞时所采取的相互协助的战术配合。在比赛中，通过同伴间的相互补位，能有效地遏制和破坏对方的进攻行动，变被动为主动。

（3）围抢

围抢指两个以上的防守队员从多方位夹击对方的控球队员，将球抢夺回来或破坏掉的战术配合。一般应在边、角场区，对方身体方向和观察角度较差时或在守方门前接球、运球、射门时，坚决展开围抢封堵。

2. 整体防守战术

整体防守战术指全队所采取的防守配合。整体防守战术按照形式可分为人盯人防守、区域盯人防守和混合盯人防守。

（1）人盯人防守

人盯人防守是指一种除自由人以外，其他每个队员都有固定盯人对象的防守形式。这种打法突出的特点是在全场攻守的每一个时间和空间，让每一个进攻队员始终处于压力之中。

（2）区域盯人防守

区域盯人防守是每个防守队员占据一定的活动区域，当进攻者进入该防区时，区域防守队员要实施严密盯人，以控制进攻者在此区域的一切有效行动。

区域盯人防守战术规定了每个防守者的明确任务，但同伴间仍需相互协作，当某一区域盯人防守失败时，邻近队员要及时补位，被突破防守队员应及时地与他换位，以求整体防守的有效性。区域盯人防守要特别注意各区域间交界处的防守。因为这些交界处经常会由于防守职责不明确而给进攻者带来可乘之机。

（3）混合防守

混合防守指人盯人防守和区域盯人防守两种形式交织在一起的防守战术。其最大特点是可以根据对手的情况，灵活地将盯人防守和区域盯人防守的优点充分利用，以提高全队防守的能力。混合防守一般是选择体力好、个人作战能力强的队员以人盯人防守盯住对方的核心球员，其他队员采用区域盯人防守。

第四节 乒乓球

一、乒乓球运动概述

(一) 乒乓球运动的起源与发展

据国际乒乓球联合会（简称国际乒联）有关资料分析，乒乓球运动是由网球运动派生而来。据记载，大约在19世纪后半叶，由于受到网球运动的启示，在一些英国大学生中，流行着一种极类似现在乒乓球的室内游戏。后来，一位名叫詹姆斯·吉布的英格兰人到美国旅行时，偶然发现了一种用赛璐珞制成的空心玩具球，弹性很强。于是，他就将这种球稍加改进后，代替了软木球和橡胶球，逐步在英国和世界各地推广起来。由于拍击球和球碰桌面时发出的是"乒""乓"的声音，所以"乒乓"的名字也就由此产生了。最初乒乓球是一种宫廷游戏欧洲贵族间的一种娱乐活动，后来逐渐流入民间。

1926年1月，在德国柏林举行了一次国际乒乓球赛。在比赛同时召开的参加国代表会议上，在德国勒赫曼博士的倡议下，决定举办欧洲乒乓锦标赛（即后来的世乒赛）并建议成立国际乒乓球联合会。同年12月，国际乒联在英国伦敦正式成立，并举行了第1届世界乒乓球锦标赛。

乒乓球运动的发展可大致概括为以下几个阶段：

1. 欧洲全盛时期（1926—1951年）

乒乓球是从欧洲兴起并向世界传播的。1926—1951年共举行了18届世界乒乓球锦标赛，参赛队主要来自欧洲。在7个正式比赛项目中，先后共产生了117个冠军，除美国选手获得过8项冠军外，其余都由欧洲选手夺得。这一阶段的前期，欧洲选手主要靠稳削下旋球取胜对手，力争自己不失误，致使比赛时间打得很长。第11届世界锦标赛后，国际乒联对规则做了修改：球从软球改为硬球，球网高度由17厘米降为15.25厘米，球台由146.4厘米放宽到152.5厘米，对比赛时间也作出规定：一场比赛三局两胜的单打，不得超过1小时，五局三胜的比赛不得超过1小时45分钟，禁止发球抛球时用手旋转。规则的变化，开辟了新技术、新打法的发展道路，有力地促进了乒乓球运动的发展。

2. 日本称雄时期（1952—1959年）

1952年，在第19届世界锦标赛中，日本队利用海绵拍，采用远台长抽打法和灵活的脚步移动，一举夺得女团、男单、男双、女双4项冠军。在第21届世界乒乓球锦标赛上，日本队同时获得男女团体冠军，并于第25届世界锦标赛获得男团冠军，其间多次获得5个单项的冠军，共计24项次。这一时期日本选手利用革新的球拍，加快了进攻的节奏，打破了欧洲选手的统治地位，使乒乓球运动的优势从欧洲转到了亚洲。

3. 中国迅速崛起时期（1959—1969年）

1959年，中国运动员容国团在第25届世界乒乓球锦标赛男单比赛中，连续战胜了许多世界名将，为中国夺得了历史上第一个世界冠军。这一时期，中国队以直拍近台快攻打法开始登上世界乒坛。乒乓球运动迅速地得到普及和提高。

1961—1965年中国队又以此打法，夺得11项冠军，成为当时世界上最先进的打法，它代表了世界乒乓球技术的新潮流。其中在1965年的第28届世界乒乓球锦标赛中，中国队夺得5项冠军，4项亚军，7项第三名，在世界上引起很大震动。中国选手过了欧洲削球关，又战胜了日本远台长抽和弧圈球打法，这标志着中国近台快攻打法把世界乒乓球技术大大地向前推进了一步。据当时不完全统计，全国有9千万人参加了乒乓球运动。

4. 欧洲复兴及欧亚对抗（1971—1979年）

20世纪70年代，欧洲各国经过反复摸索，吸取了日本的弧圈球技术和中国的近台快攻打法，创造了以弧圈球为主结合快攻，及以快攻为主结合弧圈球的打法。在第31届世界乒乓球锦标赛上，瑞典、匈牙利、南斯拉夫、捷克斯洛伐克、苏联涌现出一大批富有实力的年轻选手。其中瑞典19岁的本格森连续战胜了中国队和日本队的强手，一举夺得男单冠军。在第32届世界乒乓球锦标赛上，瑞典男队打破了亚洲保持长达20年的团体冠军纪录。到了第33届，男单决赛是在约尼尔和斯蒂潘契奇之间进行的。在第35届世界乒乓球锦标赛上，匈牙利队在失去男团冠军整整27个年头之后，从中国男队手中又夺回了斯韦思林奖杯，而南斯拉夫男队在经过25年之后，重新夺得男双冠军。

20世纪70年代的5届世界乒乓球锦标赛，在总共35项冠军中，中国队获得16.5项，匈牙利和日本各获4项，瑞典队获得3项，朝鲜获2.5项。欧洲具有悠久的乒乓球运动历史，在弧圈球技术、战术方面有了很大地提高，他们把旋转和速度紧密地结合起来，旋转较强，速度较快，能拉能打，把乒乓球技术提高到了一个新的水平。欧洲乒乓球的复兴，也促进了中国、日本、朝鲜以及世界各国乒乓球技术的发展。

5. "中国打世界，世界打中国"（1980至今）

1981年中国队在第36届世界乒乓球锦标赛上囊括7项冠军和5个单项的亚军，创造了中国乒乓球历史上的一个奇迹。此后，在第37届、38届、39届世界乒乓球锦标赛上，又连续3次夺得6项世界冠军。中国队攀上世界高峰，结束了世界乒坛多国抗衡的格局，演变成"中国打世界"的局面。

1988年，乒乓球运动被列入奥运会正式比赛项目，推动了世界各国乒乓球运动的开展。欧洲乒乓职业化迅速发展，"世界打中国"现象显著。1989年，第40届世界乒乓球锦标赛上，中国男队痛失了团体、单打、双打冠军，中国男队从顶峰跌入低谷。第41、42届接连两届又失男团冠军。

在20世纪90年代初中国男队走出低谷，在第42届世界乒乓球锦标赛上，中国男双项目有所突破，获得了男双金、银、铜牌以及混双的金牌。在第43届世乒赛上，中国队夺得全部比赛的7项冠军，改变了自20世纪80年代末至90年代中期世界乒坛的实力次序。在44届世乒赛上，中国男女队再次保持荣誉，夺得6金。1999年第45届世乒赛单项比赛中，中国队又一次大获全胜，包揽了5个单项的冠亚军。2005年第48届世乒赛、2007年第49届世乒赛中国包揽全部金牌。50多年来，中国乒乓球始终处于世界不败之地，创下了世乒赛绝无仅有的纪录。

近年来，国际乒联频繁地对乒乓球运动规则进行重大改革。在第46、47届世界乒乓球锦标赛上，为使比赛回合更多，比赛更加精彩，国际乒联对规则进行了修改，乒乓球直径从38毫米改为40毫米，一局比赛21分改为11分，并且对发球进行了限制，采用无遮挡式发球，让发球更加透明。

纵观世界乒乓球运动技术与战术发展趋势，它正朝着更加积极主动、快速多变、技术全面、特长突出、无明显漏洞的方向发展。世界强队的打法是在技术全面的基础上，把速度和旋转结合的更好，"世界打中国"的局面还在继续。

（二）乒乓球运动的健身特点

乒乓球运动主要具有以下特点：

（1）器材设备简单，室内室外都可以进行，运动量可大可小，不同年龄、性别和身体条件的人都可以参加，很容易被大众所接受。长期参加乒乓球运动，不仅可以提高人体的身体，还可以改善心血管系统和呼吸系统的功能。

（2）乒乓球球小速度快，变化多，要求练习者在短时间内对瞬息万变的击球有较强反应能力和应变能力。它能提高人体神经系统的灵敏性、协调性。

（3）在竞技运动中，由于激烈的竞争，成功和失败的条件经常转换，使参赛者情绪状态得到锻炼。同时，在比赛中要对对方战术意图进行揣摩，把握自己的战术应用，因此使练习者的心理素质得到了很好的锻炼。

（4）乒乓球项目有单项、双打、团体项目。团体项目通过个体来实现，所以乒乓球项目可以培养独立思考、单独作战及集体主义的精神。

（5）通过参加乒乓球运动，可以相互交流经验，切磋球技，达到相互学习，共同提高，建立良好的人际关系的目的。

二、乒乓球运动技术学练

乒乓球是一项技能主导类的执拍隔网对抗项目，在乒乓球竞技中，技术因素占据着不可替代的主导地位。

（一）握拍与准备姿势

1. 握拍法

乒乓球握拍方法与击球动作有着密切的关系，它在相当程度上影响着每个运动员的技术特点。目前，世界上流行的握拍法主要分为直握法和横握法两大类，前者多为亚洲运动员所采用，而后者是欧洲的传统。

（1）直握法

①直拍快攻的握拍法

食指自然弯曲，食指的第二指节和拇指的第一指节分别压住球拍两肩，食指与拇指间的距离要适中。其他三指自然弯曲叠放，中指的第一指节侧面顶在球拍背面约 1/3 处。这种握拍法的手腕比较灵活，也便于利用手指来变化拍形角度，敏锐地调节用力方向和用力方法（图 7-46）。

图 7-46

②直拍弧圈的握拍法

拇指紧贴拍柄左侧，食指扣住拍柄，形成一个小环状；中指和无名指基本伸直，以第一指节托住球拍背面，小指自然地贴在无名指之下。这种握拍法将手臂、手腕和球拍几乎连成一线，类似于横拍，从而扩大了右半台的活动范围，正手拉弧圈和扣杀时易于充分发挥手臂的力量。缺点是处理快攻球、台内球、追身球及反手近台球比较困难（图 7-47）。

（2）横握法

20 世纪 70 年代以前，防守型的横拍是主流，不少削球选手都采取了深握法。近年来，随着横拍弧圈球打法、技术的发展，采用浅握法的进攻型横拍已经更为普遍。

基本握法：中指、无名指和小指自然地握住拍柄，拇指在球拍的正面轻贴于中指旁边，食指自然伸直斜贴在球拍的背面。深握时，虎口紧贴球拍；浅握时，虎口轻微贴拍（图 7-48）。

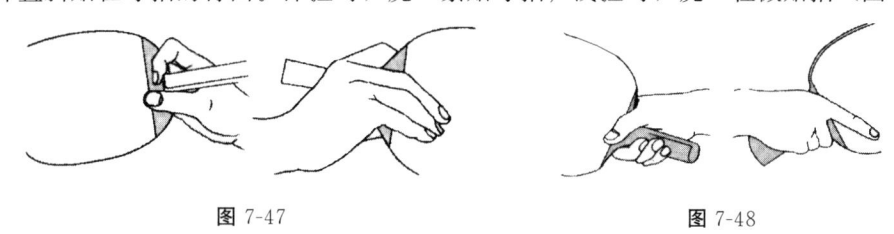

图 7-47　　　　　　　　　　　图 7-48

2. 准备姿势

准备姿势是指击球队员准备击球时或还击球时的身体各部位姿势。合理的姿势，有利于脚、脚蹬地用力和腰、躯干各部位的协调配合与迅速起动。同时，制造出最大的击球力。保持合适的击球姿势，还可提高击球的命中率。

（1）下肢

两脚左右开立，约与肩同宽。身体稍向右侧，面向球台。两膝自然弯曲稍内收并内旋；前脚掌内侧着地、提踵，重心置于两脚之间。同时，两脚不停地小幅度、小范围、小动作地交换着重心，随时准备起动，便于发挥腿部力量。

（2）躯干

稍含胸收腹，上体略前倾，下颌微收，两眼注视来球，要"收腹、提气"，便于腰髋的转动和发力。

（3）上肢

执拍手和非执拍手均应自然弯曲置于身体前侧方，保持相对的平衡状态。执拍手肩关节的三角肌放松，肘关节略外张。前臂、手腕、手指肌群放松，自然握拍，使拍面稍前倾成半横状，置于身体腹部右侧前方。

（二）步法

随着乒乓球技术水平的不断提高，步法的重要性日益突出，它既是及时准确地使用与衔接各项技术动作的枢纽，又是执行各种战术的有力保证。

1. 单步

以一脚为轴，另一脚视需要向某一方向移动，移步完成时，身体重心也随之落到移动脚上。单步通常在来球离身体不远的小范围内运用。移步要简单灵活，重心转换较平稳，各种打法都适用。

2. 跨步

以远离来球的一脚蹬地，靠近来球的脚向移动方向跨出一大步，身体重心随即落到该脚上（攻球时可落脚、击球同时进行），蹬地脚迅速跟上半步或一小步。也称换步。跨步幅度较大，常会降低身体重心，故而打借力球好、发力球差。

3. 跳步

以远离来球的一脚用力蹬地为主，使两脚同时或几乎同时离地向来球方向跳动，蹬地用力大的脚先落地，另一脚跟着落地站稳。跳步移动范围较跨步略大，但速度不如跨步。移动中常会有短暂的腾空时间，对于保持身体重心的稳定会有一定影响，通常靠膝关节和踝关节的缓冲来减少重心起伏。多用于来球距离身体较远且速度不是很快时，利于主动连续进攻。

4. 并步

并步与跳步基本相似，但不做腾空跳动。远离来球方向的一脚向来球方向迅速蹬地起动，先并一小步，同时另一脚向来球方向跨出一步。先起动的远侧脚，其移动幅度不超过另一脚。移动速度较快时，并步也可称为滑步。并步移动范围比跳步略小，但较之跳步更有利于保持身体重心的稳定。

5. 交叉步

近来球方向的脚先做一小垫步并用力蹬地起动，身体向来球方向转动，远离来球的脚越过近来球方向的脚跨一大步，两脚在身前形成交叉。远离来球的脚将落地时击球，同时上体顺势面向球台（而不要左肩对着球台），近来球方向的脚随之落在另一只脚的侧后方。交叉步移动范围大，多用于侧身攻后打右方大角度球。

步法练习时，可以个人练习，也可以与同伴一起进行练习。先进行分解、慢动作的练习，待熟练后，可加快移动速度。注意步法的协调性。

（三）发球

发球是力争主动、先发制人的第一个环节。基本发球方法主要有以下几种：

1. 平击发球

正手发球时，左脚在前，身体稍向右转。左手掌心托球，置于身体右侧，右手持拍也置于身体右侧。发球开始时，持球手将球向上抛起，同时右臂稍向后引拍，在球略高于网时，持拍手从身体右后方向前挥拍，拍形稍前倾，击球的中上部。击球后，前臂和手腕继续随势向前挥动，身体重心移至前脚。击出的球先落在本方台面，弹起后再落到对方台面。反手发球时，右脚在前，球向上抛起后，右手持拍时从身体左后方向前挥动，拍形稍前倾，击球中上部。

2. 反手发急球

反手发急球具有球速快、弧线低、前冲力大的特点。以攻为主的运动员用这种发球易发挥速度上的优势，迫使削球运动员后退接球，有利于加强攻势。发球时，右脚稍前，持拍手位于身前。在持球手将球轻轻向上抛起的同时，持拍手向左后方引拍，拍形稍前倾，用前臂和手腕发力，击球中上部，击球点应与网同高或比网稍低，第一落点靠近本台端线（图7-49）。

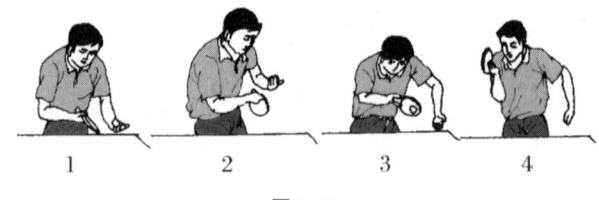

图 7-49

3. 反手发右侧上（下）旋球

发上旋球时，右脚稍前，持拍手位于身前，持球手位于身体左侧。发球时，拍与球接触的刹那间，前臂带动手腕，用力向右下方挥动，同时前臂略向内旋，拇指压拍，使拍面逐渐向左倾斜，从球的正中部向右上方摩擦，球的第一落点靠近端线约20厘米处，越网落到对方的左角（图7-50）。

反手发右侧下旋球与发上旋球动作上的区别在于触球的一刹那，拍面略微后仰，拍从球的中下部向右侧下摩擦，球从本方台面弹起后，越网落到对方左角。发左侧下旋球与发左侧上旋球动作上的区别，是手臂应从右后上方向前下挥动，使拍从球的中下部向左侧下摩擦，拍触球的刹那间，前臂略向外旋。

图 7-50

4. 发下旋短球

发下旋短球时，左脚稍前，抛球时将拍引至肩高，手腕略向外展，拍面稍后仰，球回落时，手腕和前臂迅速向前下方发力，摩擦球的中下部。拍触球时手腕的发力要大于前臂的发力，这样才能发出比较强烈的下旋球。

发转与不转球动作上的区别在于拍触球的刹那间减小拍形后仰角度，并稍加前推的力量，使作用力线接近球心，从而形成不转球。

5. 发短球

发短球主要靠手腕和前臂摩擦发力，向前的用力不要太多，可以加上回收的力量。这样就能发出旋转比较强的短球。摩擦球的部位同发侧上（下）旋和下旋长球相同，只是要求第一跳弹在本方球台中段，这样才能以短球控制对方。发短球可以牵制对方，使对方不易发力还击。

（四）接发球

接发球技术是各项基本技术的综合运用，只有比较全面地掌握各种接发球的方法，才能在比赛中减少被动，力争主动。

1. 选位

接发球时，站位的选择是否合理，主要根据是这种站位能否为本方直接进攻创造一定的有利条件，而且还要观察对方发球的站位。一般来讲，如果对方站在球台左半台，本方也应站在球台的左半台；若对方站在球台的右半台，本方也应相应调整至球台的中间偏右位置。一般站位离球台30～40厘米为宜。

2. 判断来球

正确的判断来球路线是接好发球的首要环节，判断上不出现大的偏差，才能谈得上更好地运用接发球技术。

（1）对旋转球的判断

在判断旋转性质时，可以从以下几个方面进行考虑。

①板形：一般情况下，发上旋球时，板形都比较竖，发下旋球时比较平、斜；而发侧下旋和下旋时，向中下部和底部摩擦球才可能比较转。

②动作轨迹：发上旋和不转球时，球与球拍接触的一瞬间，手腕摆动的幅度一般不是很大，并时常与假动作配合；在发侧下旋和下旋球时，手腕摆动相对大一点。

③弧线：上旋球和不转球的运行一般较快，发短球时容易出台，弧线低平；下旋球运行

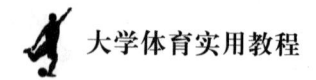

比较平稳，弧线略高，短球不容易出台。

④出手：发上旋球和不转球一般出手较快，并且突然动作模糊；下旋球的出手相对要慢一些，因为要给球以足够的摩擦时间，才能使球产生强烈的下旋效果。

（2）对长球的判断

一般情况下，发球者如果想把球发得很长，第一落点多在本方台面的端线附近。如果是发侧上、侧下旋斜线长球，要注意球的第二弧线有侧拐的特点。如果是直线长球，要特别注意平推过来，或者是略带外拐的球。

（3）对短球的判断

在接短球时，要特别注意手臂不要过早地伸入台内，以免侧上旋短球的第二弧线往前"拱"，顶在板上，使手上失去对球的控制，以及来球可能是"小三角"位置，手来不及拿下来，对不准球。

（4）对半出台球的判断

对半出台球的判断是接发球判断中难度比较大的一项技术。因为这种球往往容易造成接发球者的犹豫，使思路混乱，影响整场比赛的发挥。在判断这种球时，一是视其旋转性质而定，侧上旋和不转球比侧下旋和下旋球容易出台。二是根据发球者的特点而定，要仔细研究发球者在发半出台球时，是正手容易出台还是反手容易出台等。这样就会增加接半出台球选择手段的针对性。

（五）攻球

攻球是乒乓球比赛中争取主动和获得胜利的重要技术。它具有快速有力的特点，能体现积极主动、快速进攻的指导思想。

1. 正手攻球

（1）正手快攻

正手快攻具有站位近、动作小、球速快的特点。运用的好，能缩短对方的准备回击时间，争取主动，为进攻创造条件，也可直接得分。攻球时，左脚稍前，身体离球台约40厘米。击球前，持拍手臂要右前伸迎球，前臂自然放松，球拍呈半横状。当球从台面弹起时，前臂和手腕向前上方挥动，并配合内旋转腕的动作，使拍形前倾，在上升期击球中上部。拍触球刹那，拇指压拍，同时加快手腕内旋速度，使拍面沿球体做弧形挥动。击球后，挥拍至头部高度。

（2）正手扣杀

正手扣杀的特点是动作大、力量重、球速快，攻击性强。在还击半高球时，运用正手扣杀能充分发挥击球的力量，是得分的一种重要手段。杀球时，左脚稍前，击球前持拍手臂向右后方引拍，并稍高于台面，球拍呈半横状。当球弹起到高点时，上臂带动前臂由后向前。将触球时，前臂加速用力向左前挥击，手腕跟着转动，在高点期前后击球中上部，拍形稍前倾。球拍触球的刹那间，整个手臂的力量应发挥到最大限度，同时腰部配合向左转动，触球点一般在胸前50厘米左右。击球后，要随势将拍挥至左胸前，上体左转，重心由后脚移至前脚。

（3）正手拉攻

其特点是站位稍远，动作较慢，由下向上挥击，球速不很快，靠主动发力击球。它是还击下旋球的有效方法，攻削球时能为扣杀创造条件。攻球时，左脚稍前，身体离球台约60厘米。击球前，持拍手臂向右后下方引拍，球拍比半横状略下垂些，拍形稍后仰。当球从高点开始下降时，上臂由后向前上方挥动，在将触球前，前臂加速用力向左上提拉，同时配合手腕动作向上摩擦球，在下降期击球中部或中下部，拍形接近垂直。遇来球低或下旋较强时，腰部应配合向上用力。击球后，要随势将球拍挥至额前，重心移至左脚。

2. 反手攻球

（1）反手快攻

反手快攻有站位近，动作小，球速快的特点。如果与正手攻球配合得好，可以充分发挥近台快攻的作用。右脚稍前，身体离球台约 40 厘米。持拍手臂自然弯曲，将球拍移至腹前偏左的位置。击球时，前臂和手腕向右前上方挥动，同时配合外旋转腕动作，使拍形前倾，在上升期击球中上部。击球后，随势将球拍挥至右肩前。

（2）反手远攻

其特点是站位远、动作大、力量较重，主动发力击球。在对攻中可以发挥较重的击球力量，配合落点能争取主动或直接得分。攻球时，右脚稍前，身体离球台 1 米以外。击球前，持拍手的上臂和肘关节靠近身体，前臂向左下方移动，将球拍移至腹前偏左的位置，拍形稍后仰。击球时，手臂由后向前挥动，前臂在上臂带动下，向前上方用力，同时配合向外转腕动作，在下降期击球中下部。击球后，大臂随势前送，肘关节离开身体，将球拍挥至头部高度，身体重心移向右脚。

（3）反手拉攻

其特点是站位稍远，动作较大，靠主动发力击球，是还击左方来的下旋球的一种方法。对搓球或攻削球，运用它能争取主动或直接得分。攻球时，右脚稍前，身体离球台约 60 厘米。击球前，持拍手臂的上臂靠近身体，前臂向左下方移动，将球拍移至腹前偏左的位置，球拍略下垂并稍低于台面，拍形稍后仰。击球时，上臂稍向前，同时配合向外转腕动作，前臂向右前上方迅速挥动，在下降期击球中部或中下部，腰部应辅助用力。击球后，随势将球拍挥至额前，身体重心移至右脚。

（4）反手扣杀

其特点是动作大、力量重、球速快、攻击性强，是还击半高球的一种方法。

右脚稍前，上体向左转动，持拍手向左后方引拍，并略高于来球。击球时，肘略向前，上臂带动前臂用力向右前挥击，同时配合向外转腕动作，使拍形前倾，在高点期前后击球中上部，腰部应配合由左向右转动。击球后，随势将球拍挥至右前方，身体重心移至右脚。

（六）搓球

搓球是近台还击下旋球的一种基本技术，是类似削球的动作，回击对方发出来或削过来的下旋球，亦称"小削板"。常用于接发球或过渡球，为进攻创造机会。

1. 慢搓

其特点是动作较大、速度较慢，主动发力回击，因此有利于增强回球的下旋强度。是学习其他搓球技术的基础。反手慢搓的站位是右脚稍前，身体离球台约 50 厘米，持拍手臂向左上引拍。击球时，前臂和手腕向前下方用力，同时配合内旋转腕的动作，拍形后仰，在下降后期搓击球中下部。击球后，前臂随势前送。

2. 快搓

其特点是动作幅度较小，回球速度较快，能借助来球的前进力去回击。它是对付削球和搓球的一种方法。右脚稍前，身体靠近球台。来球在身体左侧时，可运用反手搓球。击球时，上臂迅速前伸，前臂跟随向前，拍形稍后仰，利用上臂前送力量，在上升期击球中下部。来球在身体右侧，可以运用正手搓球。搓球时，身体稍向右转，手臂向右前上引拍，然后前臂和手腕向前下方用力，在上升期击球中下部。

（七）弧圈球

弧圈球是一种将力量、速度和旋转结合为一体的进攻性技术，是比赛中的主要得分手段。弧圈球技术可分为正手弧圈球技术和反手弧圈球技术。

1. 正手高吊弧圈球

两脚开立，右脚稍后，身体略向右转，两膝微屈，重心放在右脚上。准备击球时，持拍手臂自然下垂，并向后下方引拍，右肩略低于左肩，拇指压拍使拍形略为前倾，呈半横立状，并使拍形固定。当来球从台面弹起时，手臂向前上方挥动，前臂在上臂带动下爆发性用力做快收动作。将触球时，手腕向前上方加力，在球下降期用拍摩擦球的中上部。球拍擦击球时，要注意配合腰部向左上方转动和右腿蹬地的力量。击球后，重心移至左脚。

2. 正手前冲弧圈球

两脚开立，右脚稍后，身体略向右转，重心放在右脚上，将球拍自然地拉至身后（约与台面同高），拍形保持前倾，与地面成 $35°\sim40°$ 夹角。当球从台面弹起还未达到高点时，腰部向左转动，手臂向前上方挥出，前臂在上臂的带动下，迅速内收，手腕略为转动，在高点期或下降期前用拍擦击球的中上部，使之成较低的弧线落在对方的台面上。击球后，重心移至左脚。

3. 反手弧圈球

多为横拍运动员所采用。由于受到身体的阻挡，手臂力量的发挥受到限制。相对来说，没有正手弧圈球威力大，一般结合正手扣杀，寻找机会，有时也可以直接得分。击球时，两脚平行或左脚稍后站立，两膝微屈，重心较低。击球前，将球拍引至腹部下方，腹部略内收，肘部略向前，手腕下垂，拍形前倾。当球从球台弹起时，以肘关节为轴，前臂迅速向上挥动，结合手腕向上转动的力量，在下降期用拍擦击球的中部或中上部。在击球过程中，两腿向上蹬伸。

（八）削球技术

1. 远削

远削的特点是动作较大、球速较慢、弧线长、击球点低，以旋转变化为主，配合落点变化。主要用于在远台回接旋转强烈的弧圈球。

(1) 正手远削

两脚分开，右脚稍后，身体略向右转，手臂向右后上方移动，前臂提起，球拍上举。当来球跳至下降后期，随着身体的向左转动，上臂带动前臂同时向左前下方用力，拍面后仰，触球中下部，手腕有摩擦球的动作。

(2) 反手远削

基本同正手削球，但方向相反。反手削球因受身体的限制，引拍动作要有节奏。

2. 近削

近削站位较近、动作较小、击球点高、回球速度快、配合落点变化可调动对方，伺机反攻或直接得分。主要在对手拉球旋转不强或攻球力量不大时使用。

(1) 正手近削

动作与远削有相同处。与远削动作不同之处是以向上引拍为主，拍形近似垂直或稍稍后仰，整个动作以向下为主，略带向前向左，在来球的上升后期或高点期触球的中下部（比远削偏中部），动作速度比远削要快。

(2) 反手近削

与正手近削相同，但方向相反。引拍动作应适当加快，否则有来不及的感觉。

3. 削加转弧圈球

削加转弧圈球具有击球点低，动作幅度大，飞行弧线长，旋转变化多等特点。它是削球打法抵御加转弧圈球进攻的一项重要技术。

(1) 正手削加转弧圈球

左脚稍前，站位离台 1 米以外，身体略向右转，重心在右脚上。手臂自然弯曲，将球拍引至身体的右后上方，引拍幅度较大。击球时，拍面稍竖立，在来球的下降后期以上臂带动前臂向前下方发力，先压后削冉送，击球的中部或中部偏下位置，身体重心移至左脚。击球后，手臂继续向前上方随势挥拍，然后迅速还原成准备姿势。

(2) 反手削加转弧圈球

右脚稍前，站位离台 1 米以外，身体略向左转，重心在左脚上。手臂自然弯曲贴近身体，前臂向左后上方引拍，拍面稍竖立。击球时，在来球的下降后期以上臂带动前臂向前下方摩擦，击球的中部或中部偏下位置，身体重心移至有脚。击球后，手臂继续向前下方随势挥拍，然后迅速还原成准备姿势。

三、乒乓球运动战术学练

乒乓球运动的战术是指乒乓球运动员在比赛中根据对方的类型打法及技术特点，而采用各种技术的原则和方法；从广义上讲，则是指乒乓球运动员为争取比赛胜利，综合运用技术、心理和身体素质的方法。

(一) 发球抢攻战术

发球抢攻是一种争取主动、先发制人的战术，是一种重要的得分手段。此种战术运动得当，常常可以扰乱对方的整个战术部署，照成对方的紧张和慌乱。下面介绍几种发球抢攻战术方法。

1. 侧上、侧下旋球结合落点变化进行抢攻

(1) 左长右短

以发侧下旋短球为主，结合侧上旋至对方右侧近网处，迫使对方难以抢攻，从而为自己抢攻或抢拉制造机会。在此基础下，突然发出角度大的长球（以急下旋为主）至对方左侧台区，使对方难以发力，难以拉或攻，为自己侧身或正手位抢攻创造条件（图 7-51）。

(2) 右长左短

这种发球抢攻战术与前面的左长右短相反。运用得当，往往会取得很好的结果（图 7-52）。

(3) 同线长短

在对付横拍削球手时采用同线长短的发球抢攻战术比较多。其中比较有效的是中长、中短。因为横拍削球选手回接中路近网短球或中路追身长球时难以旋转变化，往往回球质量不高，陷入被动。对付横拍两面攻和两面拉的选手时这种战术也是很有效的（图 7-53）。

2. 急球与侧上、侧下旋转球相结合进行抢攻

(1) 急球与上、下旋转球相结合

发急球或急下旋转与侧上、侧下旋转短球相结合，以发急球为主配合短球（图 7-54）。

(2) 上、下旋球与急球结合发不同落点

发侧上或侧下旋球与急球结合至不同落点，以发侧上或侧下旋球为主配合发右角急球，正手发奔球到右角，配合发急球到左角。

(3) 转与不转急球配合至不同落点

发转与不转短球至对方右、中路为主。配合发长球至对方左路，以伺机抢攻。

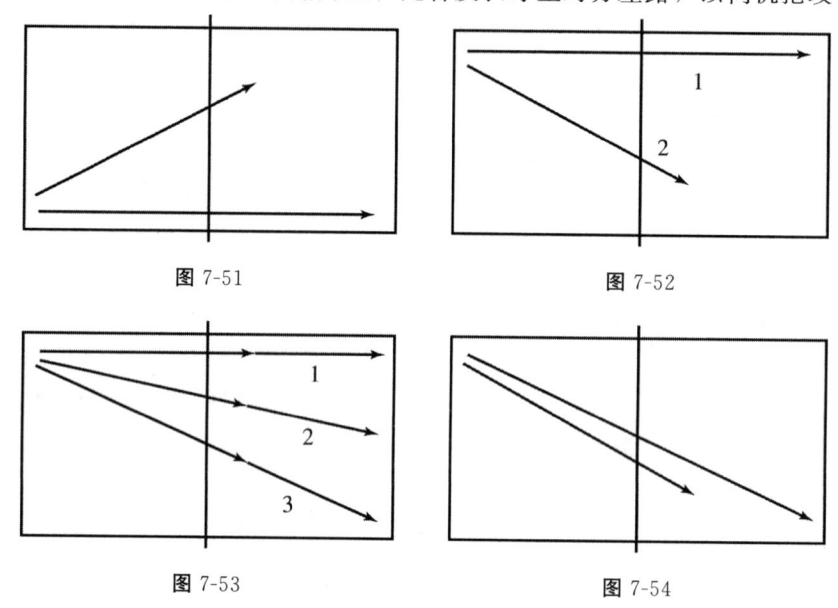

图 7-51　　　　　　　　　图 7-52

图 7-53　　　　　　　　　图 7-54

(二) 对攻战术

该战术主要适用于快攻类和弧圈类打法的运动员，快攻类打法依靠正、反手攻球和反手推挡、快拨等技术，充分发挥速度的优势，调动压制对方以达到攻击的目的。下面介绍几种常用对攻战术方法。

1. 攻两角战术

(1) 对角攻击

紧压对方反手一侧的角，不给对方进攻机会，结合突然的大角度变线，再攻另一角（图7-55）。

(2) 双边直线

先攻直线一角，再以直线攻另一角（图7-56）。

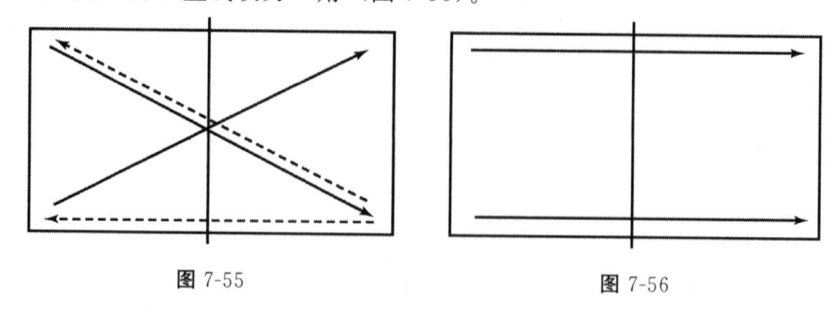

图 7-55　　　　　　　　　图 7-56

(3) 逢斜变直和逢直变斜

这是大角度变换，袭击对方空当的一种战术。无论是斜线变直线，还是直线变斜线，回球的落点都在球台的角上。

164

2. 攻追身战术

（1）攻追身杀两角

先攻对方中路追身，再扣杀左角或右角。

（2）攻两角杀中路

先攻对方左、右两大角，再伺机扣杀中路。

（3）攻追身追身

可连续攻追身，再连续攻中路，伺机发力，扣杀中路或两大角（图 7-57）。

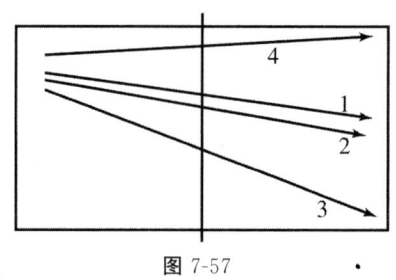

图 7-57

（三）拉攻战术

拉攻是利用球的旋转和落点的变化创造机会，进行突击（扣杀和抢冲），从而达到控制对方，争取主动的一种重要手段。拉攻战术是对付削球类打法的主要战术。常用的拉攻战术有以下几种：

1. 拉左杀右或拉右杀左

此战术是拉对方一边杀另一边。一般先拉削球旋转变化不强或攻势较弱的一边，出现机会后杀另一边。

2. 拉中路杀两角或拉两角杀中路

拉中路杀两角，是从中路寻找机会，然后杀两角得分；拉两角杀中路，是先从两角找机会，然后突击中路得分。

3. 拉直杀斜或拉斜杀直

相比较而言，拉斜杀直时拉球比较保险、稳健，杀直线虽威胁大但技术难度也较大；拉直杀斜时拉球难度稍大，但杀斜线的难度降低，命中率高。因此，这两个战术的使用，还需根据对手和比赛场上的情况而定。

4. 变化拉球的旋转和长短落点，伺机突击

在拉球中拉出真（强烈上旋）、假（不转）及侧旋弧圈，用旋转的变化来增加对方削球的难度；也可用托球长短落点的变化来创造机会，即先拉长球至对方端线处，迫使对方后退削，再突然拉一板中路偏右的短球；或先拉刚出台的轻球，再发力拉靠近端线的长球，从中伺机突击。

（四）搓攻战术

搓攻战术是进攻型打法的辅助战术之一，也是削球打法相互对垒时的主要战术之一。此战术是利用搓球的旋转、落点的变化，为进攻创造条件，但在对进攻型打法时，搓球的板数不宜过多。常用的搓攻战术有以下几种：

1. 搓对方反手大角，再变直线，伺机反攻

用于对付反手攻击力不强的选手，先搓对方的反手位大角，待其准备侧身或已将注意力放到了反手时，则变其正手，伺机反攻。此战术运用时需注意：搓反手时角度要大，边线的动作尽量隐蔽，弧线要低，落点尽量靠近边线。

2. 搓球转快攻

此战术可分为以下几种情况：对搓中先拉一板弧圈或小上旋，迫使对方打快攻；搓中突击；搓球至对方进攻质量不高的一边，让其先把球拉起来，自己则准备反攻。

第五节　羽毛球

一、羽毛球运动概述

（一）羽毛球运动的起源与发展

羽毛球是一项隔着球网，使用长柄网状球拍击打扎有一圈羽毛的半球状软木的球类运动项目。相较于网球运动，羽毛球运动对选手的身体素质要求并不很高，却比较讲究耐力，是一种适宜于东方人从事的体育活动。

大约在 18 世纪时，印度浦那城出现了一种与早年日本的羽毛球运动极相像的游戏。它的"羽毛球"是以绒线编织而成，中间插羽毛，人们手持木拍，隔网将球在空中来回对击。19 世纪 60 年代，一批退役的英国军官把这种浦那游戏带回英国，并不断改进、研制出羽毛、软木做成的球和穿弦的球拍，逐步使它演变成一项竞技运动。1873 年，英国公爵鲍费特在格拉斯哥郡伯明顿镇的庄园里宴请宾客，恰逢下雨，客人只好聚在客厅里。当时有位从印度退役的军官，将浦那游戏介绍给大家，并在大厅里活动起来。这项活动由于极富趣味性，因此迅速风行于英国，人们便把此项活动以"伯明顿"命名。

1877 年，英国制订第一本羽毛球比赛规则，其中一些内容在今天的羽毛球规则中仍保留使用。1893 年，英国成立了世界上最早的羽毛球协会。1899 年，该协会举办了第 1 届全英羽毛球锦标赛，以后每年 3 月份的最后一周都要在伦敦温布利体育中心进行比赛。

现代羽毛球运动在英国诞生以后，很快流行开来，并迅速从不列颠诸岛流传到英联邦各国和斯堪的纳维亚半岛，随后又流传到美洲、亚洲、大洋洲各地，最后传到非洲，至今已成为全世界盛行的体育项目。

随着世界上开展这项运动的国家越来越多，1934 年，英国、法国、加拿大、丹麦、新西兰、荷兰、爱尔兰、苏格兰、威尔士等国家和地区联合成立了国际羽毛球联合会，总部设在伦敦。1939 年国际羽毛球联合会通过了各会员国共同遵守的《羽毛球竞赛规则》。

（二）羽毛球运动的健身特点

羽毛球是一项有广泛群众基础、深受大众喜爱的休闲性体育运动。它作为一种非正式比赛的体育活动，可以不受场地条件的限制，只要有两个人、两把球拍、一个球和一定的空间就能进行。羽毛球运动适合于男女老幼，运动量可根据个人年龄、体质、运动水平和场地环境的特点而定。青少年可作为促进生长发育、提高身体机能的有效手段进行锻炼，老年人和体弱者可作为保健康复的方法进行锻炼，少年儿童可作为活动性游戏来进行锻炼。

羽毛球运动是一种全身性运动项目，无论是进行有规则的羽毛球比赛还是作为一般性的健身活动，都要在场地上不停地进行脚步移动、跳跃、转体、挥拍，合理地运用各种击球技术和步法将球在场上往返对击，从而增大了上肢、下肢和腰部肌肉的力量，加快了锻炼者全身的血液循环，增强和心血管系统和呼吸系统的功能。长期进行羽毛球锻炼，可使心跳强而有力，肺活量加大，耐久力提高。而且，羽毛球运动要求练习者在短时间对瞬息万变的球路作出判断，果断地进行反击，因此，它能提高人体神经系统的灵敏性和协调性。

此外，羽毛球运动既可单兵作战（两人对练），又可集体会战（双打练习或三人对三人对练）。单人对练时，练习者可以随心所欲地打出任何弧线、远度、力量、速度等任何落点的球；集体会战则可以使练习者养成协调配合的习惯，培养集体主义精神。

二、羽毛球运动技术学练

羽毛球的基本技术有握拍、发球、接发球、击球和步法。

(一) 握拍

握拍是指运动员手握球拍柄的方法。握拍是羽毛球运动最基本、最重要的技术，是掌握和提高羽毛球技术水平的关键。握拍法分为正手握拍和反手握拍两种方法。

1. 正手握拍法

握拍时先用左手拿住球拍杆，使拍面与地面垂直，然后张开右手，使虎口对着拍柄内侧小棱边，拇指和食指贴在拍柄的两个宽面上，食指和中指稍分开，中指、无名指和小指并拢握住拍柄。握拍时掌心稍空出（图 7-58）。

2. 反手握拍法

(1) 现代法

将大拇指第一指节内侧自然贴在拍柄的窄棱面上，握拍手心与拍柄保持一定间隙。这种握拍法能充分发挥各手指的力量和灵活性，击球时技术动作小，爆发力强，球速加快，同时能运用手指力量来控制球，使球的落点更佳。反手发球、身体左侧的击肩下球和肩上球等一般采用反手握拍法（图 7-59）。

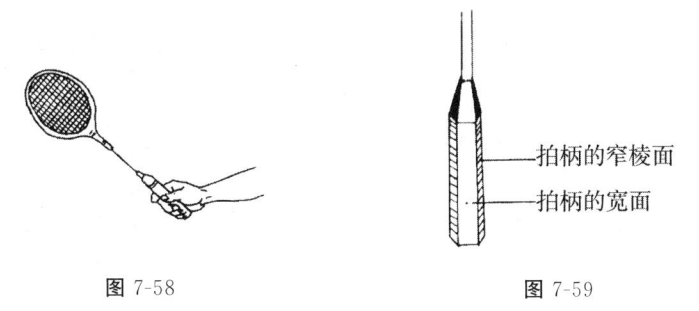

图 7-58

图 7-59

(2) 传统法

在正手握拍的基础上，用大拇指和食指将拍柄稍向外转，将大拇指伸直用其第一指节内侧自然顶贴在拍柄内侧的宽面上，食指收回，与拇指同（或略）高，四指并拢握住拍柄。手心与拍柄之间留出空隙，有利于击球发力。

(二) 发球

发球是组织进攻的第一步，依据发球的姿势，发球分为正手发球和反手发球。一般情况下，单打多采用正手发球，而双打常用反手发球。就球飞行的角度和距离而言，可将发球分为后场高远球、后场平高球、后场平快球和网前球四种。

1. 正手发球

运动员两脚前后站立与肩同宽，身体左肩侧对球网，左脚在前，右脚在后，重心在右脚上，眼睛注视对方。右手持拍向右后侧自然举起，肘部放松微屈，左手拇指、食指和中指夹住球，举在胸腹间。发球时，身体重心由右脚移至左脚。此发球站位和准备姿势适用于各种正手发球动作。正手发球一般用于单打比赛中的发高远球、平高球、平快球，同时也可用于发网前短球。

(1) 正手发后场高远球

发球时，左手持球，自然弯曲置于胸前，右手持拍向右后上方摆起，身体重心前移，右脚跟提起，身体放松。左手放球使其下落，在右臂向前上方挥动的同时，右脚蹬地，腰腹向正前方转动。使下落的球与拍面在身体右侧前下方的交叉点碰触，球触拍面的中上部。击球瞬间，握紧球拍，闪动手腕，向前上方鞭打击球，在击球的同时，手臂随击球后的惯性自然往左肩上方挥起，身体重心也由右脚移至左脚。击球后，重心下沉，微屈双膝，随时准备回击对方的来球（图 7-60）。

图 7-60

（2）正手发后场平高球

正手发后场平高球是用正手握拍，以正拍面击出飞行弧度较发后场高远球低的一种发球。发球时，站位与准备姿势以及引拍时的轨迹都与发高远球基本相同，只是在发平高球的瞬间前臂加速带动手腕发力，拍面稍向前上方推进，动作幅度小于发高远球。发球后，应迅速准备回击。

（3）正手发后场平快球

正手发后场平快球是用正手握拍，以正拍面击出飞行弧度较正手后场平高球还要低的一种发球。这种球具有球速快、突击性强的特点。发球时，站位稍靠后些（以防对手迅速回球到本方后场），击球时要充分利用前臂带动手腕的爆发力快速向前方击球，使球从对方肩稍高处越过，迅速插入对方反手后场或空当处。击球后，收拍到胸前，回动至中心位置。

（4）正手发网前球

正手握拍，以正拍面击球，使球轻轻擦网而过，落在对方前发球线附近。正手发网前球时，站位稍靠前。握拍尽量放松，上臂动作要小，重心在左脚上，右脚跟提起。击球时，由前臂带动手腕使拍面从右向左斜切击球，控制用力，使球刚好贴网而过，落在对方前发球线附近。击球后，还原成准备姿势。

2. 反手发球

反手发球主要靠挥动前臂和伸腕闪动发力，其特点是动作小、出球快、动作一致性好、对方不易判断。可以发除高远球之外的其他各种飞行弧线的球，主要用于双打比赛中。发球时，运动员两脚前后站立，左脚在前，右脚在后，上体稍前倾，重心在前脚。右手反手握拍将球拍摆在左腰侧前，肘部微屈稍抬高，拍框朝下，拍面稍后仰，握拍手自然放松，左手持球于腹前腰下处。

（1）反手发平球

发球时，球拍的挥动方向与反手发网前球一样，只要在击球的瞬间，手腕抖动，突然发力，拍面要有"反压"动作。

（2）反手发网前球

发球时，前臂带动手腕发力，球拍由后向前推送，拍面呈切削式击球，使球过网后急速下落在对方场区的前发球线附近（图 7-61）。

图 7-61

(三) 接发球

接发球是指还击对方发过来的球,它和发球一样,是羽毛球运动最基本的技术。

1. 站位

接发球站位应距前发球线约 1.5 米。在左发球区接发球,一般选择有效发球区域中心位置站位,能照顾到前后左右发来的各种落点球;在右发球区接发球,选择有效发球区域中心稍靠近中线的位置站位。

2. 准备姿势

左脚在前,全脚掌着地。右脚在后,前脚掌触地。双膝稍微弯曲,身体重心在左脚上。右手持拍自然举放在胸前,左手自然屈肘于左侧,保持身体平衡,两眼注视前方,判断对方的发球方向,准备接发球(图 7-62)。

图 7-62

3. 接球

在接球时,首先要提高后场击球能力。在比赛中,当对方发平快球时,可采用平高球、平推球、劈吊、劈杀还击,以快制快,掌握主动;也可用高远球还击,充分做好再次还击的准备;对方发网前球时,可用平高球、挑高球、放网前球、平推球还击,有机会还可以用扑球还击。

接发球时,球路与变化直接关系到接发球技、战术的运用。发球抢攻是最常用的战术,要及早发现对方的意图,避强就弱,准确及时地应用放网和平推球还击,落点尽量远离对方的站位,限制对方进攻。遇到对方连续发球抢攻时,接发球一定要沉着、冷静,控制住球,尽可能减少让对方抢攻的机会。

(四) 击球

击球技术主要分为后场击球技术、中场击球技术和前场击球技术。

1. 后场击球技术

在羽毛球比赛中，后场区域是双方必争之地，后场击球技术在整个羽毛球技术中是极为重要的部分。后场击球技术包括击高球、吊球和杀球。

（1）击高远球

后场高远球是将对方击至本方后场端线附近的球回击得又高又远，落至对方端线附近的一种球。它包括后场正手、头顶和反手三种击法。

①正手击高远球

准确地判断来球的方向和落点，迅速移动到位，使下落的球处于右肩的前上方，同时，侧身左肩对网，重心在右脚上，右臂屈肘自然举拍于右肩上方，左手自然高举，眼睛看球，待球下落到合理的击球高度时，右脚蹬地转髋，同时右臂以肩关节为轴，向前转动成肘关节朝前并高于肩部，拍头向下。球拍贴背与地面垂直，放松握拍。然后在蹬地、转体收腹的协调用力下，上臂带动前臂向前上方甩腕，在手臂伸直的最高点上击球，击球时重心向上。击球后，手臂顺惯性将球拍挥至腋下并收拍至体前。同时重心顺势向前，右脚自然向前跨出成准备姿势（图7-63）。

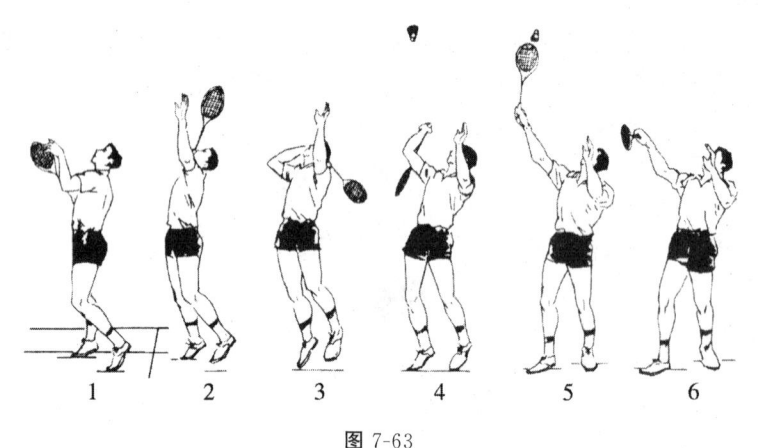

图 7-63

②反手击高远球

当球飞向左场区的底线附近，击球者用正手击球无法移动到位时则采用反手击高远球。判断来球的方向和落点，迅速移动到位，右脚前交叉跨到左侧底线附近，背对网，重心移至右脚上，使球处于右肩的前上方。肘部上抬略高于肩，拍面朝上。击球时，以肘关节为支点，前臂带动手腕，通过手腕的抖动和拇指的侧压，自下而上甩臂将球击出。同时左脚支撑右脚蹬跨回收，使整个击球动作协调而又自然反弹。击球后，顺势转体面向球网，迅速返回中心位置，准备还击（图7-64）。

③头顶击高远球

头顶高远球的动作要领与正手高远球基本相同，只是击球点偏左肩上方或偏左后的位置。击球前，身体侧身向左倾斜稍后仰，球拍绕过头顶后，从左上方向前加速摆动。击球时，前臂内旋带动手腕突然发力形成鞭打将球出击。落地时，左腿向左后方摆动，顺着惯性向中心位置回动。

图 7-64

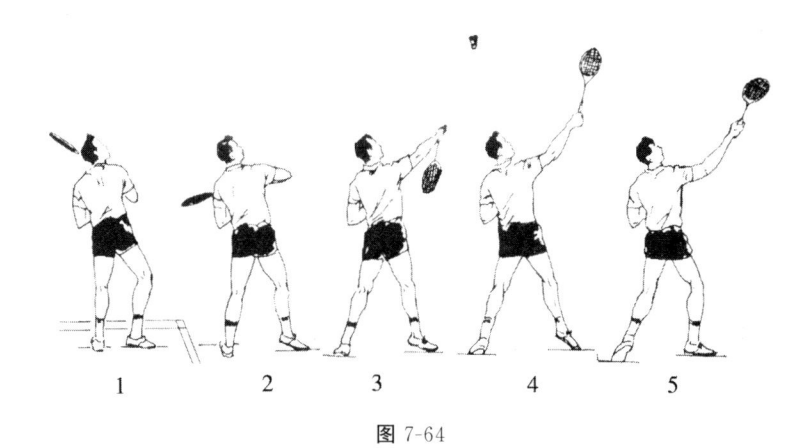

（2）击平高球

后场平高球具有速度快、击球动作突然性强的特点，如能适当运用，可达到控制对方后场、使其被动、为自己创造进攻机会的目的。后场击平高球有正手、头顶和反手三种击球法。其动作要领与后场正手、头顶和反手击高远球技术的动作要领基本相同，不同之处是引拍、击球动作较高远球小而快，击球的瞬间应运用前臂内旋带动手腕的充分闪动，快速发力以比击高远球仰角稍小一些的正拍面将球击出。要求发力击球的时间更短，爆发力更强，突然性更大。

（3）吊球

吊球是从后场将球回击到对方网前区域（前发球线附近与球网之间）紧靠边线两角的近网小球，球的飞行弧度以球过网后迅速下落为宜。吊球有正手、头顶和反手三种击法。

①正手击吊球

击球准备动作同正手击高远球。只是击球时拍面稍向内倾斜，手腕做快速切削下压动作，击球托的后部和侧后部。若吊斜线球时，则球拍切削球托右侧并向左下方发力；若吊直线球，则拍面正对前方向下方切削。

②头顶击吊球

头顶击吊球准备与头顶击高远球相同。只是击球时，击球点要稍靠前些。头顶吊直线球时，击球的瞬间前臂突然往前下方挥拍，球拍击球托的正中部位，使球朝直线方向飞行过网后即下落，头顶吊斜线球时，击球瞬间，前臂突然反腕往前下方挥拍，以斜拍面击球托左侧部位，使球向对角方向飞行过网后即下落。

③反手吊球

反手击吊球准备与反手击高球相同，只是击球时，握拍的方法、拍面的掌握和力量的运用有所区别。吊直线球时，用球拍反面切削球托的后中部将球击出，落点在对方右场区前发球线附近，吊斜线球时，用球拍反面切削球托的左侧部将球击出，落点在对方左场区前发球线附近。

（4）杀球

杀球是在中后场争取尽量高的击球点，并全力将球由高点向下往对方中后场区扣压下去的一种击球技术。杀球时，击球力量大、速度快，是比赛中得分的重要手段。

①后场正手杀球

准备姿势与正手击高远球基本相同，不同的是击球点的位置和最后用力的方向。首先移动到位，侧身屈膝重心下降，准备起跳。起跳时，右肩上提，球拍上举，起跳后，右上臂经右后上摆，身体后仰成反弓形在空中收腹用力，前臂全速往前上挥动，手腕充分后伸。击球时，前臂内旋，手腕快速闪动发力杀球。击球后，迅速回收球拍向中心位置回动（图7-65）。

图 7-65

②后场头顶杀球

其动作与头顶击高远球基本相同，只是头顶杀球起跳步子更大些，起跳后身体后仰的幅度也更大些。击球时，要集中全力向直线或对角方向下压。为了在空中保持身体的平衡，两腿在空中分开得也较大。击球后，顺着惯性回到中心位置。

③后场反手杀球

反手杀球动作方法与反手击高远球基本相同，只是反手杀球在击球前的挥拍用力更大。击球瞬间握紧拍子快速外旋和后伸，击球托之后部，线路是直线向下。

2. 中场击球技术

中场击球技术主要有以下几种：

（1）抽球

抽球是指把对方击来的低于肩高的球回击到对方底线场区的击球方法。抽球击球点低，其用力特点是以躯干为竖轴做半圆式的拍击球动作。抽球有正手、反手、半蹲抽平球和正、反手抽底线球等。

①正手抽平球

右脚向右侧迈出一小步，上体稍向右侧倾，正手握拍，手臂向右侧上摆，屈肘，左脚跟提起。准备击球时，前臂稍后摆带有外旋，手腕由稍外展至后伸，使球拍引至后下方。击球时，前臂急速向右侧前方挥动，并由外旋转为内旋，手腕由后伸至伸直闪腕，手指握紧拍柄高速挥拍击球，由后向右侧稍平地抽压过去。击球后，持拍手顺势向左侧挥摆，左脚向左前方迈一步，准备迎击来球（图7-66）。

图 7-66

②反手抽平球

右脚向左前跨一步，上体左转，右手反手握拍向左身前收，屈肘并稍上抬，前臂内旋手腕外展，球拍引向左侧。击球时前臂在向前挥拍的同时外旋，手腕由外展到伸直闪腕，手指握紧拍柄，拇指前顶，迎球挥拍，击球托的底部。击球后球拍顺势盖过去，并随身体的回动收回到右侧前。

③半蹲抽平球

准确判断来球，迅速取半蹲姿势举拍于正面（或右侧或头顶）位置。击球时，主要靠前臂带动手腕、手指快速向前闪动挥拍击球。击球瞬间，拍面是正面触球或是反压触球。反压触球的优点是球越过球网后向前下方疾飞。

④正手抽底线球

准确判断来球，快速移动步法，左脚蹬地，右脚向正手底角跨出，侧身向网，上体向右后倒，重心在右脚。正手握拍，手臂向右举拍，大臂与小臂约成120°角。准备击球时，前臂外旋伸腕，球拍后引，拍面稍后仰。击球时，主要靠前臂带动手腕、手指"抽鞭"式向前挥拍，前臂由外旋到内旋，腕部由伸到屈闪动击球。向前上方用力击球成高远球，向前方用力击球则成平球。

⑤反手抽底线球

准确判断来球，快速移动步法，左脚蹬地，右脚向反手底角跨出，上体前倾背对网，重心在右脚。反手握拍将球拍举于左肩上方。击球时，上臂带动前臂、手腕和手指沿水平方向快速向后挥拍，手臂基本伸直时，前臂外旋，手腕后伸用力"闪"动击球。向后上方用力击球成高远球，向后方用力击球则成平球。

（2）半蹲快打

半蹲快打是在中场区稍上至略高于头部的来球时采用半蹲姿势，将球平反击。半蹲快打技术主要表现出凶狠、快速、紧逼对方、主动进攻的特点，多用于双打比赛中。击球时，两脚平行站立或右脚稍前站立于中场，成半蹲姿势，右手持拍上举，击球时前臂向前带动手腕抖动爆发式力量击球，拍面稍下压。并要随时跟进争取在身前较高部位将球平击入对方场区。击球托的后部，击球后，随惯性回收成准备姿势。

（3）挑高球

挑高球是指把对方击来的吊球或网前球自下而上地挑高，回击到对方后场底线上空的击球方法。挑高球的飞行弧度较高，下落时间较长，它可使挑球者摆脱不利情况，争取时间重新调整好身体重心并迅速回中心位置迎击来球。挑高球有正手和反手挑球两种。

①正手挑高球

判断来球，快速上网，左脚积极蹬地，右脚跨步向前成弓箭步，侧身对网，重心在右脚。正手握拍，手臂自然向右前方伸出，前臂外旋伸腕。击球时，以肘关节为轴，前臂带动手腕、手指由右下方向前上方或左上方挥拍击球（挑直线高球时，则球拍向前上方挥动击球；挑对角线高球时，则球拍向左前上方挥动把球击出）。

②反手挑高球

判断来球，快速上网，左脚积极蹬地，右脚跨步向前成弓箭步，侧身对网，重心在右脚。反手握拍，手臂向左前方伸出，前臂内旋屈肘、屈腕。击球时，以肘关节为轴，前臂带动手腕、手指由左下方向前上方挥动把球击出。

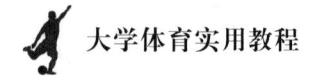

（4）接杀球

接杀球是指把对方杀过来的球还击到对方场区内的击球技术。接杀球是防守的主要技术之一。接杀球可分为挡网前球、挑后场高球和平抽反击球三种。

①挡网前球

挡网前球是指把对方杀来的球，借用来球力量及手腕、手指力量，反弹式地把球回击到对方网前场区内的击球方法。挡网前球有正手、反手挡网前球。

②挑后场高球

挑后场高球是指把对方杀过来的球，利用前臂、手腕和手指的力量，挑高回击到对方后场底线去的击球方法。挑后场高球有正手、反手接杀挑球。

③平抽反击球

平抽反击球是指运动员把对方击来的离身体较远的平球反击到对方后场去。平抽反击有正手、反手平抽反击球两种。

3. 前场击球技术

在羽毛球比赛中，熟练的网前技术可使本方从被动转为主动，并有利于控制和调动对方。前场技术包括网前的放、搓、推、勾、扑、挑球等。

（1）放网前球

放网前球是指在被动情况下，把对方击来的网前球回击到对方网前区域的击球方法。其特点是，击球点低，击球时只用手腕、手指力量把球拍轻轻一托，使球一越过网就朝下坠落。质量较好的放网前球可以扭转被动局面。放网前球技术有正手和反手放网前球两种。

①正手放网前球

侧身对右边网前，右脚向右侧前方大跨一步成弓步。正手握拍，球拍向右前上方斜举，准确判断来球路线和落点。击球时，右臂自然后伸，手腕稍后伸，前臂稍外旋，手腕由后伸至稍内收转动，右手轻松握拍，食指和拇指夹住球拍，在手腕和手指的控制下，轻击球托底部将球轻送过网。击球后，还原成下次击球前的准备姿势。

②反手放网前球

准备动作与正手放网前球相同，不同的是先向左前场转体，右肩对网，反手握拍，反拍迎球。击球时，前臂前伸、外旋，手腕内收至外展，轻击球托底部把球轻送过网，击球后，还原成准备姿势。

（2）搓球

运用快速上网步法，争取高的击球点，将网前位置的来球，以斜拍面"搓""切"等动作击球，使球在摩擦力的作用下旋转飞行，同样落至对方的网前，这种球称为搓球。网前搓球技术有正手和反手搓球两种。

①正手搓球

向前移动靠近网前时，右脚向前跨成弓箭步，重心在右脚上，侧身对网，左手自然后伸，起平衡作用。球拍在手臂的带动下向前伸。在伸拍时前臂开始外旋，手腕稍后伸，用食指和拇指夹住拍，中指、无名指和小指轻握球拍，手指和手腕自然放松。击球时，球拍在手指和手腕的作用力下，用正拍面搓击来球的底部，使球滚过网。挥拍力量和拍面的角度大小以来球时离网的远近而定。

②反手搓球

当对方回击网前球时，上网步法要快，左脚蹬地，右脚向网前跨弓箭步，侧身背对网，重心在右脚。握拍手臂前伸同时，手腕前屈，握拍手背部高于拍面，反拍迎球。击球时，主要靠前臂的前伸外旋和手腕由内收至展腕的合力，搓球的侧后底部使球侧旋翻滚过网。

（3）推球

推球是把对方击来的网前球快速推向对方后场底线。推球技术的特点是击球点高、动作小、发力距离短、速度快，且落点变化多，是前场击球技术中进攻底线的一种有效方法。推球有正手、反手两种方法。

①正手推球

移动到位，球拍向右侧平举。推球前，前臂稍外旋，手腕后伸同时球拍也稍往后摆，拍面对准来球。这时小指与无名指稍松开，使拍柄离开手掌，这样能充分发挥手指的力量。推球时，拍面尽力后仰，手腕由后伸直并且闪腕，食指向前压下，小指、无名指突然握紧拍柄，球拍快速地由右经前向左挥动。推球后，在回动过程中回收球拍于胸前。

②反手推球

移动至网前左侧，反手握拍，臂侧上举。推球前，臂向左胸前收引，手腕稍外展，球拍松握，拇指顶住拍柄的内侧宽面，推球时，当前臂往前伸的同时外旋，手腕由稍外展到伸直抖腕，中指、无名指、小指突然紧握球拍，拇指顶压，向前挥动将球推出，触球托的后部。击球后，身体还原至准备姿势。

（4）扑球

当对方回击的球过网弧线较高时，抢高点将球向对方场区下方扑压过去的球称为网前扑球。网前扑球可分为正手扑球和反手扑球。

①正手扑球

左脚先蹬地随后右脚发力蹬跃，使身体向球网右侧腾空跃起，球拍正对来球。同时前臂前伸稍外旋，腕关节后伸，放松握拍。击球时，前臂带动手腕和手指快速抖动发力。如球离网带上沿较近，可采用手腕从右向左将球压下的"滑动"式扑球方法，避免球拍触网犯规。击球后，要控制身体重心，球拍随惯性回收，至准备姿势。

②反手扑球

右脚跨至左前蹬跳上网，身体稍右侧前倾，反手握拍上举至左前上方。击球时，手臂伸直并外旋，拇指顶压拍柄上端，假如来球靠近网带上沿，可将手腕外展由左向右拉切击球，以防触网。击球后，落地缓冲，回收球拍于体前。

（五）步法

步法是运动员为了在场上到达适当位置击球而采取的快速、合理、准确的移动方法。它是羽毛球技术的重要组成部分。羽毛球技术的基本步法有蹬步、跨步、腾跳步、垫步以及蹬转步、并步、小碎步、单足跳步等。

1. 步法的基本结构

（1）起动

起动是各种步法移动的前提，只有起动快，才能迅速到位。要做到起动快，必须反应敏捷、判断准确和起动的准备姿势正确。

起动的准备姿势可分为两种：一种是接发球姿势，左脚在前，右脚在后，侧身对网，重心在前脚，右脚跟离地，双膝微屈，收腹含胸，放松提拍屈肘举在胸前，两眼注视对方发球动作；另一种是双方双打过程中的准备姿势，一般右脚在前，左脚在后，前脚掌着地，脚跟提起，膝关节微屈，上体稍前倾，重心落在两脚之间，持拍于腹前，整个姿势要协调放松，

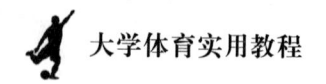

保持一触即发的起动姿态。

（2）移动

指从中心位置起动后到击球位置的移动方法。移动的基本步法有垫步、交叉步、小碎步、并步、蹬转步、蹬跨步和腾跳步等。

①垫步

垫步一般为调整步距用。当右脚向前迈出一步后，后脚跟进，紧接着以同一脚向同一方向再迈一步为垫步。垫步动作急促、幅度小、富有爆发力，是从静止到运动的起动步，是高低重心转换的过渡环节，在攻防之间起到转换步的作用。

②交叉步

左右脚交替向前、向侧或向后移动为交叉步。交叉步一般在后退打后场球时用得较多。

③小碎步

以小的交叉步移动的称为小碎步。由于步幅小，步频快，一般在起动或回动起始时用。

④并步

右脚向前或向后移动一步时，左脚即刻跟并一步，紧接着右脚再向前或向后移动一步，称为并步。有低重心的大并步和高重心的小并步，还有各方向移动的并步。

⑤蹬转步

以一只脚为轴，另一只脚作向后或向前蹬转步。

⑥蹬跨步

在移动的最后一步，左脚用力向后蹬的同时，右脚向来球的方向跨出一大步，称为蹬跨步，多用于上网击球。可以向前、后、左、右跨出，也可以是跨大步或跨小步。

⑦腾跳步

起跳腾空击球的步法为腾跳步。腾跳步可分为两种：一种是上网扑球或向两侧移动突击杀球时，以领先的脚（或双脚）起跳，做扑球或突击杀球；另一种是对击来高远球时，用右脚（或双脚）起跳到最高点时杀球。起跳步是后场技术和高空技术的基础。

（3）到位配合击球

到位指根据不同的击球方式，运动员能站到最适合击球的最有利的位置上。如果没有占据最理想的位置，击球前，还需要用小步子调整，使击球动作能协调发力。

（4）回动

回动是指接球后，立即回到适当的位置（原则上同中心位置），准备接下一个来球。

2. 基本步法

步法基本分为三大类：上网步法、后退步法和中场步法。此外，还有起跳腾空步法。

（1）上网步法

根据上网时脚步移动方法的区别，上网步法可分为跨步上网、垫步上网和蹬跳步上网。上网步法可采用三步、两步或一步上网击球。

①跨步上网

站位于球场中心稍靠后，两脚左右开立。右脚略前，上体稍前倾，两眼注视对方击球。当对方吊网前球时，在对方击球瞬间，脚跟提起轻跳并迅速调整重心至后脚以协助快速起动。左脚迈一小步，用脚掌内侧起蹬，右脚向前跨大步，以脚跟和脚掌外侧着地滑步缓冲，脚尖外斜，右脚屈膝成弓箭步，左脚随即向前挪动，以协助右脚回蹬。击球后用并步或交叉步退回中心位置。如果对方来球较近，可用左脚蹬地随即右脚跨一大步上网。

②垫步上网

准备姿势同跨步上网。右脚先迈一小步，左脚随即垫一小步靠近右脚跟（或后交叉迈小步），并用脚掌内侧起蹬，接着右脚迅速向前跨大步上网（着地后要求同跨步上网）。击球后用并步或交叉步退回中心位置。垫步上网蹬力强，速度快，在被动时有利于迅速调整重心，快速接应来球。

③蹬跳步上网

蹬跳步上网是为了提早击球，争取击球点在网顶上空，以起到突击的作用，一般常用于上网扑球。上网击球时，右脚稍向前，脚一点地便起蹬，侧身扑向网前（或左脚蹬地扑向网前），当球飞至网顶即可扑击，在触球的同时右脚先着地，左脚随身体惯性在右脚后着地，并立即退回中心位置。

(2) 后退步法

后退步法有向右后场区后退和向左后场区后退两种。向右后场区后退步法一般是正手击球的后退步法，有侧身并步后退和交叉步后退两种；向左后场区后退步法分为交叉步头顶后退步法和反手后退步法。

①侧身并步后退步法

在对方击球前刹那间，脚跟提起轻跳，迅速调整重心至右脚。接着右脚蹬地快速向右后撤一小步，上体右转侧身对网，紧接着左脚并步靠近右脚，右脚再向后移至来球位置。在移动中做好手部动作准备，待来球在右肩上方下落时做正手底线原地击球或跳起击球。击球后并步或小步跑回中心位置。

②交叉步后退步法

站位与准备姿势同侧身并步后退步法。右脚撤后一小步后，左脚从体后交叉后退一步，右脚再后移至来球位置。

③交叉步头顶后退步法

与正手后退步法大致相同，只是右脚蹬地后撤向左后方，上体转动幅度较正手后退大，且稍有后仰并倒向左后场区。左脚向左侧后交叉后退一步，右脚移至来球位置作头顶原地击球或跳起击球。

④反手后退步法

调整重心后，右脚后撤一步，接着上体左转，左脚随即向左后退一步，右脚再跨出一步，背对网，做底线反手击球。反手后退步法应根据来球距离的远近调整步法。如距来球较近，可采用两步后退步法，上体向左后转，左脚同时撤一步，右脚再向左后跨一步，做底线反手击球。如距来球较远，则采用三步或五步后退步法，右脚先垫一步，而后左脚向后方跨一步，再按右、左、右向后退。但无论是几步，反手击球后退步法最后一步应右脚在后，重心在右脚上。

(3) 中场步法

中场步法多用于接对方的杀球或半场低平球。其站位和准备姿势与上网步法基本相同。

①向右侧移动步法

两脚左右开立，脚跟稍提起，根据来球调整重心，上体稍倒向左侧，左脚掌内侧用力起蹬，右脚同时向右侧转跨大步。如距来球较远，左脚向右垫一小步再起蹬，右脚同时向右侧转跨大步。

②向左侧移动步法

根据来球调整重心，上体稍倒向右侧，右脚掌内侧用力起蹬，左脚同时向左侧转跨大步。来球较远时，左脚先向左侧移半步，上体向左转身的同时右脚向左前交叉跨大步。

(4) 起跳腾空步法

起跳腾空步法是为了争取战机和获得更高的击球点，运动员用单脚或双脚起跳，居高临下，凌空一击。上网、后退、中场移动均可运用起跳腾空步。在正手与头顶后退步法中，步子一到位，就可以右脚起跳腾空击球。击球后，左脚后摆着地。一经制动缓冲，应立即回到中心位置。

三、羽毛球运动战术学练

羽毛球战术可分为单打战术和双打战术两种。

(一) 单打技术

1. 发球抢攻战术

发球抢攻战术是指利用发球使对方被动、为自己创造进攻机会的一种战术。这种战术一般用发网前低球结合平快球、平高球，争取第三拍的主动进攻。尤其是对付防守能力较差或临场经验不足的对手，采取此战术较为有效。在比赛进入关键时刻实施此战术突袭对手，以打乱其接发球的准备，争取主动权。

(1) 发高远球与平高球

把球发到对方端线处，迫使对方后退还击，难以进攻。发高远球虽然弧线高，飞行时间长，但由于离网距离远，球从高处垂直下落，后场进攻技术差的对手较难下压进攻。把球发到对方左、右接发球区的4号位，能调对方至底线边角，便于下一拍打对方网前，拉开对方的站位。特别是左场区的4号位是对方反手区，更是攻击目标。但发右场区的4号位要提防对方以直线平高球攻击自己的后场反手区。如把球发到对方接发球区的3号位，能避免对方以快速的直线球攻击自己的两边。发平高球，球的飞行弧线较低，但对方必须退到后场才能还击。由于球的飞行速度快，对方没有充裕时间考虑对策，回球质量会受到一定影响。对于球的飞行弧线的控制，应看对方站位的前后和人的高矮及弹跳能力而定，以恰好不给对方半途拦截机会为宜。落点的选择基本与发高远球相同（图7-67）。

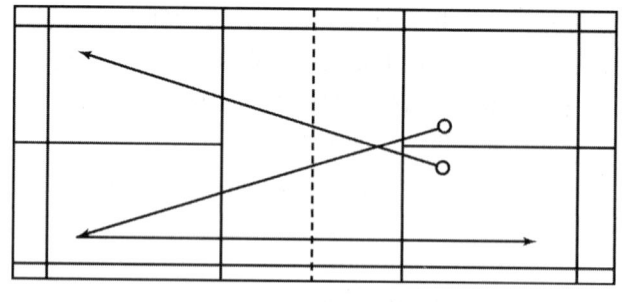

图 7-67

(2) 发平快球与网前球

发平快球属于进攻性的发球，球速很快，作为突袭手段如运用得当，往往能取得主动。但当接球方有所准备时，也能半途拦截，以快制快，发球方反而会处于被动。发平快球时球的落点一般应在对方反手区或直接对准发球者的身体，使对方措手不及（图7-68）。

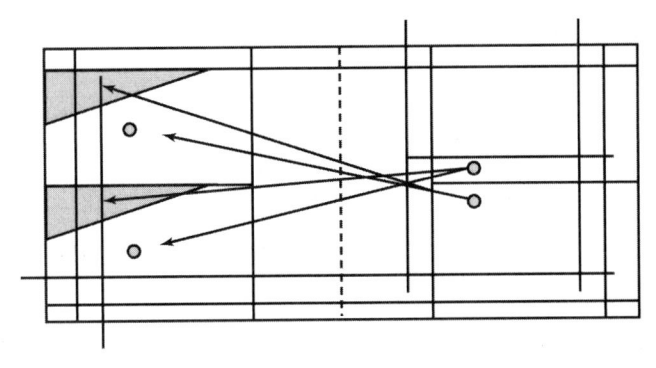

图 7-68

(3) 发网前球抢攻

在发网前球的时候，球的落点一般有三个区域可供选择：1号位置区、2号位置区和1、2号位置之间区域。一般情况下，以发1、2号位置之间区域的球和追身球为主。这种发球战术有两方面特点：一是突然性强，在对方没有防备的情况下，加上球速较发其他方式的网前球要快些，通常会使对手措手不及，造成被动；二是发球的稳定性高，因为球是冲着对方身体去的，能减少在发球时球出界的机会。所以，在运用发网前球抢攻战术的时候，如果能够发出质量较高的网前球，就能够积极有效地限制对方马上进行的攻击，同时还可以通过准确、有意识地判断对方的回击球路，从而组织和发动快速和强有力的抢攻，从而直接得分或获得第二次攻击的机会。

(4) 发平射球抢攻

发平射球抢攻时，球的落点主要选择在3号位置。发平射球是在发球方有准备而接发球方无准备的情况下，以快速、突变的发球立即使接发球方陷于被动。这种发球的目的，一是为了偷袭，如对方反应慢或站位偏边线时，使得3号位置区域的空隙较大，这时通过发平射球进行抢攻往往成功率较高；二是发平射球抢攻是为了有意识地逼对方进行平抽快打，同时又有效地避免对方在平抽快打中以快速的平高球攻击我方边线两角，因为在中线的出球角度要比两边线小一些，球途经的路线需经过我方的中心位置才能到达两边线；三是为了把对方逼至后场区域而造成网前区域的空隙，然后突袭网前。

2. 接发球抢攻战术

接发球抢攻战术是最容易得分、也是最有威胁的一种进攻战术。运用此战术的前提条件是对方在发球时所发的球质量不高、角度不好或节奏、落点、弧度不佳等，都能形成接发球抢攻的机会。但是，在实施接发球抢攻战术的时候，不要急于求成，一般都要由两三拍抢攻球路的组织才能奏效，一旦发动抢攻就要加快速度，扩大控制面，抓住对方的弱点或习惯路线一攻到底，给对方以致命的打击。

3. 攻前击后战术

这种战术是先以吊球、放网前球、搓球吸引对方到网前，然后用推球、平高球或杀球突击对方的后场底线。它一般用于对付上网步法较慢或网前球技术较差的对手。采用此战术，要求运动员首先具有较好的网前击球技术。

4. 打对角战术

主要用于对付身体灵活性差、转体较慢的对手。由于对方灵活性差，转体慢，来回左右两侧奔跑易使对方重心不稳而被动失误，为自己创造进攻机会。这种战术无论是进攻还是防守均以打对角线为主。

（二）双打战术

1. 发球抢攻战术

发球时以发网前1、2号位区域为主，在发近网球时，要针对对方接发球的习惯或薄弱区域，结合发一些平快球或平高球，以求在发球方式上进行变化。在规则允许范围内，利用发球时间的变化进行发球，做到快、慢结合，使对方摸不清准确的击球时间，以我为主，争取主动。发球后根据自己的比赛经验，对对方的接发球作出准确的判断，然后迅速地移动到最有利的位置进行抢攻。在实施发球和发球抢攻战术的时候，一定要提高发球的质量，因为发球质量的好坏直接影响到战术行动的主动与被动，高质量的发球，有利于控制场上的主动权，为发球后的抢攻创造条件，对获得回合的胜利有着重要的意义。

2. 接发球战术

接发球战术是指接球者根据自己半场的接发球优势或特长来处理接发球的行动。在运用时，首先要很快判断出对方发的是什么球，然后运用自己擅长的技术采取行动。如对方发的是近网球，那么就应该果断快速地上网补杀，如上网不及时、不能扑杀的话，就要争取向网的两侧进行搓球，迫使对方挑球；如果不能进行挑球的话，就对准对方的身体进行快速推球或往后场两侧底线挑球，迫使对方来不及移动或被动接球。

在运用接发球战术的时候，一是要贯彻"快字当头，以稳为主，狠变结合"的指导思想；二是要根据对方发球质量的高低来合理运用接发球战术。如果对方发球质量高，就应该采用过渡的技术去处理接发球，然后通过封住对方的回球路线以争取主动；如果对方发球质量不高，就应该抓住这一有利时机采用快速扑两边、扑中路、轻拨两边半场、扑中路半场的办法争取主动或直接得分。

3. 攻直线战术

即攻球路线和落点均为直线，没有固定的对象，只依靠杀球的力量和落点来控制对方。当对方的来球靠边线时，攻球的落点在边线上；当对方的来球在中间区时，就朝中路进攻。杀直线球虽然难度高一些，但效果不错，便于网前同伴的封网。

4. 攻半场战术

当对方采用一前一后站位进攻时，本方应将球击到对方两人前后之间靠近边线的位置（图7-69的阴影部分），也会造成两人抢接和漏接现象，对手即使把球应付过来，也会因回球的质量差而遭到致命的攻击。这种战术用来对付两人配合较差和接半场球处理不好的选手较为有效。

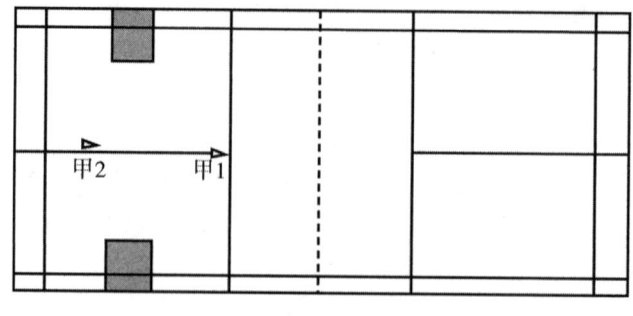

图 7-69

5. 攻中路战术

这种战术的原则是不论对方把球打到什么地方，本方进攻的落点都是集中在对方两人的中间或中线上（图 7-70 中阴影部分）。如果对方一左一右分边平行站位防守时，我方就把球攻到对方场地中线附近或对方两人之间的空当区域，造成对方互相争抢击球或两个人相互让球而出现漏接现象。

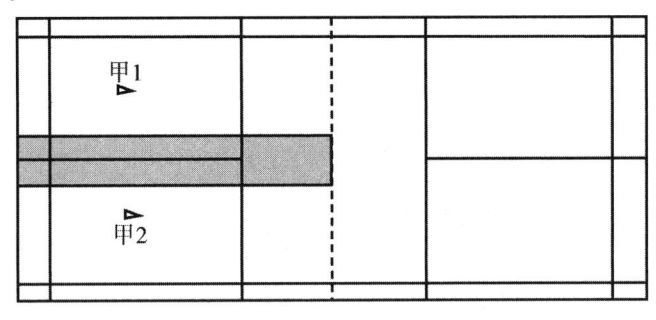

图 7-70

6. 防守反击战术

防守反击战术是用来对付后场进攻能力弱或为了消耗对方体力而采用的一场战术。通过压对方后场底线两角，诱使对方在左右移动中进攻，以坚固的防守伺机反攻，争取比赛的主动权，后发制人。具体有以下几种方法：

（1）挑或推两底线

防守中如对方是杀球，我方在接杀时把球挑回对方底线，对方杀直线，我方就挑斜线，对方若是杀斜线我方就挑直线；如果对方是吊球，我方采用同样方法，能推则推，不能推就挑，使对方的进攻者在底线两角来回奔跑，消耗其体力，迫使对方放弃进攻，然后我方伺机反攻。

（2）接杀球或吊球放网前

防守时，反复压对方两底线，会使对方站在网前封网的队员思想放松而封网不紧，此时要抓住机会接杀球或吊球放网前，并迅速封网，由防守的一左一右站位形式转换成进攻的一前一后站位形式，积极主动攻击对方。

（3）压两底线伺机反抽

通过挑高球或平推球压对方两底线，但要注意对方杀球的质量，一旦抓住质量较差的杀球（速度慢、弧度较平）要用平抽球反击对手底线，对方杀直线我方要抽斜线，对方如杀斜线我方就抽直线，随之两人准备好迎击对方回击的平抽球，这样就能由被动变成对攻形势。如果对方接我方的平抽球不还击平抽球而回底线或挡网前，我方可以由一左一右的防守站位形式转换成进攻的一前一后站位形式，并猛攻对方空当和弱点。

7. 防守战术

双打防守战术的运用是在我方处于被动的情况下，通过两人的配合，调整战术，以达到破坏对方进攻，由被动转为主动所进行的一种有组织、有目的的战术行动。在这种情况下的防守，也应该是积极主动的，而不能是被动消极的。在防守时，要体现积极主动，就必须做到对进攻方的进攻方式和手段比较了解，能够及时判断其容易出现的漏洞，果断而合理地实施有针对性的防守战术，夺回主动权。

8. 攻人战术

当发现对方有一个球员的防守能力或心理素质较差，失误多或防守时球路单调，就可以采用这种战术，把球攻到能力较差的选手那一边。运用这种战术时有两种方法：一是主要集中力量攻击对方能力较差的一人，不让其有调整的机会；另一种方法是采用先盯住弱者攻几拍后突然改攻强者一方，因为强者总想保护弱者，注意力集中在弱者一方，此时再反过来进攻强者反而奏效。

第六节 网球

扫描观看视频

一、网球运动概述

(一) 网球运动的起源与发展

网球是深受人们喜爱的一项体育运动，盛行于世界各地。现代网球运动一般包括室内网球和室外网球两种形式。

网球运动源于12—13世纪，法国传教士在教堂回廊里用手掌击球的一种游戏。到了14世纪中叶，一位法国诗人把这种游戏介绍到法国宫廷中，作为皇室贵族的消遣活动。当时玩这种游戏，场地是宫廷内的大厅，没有网也没有球拍，球是用布卷成圆形后用绳子绑成的。场地中间架起一条绳子为界，利用两手作球拍，把球从绳上丢来丢去。不久，木制的球拍被用来代替两手击球。16世纪初，这项球类游戏被法国国民发现，出于好奇心开始仿效，很快就传播到各大城市，同时改良了用具。球制造得比较耐用，拍子由木板改为羊皮纸板，拍面面积放大，握把的柄也加长。场地中间的绳子，增加无数短绳子向地面垂下，球从绳子下面经过时，可以明显地发觉。后来被法国国王路易斯下令禁止，并规定这是宫廷中的特权游戏。17世纪初，场地中间不再用绳帘，而改用小方格网子，网比帘的作用更好，拍子改用穿线的网拍，富有弹性而且轻巧方便。在1358—1360年，这种球类游戏从法国传到了英国。英国国王爱德华三世对此特别感兴趣，下令在宫内建造一处室内球场。从此，网球开始在英国流行，成为英国上层社会的一种娱乐活动，所以网球有"贵族运动"之称。

现代网球运动是从19世纪80年代开始的。1873年，英国人沃尔特·克洛普顿·温菲尔德将早期的网球打法加以改进，使之成为夏天在草坪上进行的一种体育活动，并取名"草地网球"。所以温菲尔德被称为"近代网球的创始人"。此后，网球便成为一项室内、外都能进行的体育项目。同时，在英国各地建立网球运动俱乐部，1875年，又建立了全英网球运动俱乐部。这个俱乐部建造了世界上的第一个网球场地，并于1877年举办了全英草地网球男子单打锦标赛，即后来闻名于世的温布尔登网球赛。1984年的洛杉矶奥运会上，网球被列为表演项目。1988年的汉城奥运会上，网球重新被列为正式比赛项目。

(二) 网球运动的健身特点

网球运动的健身特点主要表现为以下几方面：

1. 网球运动是一项时尚的健身运动

网球是世界上最流行的运动项目之一。网球运动不受年龄和性别的影响。由于网球运动的运动量和运动强度可调控性和趣味性，可快可慢、可张可弛，使得参与者以饱满的热情和适合自己的强度在不知不觉中运动完相当于跑完几千米路程的运动时间。达到了增进健康、增进体质、强壮身心的目的。网球运动隔网对垒，不属于肢体碰撞运动，能减少不必要的伤害。通过网球运动，能增强人体血液循环，消耗多余热量，使人体心肺功能得到提高，可以增加人体免疫能力，提高抗病能力和病后康复速度，达到增进健康、增进体质、强化身心的目的。所以，网球运动是最有利于健康的运动项目之一。

同时，网球运动是一种最为时尚的运动。网球运动很适合都市人群。网球是一种有氧户内外运动，现代人由于成天忙于工作、学习和生活，大多数的时间在室内中度过，需要到室外进行一些户外运动，网球就是最好的选择之一。一般人看来，网球是一项绅士运动，打网球者经常给人们一种温文尔雅的感觉，吸引了众多爱好时尚的人。所以，随着生活水平的提高，人们的健康意识的加强，越来越多的人们参与到网球运动中来。

2. 网球运动能培养自信的心理状态

心理状态在网球比赛中具有重要的因素，在技术相近的选手之间比赛，心态更显重要。网球能训练一个人的心理，锻炼出不因自己或对手及其他原因而影响心理状态的正常发挥，有利于自信心理的培养。网球运动可以充分施展个性，身心放松的运动项目之一。在网球运动中，需全神贯注排除一切杂念，快速的奔跑击球、大力扣杀等活动可以把一天的疲劳、困扰等挥洒得干干净净，使身心完全地放松。

3. 网球文化具有终身受益的作用

独特的网球文化使得网球运动成为现代社会中人们体育生活方式必不可少的组成部分。任何一种文化都是一种价值取向，规定着人们所追求的目标。网球运动是一种文明、礼貌、高雅的网球文化礼仪。网球运动中，一个举止文明有礼节、有涵养的运动员不管在任何地方都是受到大家的欢迎。通过网球运动中的技能、心理、准则、礼仪等将网球文化所要求的思想模式、道德规范、行为准则有机地融为一体，以提高其综合素质。而且，网球还可以培养团结协作的精神。网球比赛是非常讲究团结协作的运动项目。教练与球员之间，团体赛与队友之间，双打搭档之间都要有默契的配合，而这种默契就来自每个球员所具有的团队协作精神。

二、网球运动技术学练

网球基本技术有握拍、发球、击球、接发球、截击球、挑高球和反弹球技术。

(一) 握拍

网球的握拍方法基本上分为东方式、大陆式、西方式和双手握拍四种。绝大多数运动员都是使用东方式的正、反手握拍法。

1. 东方式握拍法

(1) 东方式正手握拍法

东方式正手握拍法亦称"握手式"握拍法，其握法是：拍面与地面垂直，手握拍柄好像与人握手一样。准确地说，用握拍手的虎口对正拍柄右上侧棱，手掌根与拍柄右斜面紧贴，拇指垫握住拍柄的左垂直面，食指稍离中指压住拍柄右垂直面，五指握紧拍柄。这种握法能增大正手击球的力量（图 7-71）。

(2) 东方式反手握拍法

从正手握拍法把手向左转动 1/4 即转动 90°（或拍柄向右转动 1/4 即转动 90°），使虎口对正拍柄左侧棱面上，即用手掌根压住拍柄的左上斜面，拇指直贴在拍柄的左垂直面上，食指压住拍柄右上斜面（图 7-72）。

图 7-71　　　　　　　　　图 7-72

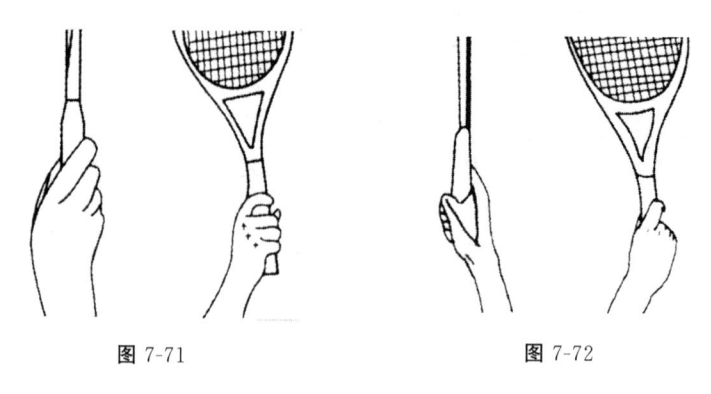

2. 大陆式握拍法

"V"字形虎口对准拍柄上平面与左上斜面的交界线上，手掌根部贴住上平面，拇指直伸围住拍柄，食指下关节紧贴在右上斜面上（图 7-73）。

3. 西方式握拍法

左手持拍，使拍面与地面平行。右手从正上面握拍柄，食指和拇指都不前伸，大把握拍，而且正手、反手击球都使网拍向同一个面（图 7-74）。

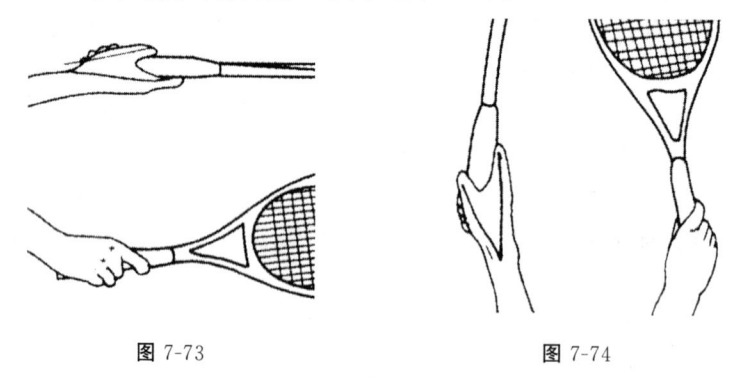

图 7-73　　　　　　　　　图 7-74

4. 双手握拍法

右手是东方式反手握拍法，握在拍柄的后方，左手是东方式正手握拍法，握在拍柄的前方（图 7-75）。

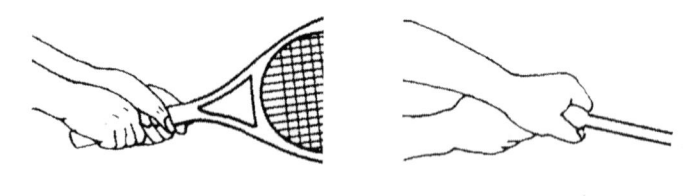

图 7-75

（二）发球

1. 发平击球

做好发球准备，两手同时开始做动作，左手离开球拍经体前下落，伸直上臂再向前上方将球平稳地离开手指，右臂自然下落经体侧后引，拍头经右脚上面摆向身体后边，拍子继续向上摆动，当拍子与肩同高时转肩，使拍头垂于背后呈搔背状态，同时身体向右转动，身体重心由前脚移至后脚，下颌抬起，身体形成最大限度的背弓。从挠背动作起蹬地转体，转肩，身体重心移至前脚，两眼盯住球，网拍和手臂尽量向前上方伸展，以平行于球网的拍面击球后上部,网拍击中球后,两眼继续注视球飞进的方向,继续以随挥的力量将球拍经体前从左膝侧面挥向身后,上体前倾,右肩明显低于左肩,右脚上步维持身体平衡或向前跨步做上网准备(图7-76)。

图 7-76

2. 发旋转球

抛球的位置比平击发球偏左些,充分背弓,用力扣腕击球,球拍沿球的右上方擦击,使球产生明显右侧上旋球,随后做好随挥跟进动作。

3. 发切削球

基本动作类似于发平击球,切削发球要有力量,必须让球拍尽可能地往后,当球拍在背后,肘关节要比平击发球抬的高,才能发出有力量的球,球拍接触球一刹那,球拍是从后侧擦击球,使球产生侧旋,提高球的命中率,球发出后跟进动作在身体左侧下方结束,这种球发出后,飞行轨迹成弧线形,其落点比较容易控制。

(三)击球

击球技术主要分为正手击球和反手击球。

1. 正手击球

正手击球是网球技术中最基本的击球方法。正手击球,击球有力、速度快。从球的旋转性能分类,正手击球有上旋球、下旋球、平击球、侧旋球等不同旋转的打法。

(1)上旋球

上旋球是球拍自后下方向前上方挥动摩擦整个球体产生球由后下方朝前上方转动。这种打法是在击球时,加大向上提拉挥动的幅度,使球产生较为急剧的上旋。上旋球的特点是飞行高、下降快、落地弹起的反射角度较小、前冲力较大。打上旋球最大的优点是便于加力控制,是正手击球中既能发力大,又能控制进入场区减少失误的击球方法。

(2)下旋球

和上旋球相反方向的是下旋球,俗称"削球"。击球时,球拍稍向后倾斜,挥拍是由后上方至前下方打球的后下部产生下旋转,过网时很低,落地后弹起也很低并伴有回弹现象。下旋球的特点是其落点容易控制,也可以打对方的深区,常用于随击上网。

(3)平击球

挥拍击球的路线向上较平缓,击球时拍面几乎垂直地面。击球的正后部,用同样的力量击球。平击球的特点是球速最快,球落地后前冲力大,球的飞行路线较平直。但其准确性和控制力较差,因此这种击法在比赛中较少使用。

(4)侧旋球

击球时,球拍由后部向内侧平行挥动,使球产生由外向内的侧旋转,故称侧旋球,也称

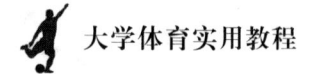

为内旋球。侧旋球的特点是球飞行路线呈水平向外侧的弧线飞行，落地后向外跳，常用于正拍直线进攻。

2. 反手击球

反手击球指的是与握拍手相反的落地球打法，它和正手击球一样，也是网球的基本技术中最常用的击球方法。反手击球的技术主要有上旋球、下旋球和反手双手击球。

（1）反手上旋球

握拍方法为东方式反手握拍。当判断对方将球打向反手一侧时，及时移动双脚，转动双肩，握拍颈的手应协助握拍手，向反手一侧拉动球拍，并转动球拍变换握拍法。准备打反手球时，要以短促而快速的步法向球移动，调整好与球的间距。在最后一步时，身体应前倾向球，使身体重心跟随着击球动作。挥拍击球是，要向前迎击球，击球点在右脚的侧前方，击球部位是球的后中部。击球瞬间，手腕要绷紧，使球与拍弦接触时间长一些，利用腰部动作，有力而自然地转动上体，将转体的力量连同挥臂作用于拍弦上，这样击出的球才会稳定而有力量。球离开球拍后，不要使球拍突然停止挥动，要随着球拍的惯性继续向前上方送出，身体转向球网，身体重心从左脚逐渐移到右脚，随挥动作结束点在侧前方高处，此时拍头向上，腋窝朝天。动作结束后，快速恢复到准备姿势。

（2）反手下旋球

反手下旋球也称"削球"。反手下旋球的握拍宜采用大陆式握拍法。后摆引拍时，握拍颈的手借助转肩侧身向后上方引拍，拍头高于手腕，肘关节抬起，远离身体，拍子和手腕在击球点的后上方，拍面稍打开，手腕固定。右脚向左前方跨出，重心在左脚。在右脚向左前方跨出的同时，向前下方挥拍击球的后下部，重心随球拍前移、跟进，由左脚移到右脚，以加强击球的力量和速度。击球点同样在右脚侧前方。球拍击球后，随挥动作要充分，让球拍随着球的飞出方向继续向前下方挥出，应让球拍向前平稳运行一段距离后，自然地将球拍随挥到高处结束。动作结束后，随即恢复到准备姿势。

（3）反手双手击球

反手双手握拍击球，双手均采用东方式握拍方法。当决定用双手反拍击球时，右手马上转成反手握拍法，左手在转肩引拍的同时，顺着拍颈下滑至右手上方成双手反手握拍。引拍应尽量向后拉，转动上体使右肩前探，侧身对网。球拍稍低于击球点，手腕固定，手向后伸，下颌触及右肩。右脚向左前方跨步，重心落在左脚上。击球时回身转腰，伸展手臂，绷紧手腕，球拍由后下向前上挥出，拍面垂直，击球的中部或中下部，使球产生上旋。击球点比单手反手的击球点略靠后，约与腰部高的位置，眼睛盯住球，身体重心随挥拍向前移向右脚。随挥动作是由上身右转时左肩向前，向着球飞去的方向绕出而完成的，并通过弧形向上挥拍，把球带到身体的右侧（即正手一侧），在高处结束随挥动作。

（四）接发球

接发球是指接对方发过来球的技术，是网球最重要技术之一。

1. 握拍

握拍要松紧适度，引拍和前挥也都要保持松活，但从网拍接触球的一刹那开始，要紧紧握住网拍，特别是拇指、食指和无名指要用力抓拍。手腕固定保证拍面稳定，可以有力还击对手的凶猛来球，也可用牢固的拍面顶住来球或者以合适的拍面角度控制还击的方向。

2. 准备姿势

两脚自然开立，两膝微屈，上体稍前倾，两臂屈肘，两手持拍置于腹前，要将拍头向上翘起，拍面垂直于地面或稍开放些，拍头上缘与眼的高度平齐，身体重心放在两前脚掌上，并要不停的轻轻地跳动或微微晃动身体，使自己处于待发的机动状态，随时可以向任何方向起动。

3. 击球

根据对方发球的快慢而定。一般要求在对方发出的球飞越过网时，后摆动作应结束，并准备向前跨步挥拍击球。为了在身前击球，可加快并减少球拍的后引，握紧球拍，手腕固定，眼不离球。只要身体重心偏前，缩短球拍后引不会影响击球。对发球差的选手，可用自己正常的正反手击球技术来接对方的发球；而对发球好、速度快的选手，可用网前截击球动作来顶接对方的发球，这样接出的球也很有威胁。

4. 随挥动作

虽然缩短了球拍的后引，但不要限制击球后的跟进动作。应尽量加长球拍接触球的时间，球拍应先跟着球出去，然后做充分的随挥动作。一般情况下后摆动作小，随挥也小；后摆动作大，随挥也大。随挥动作结束后，身体就要尽快移动到自己场地中央，准备迎击下一次来球。

（五）截击球

截击球是网球技术中的一种攻击性击球方法。当球在落地之前，将球击回到对方半场区。它的特点是回球速度快、力量重、威胁大。

1. 中场截击球

（1）正手中场截击球

面对球网，两脚分开与肩同宽，膝关节微屈，重心在两脚前脚掌上，在对方击球前，脚跟提起，转胯转肩（右手握拍者），左脚向侧前方做45°跨步，以转肩来带动球拍后摆，后摆动作不超过肩，肘关节微屈，手腕形成45°，拍面略开。截击时手腕紧固，击球点在左脚尖的延长线上，以短促而有力的动作向前迎击来球触球部位位于球的中下部。由于中场截击距离较长，所以击球后的跟进动作，随着球的行进路线要稍长些，但不能太长，否则会影响下一段击球的准备动作。然后向网前逼进，准备近网截击或高压。

（2）反手中场截击球

准备动作与正拍相同，判断来球后，向左侧转肩转胯同时左手托拍颈向后引拍，拍面略开至身体前面，后引动作不超过左肩。击球时右脚向侧前方45°跨出，重心落在后脚上，同时向前下截击来球，击球点位于右脚尖前面，手腕固定，肘关节微屈，利用前臂与手腕向前下方击球。击球后的跟进动作与中场正拦一样，稍长一些，但要简短，随时准备截击下一板球。

2. 近网截击球

近网截击的站位比中场截击靠前，它是在中场截击的基础上在网前得分的主要手段。

（1）正手近网截击球

判断对方来球的质量（球速、球离网高度及球的角度），以便于迅速起动，控制拍面。身体重心向前，后摆动作小，转体带动后摆同时也完成后摆动作，击球点在身体侧前方。击球时左脚应侧前方跨出，同时重心落在左脚上（右手持拍者），肘关节与身体距离不应太远（除扑击球外），以便顶住重球。击球后，随球动作要小，并迅速准备下一板截击。

（2）反手近网截击球

前期准备动作与近网正拍截击动作相同，根据来球高低，调整后摆拉拍高低及击球部位。击球时，以肩及肘关节为轴，由上向下或由后向前顶撞球，手腕紧固，以前臂发力控制落点。击球时右脚跨出，重心在后脚上，随击动作短小有力。

（六）挑高球

挑高球就是把球向高空挑起，这是在比赛中对手占领了网前阵地、自己又无机会使球通过的情况下而使用的方法，以迫使对手退回后场。挑高球技术可分为进攻性挑高球和防守性挑高球两种。

1. 进攻性挑高球

进攻性高球又叫上旋高球，对付威力强大的网前截击型对手有效方法之一。它能打乱对手的网前战术，给自己破网得分创造机会。

挑高球动作要尽可能和底线正、反拍上旋抽击球动作一样。完成拉拍动作时，要使手腕保持后屈。在挥拍击球时，拍面垂直，拍头低于手腕的位置，采用手腕与前臂的滚翻动作，由后下向前上挥拍，做弧线形鞭击球动作，使球拍在击球瞬间进行擦击，以产生强力上旋，击球点在身体侧前方，重心落在后脚。击球后，球拍必须朝着自己设想的出球方向充分跟进，随挥动作要放松并在身体左侧结束。

2. 防守性挑高球

防守性高球亦称下旋高球，它飞行弧线高，比上旋高球易控制，具有失误少的优点。

挑下旋高球与挑上旋高球一样，同样需要动作隐蔽，因此它的握拍，侧身转肩，向后引拍应尽量与底线正、反拍击下旋球动作一致。击球时拍面朝上，触球点在球的中下部，由后下方向前上方平缓挥拍击球，似"舀送"动作的击球法，为了更好地控制球的高度和深度，尽量使球在球拍上停留时间长一些，动作要柔和。击球后，随挥动作要充分，结束动作比上旋高球结束动作要高，重心稍后。

（七）反弹球

打反弹球就是在球刚从地面弹起来时就击球，通常是一种防守型击球打法。

1. 准备姿势

打反弹球一般都比较突然，准备时间很短，所以动作应该迅速简练。一旦决定打反弹球，立即侧身对着来球，拉拍动作比正常的落地球打法更短、更快。

2. 后摆引拍

当判断来球需打反弹球时，迅速下蹲，降低重心，打正手反弹球时，向右转体同时左脚向前跨步，膝关节弯曲（反手反弹球时动作相同，但方向相反），左手指向来球，此时身体前倾，同时保持身体的平衡，后摆动作视来球的速度及准备时间快慢而定。

3. 击球

中场和近网的反弹球都应采用交叉跨步的步法，以保证侧身对网和下蹲时保持身体重心平稳地下降。击球时，眼盯来球，紧握球拍，球拍尽量与地面平行，拍头与手腕同高。为了保证身体重心的平稳下降，后腿小腿接近与地面平行，拍面略开，随身体重心前移，拍子由下向上挥动击球，使球略带上旋。

4. 随挥动作

反弹球的随挥动作比较柔和，既不像底线正、反手击球那样充分舒展，又不像截击球那样短促有力。中场反弹球的随挥动作较小，而底线深区的反弹球随挥动作与正、反手击球动作相似。此外，随挥还与还击深度有关，回击越深，随挥动作越大，反之则小。

反弹球技术的分类，按击球者站位分，有近网、中场和底线的反弹球；按球的旋转分，可分为平击、上旋和下旋的反弹球；若按回击的落点和性能分，又有推深球、放短球、挑高球和破上网的反弹球技术。

三、网球运动战术学练

网球运动战术可分为发球战术、接发球战术、上网战术和底线战术四种。

（一）发球战术

发球战术主要包括：通过力量、速度和准确性达到得分目的；针对对方弱点，攻其薄弱环节；利用不同的发球方式，随球上网截击；利用外界自然条件（如风向、阳光、硬地和草地等）发球，给对方接发球制造困难。

1. 站位

发第一区时，尽量接近中点线，发直线球逼住对方反拍；发第二区时，站位可距中点线稍远，便于以更大斜线发对方反拍区，扩大自己正拍防守区域。

2. 第一次发球

多用大力平击发球使对方难以抵挡，造成接发球失误或用切削发球、上旋发球打落点，发至对方防守较差地区。

3. 第二次发球

重点在准确，力求凶狠，打落点。多用切削发球或上旋发球。

4. 发球上网

大力平击发球和上旋发球后上网。但大力平击发球后，对方回球快，而且身体不易掌握平衡，常来不及上网，故利用上旋发球上网的居多。

（二）接发球战术

接发球一般是处于被动地位，此时，运用适当战术，可以化被动为主动。

1. 站位

站在对方可能把球发到的角度的分角线上。当对方发向外或向内旋转的球时，要靠近旋转方向一点。此外，应尽量站在底线里边半米左右处，压制对方上网。

2. 击球方法

一般采用平击抽球，将球回击到对方底线两角，也可运用旋转使球旋向两边线外，使之左右奔跑或运用切削球打到近网两角，运用挑高球挑过发球上网者头顶等。

（三）上网战术

上网战术是在发球或接发球后，冲到离网较近的位置，不等对方回击的球落地便进行空中截击或高压。

1. 上网时机

多用于第一次发球，发上旋球后，借球在空中飞行时间长，对方难于回击之机上网截击。若抽击球后上网，则出球要斜、要深、要重或接近中央地带。

2. 上网站位

尽可能站到大约距离网2米处。近网则进攻威胁性大，封网角度小，防守控制面积大。此处，站位应在对方可能的击球角度的分角线上。

（四）底线战术

底线战术是以进攻性打法为前提，正、反手抽击球为基础组织的战术。它的指导思想必须用速度、力量、准确、旋转、落点的变化取胜。常用的底线战术有：对攻、拉攻、侧身

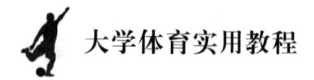

攻、紧逼攻、防反攻。

1. 对攻战术

底线打法的对攻战术是利用底线正、反手抽击球具有强大的连续进攻能力，配合速度和落点变化与对方展开阵地战，力争主动，达到攻击对方，控制对方的目的。

2. 拉攻战术

拉攻战术是底线打法中比较普遍的一种战术。它是以底线正、反手拉上旋球或正手拉上旋，反手切削球，迫使对方左右跑动，不给对方上网及底线起板反击的机会，寻找时机进行突击。

3. 侧身攻战术

侧身攻战术是底线打法中一项主要进攻手段。它是利用强有力的正手抽击球，配合良好的判断和步法移动，在 2/3 的场地上用正手给对方施加有力的攻击。

4. 紧逼战术

底线打法的紧逼战术是以快速的节奏对对方进行攻击的一种重要战术。紧逼战术主要是发挥其良好的底线正、反手抽击球技术，迎击上升球，准确的落点控制，节节紧逼，以达到战胜对方的目的。

5. 防守反击战术

防守反击战术在底线打法中占有很重要的位置，在执行防守反击战术时，利用良好的底线控球能力，来调动对方，以达到在防守中寻找机会进行反击的目的。在对方运用随球上网进攻时，应提高底线破网第一板的成功率和突击性，以及破网的质量，以寻求第二板破网反击的机会。当对方进行底线紧逼进攻战术时，可采用底线正、反手上旋球至对方底线两边大角深处，不给对方进攻得分机会，然后再伺机进行反击。

第八章　民族传统体育运动

第一节　搏克

一、搏克运动概述

搏克是蒙古族传统的体育娱乐活动之一，草原上的人们把蒙古式摔跤称作"搏克"（蒙语：结实、团结、持久的意思）。它是蒙族三大运动（摔跤、赛马、射箭）之首，不管是祭敖包，还是开那达慕，搏克都是绝对不可缺少的主项。

搏克已有近2000年的历史，西汉初期开始盛行，元代广泛开展，至清代得到空前发展。内蒙古自治区各地尤其是锡林郭勒盟、通辽市、呼伦贝尔市、巴彦淖尔市、鄂尔多斯市、阿拉善盟等地都有流行。乌珠穆沁草原是蒙古族搏克的摇篮。为了把搏克运动发扬光大，东乌珠穆沁旗于1984年成立了摔跤协会，将每年夏天的6月10日定为"搏克节"。2003年，国家体育总局把搏克运动与中国式摔跤融为一体，正式纳入全国摔跤锦标赛中。

搏克历史悠久，在长期发展过程中搏克自我反思、自我创新、与时俱进发展成为符合现代文明的先进体育运动项目。搏克的历史发展和规则演变、大致可分为"最野蛮、野蛮、文明、现代文明"四个阶段；野蛮的氏族社会，人类为了生存，在与野兽和同类的搏斗中发展了搏克，当时以"生死"为取胜标准；第二阶段（13世纪蒙古族兴起）和第三阶段（元朝建立），搏克运动开始用于政治、军事以及经济和文化娱乐，胜负标准从"生死"逐步演变为"双肩着地"和"躯干着地"即负；当代中国的搏克，随着人类社会的进步，胜负标准又发生了质变，即膝关节以上任何部位"一点着地"即为负；也就是"点到为止"，胜方决不二次用力。

搏克作为内蒙古民族传统体育的组成部分，是在世世代代驻牧于蒙古草原的蒙古民族受特定的人文地理环境和北方游牧民族传统文化的影响，在长期的社会实践中，创造和流传下来具有民族特色的竞技活动。搏克的产生有其漫长而复杂的形成过程，而且带有鲜明的北方诸族以及内蒙古民族文化的特征。它经过了历史上众多北方游牧民族的提炼与融汇，最终由内蒙古民族加以传承和发扬。它是具有广泛的群众性和娱乐性的民俗文化活动，有广泛而深刻的文化内涵，反映了内蒙古民族的价值观、审美观和旺盛的生命力和充沛的精神力量。

蒙古族传统体育搏克是内蒙古文化的重要组成部分，在蒙古族，传统体育搏克本身占的比重并不大，但它却承载着内蒙古游牧文明几千年的历史和文化。

搏克具有强烈的对抗性和竞争性。摔跤场上，四目炯炯分毫不让，即使是同胞兄弟也不例外。有意输掉，反会被对方视为心不坦诚，不堪交往。一旦某方倒地，都抢先扶起对方，然后共同切磋技艺，互相友好地勉励，洋溢着人与人之间友爱合作的美好情谊。绝少出现因交场上的胜负而彼此不愉快的场面。如果某个摔跤手以强凌弱，在已经取胜的情况下，还使用过激的摔法，就会成为被大家所不齿的人物。

搏克自始至终努力确立人与人之间的团结、友爱、和谐的平等关系；对人体而言，搏克追求无比强壮和健美；对社会生活而言，搏克追求人与人之间互敬互爱、和平团结、和谐友爱、持久永恒的平等和无限博爱的美好关系。这种文化内涵始终贯穿着搏克的整个发展过程。搏克运动体现了对生活的大彻大悟、超凡洒脱。搏克内涵非常丰富，涵盖蒙古族政治、经济、文化、军事、哲学思想方方面面，它不但是勇敢和力量的象征，也是聪明和智慧的结晶；搏克历来提倡人人平等、不畏强暴、不欺凌弱小、重在参与；经过参与、交流、拼搏、竞争，达到消除隔阂、忘记仇恨、增进友谊、加强团结，最终达到所有的人高兴、欢乐，皆大欢喜之目的。

二、搏克的技术动作

（一）进攻技术动作

（1）假搓真拧（格希格达塔）：用搓技（格希格）欺骗对手，用拧技（达塔）摔倒对手的技术。

（2）扒（乌塔嘎）：用左（右）脚后跟勾挂对方左（右）腿腘窝处，划弧后拉，使对方仰面倒地的技术叫勾扒（乌塔嘎）。

（3）崴（昏特热）：借用对手抓握自己跤衣后肩把位（森其格）的手臂为杠杆，进胯转体，展腰甩头，紧底手支上手，使对方倒于身体前方的技术叫崴（昏特热）。

（4）揣（乌热）：以腰背部正对对方，利用双手牵拉对方把位破坏重心，腰背贴紧对方小腹，屈身使对方经肩上前翻倒地的技术叫"揣"（乌热）。

（5）得合（大内刈）：用左（右）腿脚后跟或小腿，从对手胯下由内向外划扫对手右（左）小腿，同时双手向前推，身体前倾使之倒地叫得合（大内刈）技术。

（6）大别子（阿其亚）：以左（右）腿别打对方左（右）腿踝上胫小腿外侧，长腰、甩脸、紧底手使对方向侧前翻倒的技术叫大别子（阿其亚）。

（7）挑勾子（甘吉嘎拉）：用左（右）腿从对手大腿内侧向上方起，低头转脸向右（左）转体，紧底手、压上手，把对方向前翻倒的技术叫挑勾子。

（8）插闪（结拉）：用左（右）手插入对手右（左）腋下，利用对方的犟劲对抗时，向左（右）下方半转体闪身，把对手摔倒的技术叫插闪（结拉）。

（9）抱提挑勾子（额布德格乌那拉呼）：双手抱腰上提，同时膝盖向对方臀侧下部上顶，转体前压将对手摔倒的技术叫抱提挑勾子（额布德格乌那拉呼）。

（10）抱挤（哈希亚）：一只手抓同侧远腰把把位（阿拉苏布斯），另一只手抓后肩（森其格）把位，头枕在对方胸或脖颈部位，用腿卡住对方同侧腿，挺身向后做桥把对手摔倒的技术叫抱挤（哈希亚）。

（11）扒（乌斯格得呼）：用脚内侧，从对手胯下横向拉脚后跟将其摔倒的技术叫扒（乌斯格得呼扒）。

（12）搂切（格希格）：用左（右）腿搂其同侧腿外侧，紧手向其侧后方用力，重心向前下压是对手倒地的技术叫外挂（搂切）。

（13）踢（朝合）：左（右）手向侧下方拉拽，右（左）手向侧前下方支捅，坐腰转体用左（右）踢对手右（左）腿小腿中下部位外侧，使其摔倒的跤绊叫踢（朝合）。

（14）夹颈背（呼句阿其亚）：右（左）手抓握袖口（含其）把位，左（右）腿入其档，左（右）手搂抱其脖颈，双手形成合力将其翻倒的技术叫夹颈背（呼句阿其亚）。

(15) 缠腿翻（敖绕么格得合）：用左（右）腿绕对方左（右）腿，右（左）腿向前跳半步，用上提和盘拧之力，摔倒对方的技术叫绕腿翻（敖绕么格得合）。

(16) 绕臂抱摔（嘎日敖绕句特布日呼）：右（左）手抓对手同侧手臂或手腕向侧下方拉拽，左（右）手插入腋下搂抓大臂后侧继续向侧下方用力，右（左）脚上步至对手身后抱腰摔倒对手的技术叫绕臂抱摔（嘎日敖绕句特布日呼）。

(17) 铲踢（古萨）：右（左）手抓握左手袖口（含其）把位，左（右）手抓握其右上领子（夹么）把位或反挂门（伊日句把日呼），重心下坐向右下方拉拽带动对手重心的同时右（左）脚上步，待对手顶劲起身时左（右）脚铲踢（古萨）将对手双腿摔倒的技术叫铲踢（古萨）。

(18) 搓勾提（乌勒格）：把脚勾起，使自己脚背与小腿形成勾，搓住对方足踝后方外侧，并粘住，再向上斜方勾提其脚跟，手与脚的用力方向相反，使对方侧倒的技术叫搓勾提（乌勒格）。

(19) 搓勾铲摔（乌勒格古萨）：把脚勾起，使自己脚背与小腿形成勾，搓住对方足踝后方外侧，使对方以为在使用乌勒格（搓勾提）技术抽退逃脱时，迅速用另一只脚使用铲踢对方支撑脚将其摔倒的连落技术叫乌勒格古萨（搓勾铲摔）。

(20) 抱踢摔（特布日句朝合）：左（右）手抓握对手森其格把位，左（右）手抱腰，右（左）脚侧上步重心下坐转体，左（右）脚内侧踢对手踝上外侧胫骨将对手摔倒的技术叫抱踢摔。

（二）反攻技术动作

(1) 假搓真拧反击动作——吸腰（崴）：左（右）手插对方腋下右（左）手抓臂，上步转腰转体甩头。

(2) 搓反击动作——里倒：守方（右方）借攻防向前的力量顺势扫腿转体的动作。

(3) 崴反攻动作——插腿长腰：守方（左）借对方向左（右）的力量，右（左）腿迅速前上步，同时左（右）脚上步插对方裆下，右（左）手抓反挂门（把位右（左）手，用力转腰，重心前移。

(4) 得合反攻动作——盘腿：守方（右）借攻方靠近身体向上的力量，迅速从背后抓森其格把位向上带起，左（右）腿横扫的动作。

(5) 大别子反攻动作——插腿别：攻方转体插腿的同时，守方快速插右（左）腿使对方支撑脚离地失重顺势推手倒地的动作。

(6) 挑勾子反攻动作——压颈：攻方左（右）手抓握对方小袖，右（左）脚上步到对方俩腿之间插裆后撩时，提膝缓冲，右（左）脚支撑，右（左）手压颈部，身体右（左）转向前下压。

(7) 抱提挑子反攻动作——插腿转体：借攻方上举之力，向上攀起，在对方转体向下时迅速落地顶腰转体拽左（右）手把位。

(8) 抱挤反攻动作——抽腿转体：抓对方把位偏门和小袖，在对方上步腿时，守方左脚向右（左）做插步右（左）腿盘腿抽出顺势拉拽对方倒地的动作。

(9) 扒反攻动作——搓踢：攻方扫对方左（右）腿时，守方及时躲闪，并顺势重心左（右）移，右（左）腿扫其攻方支撑脚，将其摔倒的动作。

(10) 外挂反攻动作——得合：攻方上步小腿时，守方主动小腿外降重心转体推手。

(11) 踢反攻动作——搓：借攻方踢空时机，守方跳换腿拉手下推使其倒地的动作。

(12) 缠腿翻反攻动作——盘腿转体：守方在攻方插腿做动作时，速将其抱起扫腿将其摔倒动作。

(13) 铲踢的反攻动作——踢：当进攻方使用铲踢技术进攻时，迅速撤同侧腿双手用力向斜后方拉拽，顺势送足扫踢对方脚后跟向下用力按压将其摔倒。

(14) 搓勾提的反攻动作——盘腿长腰：守方抓反挂门和袖口把位，在对方上步攻时，右（左）脚盘腿挂起对方腿，身体右（左）转，把对方带倒的动作。

(15) 搓踢反攻动作——踢：当攻方上步进攻时，守方左（右）手抓偏门把位，后撤右（左）脚同时抬起左（右）脚避让对方扫踢，在对方扫空时扫踢对方支撑脚，左（右）手下拽使对方倒地的动作。

(16) 拦门脚反攻动作——得合勒：在攻方进攻时，守方上步插腿阻挡对方扫腿进攻，同时上步的腿向外侧起迅速推手使对方倒地的动作。

三、搏克竞赛规则

（一）比赛形式

搏克运动的比赛形式古朴而庄重。按蒙古族传统要求，参赛选手上身穿牛皮或帆布制成的"卓得戈"（紧身半袖坎肩），裸臂盖背，"卓得戈"边沿镶有铜钉或银钉，后背中间有圆形的银镜或"吉祥"之类样字，腰间系用红、蓝、黄三色绸子做的"策日布格"（围裙），下身穿用32尺或16尺（1尺为⅓米）白布做成的肥大"班泽勒"（裤），"班泽勒"外套一条绣有各种动物或花卉图案的套裤，脚蹬蒙古靴或马靴。优胜者脖颈上配套五色彩绸制成的"将嘎"（项圈）。它是搏克手获胜次数多少的标志，获胜次数越多，"将嘎"上的五色彩绸条也越多。

搏克比赛在悠扬激情的"乌日亚"赞歌声中开始，比赛场地无特殊要求，有一块平坦草地或土质地面即可举行。选手们挥舞着壮实的双臂，跳着模仿狮子、鹿、鹰等姿态的舞步入场。比赛规则简单明了，不限时间，参赛者也不分体重，膝盖以上任何部位着地为负。搏克运动要求选手腰、腿部动作协调配合，在对抗中充分显示自己的力量和技巧。

（二）服装

比赛时，摔跤手要穿专门的摔跤服：上身着牛皮或帆布制成的紧身短袖背心，蒙古族亲切的称其为"召格德"。上面钉满了银质的"大号图钉"，后背中央还有代表着"吉祥"类的字样，背罩红、黄、蓝三色做成的"布条披肩"。下身穿肥大的摔跤裤，外面在套一条绣有动物和花卉图案的套裤，脚蹬蒙古靴。这身行头一亮相，就震住了在场的所有观众。双方交手时要高唱挑战歌，然后会跳着狮舞出场，显得相当有气势。裁判员发令后，双方握手致意，各施展扑、拉、甩、绊等技巧以制胜。比赛要求不得抱腿，不得搞危险动作，除脚掌外，其他膝盖以上的任何部位着地即为失败。与其他民族式摔跤不同的是，搏克比赛不受年龄和体重的限制，也无时间限制。

（三）流程

大规模的搏克比赛常常在那达慕大会上举行，选手不分级别进行单败淘汰赛，直到决出冠军。按照蒙古族的传统习惯，赛前要推选一位德高望重的长者主持编排，根据报名参赛选手的情况，少则编为32人或64人，多则编为512人或1024人，不能出现奇数。比赛采用单淘汰式一种，一跤分胜负，膝盖以上任何部位先着地者为败。比赛不限时间，不分体重。摔跤手有专门的服装，蒙语叫"卓德格"。上身为牛皮或帆布制成的紧身半袖背心，钉有银钉或钢钉；腰系红、蓝、黄三色绸子做成的围裙（蒙语称"希力布格"）。下身穿用5米或10米的白布特制的肥大的摔跤裤，外面还要套上印有花色图案的套裤，这样出汗不沾衣服，且可以防止伤害事故。脚穿蒙古靴或马靴。此外，脖子上还要套上五色绸条做成的项圈似的"章嘎"，"章嘎"标志取得的名次，得胜次数越多，彩条越多。赛手出场前要唱摔跤歌、跳鹰步舞。摔跤歌也叫出征歌，雄浑高亢，以壮行色。歌词大意是："来吧，无畏的健将们，为了健康入场来摔跤吧。考验我们的意志，较量我们的力量的时候到了！"鹰步舞既是赛前的准备动作，也是壮声威之举。待裁判员发令后，双方先握手致敬，然后便开始交锋。在那"那达幕"大会上，成百上千的选手龙争虎斗，扭法盘旋，蔚为壮观。凡参加"那达幕"的摔跤手都有奖。历史上，大型"那达幕"的摔跤冠军曾获得过9种81件奖品，因而声名远扬，荣耀异常。

（四）参赛人员

搏克的大众性体现在对待参加者的资格要求上，不分年龄，地位、民族、地域和运动经历，只要在额满之前报名都可下场参加比赛，而且规则面前，人人平等。

正式比赛时，下场的运动员一般最少为64人，最多可达1024人。在直接对抗性运动项目中，如此蔚为壮观的宏大场面，真是绝无仅有。上场运动员足蹬马靴、身穿牛皮饰钉跤衣，在歌声中跳跃入场，个个宛如巴斯达克的勇士，给人留下威武彪悍的难忘形象。

（五）评判

比赛时运动员下肢可采用踢绊等动作，但只限用膝关节以下，上肢可使用任何推拉抱揉动作，但只限于臀部以上，踝以上的任何部位着地即被判输。

搏克手必须遵守一定的礼节，在比赛前后必须向对手和观众致意，对手衣服松乱时必须停止进攻，摔倒对手后必须帮助对手站起。

第二节　太极拳

扫描观看视频

太极拳是一种武术项目，也是体育运动和健身项目，在中国有着悠久的历史。太极拳是依据《易经》阴阳之理、中医经络学、道家导引、吐纳等综合创造出的一套有阴阳性质，符合人体结构、大自然运转规律的拳术。太极拳是我国、乃至世界人们的宝贵文化遗产。

一、太极拳概述

"太极"一词最初见于《周易》一书，至宋朝，周敦颐以其所画太极圆图解释宇宙、自然界发展规律及其变化。而太极拳的每一个动作都是圆形的，恰似太极图的一环套一环，在这些环形动作中，蓄含着很多变化，如虚实、动静、刚柔、进退等。太极拳集我国诸多拳种之长，并结合古代的导引术、吐纳术、吸取古典唯物哲学阴阳学说与中医基本理论的经络学说，成为一种内外兼修的拳术。

太极拳早期曾称为"长拳""绵拳""十三势""软手"。关于太极拳的起源，目前公认的说法是由河南温县陈家沟人陈王廷于明末清初年间所创，后经世人的不断总结、整理、创新、发展使其内容日趋丰富、完善。

新中国成立以后，国家组织人员新编了简化太极拳、48式太极拳，修订了杨式拳架，相继又编制了杨式太极拳竞赛套路、陈式太极拳竞赛套路、吴式太极拳竞赛套路、孙式太极拳竞赛套路、武式太极拳竞赛套路及42式太极拳竞赛套路。各派太极拳虽然在动作、套路、风格等方面都各成一体，但它们之间仍然保持着一些相同的技术方法和运动特点。各派太极拳均要求：①静心用意，以意识引导动作，动作与呼吸紧密配合，呼吸要平稳，深习自然。②中正安舒、柔和缓慢，身体保持舒松自然，不偏不倚，动作绵绵不断，轻柔自然。③动作走弧形，圆活不滞，同时以腰为轴，上下相随，周身形成一个整体。④连贯协调，虚实分明。动作之间衔接和顺，处处虚实分明。⑤轻灵沉着，刚柔相济。动作不浮不僵、外柔内刚、发劲完整。

经常练习太极拳对于中枢神经系统、血液循环系统、呼吸系统等均有良好的作用。太极拳具有健身作用和治疗疾病的功效，成为国际医疗体育项目。太极拳运动越来越受到世界各国人民喜爱，其影响遍及五大洲。在日本、美国、加拿大、英国、法国、瑞典、新加坡、马来西亚等国家以及港、澳、台湾等地，开展太极拳运动尤为广泛。目前，许多国家都已经成立了太极拳协会等团体，积极与中国进行交流活动。太极拳作为中国特有的民族传统体育项目，已经引起很多国际朋友的兴趣和爱好，成为世界人们共同的文化遗产。

二、二十四式太极拳练习

（一）动作名称

第一组：1. 起势；2. 左右野马分鬃；3. 白鹤亮翅。

第二组：4. 左右搂膝拗步；5. 手挥琵琶；6. 左右倒卷肱。

第三组：7. 左揽雀尾；8. 右揽雀尾。

第四组：9. 单鞭；10. 云手；11. 单鞭。

第五组：12. 高探马；13. 右蹬脚；14. 双峰贯耳；15. 转身左蹬脚。

第六组：16. 左下势独立；17. 右下势独立。

第七组：18. 左右穿梭；19. 海底针；20. 闪通臂。

第八组：21. 转身搬拦锤；22. 如封似闭；23. 十字手；24. 收势。

（二）动作说明

第一组

1. 起势（图8-1）

图 8-1

2. 左右野马分鬃（图 8-2）

图 8-2

3. 白鹤亮翅（图 8-3）

图 8-3

第二组

4. 左右搂膝拗步（8-4）

图 8-4

5. 手挥琵琶（图 8-5）

图 8-5

6. 左右倒卷肱（图 8-6）

图 8-6

第三组

7. 左揽雀尾（图 8-7）

图 8-7

8. 右揽雀尾（图 8-8）

图 8-8

第四组

9. 单鞭（图 8-9）

图 8-9

10. 云手（图 8-10）

图 8-10

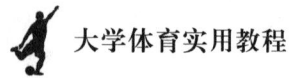

11. 单鞭（图 8-11）

图 8-11

第五组

12. 高探马（图 8-12）

图 8-12

13. 右蹬脚（图 8-13）

图 8-13

14. 双峰贯耳（图 8-14）

图 8-14

15. 转身左蹬脚（图 8-15）

图 8-15

第六组

16. 左下势独立（图 8-16）

图 8-16

17. 右下势独立（图 8-17）

图 8-17

第七组

18. 左右穿梭（图 8-18）

图 8-18

19. 海底针（图 8-19）

图 8-19

20. 闪通臂（图 8-20）

图 8-20

第八组

21. 转身搬拦锤（图 8-21）

图 8-21

22. 如封似闭（图 8-22）

图 8-22

23. 十字手（图 8-23）

图 8-23

24. 收势（图 8-24）

图 8-24

第三节　初级剑

一、初级剑概述

初级剑术是武术短器械套路，其内容丰富，结构合理，动作简单易学易练适合初学者练习。剑法包括：刺、劈、点、撩、挑、崩、截、斩、抹、削、云、挂、架、压等。步型步法有弓步、虚步、丁步、歇步、仆步、插步、坐盘、跃步、跟步、跳步、转闪及提膝，平衡并配合剑指身法。全套主要动作共 32 个，即能单练也能对练。

初级剑还是大学体育武术课程的一个科目。这是一套基础剑法，也可说是功架剑，对于动作只要做到规整合格就可以。

二、初级剑动作练习

（一）动作名称

起势

第一段：1. 弓步直刺；2. 回身后劈；3. 弓步平抹；4. 弓步左撩；5. 提膝平斩；6. 回身下刺；7. 挂剑直刺；8. 虚步架剑。

第二段：9. 虚步平劈；10. 弓步下劈；11. 带剑前点；12. 提膝下截；13. 提膝直刺；14. 回身平崩；15. 歇步下劈；16. 提膝下点。

第三段：17. 并步直刺；18. 弓步上挑；19. 歇步下劈；20. 右截腕；21. 左截腕；22. 跃步上挑；23. 仆步下压；24. 提膝直刺。

第四段：25. 弓步平劈；26. 回身后撩；27. 歇步上崩；28. 弓步斜削；29. 进步左撩；30. 进步右撩；31. 坐盘反撩；32. 转身云剑。

收势

(二) 动作说明

起势（图 8-25、图 8-26、图 8-27）

动作要领：并步站立；左手持剑，右手成剑指，上身右转，右脚向右上一步成右弓步；左手持剑由左侧直臂向右侧划弧，至身前做反臂平举；左脚向右脚并步，左手持剑随之下落于身体左侧；右剑指向右侧平伸指出。左脚向左，成左弓步。右脚向前并步站立；左手持剑落于左侧；右剑指向前平伸指出，左手持剑由右剑指上穿出，上身右转；右脚向右侧跨步、成右弓步，右剑指向右侧平指出。上身左转，重心落于右腿；成左虚步；左手持剑向胸前屈肘，右剑指也向胸前屈肘，准备接握左手之剑，目视剑尖。

图 8-25　　图 8-26　　图 8-27

第一段

1. 弓步直刺（图 8-28）

右手接握左手之剑，左手握成剑指。左脚向前上半步，左腿屈膝；右脚前脚掌碾地，脚跟外展，膝部挺直，成左弓步。同时上身左转，右手持剑向身前平伸直刺，拇指一侧在上；左手剑指随之伸向身后平举，拇指一侧在上，目视剑尖。

2. 回身后劈（图 8-29）

左脚不动，膝部伸直；右脚向前一步，膝略屈。上身右转同时右手持剑经过上方向后劈，剑高与肩平，拇指一侧在上；左手剑指随之由下向前上弧形绕环，在头顶上方屈肘侧举，拇指一侧在下。目视剑尖。

图 8-28

3. 弓步平抹（图 8-30）

右脚向左前方上一步，左腿屈膝；右腿在后，膝部挺直，脚尖里扣，成左弓步。同时左手剑指由胸前下降，经过左下向上弧形绕环，在头顶上方屈肘侧举，拇指一侧在下；右手持剑（手心转向上）随之向前平抹，剑尖稍向右斜。目视前方。

图 8-29　　图 8-30

4．弓步左撩

（1）身体左转。右腿屈膝在身前提起，脚尖下垂，脚背绷直。同时右手持剑臂外旋使剑由前向上、向后划弧，至左后方时，屈肘使手腕、前臂贴靠腹部，手心朝里；左手剑指随之由头顶上方下落，贴附于右手腕部（手心朝下）。目视剑身。

（2）右脚继续向右前方落步，右腿屈膝；左腿在后蹬直，脚尖里扣，成右弓步。同时右手持剑由后向下、向前反手撩起，小拇指一侧在上；左手剑指随右手运动，仍附于右手腕处。目视剑尖。

5．提膝平斩（图 8-31）

左脚向前一步，右手手腕向左上翻转，屈肘，使剑向左平绕至头部前上方，右腿随之由后向身前屈膝提起。右手继续翻转手腕，使剑向右平绕至右方后（手心朝上），再用力向前平斩；右手剑指由上向左、向上弧形绕环，屈肘横举于头部左上方。目视前方。

6．回身下刺（图 8-32）

右脚向前落步，脚尖外撇，膝略屈，上身右转。同时右手持剑手腕反屈，使剑尖下垂，随之向后下方直刺，剑尖低于膝，拇指一侧在上；左手剑指向身前的右手靠拢，然后在刺剑的同时，向左上方伸直，拇指一侧在上。目视剑尖。

图 8-31　　　图 8-32

7．挂剑直刺

（1）左脚向前一步，屈膝略蹲。右臂内旋先使拇指一侧朝下成反手，然后翘腕、摆臂，使剑指向左、向上抄挂，当持剑手抄挂至左肩时，再屈肘使剑平落于胸前，手心朝里；左手剑指屈肘附于右手腕处。此时左腿伸直站立，右腿随之在身前屈膝提起。

（2）接着，以左脚前脚掌碾地，上身右转。右手持剑使剑向下插，左手剑指仍附于右手腕处。目视剑指。

（3）上动不停，仍以左脚前脚掌为轴碾地，右脚向身后跨一大步，右腿屈膝，身体从右向后转；左腿在后蹬直，脚尖里扣，成右弓步。同时，右手持剑向前直刺，剑尖与肩同高，拇指一侧在上；左手剑指随之向后平伸，拇指一侧在上。目视剑尖。

8．虚步架剑

（1）右手持剑先将剑尖由左向右搅一小圈，臂内旋使持剑手的拇指一侧朝下。同时，以右脚跟和左脚前脚掌为轴碾地，右脚尖外撇，身体由右向后转，左脚向前收拢半步，两膝均略屈成交叉步。在转身的同时，右手持剑反手向右上方屈肘上架；左手剑指屈肘经左肩前附于右手腕处。目向左平视。

（2）右腿屈膝不动，左脚向前一步，膝盖稍屈，前脚掌虚步着地，重心落于右腿，成左虚步。在右手持剑略向后牵引的同时，左手剑指向前平伸指出，手心朝下。目视剑指。

第二段

9. 虚步平劈

左脚脚跟外展，身体右转，重心移于左腿，右脚跟随之离地，成右虚步。在转身的同时，右手持剑向右下平劈，拇指一侧在上；左手剑指即向上屈肘，手心向左上方。目视剑尖。

10. 弓步下劈

右脚踏实，身体重心前移，左手剑指伸向右腋下，右手持剑臂内旋使手心朝下。左脚随即向左前方上步，左腿屈膝；右腿在后蹬直，脚尖里扣，成左弓步。在左脚上步的同时，右手持剑屈腕向左平绕，划一小圈后向前下方劈剑，剑尖高与肩平；左手剑指随之由右腋下面向左、向上绕环，在头顶上方屈肘侧举，上身略前俯。目视剑尖。

11. 带剑前点（图8-33）

（1）右脚向左脚靠拢，以前脚掌虚着地面，两腿均屈膝略蹲。右手持剑向上屈腕，使剑向右耳际回带，肘微屈；左手剑指随之由前下落，附于右手腕处。目向右前方平视。

（2）上动不停，右脚向右前方跃一步，落地后即屈膝半蹲，全脚着地；左脚随之跟进，向右脚并步屈膝，以脚尖点地，成丁步。同时，右手持剑向前点击，拇指一侧在上；左臂屈肘，右手剑指向头顶上方侧举，手心朝上。目视剑尖。

12. 踢膝下截（图8-34）

（1）右腿伸直，左腿退步后屈膝，上身后仰。右臂外旋手心朝上，使剑向右、向后上方弧形绕环；左手剑指不动。

（2）上动不停，有臂内旋使手心朝下，继续使剑向左、向前下方划弧下截。同时上身向前探，左腿屈膝提起。目视剑尖。

图 8-33    图 8-34

13. 踢膝直刺

（1）右腿略屈膝，左脚向前落步，脚尖外撇。右臂外旋使手心朝上，并在左脚落步的同时向上屈肘，将剑柄收抱于胸前，手心朝里，剑尖高与肩平；左手剑指随之下落，按于剑柄上。此时两腿成交叉步。目视剑尖。（图8-35）

（2）右腿向身前屈膝提起，左腿伸直站立。右手持剑向前平直刺出，拇指一侧在上；同时左手剑指向右后平伸指出，手心朝下。目视剑尖。

14. 回身平崩

（1）右脚向前落步，脚尖外撇；左脚前脚掌碾地使脚外转，屈膝略蹲，同时身体向右后转，成交叉步。右手持剑臂外旋使手心朝上，屈肘向胸前收回，剑身与右前臂成水平直线；左手剑指随之直臂上举，经左耳侧

图 8-35

屈肘前落，附于右手心上面。目视剑尖。

（2）上身稍向右转，左腿挺膝伸直，右腿略屈膝。同时右手持剑使剑的前端用力向后平崩，手心仍朝上；左手剑指屈肘向额部左上方侧举。目视剑尖。

15. 歇步下劈（图8-36）

右脚蹬地起跳，左脚向左跃步横跨一步，落地后，右腿即向左腿后侧插步，继而两腿屈膝全蹲，成歇步。在跃步的同时，右手持剑向上举起，并在形成歇步时向左下劈，拇指一侧在上，剑尖与踝关节同高；左手剑指随着下劈动作，下按于右手腕上面，目视剑身。

16. 提膝下点（图8-37）

（1）右手持剑先使手心朝下成平剑，然后以两脚的前脚掌碾地，身体向右后转动，两腿边转边站起来，右手持剑平绕一周。当剑绕至上身右侧时，上身稍向左后仰，同时剑身继续向外、向上弧形绕环，剑尖接近右耳侧；此时左手剑指离开右手腕向上屈肘侧举。目视前下方。

（2）上动不停，右腿伸直站立，左腿屈膝提起，上身向右侧下探。同时右手持剑向前下点击，拇指一侧在上。目视剑尖。

图8-36　　　　图8-37

第三段

17. 并步直刺（图8-38）

（1）以右脚前脚掌为轴碾地，是身体向左后转。在转身的同时，右臂内旋并向拇指一侧屈腕，使尖指向转身后的身前。左手剑指随之由上经右肩前。腹前绕环向正前方指出，手朝下。目视剑指。

（2）左脚向前落步，右脚随之跟进并步，两腿均屈膝半蹲。同时右手持剑向前平伸直刺，拇指一侧在上；左手剑指顺势附于手腕处。目视剑尖。

18. 弓步上挑（图8-39）

右脚上步，右腿屈膝，同时左脚脚跟稍内转，左腿挺膝伸直，成右弓步。右手持剑直臂向上挑举，剑尖向上，手心朝左；左手剑指仍向前平伸指出，手心朝下。上身稍微前倾。目视剑指。

图8-38

19. 歇步下劈（图8-40）

右腿伸直，左脚向前上步，脚尖外撇，随之两腿交叉屈膝全蹲，成歇步。同时，右手持剑向前下劈，拇指一侧在上，剑尖与踝关节同高；左手剑指屈肘附于右手腕里侧。上身稍前俯。目视剑身。

图 8-39 　　　　　　　　图 8-40

20. 右截腕

两脚以前脚掌碾地，并且两腿稍伸直立起，使身体右转，右腿屈膝半蹲，左腿稍屈膝，左脚前脚掌虚着地面，成左虚步，右臂内旋使拇指一侧朝下，用剑的前端下刃向前上方划弧翻转，随着上身起立成虚步，右手持剑再向右后方托起；左手剑指仍附于右手腕，两肘均微屈。目视剑的前端。

21. 左截腕（图 8-41）

左脚向前上半步，并以前脚掌碾地使身体向左后转，右脚随之向前上一步，前脚掌着地，两腿均屈膝，成左实右虚之右虚步。在右脚进步的同时，右臂外旋，使剑身的前端向左上方划弧翻转，手心朝上，剑身与地面平行；左手剑指随之离开右手腕，屈肘向上侧举。目视剑的前端。

22. 跃步上挑（图 8-42）

（1）左脚经身前向前上一步，右脚随之在身后离地，右腿后弯。同时，右臂外旋手心朝里，使剑由右向上、向左屈肘划弧，剑至上身左侧时，右手靠近左胯旁，拇指一侧在上并向上屈腕；右手剑指在右手向左下落时附于右手腕上。目视剑尖。

（2）左脚蹬地，右脚向右侧跃步，落地后屈膝略蹲，左脚随之离地屈膝从身后伸向右侧方，成望月势平衡。上身向左侧倾斜。在右脚跃步的同时，右手持剑由左胯旁向下、向右划弧，当剑达到右侧方时，臂外旋并向拇指一侧屈腕，使剑向上挑击；左手剑指即向左上方，拇指一侧在下。目视右侧方。

图 8-41 　　　　　　　　图 8-42

23. 仆步下压

（1）右手持剑使剑尖从头上经过，继而向身后、向右弧形平绕，当剑绕到右侧时，即屈肘将剑柄收抱于胸部前下方，手心朝上；左手剑指仍横举于左额前上方。同时，右膝伸直，上身立起，左腿屈膝提于身前。

（2）上动不停，左手剑指经身前下落，按在右手腕上。左脚随之向左侧落步，屈膝全蹲；右腿在右侧平仆伸直，脚尖里扣，成右仆步，同时，右手持剑用剑身平面向下带压，剑尖斜向右上方。上身前探。目向由平视。

24. 提膝直刺（图 8-43）

两腿直立站起，左腿屈膝提于身前，右腿挺直站立。同时，右手持剑向右前方平伸直刺，拇指一侧在上；左手剑指屈肘在左侧上举，拇指一侧在下。目视剑尖。

图 8-43

第四段

25. 弓步平劈（图 8-44）

右臂外旋，先使手心朝向背后、剑的下刃转翻向上，继而身体左转。同时左脚向右后侧落一大步，左腿屈膝；右脚以前脚掌为轴碾地，脚跟稍外转，右腿挺膝伸直，成左弓步。左手剑指随着持剑臂的运行而向右、向下、向左、向上圆形绕环，仍屈肘举于头部左侧上方；略高于肩。目视剑尖。

26. 回身后撩（图 8-45）

右脚向前上一步，膝略屈；左脚随之离地，小腿向上弯曲。上身前俯，腰向右拧转。右手持剑随右脚上步而向后反撩，剑尖斜向下方，拇指一侧在下；左手剑指前伸成侧上举，拇指一侧在下。目视剑尖。

图 8-44 　　图 8-45

27. 歇步上崩（图 8-46）

（1）右脚蹬地，左脚向前跃步，身体随之向右后转；左脚落地，脚尖稍外撇，右腿摆向身后。在身体转动的同时，有你外旋，是拇指一侧朝上；左手剑指在身后平伸，手心朝下。

目视剑尖。

（2）上动不停，右脚在身后落步，两腿均屈膝全蹲，左大腿盖在右大腿上，臀部坐在右小腿上，成歇步。同时，右手持剑直臂下压，手腕向拇指一侧上屈，使剑尖上崩；左手剑指随之屈肘，在头部左上方侧举，拇指一侧在下。目视剑身。

28. 弓步斜削（图 8-47）

（1）左脚脚尖内扣，身体右转，右脚随之向前上步、屈膝，左腿在身后挺膝伸直，成右弓步。右手持剑，臂外旋使手心朝上，在转身的同时，屈肘向左肋前收回；左手剑指随之从身前下落，按在剑柄上。上身向右前倾。目视前方。

（2）上动不停，右手持剑由后向前上方斜面弧形上削，手心斜向上方，手腕稍向左肋前回收；左手剑指伸向后方，拇指一侧在上。目视剑尖。

图 8-46

29. 进步左撩（图 8-48）

（1）右腿伸直，上身向右转，左腿稍屈膝。同时，右手持剑使手心朝里经脸前边转身边向左划弧，剑至体前时，左手剑指附于右手腕里侧。目视剑尖。

（2）以右脚跟为轴碾地，脚尖外撇，身体向右后转；左脚随之向前上步，以前脚掌虚着地面。同时，右手持剑反手向下、向前、向上继续划弧撩起，剑至前上方时，肘部略屈，拇指一侧在下，剑尖高与肩平；左手剑指随右手动作，仍附于右手腕上。目视剑尖。

图 8-47　　图 8-48

30. 进步右撩（图 8-49）

（1）右手持剑直臂向上、向右后方划弧，左手剑指随势收于右肩前，手心朝左。目视剑尖。

（2）左脚踏实后以脚跟为轴碾地，脚尖外撇；右脚随之向左脚上步，前脚掌虚着地面。同时，右手持剑由右向下、向前划弧抡臂撩起，剑至前方时，肘微屈，手心朝上，剑尖高与肩平；左手剑指随之由右肩前向下、向前、向后上方绕环，屈肘侧举于头部左上方。目视剑尖。

图 8-49

31. 坐盘反撩

右脚踏实后向前一小步，随即左脚从右腿后向右侧插一步，两腿屈膝下坐，成坐盘势。在左脚插步的同时，右手持剑向上、向左、向下再向右上方反手绕环斜上撩，剑尖高过头顶；左手剑指随之经体前向下、向右上方划弧，屈肘横举于左耳侧，拇指一侧在下。上身向左前倾俯，目视剑尖。

32. 转身云剑

（1）右脚蹬地，两腿伸直站立，并以两脚的前脚掌碾地，使身体向左后转。转身之后，右腿屈膝略蹲，右脚踏实；左膝微屈，前脚掌虚着地面，身体重心落于右腿。同时，右手持剑随身体转动一周后屈肘使剑平举，拇指一侧在下；此时左手剑指附于右手腕处。目视剑尖。

（2）上动不停，上身后仰。右手持剑向左、向后、向右、向前圆形云绕一周，剑至身前时，右手手心朝上，送把，使剑尖下垂；左手剑指放开，拇指一侧朝上，准备接握右手之剑。此时重心前移，左脚踏实，右腿伸直，上身前倾。目视左手。

收势（图 8-50）

（1）右手将剑柄交于左手后即握成剑指，左手接剑后反握住剑柄向身体左侧下垂。此时右脚向右前方上步，脚尖里扣，屈膝略蹲，上身随之左转；左脚随之向前移步，前脚掌虚着地面，膝微屈。在上身左转的同时，右手剑指随之由身后向上屈肘侧举于头部上方，手心朝上。目向左平视。

（2）右腿伸直，右脚向左脚靠拢，并步站立。右手剑指下落于身体右侧，手心朝下，还原成起始姿势。目向正前方平视。

图 8-50

第四节　初级长拳

一、长拳概述

长拳是武术中拳种的一大类别，是在吸取了查拳、花拳、华拳、炮拳、少林拳诸拳种之长的基础上形成的。其特点是姿势舒展、动迅静定、劲力饱满和节奏鲜明。长拳在武术运动中影响较大，有广泛的群众基础。

"长拳"有着悠久的历史，最早见载于明代戚继光所著《纪效新书·拳经捷要篇》中："古今拳家，宋太祖有三十二势长拳。"明代程宗猷著《耕余剩技·问答篇》载："……长拳有太祖温家之类，短打则有绵张任家之类。"表明明代已有长拳称谓及太祖长拳、温家长拳等不同类别。程子颐等人所著的《武备要略·长拳说》将"长拳"单独列为一节，并在文中写道："谚云，长拳兼短打，如锦上添花。"唐顺之在其所著的《武编·拳》中专门论述了"长拳""短打"及其相互关系。文中说："长拳变势，短打不变势。逼近用短打，若远开则用长拳。行着，既晓短打，复会行着，短不及长矣……"1937年，"技击学会"编著的《国术大全》将"长拳"做为一个独立的拳种，与燕青拳、二郎拳、行拳、六合拳等拳种并列叙述。

1949年中华人民共和国成立后，长拳被列为武术竞赛的重点项目之一。内容有甲组、乙组规定套路和用于竞赛的自选套路，以及作为普及教材的初级刀、枪、剑、棍、拳、青年拳、少年拳等。目前长拳内容包括基本功、单练套路、对练套路。单练套路又分为：规定套路和自选套路两种。长拳运动量大、结构复杂，对提高人体机能、发展人体素质具有良好作用。

长拳的特点是动作舒展大方、快速有力、节奏鲜明，并多起伏转折。手捷快、眼明锐、身灵活、步稳固、精充沛、气下沉、力顺达、功纯青、四击合法、以形喻势。在技击上强调长击速打，主动出击，以快制慢，以刚为主。

二、初级长拳第三路练习

（一）动作名称

预备式：1. 虚步亮掌；2. 并步对拳。

第一段：3. 弓步冲拳；4. 弹腿冲拳；5. 马步冲拳；6. 弓步冲拳；7. 弹腿冲拳；8. 大跃步前穿；9. 弓步击掌；10. 马步架掌。

第二段：11. 虚步栽拳；12. 提膝穿掌；13. 仆步穿掌；14. 虚步挑掌；15. 马步击掌；16. 叉步双摆掌；17. 弓步击掌；18. 转身踢腿马步盘肘。

第三段：19. 歇步抢砸拳；20. 仆步亮掌；21. 弓步劈拳；22. 换跳步弓步冲拳；23. 马步冲拳；24. 弓步下冲拳；25. 叉步亮掌侧踹腿；26. 虚步挑拳。

第四段：27. 弓步顶肘；28. 转身左拍脚；29. 右拍脚；30. 腾空飞脚；31. 歇步下冲拳；32. 仆步抢劈拳；33. 提膝挑掌；34. 提膝劈掌弓步冲拳。

结束动作：35. 虚步亮掌；36. 并步对拳；37. 还原。

（二）动作说明

预备式（图8-51）

1. 虚步亮掌（图8-52）

2. 并步对拳（图8-53）

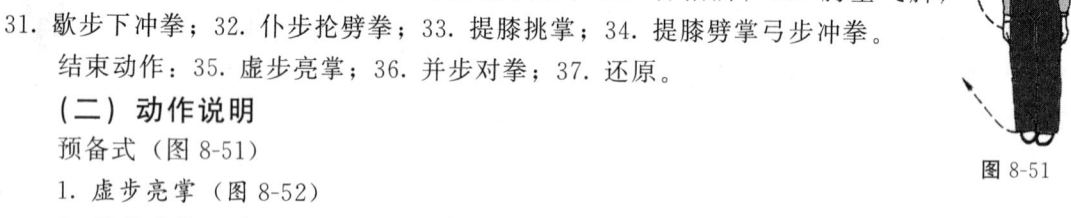

图 8-51

① ② ③　　① ② ③ ④

图 8-52　　　　　图 8-53

第一段

3. 弓步冲拳（图8-54）

① ②

图 8-54

4. 弹腿冲拳（图 8-55）
5. 马步冲拳（图 8-56）

图 8-55 　　　图 8-56

6. 弓步冲拳（图 8-57）
7. 弹腿冲拳（图 8-58）

① ② 图 8-57 　　　图 8-58

8. 大跃步前穿（图 8-59）

① ② ③ ④
图 8-59

9. 弓步击掌（图 8-60）
10. 马步架掌（图 8-61）

图 8-60　　　① ②　图 8-61

第二段

11. 虚步栽拳（图 8-62）
12. 提膝穿掌（图 8-63）

图 8-62 　　　　　　　图 8-63

13. 仆步穿掌（图 8-64）
14. 虚步挑掌（图 8-65）

图 8-64 　　　　　　　图 8-65

15. 马步击掌（图 8-66）
16. 叉步双摆掌（图 8-67）

图 8-66  　　　　　　　图 8-67

17. 弓步击掌（图 8-68）

图 8-68

18. 转身踢腿马步盘肘（图 8-69）

① ② ③ ④ ⑤

图 8-69

第三段

19. 歇步抡砸拳（图 8-70）

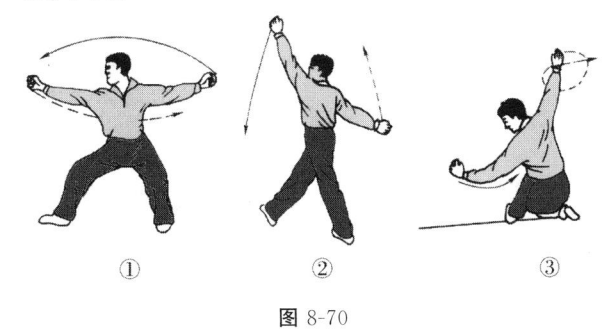

① ② ③

图 8-70

20. 仆步亮掌（图 8-71）

① ② ③

图 8-71

21. 弓步劈拳（图 8-72）

① ② ③

图 8-72

22. 换跳步弓步冲拳（图 8-73）

图 8-73

23. 马步冲拳（图 8-74）
24. 弓步下冲拳（图 8-75）

图 8-74 　　　　　图 8-75

25. 叉步亮掌侧踹腿（图 8-76）

图 8-76

26. 虚步挑拳（图 8-77）

图 8-77

第四段

27. 弓步顶肘（图8-78）

图8-78

28. 转身左拍脚（图8-79）
29. 右拍脚（图8-80）

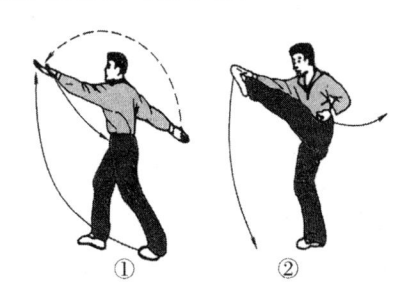

图8-79 　　　　　　　　图8-80

30. 腾空飞脚（图8-81）

图8-81

31. 歇步下冲拳（图8-82）

图8-82

32. 仆步抡劈拳（图 8-83）
33. 提膝挑掌（图 8-84）

① ② ③

图 8-83

① ②

图 8-84

34. 提膝劈掌弓步冲拳（图 8-85）

① ② ③

图 8-85

结束动作

35. 虚步亮掌（图 8-86）

① ② ③

图 8-86

36. 并步对拳（图 8-87）
37. 还原（图 8-88）

① ② ③

图 8-87

图 8-88

第五节　太极功夫扇（第一套）

一、太极功夫扇（第一套）动作名称

第一段：1. 起势；2. 斜飞势；3. 白鹤亮翅；4. 黄蜂入洞；5. 哪吒探海；6. 金鸡独立；7. 力劈华山；8. 灵猫捕蝶；9. 坐马观花。

第二段：10. 野马分鬃；11. 雏燕凌空；12. 黄蜂入洞；13. 猛虎扑食；14. 螳螂捕蝉；15. 勒马回头；16. 鹞子翻身；17. 坐马观花。

第三段：18. 举鼎推山；19. 神龙回首；20. 挥鞭策马；21. 立马扬鞭；22. 怀中抱月；23. 迎风撩衣；24. 翻花舞袖；25. 霸王扬旗；26. 抱扇过门。

第四段：27. 野马分鬃；28. 雏燕凌空；29. 黄蜂入洞；30. 猛虎扑食；31. 螳螂捕蝉；32. 勒马回头；33. 鹞子翻身；24. 坐马观花。

第五段：35. 顺鸾肘；36. 裹鞭炮；37. 前招势；38. 双震脚；39. 龙虎相交；40. 玉女穿梭；41. 天女散花；42. 霸王扬旗；43. 行步过门。

第六段：44. 七星手；45. 揽扎衣；46. 捋挤势；47. 苏秦背剑；48. 搂膝拗步；49. 单鞭下势；50. 挽弓射虎；51. 白鹤亮翅；52. 收势。

二、动作说明

第一段：身体自然直立，面向南。右手持扇。

1. 起势：左脚开步，两手平举抱扇，与肩同高（图8-89）。

图 8-89

2. 斜飞势：①提脚抱手；②向右开步合臂；③侧弓步举扇（两腿东西方向成侧弓步，右手举于头右侧前方，高于头，手心向上，上体稍右倾，头转看左前方，见图8-90）。

图 8-90

3. 白鹤亮翅：①向左转腰摆扇；②向右转腰穿掌；③虚步亮掌（方向向南，右手抖腕开扇，举于头的右侧前上方，见图8-91）。

图 8-91

4. 黄蜂入洞：①抖腕合扇；②摆扇提脚；③转身上步；④弓步前刺（手心向上，与胸同高，方向正东，见图 8-92）。

图 8-92

5. 哪吒探海：①后坐收扇；②提脚转身；③弓步下刺（方向东南，扇与小腹同高，手心朝上，上体略向前倾，见图 8-93）。

图 8-93

6. 金鸡独立：①收脚绕扇；②上步绕扇；③独立撩扇（图 8-94）。

图 8-94

7. 力劈华山：①落脚合扇；②盖步按扇；③转身抡举扇；④弓步劈扇（转动一圈以后，仍然向东方劈出去，右手与肩同高，见图 8-95）。

8. 灵猫捕蝶：①转身摆掌，朝向正西；②上步翻腰抡扇，挺胸展腹，两臂抡摆开。（图 8-96）；③转身退步压扇，身体前倾，左手向后反举，右手向前下压；④翻手再压扇（图 8-97）。

图 8-95

图 8-96　　　　　　　　　　　　　　图 8-97

9. 坐马观花：①虚步合扇；②退步抡举扇；③转身后穿扇；④马步横提（手心向上，停在右膝的上方，扇面朝向西南，见图 8-98）。

图 8-98

第二段

10. 野马分鬃：①转腰合臂；②转身弓步削扇，方向正西（图 8-99）。
11. 雏燕凌空：①转腰穿掌；②并步转腰反头亮扇，身体朝向正西（图 8-100）。

图 8-99　　　　　　　　　　　　　　图 8-100

12. 黄蜂入洞：①收扇转身上步；②弓步刺扇，方向正东（图 8-101）。
13. 猛虎扑食：①振脚收扇；②弓步推扇（图 8-102）。

图 8-101　　　　　　　　　　　　　　图 8-102

14. 螳螂捕蝉：①转身绕扇；②搓脚镣扇，身体略向前倾，两个扇骨和右腿平行，斜向15°（图8-103）。

15. 勒马回头：①合扇转身；②盖步按扇（图8-104）。

图 8-103　　　　　　　　　　　　　　　图 8-104

16. 鹞子翻身：①翻身抢举扇；②旋腕腕花；③退步藏扇（图8-105）。

图 8-105

17. 坐马观花：①抢扇后穿掌；②回身后穿扇；③马步横劈扇，扇面朝向西南（图8-106）。

图 8-106

第三段

18. 举鼎推山：①转腰收扇；②马步推扇，推扇方向正西，右手与肩同高（图8-107）。

19. 神龙回首：①转身收扇；②弓步扎扇，两手互相互抱，虎口朝前，方向转向东（图8-108）。

图 8-107　　　　　　　　　　　　　　　图 8-108

20. 挥鞭策马：①转腰撤脚绕扇；②上步撩扇；③叉步反撩扇，右腿屈弓脚尖外摆，左腿叉步向东，右臂内旋后撩，上体右转扭腰转头向后看（图8-109）。

图 8-109

21. 立马扬鞭：①转身挑扇；②高虚步推掌，左掌侧立掌前推（图 8-110）。
22. 怀中抱月：左脚外撇，右手抱到腹前，左手合在右腕的内侧（图 8-111）。

图 8-110　　图 8-111

23. 迎风撩衣：①开步合扇；②并步贯扇，挺胸收腹，扭腰转头（图 8-112）。
24. 翻花舞袖：①转腰穿掌；②扬身云扇穿掌；③侧弓步劈扇（图 8-113）。

图 8-112　　图 8-113

25. 霸王扬旗：①转腰摆扇；②歇步云扇，两腿屈蹲成歇步，上体朝向东南，眼向正东平视（图 8-114）。
26. 抱扇过门：①开步抱扇，双手于腹前，扇面贴于胸前，朝向正南；②合扇前抱与起势动作相同（图 8-115）。

图 8-114　　图 8-115

第四段

27. 野马分鬃：①转腰合臂；②弓步削扇（图 8-116）。
28. 雏燕凌空：①扣脚转腰穿掌；②并步亮扇，扭腰甩头向东看（图 8-117）。

图 8-116

图 8-117

29. 黄蜂入洞：①收脚上步；②弓步削扇，方向正东（图 8-118）。
30. 猛虎扑食：①振脚收扇；②弓步前推扇（图 8-119）。

图 8-118

图 8-119

31. 螳螂捕蝉：①转腰绕扇；②搓脚镣扇（图 8-120）。
32. 勒马回头：①合扇转身；②盖步按扇（图 8-121）。

图 8-120

图 8-121

33. 鹞子翻身：①翻身抡举扇；②旋腕腕花扇；③退步藏扇推掌（图 8-122）。

图 8-122

34. 坐马观花：①抡扇后举扇；②回身后穿扇；③马步横击扇，马步朝南，扇面朝向西南（图 8-123）。

图 8-123

224

第五段

35. 顺弯肘：①马步合扇，朝向正南；②马步顶肘，以肘尖为力点，两臂同时屈肘向后，发力顶撞，拳心向下，眼转看右侧（图8-124）。

图 8-124

36. 裹鞭炮：①转腰叠臂，左拳在上；②抢摆叠臂右拳在上；③马步翻砸拳，两拳抖弹发力，以拳背为力点，向左右翻砸（图8-125）。

图 8-125

37. 前招势：①转腰摆掌；②虚步拨扇，转向正东，右手停在右膝的上方，掌心向左（图8-126）。

图 8-126

38. 双震脚：①屈蹲分手；②蹬跳脱扇；③震脚劈扇，两个脚先后依次踏立。两手同时前劈，掌心向下（图8-127）。

39. 龙虎相交：①提膝收扇；②蹬脚前推扇。（图8-128）

图 8-127　　　　　　　　　　　图 8-128

40. 玉女穿梭：①落脚合手；②叉步展臂，头转向正西，看右手的扇；③后举腿亮扇，右腿屈膝后举，脚面展平，扭腰转头，上体成反弓形（图8-129）。

41. 天女散花：①开步抱扇；②仰身云扇；③叉步抱扇，扇体方向朝南（图8-130）。

225

图 8-129　　　　　　　　　　　　　图 8-130

42. 霸王扬旗：①开步分展臂；②歇步亮扇，扇体朝东南，头转看正东（图 8-131）。

43. 行步过门：①转身穿扇，方向正北；②叉步，抱扇向前上步，向右，扭腰转头成叉步。（图 8-132）③抱扇行步，一共走五步，路线转成一个半圆形；④转身抱扇，向右后转，转向正南方向；⑤合扇展臂两手侧平举，手心朝下（图 8-133）。

图 8-131　　　　　　　　　　　　　图 8-132

图 8-133

第六段

44. 七星手：①两臂前平举；②屈膝下按，虚步俯扇，扇面展开，斜向上方，与胸同高（图 8-134）。

45. 揽扎衣：①提脚抱手；②转身上步；③弓步向前俯扇，方向正西，扇面仍然是斜向上（图 8-135）。

图 8-134　　　　　　　　　　　　　图 8-135

46. 捋挤势：①合手翻扇；②坐腿后捋；③转身搭手；④弓步前挤，左手掌指附在右腕内侧，挤到胸前（图 8-136）。

图 8-136

47. 苏秦背剑：①后坐摆扇，向右划一个平弧；②转腰推扇，朝向正南；③并步背扇，推掌，扇面贴到背后。推掌的方向东南（图 8-137）。

图 8-137

48. 搂膝拗步：①转腰摆扇；②屈蹲合扇；③转身上步；④弓步戳扇，以扇根为力点，向前戳打，方向正东（图 8-138）。

图 8-138

49. 单鞭下势：①转身活步勾手；②仆步穿扇，开扇，右手沿着右腿向西穿出去，到踝关节内侧的时候抖腕开扇（图 8-139）。

图 8-139

50. 挽弓射虎：①弓腿举扇；②转腰摆扇；③架扇冲拳，右手举扇，在头侧上方，左手握拳向正南冲打，拳心斜向下（图 8-140）。

图 8-140

51. 白鹤亮翅：①转腰摆扇；②合扇分掌；③虚步亮扇，转向正南（图 8-141）。

图 8-141

52. 收势还原：①抖腕合扇；②收脚侧平举；③并步前抱扇；④垂手还原（图 8-142）。

图 8-142

第六节　散打

一、散打概述

散打，古称相搏、手搏、白打、拍张、手战、相散手等，由于徒手相搏的运动形式在台子上进行，因此又称"打擂台"。散打具有悠久的历史，是中华民族在长期的劳动实践和斗争生活中提炼凝结而成的一种人体运动形式，它归属于中国传统体育项目——武术，是武术运动中最直接的技术表现形式。散打是两人按照一定的规则，在一定条件限制下，运用武术中的踢、打、摔及防守技术进行徒手对抗的现代竞技体育项目。

二、散打基本技术

（一）实战姿势

通常也叫做预备式或格斗式，是格斗前所采用的临战运动姿势。它不仅能使身体处于强有力的状态，而且有最佳的快速反应能力，利于快速移动发起进攻和防守，并且暴露面小，能有效地保护自己的要害部位。

实战姿势分为左实战式和右实战式以个人偏好而定。下面以左实战式为例：两脚前后立，前脚跟与后脚尖距离约同肩宽。左脚全脚掌着地，右脚跟稍抬起，前脚掌着地，两膝稍弯曲，自然里扣，身体重心右移，上体含胸收腹扭臀，左臂内屈约90°，拳眼与鼻尖平行。右臂内屈约45°，拳置于右脸颊前，两肘自然下垂并稍向里合，下颌内收，目视对方面部，如图 8-143 所示。

图 8-143　散打实战姿势之左实战式

（二）步法

步法是散打格斗中身体向前后左右移动的方法。灵活而敏捷的步法，不仅是调节重心维持身体平衡的关键，也是进攻和防守占据有利位置、发挥最优攻势的基础，认真学习和演练是提高实战能力的重要环节。以下步法均以左实战势为例。

（1）进步：左脚提起，向前进步，右脚迅速蹬地，跟进同样距离。

（2）退步：右脚向后退一步，左脚用力蹬地，迅速后退同样距离。

（3）侧跨步：左脚向左侧横跨一步，右脚脚脖内侧蹬地，迅速向左侧横跨跟进同样距离。

（4）内步：左脚前脚掌原地拧动或向左跨步，随即身体左偏，右脚向左前方迅速跟上一步，身体右转约90°。

（5）换步：前脚与后脚同时蹬地并前后交换，同时两拳也前后交换成右实战式。

（三）拳法

拳法有直、摆、勾、鞭拳四种。在实战中，拳法具有速度快和灵活多变的特点，它能以最短的距离，最快的速度击中对手。拳法主要用于短距离攻击，掌握好拳法，巧妙利用拳法组合能给对手造成很大的威胁。

1. 直拳

（1）左直拳：左势站立，左脚微蹬地，身体重心稍向左脚移动，同时转腰送肩，左拳直线向前击出，力达拳面，右拳自然收回颌前。

（2）右直拳：左势站立，右脚微蹬地，身体重心稍向左脚移动，同时转腰送肩，右拳沿直线向前击出，力达拳面，左拳自然收回颌侧，如图8-144所示。

图8-144　右直拳

2. 摆拳

（1）左摆拳：左势站立，上体微向右扭转，同时左臂稍抬起时，前臂内旋向前里弧形出击，力达拳面，大小臂夹角约130°，右拳自然收回颌侧。

（2）右摆拳：左势站立，上体向左扭转，同时右臂稍抬起时，前臂内旋向前里弧形出击，力达拳面，大小臂夹角约130°，左拳自然收回颌侧，如图8-145所示。

图8-145　右摆拳

3. 勾拳

（1）左上勾拳：左势站立，上体稍向左侧倾，重心略下沉，左拳微下落，随即左脚蹬地，上体右转，挺腹前送左髋，左拳由下向上屈臂勾击，力达拳面，大小臂夹角约90°，右拳自然回收于颌侧。

（2）右上勾拳：左势站立，上体稍向右侧倾，重心略下沉，右拳微下落，随即右脚蹬地，上体左转，挺腹前送右髋，右拳由下向上屈臂勾击，力达拳面，大小臂夹角90°左右，左拳自然回收于颌侧，如图 8-146 所示。

图 8-146　右上勾拳

4. 右鞭拳

左势站立，以左脚前脚掌为轴，身体向后转 180°，右脚经左腿后插步，身体继续右后转，同时以腰带动右臂向右侧横向鞭击，力达拳轮，左拳自然收于颌侧，如图 8-147 所示。

图 8-147　右鞭拳

（四）腿法

腿法内容丰富，分屈伸性、直摆性、扫转性 3 大部分。格斗中腿法灵活机动，变化多端，攻击距离远，力度大，还具有隐蔽性，突出性攻击部位的特点。在运用腿法攻击时，要求做到快速有力，击点准确。

1. 右侧弹腿

左势站立，上体稍向右侧倾，重心后移，同时右腿屈膝外摆展髋，大小腿自然折叠，脚背绷直，随即由屈到伸，大腿带动小腿向右前横弹，力达脚背。

2. 右正蹬腿

左势站立，身体重心稍后移，同时右腿屈膝提起，脚尖上勾，随即从脚跟领先向前蹬出，力达脚跟，如图 8-148 所示。

3. 左侧踹腿

左势站立，身体重心后移，上体稍右转，同时左屈膝提起，脚尖勾起，随即展髋，使脚掌正对攻击方向，使之迅速由屈到伸，向前踹出，力达脚跟，如图 8-149 所示。

图 8-148　右正蹬腿

图 8-149　左侧踹腿

4．扶地后扫腿

上体前俯，左腿屈膝前蹲，以前脚掌为轴，向右后方转体带动右腿向左后方弧线擦地后扫，力达脚跟。

（五）防守技术

防守是一种可以节制和削弱对方的攻击，保护自己并能处于反击位置的方法，最终目的是防守后的反击。准确巧妙地防守，不但能保护自己，而且能为攻击创造更好的条件。

（1）拍挡防守：以左拍挡为例，左手掌心向里贴，向里横拍并稍右转体，如图 8-150 所示。

图 8-150　拍挡防守

（2）挂挡防守：左（右）臂内旋，左拳由上向下，向右（左）斜下方挂臂防守，拳眼朝里，拳心向左（右）；或者，左（右）由上向下，向左（右）后斜挂臂防守，拳心向左（右）外，拳眼朝里，臂微屈。

（3）里抄防守：左右手臂微屈并外放，紧贴腹前，手心向上，同时左右手屈臂，紧贴胸前立掌，掌心向外。

（4）外抄防守：左右手臂外旋弯曲，上臂紧贴肋部。

（5）提膝防守：重心右移，前腿屈膝起，后腿支撑，上体姿势不变，如图 8-151 所示。

（6）截击防守：当对方准备进攻时，使打截腿阻截对方攻势。不接触防守，如图 8-152 所示。

图 8-151　提膝防守　　　　图 8-152　截击防守

（7）后闪防守：重心后移，上体略后仰闪躲，如图 8-153 所示。

图 8-153　后闪防守

（8）侧闪防守：上体向左侧或右侧闪躲或用左右闪步防守，如图 8-154 所示。

图 8-154　侧闪防守

（9）下潜防守：屈膝降低重心，同时低头缩颈向下闪躲两手护头，如图 8-155 所示。

（10）跳步防守：两脚蹬地，身体向左或向右跳闪。

（六）组合连击技术

组合连击是运用两个或两个以上的动作，连续攻击对方。连击法共分为拳法连击、腿法连击、拳腿连击、拳摔连击、腿摔连击、拳腿摔连击 6 种，既可以单招连续进攻，又可多招连环击打。

图 8-155　下潜防守

由于技术动作的繁多，所以连击方法多样，千变万化，但组合不是盲目的，要根据动作转换的合理性和实战中运用的可行性、时效性来组合搭配才能达到连击重创的目的。在运用时要注意真假结合，虚实相接，使对打处于上下左右多点受击之中，防不胜防。另外，要注意动作之间的衔接。一般来说，第一级的结构是第二级的最佳发力点及姿势。

三、散打基本战术

（一）散打的战术形式

散打的战术形式是指为了完成战术意图而由各种动作组成的具体方法。在散打比赛中，较常见的战术形式主要有以下几类。

1. 强攻战术

强攻战术是指硬性突破对方防守后发出的攻击。运用强攻战术的条件如下：

（1）对方近战能力比较差；

（2）对方耐力比较差；

（3）本方耐力、力量、速度素质比较好，但技术不如对方；

（4）比赛经验不如对方，但身体素质较好，技术较全面；

(5) 心理素质比较差。

运用强攻战术时不要蛮干，要通过这一战术发挥自己之长来攻克对方之短。

2. 直攻战术

直攻战术是指在没有假动作的掩护下，直接进攻对方。运用直攻战术应具备以下条件：

(1) 对方的反应速度、动作速度、移动速度弱于自己。
(2) 对方技术水平明显低于自己。
(3) 对方动作不熟练、耐力较差、近战能力较差。
(4) 对方防守动作出现破绽、双方距离能够有效使用进攻动作。

3. 佯攻战术

佯攻战术也称为假动作战术，即有目的的利用假动作造成对方错觉，吸引对方注意，实现真实进攻。佯攻战术也是散打比赛中最常见的战术之一。运用佯攻战术应具备的条件如下：

(1) 对手反应快、防守能力强；
(2) 直接进攻遭到对方防守截击时，利用假动作声东击西，分散对方的注意力，趁机攻击其防守空当部位。

4. 迂回战术

迂回战术是指利用步法移动从侧面进攻。迂回战术运用的条件如下：

(1) 对方力量较大，速度快，正面进攻较为凶猛；
(2) 对方集中注意力进行正面防守时。

5. 制长战术

制长战术是使用相应的方法控制对方的技术专长，使其不能够正常发挥的战术形式。运用制长战术的条件如下：

(1) 克制善用拳法的对手；
(2) 克制善用腿法的对手；
(3) 克制善用摔法的对手；
(4) 克制善用重拳、重腿的对手；
(5) 克制善于主动进攻的对手；
(6) 克制善于防守反击的对手；
(7) 克制攻守全面性对手。

(二) 散打战术的训练方法

1. 模拟训练

模拟不同战术所需要的动作，反复练习。练习的力量、速度要由轻到重，由慢到快，直到接近实战或超过实战水平，如可以模仿擅长腿法的对手，擅长拳法的对手等。

2. 分解训练

一种战术一般由几个动作组成，可以先将这几个动作分解，逐一练习，最后再完整练习。如：练习佯攻战术时，以指上打下为例。指上（直拳）、打下（侧踹腿），第1步先练直拳，练习时要求出拳速度快，虽是佯攻动作，但要逼真，引起对方的注意；第2步练习侧踹腿，要求侧踹腿启动要突然、果断、有力；第3步将直拳和侧踹腿完整练习。

3. 战例分析训练

现场观看比赛或观看比赛录像，重点看运用战术较为典型的片断，根据情况进行分析、总结，研究相应的战术。

4. 假设性训练

假想对方使用不同的战术，并设想用什么样的战术去对付想象中的对手，然后通过实战检验所采用的战术是否有效。

5. 条件实战

根据战术的需要，按规定内容或动作范围进行对抗战术训练。条件实战的方法很多，如有限制进攻和防守的实战对抗，有限制击打部位的对抗等。例如，练习防守反击战术时，可指定一名学生使用各种动作进攻，另一名学生只能防守反击，不能主动进攻，以此来强化防守反击战术训练。

6. 实战比赛

散打训练最终的形式是实战。实战是检验技术水平、战术水平的有效手段。学习时按照比赛的要求进行实战对抗，可以选择延长比赛时间，对付不同风格的对手，可采取二打一、四打一的车轮战。实战结束后要积极进行总结，积累经验。

第七节 健身气功

一、五禽戏

五禽戏的基本要领是：内外结合、动静相兼、刚柔并济、意气合一。内外结合，即内练精气，外练筋骨。动静相兼指既重视精神的宁静，同时又注意肢体的运动。刚柔并济，即练刚劲时须刚中有柔，练柔劲时须柔中有刚。意气合一是指在注意呼吸锻炼的同时，又不放松意念活动的锻炼，即以意领气，神不外逸，气贯丹田。

五禽戏健身的动作方法如下。

（1）虎举

①起势调息。

②两手掌心向下，十指撑开，再弯曲成虎爪状。

③两手外旋，由小指开始弯曲，其余四指依次弯曲握拳，拳心相对。两拳沿体前慢慢上提，到肩前的时候，十指撑开，举到头部上方。眼睛看两拳。

④两拳再弯曲成虎爪状外旋握拳，拳心相对。眼睛看两拳。

⑤两拳下拉到肩前时，变掌下按，然后沿体前下落到腹前，十指撑开，掌心向下。眼睛看两拳。

⑥重复②~⑤三遍后，双手自然垂于体侧，眼睛看向前方。

（2）虎扑

①接上式。两手握空拳，沿身体两侧提到肩部的前上方。

②两手向上、向前划弧，十指弯曲成"虎爪"，掌心向下；与此同时上体前俯，挺胸塌腰；眼睛看向前方。

③两腿屈膝下蹲，收腹含胸，与此同时，两手向下划弧到两膝之侧，掌心向下；眼睛看前下方。随后，两腿伸膝，送髋，挺腹，后仰；同时两掌握空拳，沿体侧向上提到胸侧；眼睛看前上方。

④左腿屈膝提起，两手上举。左腿向前迈出一步，脚跟着地，右腿屈膝下蹲，成左虚

步；与此同时上体前倾，两拳变"虎爪"向前、向下扑至膝前两侧，掌心向下；眼睛看前下方。随后上体抬起，左脚收回，开步站立；两手自然下落于体侧；眼睛看向前方。

⑤与①同解，只有左右相反。

⑥与②同解，只有左右相反。

⑦与③同解，只有左右相反。

⑧与④同解，只有左右相反。

⑨重复①～⑧一遍后，两掌向身体侧前方举起，与胸同高，掌心向上；眼睛看向前方。两臂屈肘；两掌内合下按，自然垂于体侧；眼睛看向前方。

（3）鹿抵

①接上式。两腿微屈，身体重心移到右腿上，左脚经右脚内侧向左前方迈步，脚跟着地；与此同时，身体稍稍向右转动；两掌握空拳，向右侧摆起，拳心向下，高于肩部相平；眼随手动，看右拳。

②身体重心前移；左腿屈膝，脚尖外展踏实；右脚伸直蹬实；与此同时，身体向左转动，两掌成"鹿角"，向上、向左、向后划弧，掌心向外，指尖朝后，左臂弯曲外展平伸，肘抵靠在左腰侧；右臂举到头部前方，向左后方伸抵，掌心向外，指尖朝后；眼睛看右脚跟。随后，身体向右转动；左脚收回，开步站立；同时两手向上、向右、向下划弧，两掌握空拳下落于体前；眼睛看向前下方。

③与①同解，只有左右相反。

④与②同解，只有左右相反。

⑤～⑧动作同①～④。

⑨重复①～⑧一遍。

（4）鹿奔

①接上式，左脚向前跨出一步，屈膝，右腿伸直成左弓步；同时，两手握空拳，向上、向前划弧到体前位置，屈腕，高于肩部相平，间距和肩部同宽，拳心向下；眼睛看向前方。

②身体重心后移；左膝伸直，全脚掌着地；右腿屈膝；低头，弓背，收腹；同时，两臂内旋，两掌前伸，掌背相对，拳变"鹿角"。

③身体重心前移，上体抬起；右腿伸直，左腿屈膝，成左弓步；松肩沉肘，两臂外旋，"鹿角"变空拳，高于肩部相平，全新拳心向下；眼睛看向前方。

④左脚收回，开步直立；两拳变掌，回落于体侧；眼睛看向前方。

⑤与①同解，只有左右相反。

⑥与②同解，只有左右相反。

⑦与③同解，只有左右相反。

⑧与④同解，只有左右相反。

⑨重复①～⑧一遍后，两掌向体侧前方举起，与胸部同高，掌心向上，眼睛看向前方。屈肘，两掌内合下按，自然垂于体侧；眼睛看向前方。

（5）熊运

①接上式。两掌握空拳成"熊掌"，拳眼相对，垂于下腹部；眼睛看两拳。

②以腰、腹为轴，上体做顺时针摇晃；同时，两拳随之沿右肋部、上腹部、左肋部、下腹部划圆；眼睛随着上体摇晃环视。

③与①同解。

④与②同解。

⑤~⑧同①~④，只有左右相反。

⑨做完最后一动，两拳变掌下落，自然垂于体侧；眼睛看向前方。

（6）熊晃

①接上式。身体重心右移；左髋上提，牵动左脚离地，再微屈左膝；两掌握空拳成"熊掌"，眼睛看向左前方。

②身体重心前移；左脚向左前方落地，全脚掌踏实，脚尖朝前，右脚伸直；身体右转，左臂内旋前靠，左拳摆到左膝前上方部位，拳心朝左；右拳摆到身体后面，拳心朝后；眼睛看向左前方。

③身体左转，重心后坐，右腿屈膝，左腿伸直；拧腰晃肩，带动两臂前后弧形摆动；右拳摆到左膝前上方的部位，拳心朝右；左拳摆到身体的后面，拳心朝后，眼睛看向左前方。

④身体向右转动，重心前移，左腿屈膝，右腿伸直；与此同时，左臂内旋前靠，左拳摆到左膝前上方，拳心朝左；右拳摆到身体后面，拳心朝后；眼睛看左前方。

⑤与①同解，只有左右相反。

⑥与②同解，只有左右相反。

⑦与③同解，只有左右相反。

⑧与④同解，只有左右相反。

⑨重复①~⑧一遍后，左脚上步，开步站立；与此同时，两手自然垂于体侧。两掌向身体侧前方举起，与胸同高，掌心向上；眼睛看向前方。屈肘，两掌内合下按，自然垂于体侧；眼睛看向前方。

（7）猿提

①接上式。两掌在体前，手指伸直分开，再屈腕搓拢捏紧成"猿钩"。

②两掌上提至胸前，两肩上耸，收腹提肛；与此同时，脚跟提起，头向左转，目光随头部转动，眼睛看身体左侧。

③头转正，两肩下沉，脚跟着地；"猿钩"变掌，掌心向下；眼睛看向前方。

④两掌沿体前下按落于体侧；眼睛看向前方。

⑤~⑧同①~④，只有头向右转。

⑨重复①~⑧一遍。

（8）猿摘

①接上式。左脚向左后方退步，脚尖点地，右腿屈膝，重心落于右腿；同时，左臂屈肘，左掌成"猿钩"收到左腰侧位置；右掌向右前方自然摆起，掌心向下。

②身体重心后移；左脚踏实，屈膝下蹲，右脚收到左脚内侧，脚尖点地，成右丁步；与此同时，右掌向下经腹前向左上方划弧至头左侧，掌心对太阳穴；眼睛先随着右掌转动，再转头注视右前上方。

③右掌内旋，掌心向下，沿体侧下按至左髋侧；眼睛看向右掌。右脚向右前方迈出一大步，左腿蹬伸，身体重心前移；右腿伸直，左脚尖点地；与此同时，右掌经体前向右上方划弧，举至右上侧变"猿钩"，稍高于肩；左掌向前、向上伸举，屈腕搓钩，成采摘势；眼睛看左掌。

④身体重心后移；左掌由"猿钩"变为"握固"；右手变掌，自然回落于体前，虎口朝

前。随后，左腿屈膝下蹲，右脚收至左脚内侧，脚尖点地，成右丁步；与此同时，左臂屈肘收至左耳旁，掌指分开，掌心向上，成托桃状；右掌经体前向左划弧至左肋下捧托，眼睛看左掌。

⑤与①同解，只有左右相反。
⑥与②同解，只有左右相反。
⑦与③同解，只有左右相反。
⑧与④同解，只有左右相反。
⑨重复①～⑧一遍后，左脚向左横开一步，两腿直立；同时，两手自然垂于体侧。两掌向身体侧前方举起，与胸同高，掌心向上；眼睛看向前方。屈肘，两掌内合下按，自然垂于体侧，眼睛看向前方。

（9）鸟伸

①接上式。两腿微屈下蹲，两掌在腹前相叠。
②两掌向上举至头部前上方，掌心向下，指尖向前；身体微前倾，提肩，缩颈，挺胸，塌腰；眼睛看向前下方。
③两腿微屈下蹲；同时，两掌相叠下按至腹前；眼睛看两掌。
④身体重心右移；右腿蹬直，左腿伸直向后抬起；同时，两掌左右分开，掌成"鸟翅"，向体侧后方摆起，掌心向上；抬头，伸颈，挺胸，塌腰，眼睛看向前方。
⑤与①同解，只有左右相反。
⑥与②同解，只有左右相反。
⑦与③同解，只有左右相反。
⑧与④同解，只有左右相反。
⑨重复①～⑧一遍后，左脚下落，两脚开步站立，两手自然垂于体侧，眼睛看向前方。

（10）鸟飞

①接上式。两腿微屈；两掌成"鸟翅"合于胸前，掌心相对；眼睛看前下方。
②右腿伸直独立，左腿屈膝提起，小腿自然下垂，脚尖朝下；与此同时，两掌成展翅状，在体侧平举向上，稍高于肩，掌心向下；眼睛看向前方。
③左脚下落在右脚旁边，脚尖着地，两腿微屈；与此同时，两掌合于腹前，掌心相对；眼睛看前下方。
④右腿自然伸直独立，左腿屈膝提起，小腿自然下垂，脚尖朝下；与此同时，两手掌经体侧，向上举到头顶上方，掌背相对，指尖向上；眼睛看前方。
⑤左脚下落在右脚旁边，全脚掌着地，两腿微屈；与此同时，两手掌合于腹前，掌心相对；眼睛看前下方。
⑥与②同解，只有左右相反。
⑦与③同解，只有左右相反。
⑧与④同解，只有左右相反。
⑨与⑤同解，只有左右相反。
⑩重复②～⑨一遍后，两掌向身体侧前方举起，与胸同高，掌心向上；眼睛看前方。屈肘，两掌内合下按，自然垂于体侧；眼睛看向前方。

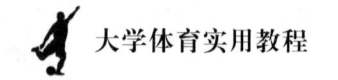

二、六字诀

六字诀是一种吐纳法。它是通过嘘、呵、呼、呬、吹、嘻六个字的不同发音口形，唇齿喉舌的用力不同，以牵动不动的脏腑经络气血的运行。经常练习六字诀功法，能强化人体内部的组织机能，诱发和调动脏腑的潜在能力来抵抗疾病的侵袭，防止随着人的年龄的增长而出现过早衰老。

（1）预备式

两脚平行站立，约与肩同宽，两膝微屈；头正颈直，下颔微收，竖脊含胸；两臂自然下垂，周身中正；唇齿合拢，舌尖放平，轻贴上颚；目视前下方。

（2）起势

接上式。屈肘，两掌十指相对，掌心向上，缓缓上托至胸前，约于两乳同高；目视前方。两掌内翻，掌心向下，缓缓下按，至肚脐前；目视前下方。微屈膝下蹲，身体后坐；同时，两掌内旋外翻，缓缓向前拨出，至两臂撑圆。两掌外旋内翻，掌心向内。起身，两掌缓缓收拢至肚脐前，虎口交叉相握轻覆肚脐；静养片刻，自然呼吸；目视前下方。

（3）第一式　嘘字诀。

接上式。两手松开，掌心向上，小指轻贴腰际，向后收到腰间；目视前下方。两脚不动，身体左转90°；同时，右掌由腰间缓缓向左侧穿出，约与肩同高，并配合口吐"嘘"字音；两目渐渐圆睁，目视右掌伸出方向。右掌沿原路收回腰间；同时身体转回正前方；目视前下方。身体右转90°；同时，左掌由腰间缓缓向右侧穿出，约与肩同高，并口吐"嘘"字音；两目渐渐圆睁，目视左掌伸出方向。左掌沿原路收回腰间，同时，身体转回正前方；目视前下方。

（4）第二式　呵字诀。

接上式。吸气，同时，两掌小指轻贴腰际微上提，指间朝向斜下方；目视前下方。屈膝下蹲，同时，两掌缓缓向前下约45°方向插出，两臂微屈；目视两掌。微微屈肘收臂，两掌小指一侧相靠，掌心向上，成"捧掌"，约与肚脐相平；目视两掌心。两膝缓缓伸直；同时屈肘，两掌捧至胸前，掌心向内，两中指约与下颔同高；目视前下方。两肘外展，约与肩同高；同时，两掌内翻，掌指朝下，掌背相靠。然后，两掌缓缓下插；目视前下方。从插掌开始，口吐"呵"字音。两掌下插至肚脐前时，微屈膝下蹲；同时，两掌内旋外翻，掌心向外，缓缓向前拨出，至两臂撑圆；目视前下方。两掌外旋内翻，掌心向上，于腹前成"捧掌"；目视两掌心。两膝缓缓伸直；同时屈肘，两掌捧至胸前，掌心向内，两中指约与下颔同高；目视前下方。两肘外展，约与肩同高；同时，两掌内翻，掌指朝下，掌背相靠；然后两掌缓缓下插，目视前下方。从插掌开始，口吐"呵"字音。

（5）第三式　呼字诀。

当上式最后一动两掌向前拨出后，外旋内翻，转掌心向内对肚脐，指尖斜相对，五指自然张开。两掌心间距与掌心至肚脐距离相等；目视前下方。两膝缓缓伸直；同时，两掌缓缓向肚脐方向合拢，至肚脐前约10厘米。微屈膝下蹲；同时，两掌向外展开至两掌心间距与掌心至肚脐距离相等，两臂成圆形，并口吐"呼"字音；目视前下方。两膝缓缓伸直；同时，两掌缓缓向肚脐方向合拢。

（6）第四式　呬字诀。

接上式。两掌自然下落，掌心向上，十指相对；目视前下方。两膝缓缓伸直；同时，两掌缓缓向上托至胸前，约与两乳同高；目视前下方。两肘下落，夹肋，两手顺势立掌于肩前，掌心相对，指尖向上。两肩胛骨向脊柱靠拢，展肩扩胸，藏头缩项；目视前斜上方。微屈膝下蹲；同时，松肩伸项，两掌缓缓向前平推逐渐转成掌心向前亮掌，同时口吐"呬"字音；目视前方。两掌向外旋腕，转至掌心向内，指间相对，约与肩宽。两膝缓缓伸直；同时屈肘，两掌缓缓收拢至胸前约10厘米，指间相对；目视前下方。两肘下落，夹肋，两手顺势立掌于肩前，掌心相对，指间向上。两肩胛骨向脊柱靠拢，展肩扩胸，藏头缩颈；目视斜前上方。微屈膝下蹲；同时，松肩伸项，两掌缓缓向前平推逐渐转成掌心向前，并口吐"呬"字音；目视前方。

（7）第五式　吹字诀。

接上式。两掌前推，随后松腕伸掌，指尖向前，掌心向下。两臂向左右分开成侧平举，掌心斜向后，指尖向外。两臂内旋，两掌向后划弧至腰部，掌心轻贴腰眼，指尖斜向下；目视前下方。微屈膝下蹲；同时，两掌向下沿腰骶、两大腿外侧下滑，后屈肘提臂环抱于腹前，掌心向内，指尖相对，约与脐平；目视前下方。两掌从腰部下滑时，口吐"吹"字音。两膝缓缓伸直；同时，两掌缓缓收回，轻抚腹部，指尖斜向下，虎口相对；目视前下方。两掌沿带脉向后摩运。两掌至后腰部，掌心轻贴腰眼，指尖斜向下；目视前下方。微屈膝下蹲；同时，两掌向下沿腰骶、两大腿外侧下滑，后屈肘提臂环抱于腹前，掌心向内，指尖相对，约与脐平；目视前下方。

（8）第六式　嘻字诀。

接上式。两掌环抱，自然下落于体前；目视前下方。两掌内旋外翻，掌背相对，指间向下；目视两掌。两膝缓缓伸直；同时，提肘带手，经体前上提至胸。随后，两手继续上提至面前，分掌、外开、上举，两臂成弧形，掌心斜向上；目视前上方。屈肘，两手经面部前回收至胸前，约与肩同高，指尖相对，掌心向下；目视前下方。然后微屈膝下蹲；同时，两掌缓缓下按至肚脐前。两掌继续向下，向左右外分至左右髋旁约15厘米，掌心向外，指间向下；目视前下方。从上动两掌下按开始配合口吐"嘻"字音。两掌掌背相对合于小腹前，掌心向外，指间向下；目视两掌。两膝缓缓伸直；同时，提肘带手，经体前上提至胸。随后，两手继续上提至面前，分掌、外开、上举，两臂成弧形，掌心斜向上；目视前上方。屈肘，两手颈面部前回收至胸前，约与肩同高，指尖相对，掌心向下；目视前下方。然后微屈膝下蹲；同时两掌缓缓下按至肚脐前，目视前下方。两掌顺势外开至髋旁约15厘米，掌心向外，指间向下；目视前下方。从上动两掌下按开始配合口吐"嘻"字音。

（9）收势

接上式。两手外旋内翻，转掌心向内，缓缓抱于腹前，虎口交叉相握，轻覆肚脐；同时两膝缓缓伸直；目视前下方；静养片刻。两掌以肚脐为中心揉腹，顺时针6圈，逆时针6圈。两掌松开，两臂自然垂直于体侧；目视前下方。

三、八段锦

八段锦简单易学，安全可靠，适于男女老少各种人群，长期习练，可以健身祛病，增智开慧，因此得到了广大群众的普遍欢迎，到20世纪80年代初，八段锦已经作为民族传统体育项目进入了学校。如今，八段锦经过更为细致的研究和修改，已成为普通老百姓的养生健身法，并日趋大众化，成为社区群众进行传统体育养生锻炼的重要项目之一。

八段锦健身基本动作方法如下。

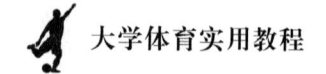

(1) 两手托天理三焦

身体直立，两足分开，与肩同宽。两臂自然松垂身侧，然后徐徐自左右侧方上举至头顶，两手手指相叉，翻掌，掌心朝上如托天状，同时顺势踮两脚跟，再将两臂放下复原，同时两脚跟轻轻着地，反复多遍。若配合呼吸，则上托时深吸气，复原时深呼气。

(2) 左右开弓似射雕

身体直立，左足跨出一大步，身体下蹲成骑马式。两臂在胸前交叉，右臂在外，左臂在内，眼看左手，然后左手握拳，食指翘起向上，拇指伸直与食指成"八"字撑开。接着左臂向左推出并伸直，头随而左转，眼看左手食指，同时右手握拳，展臂向右平拉作拉弓状。动作复原后左右互换，重复多遍。如配合呼吸，则展臂及拉弓时吸气，复原时呼气。

(3) 调理脾胃须单举

身体直立，两足分开，与肩同宽。右手翻掌上举，五指并紧，掌心向上，指尖向右，同时左手下按，掌心向下，指尖向前。动作复原后，两手交替反复进行，反复多遍。如配合呼吸，则上举下按时吸气，复原时呼气。

(4) 五劳七伤向后瞧

身体直立，两足分开，与肩同宽。两手掌心紧贴腿旁，然后头慢慢左顾右盼向后观望，反复多遍。如配合呼吸，则向后望时吸气，复原时呼气。

(5) 摇头摆尾去心火

两足分开，相距约三个足底的长度，屈膝半蹲成骑马式。两手张开，虎口向内，扶住大腿前部。头部及上体前俯，然后做圆环形转腰，转动数圈后再反方向转腰。在转腰的同时，适当摆动臀部。如配合呼吸，则在转腰时吸气，复原时呼气。

(6) 两手攀足固肾腰

身体直立，并足，两膝挺伸，上身前俯，以两手攀握两足趾（如碰不到，不必勉强），头略昂起。然后恢复直立姿势，同时两手握拳，并抵于腰椎两侧，上身缓缓后仰，再恢复直立姿势，反复多遍。本式采用自然呼吸。

(7) 攒拳怒目增气力

两腿分开屈膝成骑马式，两手握拳放在腰旁，拳心向上。右拳向前方缓缓击出，有臂伸直，拳心向下，两眼睁大，向前虎视。然后收回左拳，如法击出右拳，左右交替进行。如配合呼吸，则击拳时呼气，收拳时吸气。

(8) 背后七颠百病消

身体直立，并足，两掌紧贴腿侧，两膝伸直，足跟并拢提起离地数寸，同时昂首，做全身提举式。然后足跟轻轻着地复原反复多遍。如配合呼吸，则足跟提起时吸气，足跟着地时呼气。

四、易筋经

易筋经是我国古代流传下来的养生健身的方法，在我国传统功法和民族体育发展中有着很大的影响，千百年来深受广大人民群众的欢迎和喜爱。

易筋经的动作刚劲有力，其运动的强度和动作的难度都比较大。因它有滑利关节、调和气血、强筋壮骨的作用，故把它作为骨、关节疾病及骨科创伤病人恢复功能和肌力锻炼的一种康复手段。在锻炼时强调情绪安定，精神贯注。以刚柔相济，动静结合，意到力到，自由呼吸为其基本要领。运动量因人而异，根据病情及身体健康情况酌情选练，一般以微出汗为度。

易筋经健身的基本动作方法如下。

（1）预备式

并步，头端平，目向前平视，下颚微向里收；含胸，直腰拔背，蓄腹收臀；松肩，两臂自然下垂于身体两侧，五指并拢微屈，中指贴近裤缝；两腿伸直，两脚相靠，足尖并拢；口微并，舌抵上颚，定心息气，神情安详。

（2）韦陀献杵第一势

左脚向左侧开半步，约与肩同宽，两膝微屈，成开立姿势；两手自然垂于体侧。两臂自体侧向前抬至前平举；掌心相对，指尖向前。两臂屈肘，自然回收，指尖向斜前上方约30°，两掌合于胸前，掌根与膻中穴同高，虚腋；目视前下方。动作稍停。

（3）韦陀献杵第二势。

两肘抬起，两掌伸平，手指相对，掌心向下，掌臂约与肩呈水平。两掌向前伸展，掌心向下，指尖向前。两臂向左右分开至侧平举，掌心向下，指尖向外。五指自然并拢，坐腕立掌；目视前下方。

（4）韦陀献杵第三势

接上式。松腕，同时两臂向前平举内收至胸前平屈，掌心向下，掌与胸相距约一拳；目视前下方。两掌同时内旋，翻掌至耳垂下，掌心向上，虎口相对，两肘外展，约与肩平。身体重心前移至前脚掌支撑，提踵；同时，两掌上托至头顶，掌心向上，展肩伸肘微收下颏，舌抵上颚，咬紧牙关。静立片刻。

（5）摘星换斗式

右足稍向右前方移步，与左足成斜"八"字形（右足跟与左足弓相对，相距约一拳），随式身向左微侧。屈膝，提右足跟，身向下沉成右虚步；两上肢同时动作，左手握空拳置于腰后，右手指掌握如钩状下垂于裆前。右钩手上提，使肘略高于肩，前臂与上臂近乎直角勾手置于头之右前方。松肩，屈腕，肘向胸，勾尖向右；头微偏，目视右掌心，舌抵上颚；含胸拔背，直腰收臀，少腹含蓄，紧吸慢呼，使气下沉；两腿前虚后实，前腿虚中带实，后腿实中求虚。左右两侧交替锻炼，姿势及要求相同。

（6）倒拽九牛尾式

左腿向左平跨一步（其距较两肩为宽），两足尖内扣，屈膝下蹲成马裆式；两手握拳由身后划弧线形向裆前，拳背相对，拳面近地；上身略前俯，松肩，直肘；昂头，目前视。两拳上提至胸前，由拳化掌，成抱球式，随式直腰；肩松肘屈，肘略低于肩；头端平，目前视。旋动两前臂，使掌心各向左右（四指并拢朝天，拇指外分，成"八"字掌，掌应挺紧），随式运劲徐徐向左右平（分）推至肘直；松肩，直肘，腕背屈，腕、肘、肩相平。身体向右转侧，成右弓左箭式（面向左方）。两上肢同时动作，右上肢外旋，屈肘约成半圆状，拳心对面，双目观拳，拳高约与肩平，肘不过膝，膝不过足尖；左上肢内旋向后伸，拳背离臀，肩松，肘微屈，两上肢一前（外旋）一后（内旋）用螺旋劲，上身正直，塌腰收臀，鼻息调匀。左右两侧交替锻炼，姿势相同。

（7）出爪亮翅式。

两手仰掌沿胸前徐徐上提过顶，旋腕翻掌，掌心朝天，十指用力分开，虎口相对，中、食指（左与右）相接；仰头，目观中指、食指交接之处，随式足跟提起，离地10~13厘米，以两足尖支持体重。肘微屈，腰直，膝不得屈。两掌缓缓分开向左右而下，上肢成"一"字并举（掌心向下），随式足跟落地；翻掌，使掌心朝天，十指仍用力分开，目向前平视，肩、

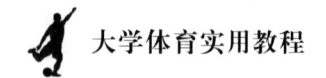

肘、腕相平，直腰，膝勿屈。

(8) 九鬼拔马刀式

足尖相衔，足跟分离成"八"字形，腰实腿坚，膝挺直足扒地。同时两臂向前成叉掌立于胸前。运动两臂，左臂经上往后，成勾手置于身后（松肩，直肘，钩尖向上）；右臂向上经右往胸前（松肩，肘略屈，掌心向左，微向内凹，虎口朝下），掌根着实，蓄劲于指。右臂上举过头，由头之右侧屈肘俯掌下覆，使手抱于颈项。左手钩手化掌，使左掌心贴于背，并在许可范围内尽可能上移。头用力上抬，使头后仰；上肢着力，掌用劲下按，使头前俯，手、项争力。挺胸直腰，腿坚脚实，使劲由上贯下至踵。鼻息均匀，目微左视。运动两臂，左掌由后经下往前，右上肢向前回环，左右两掌相叉立于胸前。左右交换，要领相同。

(9) 三盘落地式

左腿向左平跨一步，两足之距较肩为宽，足尖内扣，屈膝下蹲成马裆式，两手叉腰，腰直胸挺，后背如弓，头端平，目前视。两手由后向前抄抱，十指相互交叉而握，掌背向前，虎口朝上，肘微屈曲，肩松；两上肢似一网盘处于上胸。由上式，旋腕转掌，两掌心朝前。运动上肢，使两掌向左右（划弧线）而下，由下成仰掌沿腹胸之前徐徐运劲上托，高不过眉，掌距不大于两肩之距。旋腕翻掌，掌心朝地，两掌（虎口朝内）运劲下按（沿胸腹之前）成虚掌置于膝盖上部。两肩松开，肘微屈曲，两臂略向内旋；前胸微挺，后背如弓，头如顶物，双目前视。

(10) 青龙探爪式

左腿向左平跨一步，两足之距约当肩宽，两手成仰拳护腰式。身立正直，头端平，目前视。左上肢仰掌向右前上方伸探，掌高过顶，随式身略向右转侧，面向右前方，目视手掌，松肩直肘，腕勿屈曲。右掌仍作仰拳护腰式。两足踏实勿移。由上式，左手大拇指向掌心屈曲，双目视大拇指。左臂内旋，掌心向下，俯身探腰，随式推掌至地。膝直，足跟不离地，昂首，目前视。左掌离地，围左膝上收至腰，成两仰掌护腰式，如本式(1)。左右手交替前探，要领相同。

(11) 卧虎扑食式

右腿向右跨出一大步，屈右膝下蹲，成左仆腿式（左腿伸直，足底不离地，足尖内扣）。两掌相叠，扶于右膝上。直腰挺胸，两目微向左视。身体向左转侧，右腿挺直，屈左膝，成左弓右箭式，扶于膝上之两掌分向身体两侧，屈肘上举于耳后之两旁，然后运劲使两掌徐徐前推，至肘直。松肩，腕背屈，目注前方。由上式，俯腰，两掌下按，掌或指着地，按于左足前方之两侧（指端向前，两掌之距约当肩宽），掌实，肘直，两足底勿离地，昂首，目前视。右足跟提起，足尖着地，同时在前之左腿离地后伸，使左足背放于右足跟上，以两掌及右足尖支撑身体。再屈膝（膝不可接触地面），身体缓缓向后收，重心后移，蓄劲待发。足尖发劲，屈曲之膝缓缓伸直。两掌使劲，使身体徐徐向前，身应尽量前探，重心前移；最后直肘，昂起头胸，两掌撑实。如此三者连贯进行，后收前探，波浪形地往返进行，犹如饿虎扑食。左右交换，要领同左侧。

(12) 打躬式

左腿向左平跨一步，两足之距比肩宽，足尖内扣。两手仰掌徐徐向左右而上，成左右平举式。头如顶物，目向前视，松肩直肘，腕勿屈曲，立身正直，腕、肘、肩相平。由上式屈肘，十指交叉相握，以掌心抱持后脑。勿挺胸凸臀。由上式，屈膝下蹲成马裆式。直膝弯腰前俯，两手用力使头尽向跨下，两膝不得屈曲，足跟勿离地。

(13) 工尾式（掉尾式）

两手仰掌由胸前徐徐上举过顶，双目视掌，随掌上举而渐移；身立正直，勿挺胸凸腹。由上式，十指交叉而握，旋腕反掌上托，掌心朝天，两肘欲直，目向前平视。由上式，仰身，腰向后弯，上肢随之而往，目上视。由上式俯身向前，推掌至地。昂首瞪目，膝直，足跟离地。

第八节 导引养生功十二法

一、导引养生功十二法

导引养生功十二法是国家体育总局健身气功管理中心组织编创的新功法之一，它是一套以祖国医学中脏腑经络学说、阴阳五行学说、气血理论为指导，把导引与养生、肢体锻炼与精神修养融为一体的功法，集修身、养性、娱乐、观赏于一体，动作优美，衔接流畅，简单易学，安全可靠，适合于不同人群习练，具有祛病强身、延年益寿的功效。

(一) 动作名称及口诀

预备式：夜阑人静万虑抛，意守丹田封七窍；呼吸徐缓搭鹊桥，身轻如燕飘云霄。
乾元启运：旋臂摆掌清气扬，松腰敛臀气息长；乾元启运百会引，气沉丹田精神爽。
双鱼悬阁：丁步切脉按太渊，阴消阳长双鱼悬；上举下按分清浊，清溪淡流入丹田。
老骥伏枥：手抠劳宫紧握拳，坐腕勾手两商连；老骥伏枥志千里，老当益壮似当年。
纪昌贯虱：开步推掌沉双肩，凝神贯注拉弓箭；舒胸畅气降心火，滋阴补肾捻涌泉。
躬身掸靴：转身挥臂任舒展，躬身掸靴去杂念；伸腰竖脊通督脉，意守命门意绵绵。
犀牛望月：坐腕撑掌展心胸，犀牛望月臂如弓；五脏六腑十二脉，心有灵犀一点通。
芙蓉出水：弹指分掌莲叶展，精神内守尘不染；出水芙蓉品高洁，一身正气守清廉。
金鸡报晓：百会上引阳气生，和胃健脾补后天；金鸡独立三焦畅，升清降浊元气添。
平沙落雁：雁落平沙体态松，宛如仙女回寝宫；轻起缓落肠胃暖，养精蓄锐度寒冬。
云端白鹤：跷脚收腹揉大包，舒肢展体病自消；抖腕亮掌云端鹤，翱翔长空体轻飘。
凤凰来仪：侧身展翅意欲飞，凤凰起舞显容仪；千秋一见国祚昌，太平盛世正当时。
气息归元：春风拂柳精气旺，呼吸吐纳调升降；天阳地阴任我采，气息归元百脉畅。
收势：两掌回抱叠关元，赤龙搅海左右旋；吞津咽液汩有声，练精化气可延年。

(二) 动作要领详解

1. 预备势

动作：两脚并步站立，周身放松，两眼轻闭或者平视前方，两牙齿轻轻叩起，当听到或默念口诀时，"夜阑人静万虑抛，意守丹田封七窍，呼吸徐缓搭鹊桥，身轻如燕飘云霄。"两手要叠于丹田，左手放在里面。口诀念完，两手慢慢放下。

2. 第一式 乾元启运

(1) 动作：重心移至右脚，左脚向左开步，稍宽于肩，头向左转，同时两臂内旋，摆至与肩平，目视左手，配合吸气，两臂稍外旋，将手摆至胸前，目视前方。

蹲腿屈膝，两肘下沉带动两手下按于腹前，两手与肚脐相平，要松腰敛臀，目视前方，配合呼气。

两腿伸直，头向右转，目视右手，同时两臂内旋，摆至与肩平，配合吸气；两臂稍外旋，将手摆至胸前，重心移至右腿。

左脚并拢，两腿由屈逐渐伸直，两手下落置于身体两侧，配合呼气，目视前方。

右式动作与左式相同，方向相反。

（2）注意事项：两臂内旋，两掌左右分撑时拇指须稍用力，以助于臂的旋转幅度。下蹲深度因人而异，不宜强求一致。默读"呼"音或意守丹田（指关元）。

3. 第二式　双鱼悬阁

（1）动作：身体半面45°转身向左，同时，两臂内旋，（臂与身体的夹角约为60°）身体半面右转，右腿下蹲，左脚跟提起，右手放在左手的脉口上，同时成左丁步（手的高度是放在右小腹前）。

左脚绷脚向左前方上步，同时左手向右前方伸出，以腰为轴，身体后坐，两手两臂随着腰的旋转，相合于胸前，身体转正。

左脚并拢，双腿慢慢伸直，右手上托，左掌下按，指尖朝内。

目视右手，沉肘带手，落于体侧，目视前方。

右式动作与左式相同，方向相反。

（3）注意事项：此式第1、第2两拍，每拍宜吸、呼各1次，并宜做到深长徐缓。第2拍，身体旋转以腰为轴带动两掌。切脉时，无名指、中指、食指分别用指腹置于寸、关、尺部位（寸、关、尺三部指寸口而言。以掌后高骨处为关部，关前为寸，关后为尺）。呼吸不滞，动作连贯，上下肢协调一致。默读"呼"音或意守丹田（指关元）。

4. 第三式　老骥伏枥

（1）动作：重心移至右脚，左脚向左开一大步，脚尖朝前，同时，两手与两臂外旋，摆至与肩平。两手握拳，两肘相靠，肘尖下垂（拳面与下颌平齐，两肘靠紧，压迫胸腔）。

两拳变掌，随两臂内旋，向前上方举起，两手的距离稍宽于肩，两腿下蹲成马步，同时两手逐渐成勾手向后勾挂，眼睛逐渐向左看，身体中正，脚尖朝正前方。

两勾手变掌，两手背相靠，叠于腹前，两腿伸直，卷指弹甲，经面前向左右分开，两掌与肩同高，肘自然下垂。

重心移至右腿，并步、沉肘，两臂随两腿伸直，慢慢下落垂于体侧，意守太渊。

右式动作与左式相同，方向相反。

（2）注意事项：此式第1、第2两拍，每拍宜吸、呼各1次，并宜做到深长徐缓。两掌握拳屈肘于胸前时，以中指端点抠劳宫。马步姿势之高低，因人而异，但勾手屈腕宜充分。默读"呬"或以意识引导动作或意守太渊。

5. 第四式　纪昌贯虱

（1）动作：左脚开步，两拳变掌前推，手腕与肩同高。

两手轻握拳，身体向左转，左腿弯曲，右腿伸直，脚跟侧蹬，捻动涌泉，成拉弓射箭式，两拳由轻握转紧握，手抠劳宫，右手从左肘前、左胸前拉到右胸前。

两拳变掌，掌心向下，身体转正，右腿跟向里捻动，脚尖向前，重心移至右脚，目视前方。

左脚向右脚并拢，两手随之轻轻握拳，两手伸直，紧握收于腰侧。

右式动作与左式相同，方向相反。

（2）注意事项：做第1拍"两掌前推"时，宜起于根，顺于中，达于梢。做第2拍"身体左转"时，上体宜正直，脚跟侧蹬切勿拔起。做第 3 拍时，重心宜下沉；眼先环视左掌，当身体转正时，再兼视两掌。第 4 拍时，百会上领，沉肩垂肘带手下落，将气沉入丹田。精神集中，意守命门。

6. 第五式　躬身掸靴

(1) 动作：身体向左转，左拳变掌向左后方伸出去，高高举起，随着身体右转，摆到身体右前方，下落至右肩前。

身体向右前方躬身，两腿伸直，稍抬头，摩运右腿外侧，掸靴，掸至左脚外面。

左手随左臂外旋，轻轻握拳，慢慢起身，左拳贴左腿而上至左膝外侧。

身体竖直，左拳紧握，手抠劳宫，收于腰侧。

右式动作与左式相同，方向相反。

(2) 注意事项：精神集中，意守命门。身体尽量舒展，幅度宜大，躬身掸靴时两腿伸直。但初学者和病患者应因人而异。身体直起宜缓慢进行，速度均匀。高血压病患者练习此式时，须将头抬起。

7. 第六式　犀牛望月

(1) 动作：重心移到右脚，左脚向左开一大步，同时两拳变掌坐腕后撑，重心左移至左脚，两手放松。

身体左转，右脚跟侧蹬，捻动涌泉，两手从两侧抖腕，亮于头的左右前侧方，两臂成弧形，掌指相对。

右脚跟向里捻动，两臂外旋，两眼先注视左手，随重心移到右脚，两手摆至胸前。

左脚并步，两手内旋，掌心向下，下落至体侧后再握拳收于腰侧。

右式动作与右式相同，方向相反。

(2) 注意事项：精神集中，意守命门。转腰幅度宜大，髋胯下沉，左膝或右膝前跪（指起势方向），后腿蹬直，后脚跟不得离地。两掌握拳时，中冲瞬间点抠劳宫。两臂旋转幅度宜大，速度均匀，切勿端肩、忽快忽慢。

8. 第七式　芙蓉出水

(1) 动作：左脚开步，身体微蹲，两手手背叠于小腹前，随着腿伸直，两手叠腕卷指弹指甲，经面前分向身体的两侧，两目平视前方。

身体左转，两手轻轻握拳，右脚向左脚左后方插步，两拳屈于胸前，右拳在上左，左拳在下，拳心向下，下蹲成盘根步。右拳拉至右肩前，左拳随着左臂内旋，收于左胯旁，翘腕。

右手下落，左手向上，掌根相靠，收于胸前，身体直起，右脚收回，两掌经胸前同时上举于额前，头向后仰。

重心移至右腿，左脚并步，两腿微屈，两手随着肘下沉，垂于体侧，两腿伸直，目视前方。

右式动作与左式相同，方向相反。

(2) 注意事项：第 1 拍卷指、弹甲（指甲）时，肩、肘、腕、指等各部要连贯不滞，儒雅大方。第 2 拍两腿下蹲成盘根步时，两臂一侧屈于胯旁，一侧挽回胸前，宜上下一致、手足相顾，既如莲藕经盘地下，又似芙蓉飘摇飞舞，轻松自如。第 3 拍，随着身体直起，两掌根相靠上托，象征阵阵微风中吹拂着荷花，从清池水面中浮起。第 4 拍，左脚并步，宜百会上顶，沉肩顺项，沉肘带手垂于体侧。默读"呬"或意守太渊。

9. 第八式　金鸡报晓

(1) 动作：随着吸气，提肛收腹，两手成勾手，百会上顶脚跟拔起，头向左转，两手向两侧抬起与肩平，手腕尽量弯曲。

脚跟落地，两腿半蹲，两勾手变掌，沉肘落于胯旁，手心朝下，手指朝侧。

腿逐渐伸直，两手成勾手，摆至小腹前，左脚向后抬起，屈膝脚底朝上，两勾手经小腹摆至头上方。

右脚下蹲，左脚并步，两手变掌，慢慢下落，垂于身体两侧。

右式动作与左式相同，方向相反。

(2) 注意事项：精神集中，意守丹田（指关元）。上下肢协调一致，轻松柔和，潇洒飘逸。成独立势时，支撑脚五趾抓地，百会上顶，眼看远方。两勾手屈腕侧摆和屈腕上提时，宜舒胸展体，舒展大方。呼气时，轻吐"吹"音。

10. 第九式　平沙落雁

(1) 动作：眼睛向右看，二掌以腕关节的顶端领先，摆至与肩平。

左脚向右脚的右后方插步，同时两肘下肘，手心向下，手指朝侧，收于两肩上侧。

身体下蹲，成盘根步，两手侧推，沉肩、伸肘、坐腕、翘指，左脚着地。

两臂伸直，腕关节的顶端领先，随着两腿伸直摆至与肩平，稍沉肘。

两肘内收，手心向下，手指朝侧，收于两肩上侧，慢慢下蹲，目视右手，成盘根步，沉肩、伸肘、坐腕、翘指，左脚着地。

两臂伸直，腕关节的顶端领先，随着两腿伸直摆至与肩平，稍沉肘，动作徐缓，速度均匀。

沉肘带手，左脚收于右脚旁，并步，腿伸直，两手落于体侧。

右式动作与左式相同，方向相反。

(2) 注意事项：精神集中，意守劳宫。起吸落呼，周身放松；盘根步两腿内侧相靠。年老体弱多病者，可将动作难度降低，盘根步可做成歇步。呼气时，轻吐"呵"音。

11. 第十式　云端白鹤

(1) 动作：脚趾上翘，合谷沿身体的两侧摩运至大包，合谷捻动大包、压迫大包，手指朝后。

脚趾抓地，两腿半蹲，两手贴胸摩至胸前，叠腕卷指向两侧分开与肩平，两膝相靠。百会上顶，两腿伸直，脚跟拔起，两手经两侧上举至头上方，抖腕。两腿伸直，脚跟落地，两手同时落于身体两侧。同样动作做两遍。

(2) 注意事项：第1拍，跷趾充分，合谷捻揉大包穴时，宜舒胸直背，百会上顶。第2拍，两腿下蹲腿部内侧宜相靠；两掌左右分摆时，宜从左右两腕相靠开始，掌指依次卷曲，要求做到"四折"，连绵不断。做第3拍时，百会上顶，带动整个身躯向上，两手抖腕亮掌时，中指端与肩穴上下基本对齐。做第4拍时，沉肩垂肘带手下落，将气沉入丹田（指关元）。

12. 第十一式　凤凰来仪

(1) 动作：上身左转45°，两臂内旋，摆至与肩平后手心向上移到胸前。

身体下蹲，左脚绷脚上步，由虚步变成提步，重心前移，两手逐渐成勾手，向身后勾挂，目视左前方。

重心后移成虚步，前脚尖上翘，两勾手变掌，十字交叉，左手在里，右手在外，掌心朝内，合于胸前。身体转正，目视前方。两手转掌心朝外，经面前分开，手腕与肩高。

左脚并拢，两腿伸直，两手下落，垂于体侧，目视前方。

右式动作与左式相同，方向相反。

（2）注意事项：第1拍，百会上顶，身体中正，以腰脊之转动带动两臂侧分、前摆。第2拍，由虚步变成前腿伸直，后脚跟提起的动作，要体现出连贯圆活的特点，两勾手的屈腕宜短暂，并稍用力。第3拍，两手经胸前、面前左右分掌时，宜舒胸直背，松腰敛臀。第4拍，左脚向右脚并拢，宜百会上顶带动整个身躯直起。意守丹田，轻吐"呼"音。

13. 第十二式　气息归元

（1）动作：随着吸气，提肛收腹，两臂内旋摆至体侧，两掌随两臂外旋，手心朝前。

呼气，气沉丹田，两腿半蹲，两掌合抱，收于腹前。

同样动作共做三次，第三次最后一动时，两手叠于丹田，男性左手在内，女性右手在内。

（2）注意事项：精神集中，意守采气归于关元。吸气时，百会上顶，松腰敛臀，身体中正，周身放松。两掌内收回抱采日月精华时，注意气路由宽变窄，促使气流加速。

14. 收势

（1）动作：两臂内旋，左右分开，手心向后，两臂外旋，手心向前，两手叠于丹田。男性左手在内，女性右手在内。

赤龙搅海，先从左向右绕三周，再由右向左绕三周。将唾液分三口咽下。

（2）注意事项：精神集中，意守金津玉液。吞津咽液时，宜汩汩有声。

二、马王堆引导术

（一）概述

马王堆导引术是国家体育总局健身气功管理中心组织编创的新功法之一。新编功法依据湖南长沙马王堆汉墓出土的《导引图》，以循经导引、行意相随为主要特点，围绕肢体开合提落、旋转屈伸、抻筋拔骨进行动作设计，是一套古朴优美、内外兼修的功法，集修身、养性、娱乐、观赏于一体，动作优美，衔接流畅，简单易学，安全可靠，适合于不同人群习练，具有祛病强身、延年益寿的功效。

（二）动作名称

预备式

起势

第一式：挽弓

第二式：引背

第三式：凫浴

第四式：龙登

第五式：鸟伸

第六式：引腹

第七式：鸱视

第八式：引腰

第九式：雁飞

第十式：鹤舞

第十一式：仰呼

第十二式：折阴

收势

(三) 动作详解

1. 预备式

（1）动作：并步站立，头正颈直，下颌微收，含胸拔背；两臂自然下垂，周身中正；唇齿轻叩，舌抵上颚；目视正前方。

（2）注意事项：松静站立，自然呼吸；面容安详，内心平静。

2. 起势

（1）动作：

微展肩，同时两掌外旋，掌心向前；两掌自体侧向前缓缓抬起，掌心斜向上，吸气；同时，微提踵，两掌上抬至与肚脐同高；接上势，转掌心向下，两掌缓缓下按，至两胯旁，呼气，落踵；同时，脚趾微抓地。

（2）注意事项：百会穴上领，身体保持中正安舒；按掌与托掌转换时，注意旋腕；抬掌时意念劳宫穴，按掌时意念下丹田。

3. 第一式：挽弓

（1）动作：

动作一：接上式，两掌向上缓缓抬起至胸前平举，掌心斜相对，指尖向前；目视前方。

动作二：两臂屈肘，收于胸前，掌心与膻中穴同高，虚腋；两掌间距为10厘米，掌心相对；目视前下方。

动作三：展肩扩胸，带动两掌向身体两侧分开，约与肩同宽；目视前下方。

动作四：松肩含胸，带动两掌逐渐相合，两掌间距约为10厘米；目视前下方。

动作五：左脚脚跟碾地，脚尖外展90°；同时，右脚前脚掌碾地，脚跟外旋约90°，身体左转；左臂前伸，左掌心向上，右臂屈肘后拉，右掌于肩前成挽弓式，右掌心向下；头略向后仰，髋关节向右顶出，右肩关节下沉；目视前上方。

动作六：左脚内扣，右脚跟内旋，身体右转向前。两掌自然收回于胸前，掌心相对，两掌间距约10厘米；目视前下方。

动作7、8：同动作3、4。

动作9、10：同动作5、6，唯方向相反。

本式一左一右为1遍，共做2遍。

（2）注意事项：扩胸展肩，抬头提髋等动作与呼吸配合，开吸合呼；沉肩与顶髋同时进行，不可过分牵拉；伸臂时，意念从肩内侧（中府穴），经肘窝（尺泽穴）贯注到拇指端（少商穴）。

4. 第二式：引背

（1）动作

动作一：接上式，两臂自然垂落于身体两侧；目视前方。

动作二：两臂内旋向前下方插出，手臂与身体约成30°夹角；同时拱背提踵，拱背时，目视两掌食指指端。

动作三：接上式，落踵，重心右移，身体左转45°，左脚向左前方迈步；同时，两臂外旋提起，掌背摩肋；目视左前方。

动作四：重心前移，两臂经体侧弧线上摆，掌背相对，成勾手，高与肩平；右脚脚跟提起，目视双掌。

动作五：重心后移，身体后坐，右脚脚跟顺势下落；两掌心向外，微屈腕，伸臂拱背；目视手腕相对处。

动作六：重心前移，顺势提右脚跟，两掌下落按掌于体侧；头上顶，目视远方。

动作七：左脚收回，身体转正，两臂自然垂落于身体两侧；目视前方。

动作八至十二：同动作二至七，唯方向相反。

本式一左一右为1遍，共做2遍。

第2遍最后一动时，右脚收回并拢站立；目视前方。

（2）注意事项：两臂内旋向前下方插出，手臂与身体约成30°夹角；同时拱背提踵，拱背时，目视两掌食指指端。伸臂拱背要充分，两掌心向外，微屈腕；注意眼睛近视和远望的变化。拱背时，意念从食指端（商阳穴）经肘外侧（曲池穴）到鼻翼两侧（迎香穴）。

5．第三式：兔浴

（1）动作

动作一：接上式。左脚向左横跨半步，右脚随之并拢，两腿屈膝半蹲；同时，两掌由右向左摆至体侧后方，与身体约成45°夹角；髋关节向右侧顶出；目视右前方。

动作二：以腰带动手臂由左向右摆动，掌心相对；目视斜后方。

动作三：两臂向上转动，举于头顶上方，身体直立；目视前上方。

动作四：两掌经体前自然下落，掌心向下，两掌垂落于身体两侧；目视前方。

动作五至八：同动作一至四，唯方向相反。

本式一左一右为1遍，共做2遍。

（2）注意事项：以腰为纽带左右摆臂和转体；顶髋摆臂旋腰；摆臂动作幅度可由小逐渐加大，要因人而异，量力而行。两臂下落时，意念从面部（承泣穴）经腹侧（天枢穴）、胫骨外侧（足三里穴）到脚趾端（厉兑穴）。

6．第四式：龙登

（1）动作

动作一：两脚以脚跟为轴，脚尖外展成"八"字步；双掌缓缓提至腰侧，掌心斜向上；目视前方。

动作二：两腿屈膝下蹲；同时，两掌向斜前方下插，意想浊气下降；全蹲时转掌心向上，在胸前呈莲花状；目视双掌。

动作三：起身直立，两掌缓缓上举，伸展于头顶上方；目视前上方。

动作四：两掌以手腕为轴外展，指尖朝外；同时，脚跟缓缓提起；目视前下方。

动作五：两脚跟下落，两掌内合于胸前下按，指尖相对，随后两臂外旋翻掌；两肩外展，中指点按大包穴；目视前方。

动作六至九：同动作二至五。

本式一下一上为1遍，共做2遍。

（2）注意事项：下蹲时，根据自身年龄及柔韧性状况，可选择全蹲或半蹲。手掌外展提踵下看时，保持重心平衡，全身尽量伸展。两掌上举时，意想从脚大趾（隐白穴）上行，经膝关节内侧（阴陵泉穴）至腋下（大包穴）。

7. 第五式：鸟伸

（1）动作

动作一：接上式。两脚以脚尖为轴，外展脚跟，开步站立，两脚间距与肩同宽；两臂内旋，以腰带动两臂由内外摆动，目视前方。

动作二：两臂外旋，以腰带动两臂由内向外再摆动，幅度依次加大；目视前方。

动作三：身体前俯，上体与地面平行，两掌按于体前，抬头，目视前方。

动作四：下颌向内回收，由腰椎、胸椎、颈椎节节蠕动伸展，双掌随动作前摆下按，随即抬头，目视前方。

重复动作一至四1遍。

动作五：身体直立，两掌自然垂落于身体两侧；目视前方。

本式动作一至五为1遍，共做2遍。

（2）注意事项：注意头颈与脊柱的运动要协调一致。侧摆臂时，意念从腋下（极泉穴）经肘（少海穴）至小指端（少冲穴）。

8. 第六式：引腹

（1）动作

动作一：接上式。左脚收回，并步站立，两臂侧平举；目视前方。

动作二：右腿微屈膝，左髋向左顶出；同时，左臂向旋，右臂外旋，两手掌心翻转；目视前方。

动作三：左腿微屈膝，右髋向右顶出；同时，右臂内旋，左臂外旋，两手掌心翻转；目视前方。

动作四至五：同动作二至三。

动作六：接上式。左臂由体侧向上划弧，经头顶上方下落至胸前，右掌下落，经体前向上旋伸；两掌在胸前交叉，左掌在外，右掌在内；目视前方。

动作七：右掌继续旋伸，在头顶右上方翻掌，掌指朝左，掌心向上，左掌外旋下按至左胯旁，掌心向下，掌指朝前；同时，髋部左顶；目视左前方。

动作八至九：同动作六至七，唯动作方向相反。

动作十：左掌经体侧向外划弧落下，两臂自然垂落于身体两侧，并步站立，目视前方。

（2）注意事项：两臂内旋外展时，注意腹部放松。上举时，上面手掌的小指对照肩部后侧（臑俞穴），下面手掌的拇指对照臀部（环跳穴）。两掌上撑时，意念从小指端（少泽穴）经肘关节内侧（小海穴）至耳前（听宫穴）。

9. 第七式：鸱（chī）视

（1）动作

动作一：身体左转，右腿屈膝，左脚向左前方上步；两掌内旋摩两肋。

动作二：接上势，两掌经体侧向外划弧上举；同时，左腿微屈，右脚缓缓前踢，脚面绷直；目视前方。

动作三：两臂上伸，两肩后拉，头前探；同时，右脚勾脚尖；目视前上方。

动作四：右脚回落，左脚收回，并步站立；两臂经身体两侧下落；目视前方。

动作五至八：同动作一至四，唯方向相反。

本式一左一右各为1遍，共做2遍。

第2遍最后一动时，左脚收回，开步站立；目视前方。

（2）注意事项：两臂上伸时，掌心向外；头微用力前探。勾脚尖时，意念从头经后背、腘窝（委中穴）至脚趾端（至阴穴），勾脚后微停顿。

10．第八式：引腰

（1）动作

动作一：接上式。双掌提至腹前，沿带脉摩运至身后；双掌抵住腰，四指用力前推，身体后仰；目视前方。

动作二：两掌自腰部向下摩运至臀部；身体前俯，两掌继续向下摩运，经两腿后面垂落于脚尖前；抬头，目视前下方。

动作三：转腰的同时左肩上提，带动左掌上提；同时，头向左转，目视左侧方。

动作四：转腰落左肩，落左掌；同时，头转正，目视前下方。

动作五：上体直立，两掌内旋，手背相对沿体中线上提至胸平；目视前方。

动作六：双掌下落至腹前，沿带脉两侧分开；双掌摩运至身后，双掌抵住腰，四指用力前推，身体后仰；目视前方。

动作七至十：同动作二至五，唯转头方向相反。

本式一左一右各为1遍，共做2遍。第2遍结束时，两掌自然垂落于身体两侧；开步站立，目视前方。

（2）注意事项：左肩上提，保持右掌不动，转腰抬肩方向与头转的方向要一致。前俯时，头部不要低垂。两掌上举时，意念从脚底（涌泉穴）经膝关节内侧（阴谷穴）至锁骨下沿（俞府穴）。

11．第九式：雁飞

（1）动作

动作一：并步站立，两臂侧平举，掌心向下；目视前方。

动作二：左掌转掌心向上，徐徐上举，与体侧成45°夹角；同时，右臂缓缓下落；目视左掌。

动作三：两腿屈膝半蹲，两臂成一条直线；头左转，目视左掌。

动作四：保持身体姿势不变，唯头由左向右转动；目视右掌。

动作五至八：同动作一至四，唯方向相反。

本式一左一右各为1遍，共做2遍。第2遍结束时，两掌自然垂落于身体两侧；并步站立，目视前方。

（2）注意事项：动作要徐缓自如，注意抬掌与转头的转换要协调。转头下视时，意念从胸内（天池穴）经肘横纹中（曲泽穴）左中指端（中冲穴）

12．第十式：鹤舞

（1）动作

动作一：开步，两膝微屈蹲，身体微右转，随之两腿直立，两臂前后平举，掌心向下，与肩同高；目视前方。

动作二：双腿屈膝下蹲，双掌随之缓缓向下按推；两腿再直立；目视右方。

动作三：身体继续右转，双臂屈肘收掌，双腿屈膝下蹲，两掌缓缓向外按推；两腿再直立；目视后方。

动作四：两臂自然垂落于身体两侧，身体转正；同时，双腿屈膝下蹲；目视前方。

动作五至八：同动作一至四，唯方向相反。

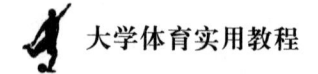

本式一左一右为1遍，共做2遍。第2遍结束时，两掌自然垂落于身体两侧；开步站立，目视前方。

(2) 注意事项：整个动作要求舒展圆活、上下协调。按推时，意念从手指端（关冲穴）经肘外侧（天井穴）至头面部（丝竹空穴）。

13. 第十一式：仰呼

(1) 动作

动作一：两掌心相对，缓缓上举至头顶；目视前上方。

动作二：两臂从两侧落下，上体微前倾，头后仰，挺胸，塌腰，目视前上方。

动作三：头转正，两臂外展。

动作四：两手翻掌下落，扶按于腰侧，指尖向下；同时，两脚脚跟缓缓提起，目视前方。

动作五：两掌沿体侧向下摩运，两脚跟缓缓落下；同时，双腿屈膝下蹲；目视前下方。

本式一上一下为1遍，共做2遍。第2遍结束时，两臂自然垂落于身体两侧；开步站立，目视前方。

(2) 注意事项：两臂分落至水平，颈部肌肉放松。掌上举下落时，意念从头面部（瞳子髎穴）经身体外侧（环跳穴）到脚趾端（足窍阴穴）。

14. 第十二式：折阴

(1) 动作

动作一：接上式。左脚向前上步；同时，右掌上举，重心前移，右脚跟提起；目视前方。

动作二：右臂外旋，下落至与肩平，掌心向上；重心后移，目视前方。

动作三：退步收脚，两掌经体侧平举，掌心向上，转掌心向前拢气，至体前转掌心斜相对，掌指向前，约与肩同宽；目视双掌。

动作四：身体前俯，转掌指向下拢气；目视双掌。

动作五：双腿屈膝下蹲，随即身体缓缓直立，两掌托气上举至腹前；目视前方。

动作六：两臂内旋，转掌心向下，两掌下按；两臂自然垂落于身体两侧；目视前方。

动作七至十二：同地动作一至六，唯方向相反。本式一左一右为1遍，共做2遍。

(2) 注意事项：上步举掌时，尽量拉伸躯干。双掌沿下肢内侧上行时，意念从脚趾端（大敦穴）经膝关节（曲泉穴）至腹侧（期门穴）。

15. 收势

(1) 两掌体前合拢时，身体重心随动微移。

(2) 两掌心依次对照胸部（膻中穴）、上腹部（中脘穴）、下腹部（神阙穴），然后按掌。

(3) 下按时，意想涌泉穴。

(4) 并步还原。

第九章 时尚健身运动

第一节 形体训练

一、形体训练概述

形体训练是一项比较优美、高雅的健身项目，主要通过舒展优美的舞蹈基础练习（以芭蕾为基础），结合古典舞、身韵、民族民间舞蹈进行综合训练，可塑造人们优美的体态，培养高雅的气质，纠正生活中不正确的姿态。可以说它是所有运动项目的基础。

形体是指人体结构的外在表现。人体只有在四肢、躯干、头部及五官的合理配合下才能显示出姿态优美、体型匀称的整体美。形体美主要体现在三个方面：骨骼、肌肉、肤色。均匀的体形与正确的姿态能塑造形体美。形体本身非常讲究姿态美、体态美、线条美和外部形态与内部情感统一的和谐美。人们在日常工作和生活中的各种姿态正确与否，直接影响着人们的工作和生活质量。

形体训练可以采用各种徒手练习。如徒手姿态操、韵律操、健美操、太极、按摩、健身跑以及各种舞蹈动作，也可采用不同的运动器械进行各种练习，如把杆、绳、圈带、球、肋木哑铃、杠铃、壶铃等，以及各种特制的综合力量练习架。形体训练的动作方式和内容是多种多样的，但其基本的内容离不开基本功训练和基本形态训练。为了增加形体训练的趣味性，可进行健美操、舞蹈、野外健身跑等训练。形体训练简单易行、适用性强、能有效地增强人们的体质，增进健康，改善人们体型、体态，陶冶情操。

二、形体训练的内容

（一）基本姿态训练

人的基本姿态是指坐、立、行、卧。当这些基本姿态呈现在人们眼前时会给人一种感觉，如身体形态所显示的端庄、挺拔与高雅，给人的印象是赏心悦目的美感（包括日常活动的全部）。俗话说，坐有坐相，站有站样。但是一个人若是光有好的体型，而不注意自己的基本姿态，也不会让人觉得健美的。自古以来就有"站如松，坐如钟，行如风，卧如弓"的说法，实则是对人基本姿态的形象比喻和健美的要求。由于一个人的姿态具有较强的可塑性，也具有一定的稳定性，通过一定的训练，可以改变诸多不良体态，如：斜肩、含胸、松胯、行走时屈膝晃体，步伐拖沓等。

（二）基本素质训练

形体基本素质练习是形体训练的最重要内容之一，在练习中可采用单人练习和双人配合练习两种形式。通过大量的练习，可对人体的肩、胸、腰、腹、腿等部位进行训练，以提高人体的支撑能力和柔韧性。为塑造良好人体形态，改善形体的控制力打下良好的基础。形体基本功练习的内容较多，在训练时，应本着从易到难，从简单到复杂的原则；同时也要注意自己和配合者的承受能力，不能超负荷，以免发生伤害事故。

(三) 基本形态控制训练

基本形态控制练习是对练习者身体形态进行系统训练的专门练习，是提高和改善人体形态控制能力的重要内容。是通过徒手、把杆、双人姿态等大量动作的训练，进一步改变身体形态的原始状态，逐步形成正确的站姿、坐姿、走姿，提高形体动作的灵活性。这部份练习比较简单，个别动作要求比较严格，训练必须从严要求，持之以恒。

三、形体训练的方法

(一) 基本姿态训练方法

形体美的训练首先要从形体姿态开始，他包括站姿、坐姿、走姿，通过站立、就座、行走等形体基本姿态的训练，使练习者在举止中呈现出良好的气质和美好的仪表，形成富有个性、韵味的美感。

1. 站姿控制训练

人的仪态是可以通过优美形体姿态来体现的，而优美的姿态又是由正确的站姿体现出来的。因此，站姿作为仪态美的起点和基础，应该得到真正重视和有效的训练。

(1) 靠墙立

动作要点：在立正姿势的基础上，双腿夹紧，挺胸收腹，立腰，立背，紧臀，双肩后张下沉，下颌略回收，梗颈，头上顶，脚跟、小腿、臀、肩胛骨和头紧靠墙。

此练习是借助于墙的平面来培养和训练站立时上体挺拔，保持头、躯干和腿在一条垂直线上的良好习惯，一次控制 4×8 个拍，反复练习 8~10 次。

(2) 分腿立

动作要点：两腿分开与肩同宽，双手叉腰，双肘微向前扣，收腹，挺胸，立腰，立背，夹臀，沉肩。

此练习主要训练臀，腹及上体的正确感觉。

(3) 提踵立

动作要点：在正确的立姿基础上，双手叉腰，双踵尽量提高，重心要稳，身体不得晃动。

(4) 单腿立

动作要点：在正确的立姿基础上，一腿支撑，另一腿屈膝上抬绷脚尖，贴于支撑腿，双手叉腰。

此练习主要训练腿的挺直与控制力。

(5) 前、侧、后点地练习

动作要点：在基本站立姿势的基础上，双手叉腰，保持上体形态和重心的稳定性，点地时要求腿伸直，开胯，绷脚尖，前后点地时脚面要外翻，侧点地时脚面向侧，点地腿的脚尖和主力腿的脚跟保持在一条直线上。每做一个方向的点地，都是先擦地出去，控制 1 个 8 拍后换方向练习，反复练习 8~10 次。

此练习主要训练腿的控制能力和重心的稳定性。

(6) 移重心站立姿态控制训练

动作方法：

① 1×8 拍第 1~2 拍，双腿屈膝向后移重心。

3~4 拍成左脚直立，右脚前点地姿态。

5~8 拍控制 4 拍。

②2×8 拍同 1×8 拍，方法相反。

③3×8 拍第 1~2 拍双膝经二位半蹲向右移重心，成左脚侧点地姿势。

3~4 拍向侧移重心成左脚直立，右脚侧点地。

5~8 拍控制 4 拍。

④4×8 拍同 3×8 拍，方向相反。反复练习 6~8 次。此练习主要训练在移动时腿的控制能力和身体的正确姿态。

2．坐姿控制训练

坐姿是一种重要的动作姿态，也是人体的一种静态造型，是体态美的重要内容，它能反映出人的气质、风度和教养。不正确的坐姿使人显得懒散、无礼，而正确、娴雅、端庄、稳重的坐姿则给人自然、大方、得体的美感。

（1）端坐式坐姿

收腹挺胸，立腰紧膝，开肩梗颈，双腿成"V"形并垂直于地面，双手自然下垂，保持站立的基本姿势，目视前方，面带微笑。

（2）双腿前置式坐姿

两小腿向前置 45°，脚尖不可跷起，双手交叉置于腹前，其他姿势与端坐式坐姿相同。

（3）脚恋式坐姿

两脚于脚踝处交叉，两脚前端外侧着地，其他姿势与双腿前置式坐姿相同。

（4）伸屈式坐姿

两大腿靠紧，左腿伸出，脚尖绷直，右脚掌着地。其他姿势与双腿前置式坐姿相同。

3．走姿控制训练

行走是人的基本动作之一。行走姿势的好坏能反映人的健康状况、文化素养、内在气质和审美层次，能产生很强的感染力和动态美。

（1）走姿分解动作练习

预备姿势：收腹挺胸，开肩梗颈，沉肩；女生双脚成"V"形，男生双脚平行，成开立式，两脚间距离与肩同宽；双手叉腰，保持站立的基本形态，目视前方，面带微笑。

动作要点：要注意重心的左右前移，蹬地要有力；要根据速度控制体态。

（2）行走连续动作练习

预备姿势：同上。

动作方法：迈左脚，右脚蹬地，重心前移至左脚，成右脚后点地；迈右脚，左脚蹬地，重心前移至右脚，成左脚后点地；两臂前后自然摆动。反复此动作。

动作要点：始终保持上体端直、收腹挺胸、开肩梗颈、目光平视和面带微笑的姿势。

（3）步度控制训练

预备姿势：同上。

动作方法：与行走连续动作相同。只是行走时，对步度进行控制，一般步长为 75 厘米左右，根据个人高矮有一定的区别。

动作要点：同上。

（4）步位控制训练

预备姿势：同上。

动作方法：与行走连续动作相同，对步位进行控制训练，男生走"两点"，女生走"一

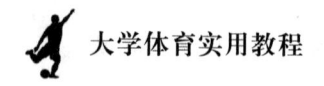

条线"。一步一拍，反复练习。

动作要点：男生行走时，左右脚下位置可以不在一条线上，但左右不能分得太开，以自然为准；女生左右脚下位置必须在一条直线上。注意两臂的协调摆动。

（5）行姿平衡感的训练

预备姿势：同上。

动作方法：练习时，在头顶方一个小布垫或书，其他与行走连续动作相同。

练习平衡感是为了在行走时让背部挺直，使上体不摇晃。

（二）基本素质训练方法

形体基本素质练习是形体训练的最重要的内容之一。通过各种练习，对人体的肩、胸、腰、腹、腿等身体各部位进行强化训练，可以加强腿部支撑人体站立、立腰、立背的力量以及身体各部位的柔韧性，为塑造良好的人体形态，改善形体的控制力打下良好的基础。

1. 腿部力量和柔韧性的练习

（1）跪坐压脚背练习。

（2）直角坐于地毯上，勾、绷脚面练习，挺胸收腹。

（3）面对把杆双手扶把，提踵、落踵练习。

（4）直立体前屈双手抱膝练习，双膝伸直。

（5）直角坐于地毯上，向前压腿练习，双膝伸直。

（6）大分腿坐于地毯上，向前、向侧压腿练习，双膝伸直，上体尽量贴近地面。

（7）面对把杆站立向前压腿练习。保持挺胸收腹，立腰、立背形态，压腿时，腹部尽量贴近大腿。

（8）侧对把杆站立向侧、向后压腿练习。向后压腿时抬头。

（9）地面上仰卧向前踢腿练习。

（10）地面上侧卧向侧踢腿练习。

（11）地面上俯卧向后踢腿练习。

（12）双手直臂撑地，双膝跪地向后、向侧踢腿练习。

每个练习重复6～8次。

2. 腰部力量和柔韧性的练习

（1）跪姿向后下胸腰练习，保持抬头挺胸形态。

（2）背飞：俯卧在地毯上，头和双腿伸直尽量向上抬起。

（3）双手放肩上坐在地毯上，向左向右扭腰练习。

（4）侧卧在地毯上，向前屈膝收腿、含胸，向后伸腿、展胸练习。

（5）双膝跪地双手撑地含胸、低头、弓背，挺胸、抬头、踏腰练习。

每个练习重复6～8次。

3. 胸、腹部力量练习

（1）俯卧撑

（2）斜卧撑

（3）仰卧起坐

（4）两头起：双手上举仰卧平躺在地毯上，上体和双腿同时向上抬起。

（5）收腹剪腿：仰卧平躺，双腿略抬离地面，两腿上下交替练习。

（6）仰卧平躺在地上，模拟骑自行车练习。

4. 肩部力量和柔韧性练习

（1）双臂摆动绕环练习。

（2）压肩韧带：面对肋木，两手臂伸直放在肋木上，上体前倾压肩。保持抬头、挺胸、踏腰的形态。

（3）背对肋木站立，双手体后握肋木，向前下拉肩练习。

（4）双手持木棍，手臂伸直向前、向后转肩练习。

（三）基本形态控制训练方法

芭蕾的把杆练习是一种辅助身体形态训练的重要手段，也是最切实际的形体训练之源。目的是使练习者尽快地掌握身体形态的控制能力、基本姿态、身体重心、转体的稳定性，建立准确的肌肉感觉，增强腰、腿部力量和柔韧性。

1. 扶把的方法

扶把杆常用的方法有三种：面队把杆双手扶把、侧对把杆单手扶把和背对把杆双手扶把。

不论采用哪一种扶把杆的动作，都要求扶把的手轻轻地放在把杆上，肩、肘、腕下沉，双目平视，不能抓把杆或将身体不必要地靠在把杆上。

2. 芭蕾脚位

芭蕾的五个基本脚位：

一位：两脚跟靠拢，脚尖向两侧，两脚成一条横线。

二位：两脚跟左右相距约一脚，两脚在一条横线上。

三位：一脚跟相叠在另一脚弓处，平行横立。

四位：两脚前后平行，脚尖向两侧，两脚间距离约一脚。

五位：两脚前后平行向靠，脚尖向两侧。

动作要点：挺胸收腹，立腰紧臀，站立平稳，胯、膝关节充分外展，身体重心落在两脚上。

3. 把杆练习

（1）蹲

蹲，可分为半蹲和全蹲。

预备姿势：侧对把杆，左手扶把，一位脚站立，右手叉腰。

动作方法：

①1×8拍第1~4拍两膝逐渐弯曲平稳地下蹲至半蹲，两脚跟紧贴地面，同时胯和两膝保持外开。

5~8拍双膝逐渐伸直绷直。

②2×8拍第1~4拍两膝逐渐弯曲平稳地下蹲至全蹲，两脚提踵立，同时胯和两膝保持外开。

5~8拍双膝逐渐伸直绷直，恢复直立。反复练习6~8次。二位脚、五位脚站立动作同上，重复6~8次。

动作要点：下蹲和起立是要缓慢，两腿要保持对抗性；下蹲时上体正直，不能展腹或撅臀，两膝保持外开。

（2）擦地

预备姿势：侧对把杆，左手扶把，右脚前五位站立，右手叉腰。

动作方法：

①1×8拍第1～2拍右脚脚跟先行向前擦出，伸出约一脚距离，右脚背绷直，脚尖点地，脚尖与支撑腿脚跟成一条直线，重心落在支撑腿上。

3～4拍右脚沿原路线擦地收回，右脚尖主动向支撑腿脚跟靠拢，脚面膝盖向外展。5～8拍同1～4拍。

②2×8拍第1～2拍右脚全掌向侧用力绷脚面擦出，伸出约一脚距离，脚尖与支撑腿脚跟成一条直线，重心落在支撑腿上。

3～4拍右脚沿原路线擦地收回。

5～8拍同1～4拍。第8拍时右脚收回成左脚在前的左五位。

③3×8拍第1～2拍右脚向后用力擦出，脚尖先行，伸出约一脚距离，脚尖与支撑腿脚跟成一条直线，重心落在支撑腿上。

3～4拍右脚沿原路线擦地收回。

5～8拍同1～4拍。

每个动作反复练习6～8次。动作掌握以后可以加快节奏练习。

动作要点：擦地迅速有力，两腿伸直绷紧，脚面绷直外展，胯固定，上体保持直立；向前擦地时，点地脚面外展；向侧擦地时，脚面、膝盖向侧方向；向后擦地时用大拇趾内侧点地，脚面、膝盖外展。

（3）小踢腿

预备姿势：侧对把杆，左手扶把，右脚前五位站立，右手叉腰。

动作方法：

①1×8拍第1～2拍右脚经擦地快速有力地向前踢出，疾停在25°上。

3～4拍右脚经前点地收回。

5～8拍同1～4拍。

②2×8拍第1～2拍右脚经擦地快速有力地向侧踢出，疾停在25°上。

3～4拍右脚经侧点地收回。

5～8拍同1～4拍，但右脚收回至后成左五位。

③3×8拍第1～2拍右脚经擦地快速有力地向后踢出，疾停在25°上。

3～4拍右脚经后点地收回。

5～8拍同1～4拍。

每个动作反复练习6～8次。

动作要点：上体保持直立，小踢腿迅速有力并疾停在离地面25°方向上；两腿伸直绷紧，胯固定，重心落在支撑腿上；向前、向后小踢腿时，踢腿脚面绷直外展；向侧踢腿时，脚面、膝盖向侧方向

（4）大踢腿

预备姿势：侧对把杆，左手扶把，右脚前五位站立，右手叉腰。

动作方法：

①1×8拍第1～2拍右脚经擦地快速有力地向前踢起，右脚膝盖伸直，支撑腿伸直站立。

3～4拍右腿伸直下落脚尖经前点地还原成右五位站立。

5～8拍同1～4拍。

②2×8拍第1~2拍右脚经擦地快速有力地向侧踢起，右脚膝盖伸直，支撑腿直站立。

3~4拍右腿伸直下落脚尖经侧点地还原成右五位站立。

5~8拍同1~4拍，但右脚收回至后成左五位。

③3×8拍第1~2拍右脚经擦地快速有力地向后踢起，右脚膝盖伸直，支撑腿直站立。

3~4右腿伸直下落脚尖经后点地还原成左五位站立。

5~8拍同1~4拍。

每个动作重复6~8次。

动作要点：挺胸收腹，上体保持正直；两腿伸直。踢腿要迅速有力，脚面绷直绷紧，用脚背发力带动踢腿，脚下落时要有控制。

第二节　健美操

扫描观看视频

一、健美操概述

（一）健美操的起源与发展

健美操是融体操、音乐、舞蹈、美术于一体，通过徒手、手持轻器械和用专门器械的操化练习达到健身、健美和健心的目的的一种新兴娱乐、观赏型健身项目。

健美操的起源应追溯到2000多年前。古希腊人认为在宇宙万物中，只有人体美才是最匀称、最和谐、最庄重、最有生气和最完美的，他们喜欢采用各种田径项目，以及柔软体操和健美舞蹈进行锻炼，达到自身的形体健美。

现代健美操是从20世纪60年代初开始萌芽，70年代在美国迅速兴起，并形成热潮。自1985年开始，美国正式举办了一年一度的健美操锦标赛，同时确定了健美操的比赛项目和规则。

健美操不仅在欧美国家迅速发展，而且在俄罗斯和其他东欧国家也相当普及。俄罗斯早已把健美操列入大、中、小学的体育教学大纲。在亚洲地区，日本、菲律宾、新加坡等国家和地区也建有许多健美操活动中心及健身俱乐部。

健美操在我国也有着悠久的历史。早在2000多年前，我国古代导引图上就彩绘着44个不同性别、不同年龄、栩栩如生、做着不同姿势的人物，有站、立、蹲、坐等基本姿势，臂屈伸、方步、转体、跳跃等各种动作，几乎和当今的健美操动作相仿。现代健美操在我国的兴起应该是20世纪70年代末80年代初。

（二）健美操的健身特点

健美操练习形式多样，运动量可大可小，容易控制，对场地器材的要求也不高，因此对各个年龄层次、不同性别、不同身体素质、不同技术水平的人都适宜，各种人群都能从健美操练习中找到适合自己的方式，都能从健美操练习中得到乐趣。因此，健美操运动具有广泛适应性的特点。健美操运动之所以深受人们喜爱，除练习本身的功效外，很重要的因素之一是现代音乐给健美操带来了活力。健美操动作与音乐强烈的节奏性，使健美操练习更具有感染力，使健美操比赛和表演更具有观赏性。

健美操内容丰富，简单易学，变化繁多，不受年龄、性别、场地、器械的限制，可使全身各关节都得到充分的活动，各部位的肌肉得到均衡的发展，塑造出良好的体态。

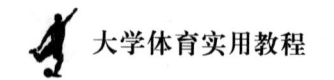

二、健美操基本练习

（一）基本站法和步伐

1. 基本站法

（1）立正：两脚跟并齐靠拢，两脚尖要向外分开约一拳；两腿挺立；小腹微收，自然挺胸；上体正直，微向前倾；两肩要平，稍微向后张；两臂要自然下垂，手指并拢自然微屈，中指贴于裤缝或大腿外侧；头正，颈直，口闭，下颌要稍微收，两眼向前平视。

（2）正立：两脚尖、脚跟并齐靠拢；两腿要挺立。其他要求同上。

（3）开立：由立正姿势开始，两腿分开（与肩同宽）。其他要求同上。

（4）"八"字步：两脚跟靠拢，脚尖要向斜前方。其他要求同上。

（5）"丁"字步：一脚跟靠于另一脚脚弓处，脚尖向斜前方。其他要求同上。

（6）弓步：一腿向任何方向迈出一大步，同时膝关节要弯曲90°左右；另一腿伸直，上体与地面垂直。其他要求同上。

2. 基本步伐

（1）无冲击步伐

两脚要始终不离地，保持肌肉做退让性工作。无冲击步伐包括弹动、半蹲、弓步、提踵、移重心（左右、前后）等。

（2）低冲击步伐

要求两脚依次离地，在下落或点地时膝、踝关节要有弹性的缓冲。

①踏步类：踏步类包括踏步、走步、"一"字步、漫步等。

②点地类：点地类一般包括脚尖前点地、脚跟前点地、脚尖侧点地、脚尖后点地等。

③迈步类：迈步类一般包括并步、迈步点地、迈步屈腿、迈步吸腿、交叉步等。

④单腿抬起类：单腿抬起类一般包括吸腿、踢腿、弹腿、后屈腿等。

（3）高冲击步伐

要求腿蹬离地面后要轻快跑、跳，落地时膝、踝乃至髋关节有弹性地缓冲。

①迈步跳起类：并步跳、迈步吸腿跳、迈步后屈腿跳等。

②双脚起跳类：并腿纵跳、分腿半蹲跳、开合跳、并步滑雪跳、弓步跳等。

③单腿起跳类：吸腿跳、后屈腿跳、弹踢腿跳、摆腿跳等。

④后踢腿跑类：后踢腿跑、小马跳。

（二）头颈动作

头颈动作的主要方向是前、后、左、右4个方向。另外还有侧前、侧后、侧上、侧下等一些动作方向。

1. 屈

头部向前、后、左、右4个方向分别做颈部关节弯曲的运动（图9-1）。

要点：身体正直，做动作时应缓慢，充分伸展颈部肌肉。

2. 转

头保持正直，然后头颈部沿身体垂直轴向左、右转动90°。

要点：下颌平稳的左右转动。

图 9-1

(三) 上肢动作

1. 手型

手型的变化不仅可以使手臂的动作更加丰富多彩，生动活泼，表现出美感；而且有助于加强动作的力量性。常用手型有以下几种：

(1) 掌

并指掌：大拇指指关节弯曲内扣，其余四指并拢伸直。手腕伸直，使手臂成一条直线。腕关节与掌指关节适度紧张（图9-2①）。

① ② ③

图 9-2

分指掌：五指用力分开，并伸直（图9-2②）。
屈指掌：手掌用力上屈，五指自然弯曲（图9-2③）。

(2) 拳

实心拳：拇指握住四指，中间无空隙（图9-3①）。
空心拳：拇指握住四指，中间有空隙（图9-3②）。

① ②

图 9-3

(3) 其他手型

西班牙舞手型：五指分开，小指内旋，拇指稍内收。
剑指：食指和中指并拢伸直，拇指、无名指小指内收。
"V"指：拇指与小指、无名指弯曲，食指与中指伸直并尽力分开。
响指：无名指与小指屈握，拇指与中指、食指摩擦后，中指击打大鱼际处产生响声。

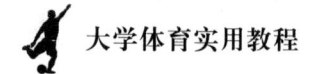

2.手臂动作

(1) 举

以肩关节为轴,臂的活动范围不超过180°并停止在某一部位。动作变化有前举、上举、前上举、前下举、侧举、下举、侧下举、侧上举、后下举。

要点:动作到位、路线清晰、有力度。

(2) 屈、伸

肘关节由弯曲到伸直或由伸直到弯曲的动作。动作变化有胸前屈、胸前平屈、肩侧屈、肩侧上屈、肩侧下屈、胸前上屈、腰侧屈、头后屈。

要点:关节进行有弹性的屈伸。

(3) 绕和绕环

两臂或单臂以肩为轴做弧线运动。动作变化有两臂或单臂向内、外、前、后绕或绕环。

要点:路线清晰,起始和结束动作位置明确。

(四) 下肢动作

1.无冲击动作

(1) 半蹲

两腿左右分开站立,与肩同宽或比肩稍宽,脚尖稍外开,两腿同时屈伸(图9-5)。

要点:身体重心放在两腿之间,屈膝时,膝关节朝着脚尖的方向,同时膝关节不能超过脚尖,下蹲时身体前倾。

图 9-5

(2) 弓步

两腿前后开立,两脚距离与髋同宽,脚尖朝前,两腿同时屈伸。一腿屈膝,另一腿伸直。动作变化有原地前后弓步、原地左右弓步、转体弓步(图9-6)。

图 9-6

要点：身体重心在两腿之间，前腿膝关节弯曲不能超过90°，膝关节不能超过脚尖。

2. 低冲击动作

低冲击动作是指在做动作时一脚着地，另一脚离地的动作。低冲击动作是目前健身性健美操编排运用最多的动作类型。

（1）踏步

两腿依次抬起，依次落地。动作变化有踏步转体、踏步分腿、踏步并腿、弹动踏步。

要点：下落时，注意膝、踝关节有弹性的缓冲。

（2）走步

迈步移动。向前走时，脚跟先落地，过渡到全脚掌，向后走时则相反。动作变化有向前向后走步、向侧前和侧后走步、向左右转体或弧线走步。

要点：落地时，注意膝、踝关节有弹性的缓冲，上体可以有节奏的协调摆动。

（3）"一"字步

以左脚起步为例。左脚向正前方迈一步，右脚并向左脚，然后左脚向后一步，右脚并向左脚。动作变化有向前向后的"一"字步、转体的"一"字步（图9-7）。

要点：偶数拍都有并步，落地时，注意膝、踝关节有弹性的缓冲。

图 9-7

（4）"V"字步

以左脚起步为例。左脚向左前方迈步，右脚随之向右前方迈步，两脚开立，形成"V"字轨迹，然后左右脚依次还原。动作变化有倒"V"字步、转体"V"字步、跳"V"字步。

要点：开立时两脚距离大于肩宽，中心在两腿之间，屈膝时膝关节朝着脚尖方向。

（5）漫步

以左脚起步为例。左脚向前迈步，同时重心随之前移，接着右脚稍抬起，然后落下，重心随之后移，左脚随之后迈向右脚之后（图9-8）。

要点：重心的前后移动，动作有弹性。

（6）屈腿

以左脚为例。左脚侧出一步，同时膝盖微屈，重心移至左脚上，随后右脚抬离地面，屈膝，然后再做反方向动作。动作变化有原地后屈腿、前后移动后屈腿、转体后屈腿。

要点：屈膝时膝关节朝着脚尖方向，主力腿始终保持有弹性的屈伸，后屈腿脚跟朝着臀部，脚尖绷直。

图 9-8

（7）并步

以左脚起步为例。左脚向侧迈步，同时重心左移，两腿屈膝向下，右腿并向左腿。动作变化有左右的并步、前后的并步、向两侧的并步、转体的并步。

要点：膝、踝关节的弹动缓冲，重心平稳过渡。

（8）吸腿

一腿屈膝抬起，另一腿屈膝弹动缓冲。

要点：上体保持正直，大腿抬起与地面平行，小腿自然下垂，绷脚尖。

（9）摆腿

一腿站立，另一腿自然摆动，然后还原成并步。

要点：保持上体正直。主力腿注意屈膝缓冲，摆动腿抬起时幅度不要过大且要有控制。

（10）踢腿

一腿站立，另一腿加速向上摆动。

要点：保持上体正直。主力腿脚跟不能离地，膝关节微屈缓冲。踢腿的幅度因人而异，避免受伤。

3. 高冲击动作

高冲击动作是指在做动作时，双脚都离地的动作，即为平常所说的跳类动作。

（1）跑

两脚依次经过腾空后，一脚落地缓冲，另一腿小腿后屈，双臂配合下肢前后摆动。

要点：膝、踝关节有弹动的缓冲，落地时由前脚掌过渡到全脚掌。

（2）双脚跳

双脚并拢有弹性地向上跳起，双臂随身体协调摆动。

要点：腾空时，双脚并拢，膝盖伸直，落地时屈膝缓冲，由前脚掌过渡到全脚掌。

（3）开合跳

并腿向上跳起，左右分腿姿势落地、接着再向上跳起，并腿落地（图 9-9）。

要点：落地时，膝关节有弹性的缓冲，分腿落地时屈膝且朝着脚尖方向。

（4）并步跳

以左脚起步为例。左脚迈出，随之蹬地跳起，右脚并左脚，并腿落地（图 9-10）。

要点：身体重心随身体迅速移动，落地时注意缓冲。

图 9-9

图 9-10

（5）单脚跳

一脚跳跃时，另一脚离地。

要点：跳跃落地时注意屈膝弹动。

（6）弹踢腿跳

双腿起跳，单腿落地，另一腿小腿后撩，然后小腿前踢伸直。

要点：无双脚落地的过程，弹踢腿脚尖伸直（图 9-11）。

（7）点跳

以左脚起步为例。右脚蹬地跳起，同时左脚向侧迈步落地，随之右脚并左脚点地，随后反方向做一次，动作相同，方向相反（图 9-12）。

要点：两脚轻松蹬地，身体重心随之平稳移动，注意膝踝的弹动。

图 9-11　　　　　　　图 9-12

(五) 躯干动作

躯干部分是人体在健美操动作中最富表现力的部位,躯干主要包括胸、腰、髋等部位。

1. 胸部动作

胸部动作包括:含胸、展胸、移胸、振胸。

(1) 含胸、展胸

含胸时,低头收腹,收肩,形成背弓,呼气;展胸时,抬头挺胸,展肩,吸气。

要点:含胸时身体放松,但不松懈;展胸时,身体紧张但不僵硬。

(2) 移胸、振胸

移胸时髋部位置固定,腰腹随胸部左右移动;振胸时胸部向一个方向有节奏的摆动。

要点:移胸时,腰腹带动胸部移动;振胸时有弹性、有节奏。

2. 腰部动作

腰部动作包括:屈、转、绕和绕环、波浪。

(1) 屈

腰部向前或向侧做拉伸运动。

要点:动作要舒展开,运动速度不宜过快。

(2) 转

腰部带动身体沿垂直轴左右转动。

要点:身体保持紧张,腰部灵活转动。

(3) 绕和绕环

腰部做弧线或圆周运动(图 9-13)。

要点:路线清晰、动作圆滑。

图 9-13

(4) 波浪

两腿开立,从头开始,颈,胸、腰、髋各关节依次向侧屈伸,向钻过绳索一样连贯波浪(图 9-14)。

要点:各部位必须有顺序的依次屈伸,动作要求清晰连贯,自然过渡。

图 9-14

3. 髋部动作

髋部动作包括顶髋、提髋、摆髋、绕和绕环。

(1) 顶髋

两腿开立,一腿支撑并伸直、另一腿屈膝内扣,上体保持正直,用力将髋顶出。

要点:用力且有节奏感。

(2) 提髋

髋向上做提翻的动作。

要点：髋与腿部协调向上，手臂与髋部配合协调运动。

(3) 摆髋

两腿微屈并拢，髋部向左右摆动，腰部要协调配合髋部动作。

要点：髋部带动腰部协调摆动。

(4) 绕和绕环

髋部做弧线或圆周运动。动作变化有两臂上举髋部绕环，两臂前举髋部绕环。

要点：运动轨迹圆滑。

第三节　瑜伽

一、瑜伽概述

(一) 瑜伽的起源与发展

瑜伽起源于印度，是古代印度哲学6大派中的一派。"瑜伽"一词源于梵文"Yuga"，字面意思是结合、连接。瑜伽是作为以前就存在于印度和世界各地的一些古代义献的一部分，代代相传和发展起来的。

瑜伽是印度先贤在最深沉的观想和静定状态下，从直觉了悟生命的认知。在古代，瑜伽技术是保密的，从来没有被记载下来或是公开让公众观看，而是由宗教领袖和瑜伽老师用口述的方式代代相传下来的。起初，瑜伽的修持者也只有少数的人，一般在寺院、乡间、喜马拉雅山洞穴和茂密森林中心地带修持，由瑜伽师讲授给那些愿意接受的门徒，以后瑜伽逐步在印度普通人中间流传开来。

瑜伽对人体的各个方面，如生理、精神、情感等都起到良好的作用。瑜伽由于其对身体系统所产生的效果，被公认为一种最佳的运动形式。

21世纪，瑜伽作为人类精神遗产重新受到重视，瑜伽代表人体和精神的发展规律。只要是坚持练习就能取得成功，只有不断的练习才是取得成功的秘诀。瑜伽的成功在于它能够平衡人的神经系统和内分泌系统，从而能够直接影响到人体的其他系统也得到平衡。瑜伽姿势能够帮助你消除一天的劳累，放松身体，帮助你恢复体力。对大多数人来说，瑜伽能够让他们在紧张的、充满压力的现代社会生活中减轻压力，释放自我，从而保持身体健康。

世界上许多人都喜欢瑜伽，在美洲、欧洲和澳大利亚确实有多达几千万之众，几乎每天都坚持做瑜伽练习，其中有许多人已经练了10年、20年甚或40年之久，他们在身体和精神上的感觉也越来越好，使得瑜伽迅速成为一种热门的健身锻炼的方法。所以现在很多的高校也开始把这项新的健身方法纳入健身课程的体系中。

在美国健身行业中，这种源于远东的古老沉思方式竟然会成为时尚，如活力瑜伽(power yoga)、接触式瑜伽、背椎瑜伽等。无论是哪个种类，都能让锻炼者从中受益；通过各种动作加强肌肉力量，心肺功能加强，身体健康水平得到全面提高。

(二) 瑜伽的健身功能

按照瑜伽的哲学原理，组成健康的元素包括：持之以恒的身体姿势训练，正确的呼吸，充足的休息和放松，通过冥想来达到精神的专一和宁静，积极正面的思考，以及健康、均衡的饮食。瑜伽是具备各元素的锻炼方式之一。通过音乐配上相同节奏的身体操练,会使人体的骨骼和肌肉都彻底舒展,心灵也得以完全释放,仿佛整个人置身于一个静谧、祥和的至美境地。

瑜伽是一个自我成长和开发的系统,在生活中,无论我们自己是否意识到,每个人都在努力寻找健康和快乐。然而,我们为此所采取的方式往往是错误的多,正确的少。人们通常更倾向于选择快捷、速成的方式,而对于健康长久,需要通过一定程度的努力方能达到的方式却置之不理。其实,长期坚持瑜伽修炼,对于健康是大有益处的。

1. 改善内脏功能

经常正确地做瑜伽练习,能使交感神经系统和副交感神经系统平衡起来。瑜伽的姿势也是一种辅助治疗的运动,通过身体的扭转、挤压姿势,可以加强肠胃的蠕动,增强消化液的分泌量,从而加强消化与代谢功能。同时使肾脏供血充足,代谢加强,对胃病和脊椎疾病的辅助治疗起作用,使这个系统增加效率。

2. 平衡内分泌系统

内分泌系统受自主神经系统支配影响,所以瑜伽对神经系统的调整也间接地帮助调整内分泌系统,而瑜伽练习给予这些腺体的轻柔按摩和刺激,也直接使它们保持健康状态。

人的行为、情绪,甚至心理状态都与内分泌腺体的活动有着直接的关联。当内分泌腺体失调,人的身心健康就会受到不良的影响。瑜伽练习可帮助调整这些腺体的活动,从而防止内分泌失调。通过意念和自我内心对话的方法减少忧虑和烦扰。瑜伽中的弯、伸、推、扭、挤,可以舒缓、柔和体内神经。内心有一个良好的环境,将从焦虑、急躁、紧张、恐惧中解脱出来,从而提高自信心,平和内心。

3. 加强身体意识

瑜伽是一种能让你更加了解自己身体的方式,不同的瑜伽姿势组合到一起,就能让身体的每一个生理系统和器官受益。

帮助身体组建健康机能的过程,就是一个提高自己能力的过程。它教修炼者学习如何去改变身体、大脑和情绪的状态,从而能控制自己的生活和健康。

4. 提高平衡能力

瑜伽练习对保持人体生理功能,如对呼吸调整、心率、流汗、血压、新陈代谢的频率、体温和其他一些重要的机制的平衡很有好处。瑜伽重建人体功能的平衡效果显著。有些姿势是针对提高人的身体平衡能力。通过规律的练习,可使人们获得灵活性、平衡、坚韧,以及对疾病的抵抗力,还可消除疲劳和安定神经,从而使人在睡眠中得到真正的安宁。

5. 提高身体柔韧性

瑜伽的各种姿势使身体的各肌肉慢慢地被伸展,防止肌肉组织功能下降,使肌肉富有弹性,消除肌肉萎缩和关节僵硬,使肌肉的肌纤维拉长、变细。同时身体的柔韧性得到改善,身体硬的部分得到了舒缓,虚弱的地方也变得强壮,从而使体态更为优美。

6. 减轻身体压力

瑜伽能让身体从这些压力症状中解脱出来。首先,深度放松训练会把精力集中在身体、大脑和情绪上,这些技巧在抗击许多压力症状时都非常有效。其次,灵活性训练能防止或缓和肌肉的紧张。再次,在进行姿势训练时使用适度的深呼吸,能杜绝压力造成的胸闷气短。它还能帮助修炼者达到和保持一种宁静祥和,情绪稳定的状态,因为呼吸与情绪和大脑状态紧密相关。最后，瑜伽的冥想训练，特别是在结合了其他种类的瑜伽技巧时，能提升修炼者的耐心和大脑的清净，而且还能加强应付压力的能力。

7. 预防疾病

随着现代生活节奏的加快，竞争的日益激烈，工作压力不断增大，人的心态变化和承受力比较大，随之而来的心理疾病不断增加。瑜伽练习会使人们的内心变得更平静、更平和，没有怒气、没有怨言。这意味着，较少患上可能由于紧张与忧虑引起的疾病。瑜伽的一些姿势是轻柔的按摩和伸展身体，同时使身体的每一个部分都得到益处。

另外，按瑜伽"身心平衡"的哲学理念，要求在从事操练时，强调伸展全身肌肉、韧带、优美的身体曲线，保持柔韧的身材，并注重呼吸的方式与节奏，瑜伽能给人体带来一种来自内心的力量，具有良好的医疗健身功效。

8. 延缓衰老

瑜伽能提升身体的健康和年轻程度，还能净化大脑。因此，持之以恒的修炼能帮助延缓身体的老化，减轻体内聚集过多的压力。

二、瑜伽练习

（一）呼吸方法

1. 腹式呼吸

呼吸时，气息的吸入局限于腹部的区域，舌头顶住硬颚，再将嘴合拢。用鼻子深深地吸一口气，并使肚皮鼓胀，然后在缓缓呼气的同时收缩肚皮。腹式呼吸法是瑜伽的核心内容。

2. 胸式呼吸

呼吸时，气息的吸入局限在胸的区域，意识集中于肺部，缓缓吸气，感觉自己的肋骨向外扩张，气息充满胸腔，保持腹部的平坦；缓缓呼气放松胸腔，将气呼尽。

3. 完全呼吸

完全呼吸，也称为胸腹式呼吸。它是瑜伽练习中最常用的呼吸方法。呼吸时，缓缓吸入气息，感觉到由于横膈膜下降，腹部完全鼓起。随后，肋骨处向外扩张到最开的状态，肺部继续吸入氧气，胸腔完全扩张，胸部上提。吸满气后缓缓地呼出，放松胸腔，将胸部的气呼出，随后温和收紧腹部，腹部向内瘪进去，感觉肚脐去贴后背，将气完全呼尽为止。

（二）冥想法

冥想就是一种克服物质欲念的方法，是在精神完全放松时给自己的一种暗示，目的在于获得内心的平和与安宁。瑜伽冥想练习是将思绪停留在一个点上，固定不动，通过排空杂念，渐渐地找回自我，明晰自身，最终达到精神快乐和智慧。

通过瑜伽冥想练习，能很好地调理身心，消除由于精神紧张和忧虑引起的各种疾病，改正很多有害于身心健康的不良习惯，成为最有效的预防身心疾病的良药。

冥想法具有几种常用的坐姿，其中包括简易坐姿、雷电坐姿、至善坐姿、莲花坐姿等。其中简易坐姿主要是坐于地面，双腿自然弯曲盘起，双手轻放于膝盖上；雷电坐姿是采用跪立式，双膝并拢，大脚趾交叠，足跟、脚踝向括号一样，向左右两边分开，背部垂直于地面，臀部坐于两脚的内侧；至善坐姿主要是单腿弯曲，脚跟抵住会阴，膝盖向外侧打开，尽量贴住地面，另一条腿也弯曲，盘起，双脚的脚跟和会阴都在一条线上；莲花坐姿是以直角坐姿准备，将右脚脚背放在左大腿根上，再将左脚背放在右大腿根上，两个脚脚心朝上，两膝向下，贴近地面，背部伸直，头部端正。

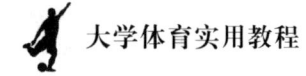

(三) 瑜伽基本动作练习

1. 头部动作

头部动作可以增加流向头部的血流量，滋养面部和头皮，让腹内脏器官受到挤压，促进腹部排泄功能，对整个脊柱神经系统都十分有益。注意不能让肌肉过分用力。

（1）跪坐，身体要向前弯曲，把前额放在地面上，两手在腿的两侧，呼气臀部慢慢抬起，大腿要与地面垂直。头部和颈部承受身体的一定的重量，保持正常呼吸，停20～30秒。慢慢吸气臀部坐在脚跟上，需要重复2～3次（图9-15）。

图 9-15

（2）平仰卧，吸气应该收腹，双腿要上抬慢慢下压，呼气两腿自然下沉；双手应撑住腰部，臀部上抬，慢慢双手放在地面上，停住，保持正常呼吸，停20～30秒，吸气慢慢还原，重复2～3次（图9-16）。

图 9-16

（3）平仰卧，吸气收腹，双腿要上抬，双手要托起腰部，两肘关节应撑住地面，使双腿向上伸，慢慢伸直躯干，保持1分钟左右，慢慢吸气放下背、腰、腿，身体躺平，需要重复2～3次（图9-17）。

图 9-17

2. 胸部动作

胸部动作能纠正驼背和两肩下垂的不良体态，有助于发展胸、腹部和喉部，神经系统得到改善，加强血液循环。

（1）坐地面上，双腿要伸直，两手侧撑在身体两侧，吸气时胸腹向上抬头，自然放松，重复2～3次（图9-18）。

图 9-18

(2) 跪地，吸气胸、腹向上，脊柱要后弯；呼气手掌压在脚掌上，自然呼吸，保持 5～10 秒，然后吸气慢慢还原，重复 2～3 次（图 9-19）。

图 9-19

(3) 仰卧，慢慢将颌上抬，头顶着地，背部伸直，吸气时双腿上抬，双手要合掌，撑起，正常呼吸，保持 5～10 秒，慢慢还原，重复 2～3 次（图 9-20）。

图 9-20

(4) 跪撑，两肘撑地弯曲相抱，呼气，下颌、胸部要下沉向地面，同时臀部上提，保持正常呼吸，慢慢吸气，臀部要后坐。重复 2 次，每次保持 30～60 秒（图 9-21）。

图 9-21

3. 腹部动作

腹部动作可以促进肠道里蠕动，加强腹部的力量，有助于减少多余的脂肪。

（1）躺在地面上吸气，右腿要弯曲，双手抱住右腿；起上身，下颌触膝，尽量呼气；吸气落下，反方向再做；之后双腿要同时弯曲，每个动作重复 4～6 次（图 9-22）。

图 9-22

（2）躺在地面上吸气，上身上起，两臂要前伸，同时两腿离开地面上抬，保持 2～3 次呼吸，吸气慢慢落下，手要放在腿的两侧，重复 2～3 次（图 9-23）。

图 9-23

4. 肩部动作

肩部动作可以扩展胸部，放松两肩关节，补养肩部，有助于防止肩周炎使肩部更灵活。

（1）两指尖轻轻点肩上，两肘要向前绕圈由小圈过渡到大圈，绕 12 圈；两肘要向后绕圈由小圈过渡到大圈，绕 12 圈（图 9-24）。

图 9-24

（2）两膝跪地，同时两脚要分开，臀在两个小腿中间，吸气双手上举两手相交，呼气一只手臂弯曲肘关节向上，手在头后，另一只手从身体后上屈，抓住头后的手，之后反方向，每个方向要重复 3～4 次（图 9-25）。

（3）两腿要开立半蹲，两臂体前绕环 12 圈，两臂要向后绕环 12 圈，呼吸配合手臂。

5. 腿部动作

腿部的伸展，每个姿势应保持 20～30 秒，吸气时腹部向外，呼气时腹部向内收，在停顿中体会身体伸展的感觉。

（1）分开腿慢慢蹲下，身体要前屈，手放在两脚底之下，保持自然呼吸，两腿要伸直，停 20～30 秒慢慢还原，重复 2～3 次（图 9-26）。

（2）坐在地面上，伸直双腿，吸气双手相对上举，呼气身体要下压，手抓住小腿，身体放松，保持正常呼吸，停 20～30 秒，吸气的同时要抬身，重复 2～3 次（图 9-27）。

图 9-25

图 9-26　　　　　　　　　　图 9-27

（3）坐地面上，右腿要弯曲，脚掌紧贴右腿内侧，吸气双手上举，呼气身体下压抓脚，头上抬，使得腹部紧贴左腿，正常呼吸，吸气慢慢抬起身体，反方向做，每个方向重复3~4次。

（4）坐在地面上，两腿要分开，吸气两手侧举，呼气身体下压，两手抓住脚踝，正常呼吸，吸气慢起，重复3~4次（图9-28）。

图 9-28

（5）站立，双手要在身体后相交，吸气抬头挺胸，呼气身体向前弯曲，头要向腿方向贴，双手上抬，正常呼吸，停20~30秒，吸气慢慢抬身，重复2~3次。

（6）跪撑，吸气臀部上抬，呼气肩下压，腿伸直，脚跟要向地面沉，正常呼吸，停20~30秒，吸气还原，重复3~4次。

（四）瑜伽练习注意事项

1. 正确的呼吸方法

瑜伽要求用腹部呼吸。吸气时，上腹部首先向前推，然后胸下部的横膈膜向左右扩展，最后空气充满整个肺部；呼气时，胸部先放松，最后收缩腹部肌肉，让所有废气呼出体外。

2. 练习时间

清晨，早饭之前是瑜伽锻炼的最佳时间。傍晚或是其他时间也可练习，但要保证空腹或完全消化以后进行练习。饭后3~4小时练习，练习后1小时进食比较科学。不同时间要不同的练习内容，如早晨多练习体位法，晚上多练习冥想等。

3. 练习环境

选择安静、闲适的环境，避免嘈杂的环境，以有利于身心的专注和意念的集中。

4. 素食

虽然瑜伽并不等同于素食，但一般瑜伽练习者都需坚守生活作息的规律，也非常注重饮食的平衡。他们推崇新鲜蔬菜、豆类及水果等天然、有益的食物；反对吃肉或任何经过加工的食物。

5. 着装

练习瑜伽时，不宜穿太紧的服饰，最好不穿鞋，应避免戴饰物。最好选择简单、宽松、

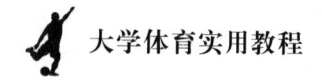

舒适的服装。

  6. 练习要循序渐进

  瑜伽是一种完善的科学体系，练习的每一步骤要谨慎从事，不可操之过急，练习过程中要配合呼吸，动作要尽量舒缓，要保持整体动作的平衡。通过逐步深入的练习，达到身心状态的改善。

  7. 其他

  女性在经期和怀孕四个月后，不宜做瑜伽练习。慢性病患者，如溃疡、肺结核等患者应在练习瑜伽前征求瑜伽老师或医师的意见。高血压病、癫痫、心脏病患者必须在瑜伽老师的指导下进行体位练习。

第四节　安代健身操

  安代健身操是由蒙古族民间传统音乐及舞蹈艺术安代舞（国家级首批非物质文化遗产）的跺足、踏足、吸腿跳、踢腿跳、捻转、擦步等和手持绸巾进行挥巾、摆巾、绕巾、甩巾等基本动作，并与现代健美操的基本步法、各种手臂动作、髋部动作、腰部动作等科学合理的结合与编排，使其赋予了蒙古族安代舞优美动情的曲调及充满着浓郁乡土气息的舞蹈韵味和健美操的动感，充分体现民族特色和时代气息，是一项具有科学性、创新性、安全性、娱乐性的体育健身项目。

一、蒙古族音乐简介

  蒙古音乐可以分为民间音乐、古典音乐、宗教与祭祀音乐三大类。具有鲜明的民族风格：旋律优美、气息宽阔、感情深沉、草原气息浓厚。

  蒙古民族音乐的节奏大致有两类：一类是节奏比较清楚，常见的是二拍子或四拍子，虽有复合拍子，但其性质仍为二拍或四拍。另一类节奏则很不明显，速度也较缓慢，实际上许多乐曲的节拍是不能用小节线来划分的。即使以某种节拍划分，其每拍的时值也不一定绝对相等，而且轻重拍的区分也不明显。因此，可以说，蒙古民歌是一种"曲调性强、节奏性弱"的歌曲。蒙古常用的乐器是马头琴、火不思、四胡、三弦、蒙古筝、蒙古琵琶、胡笳、兴隆笙以及笛子等。蒙古器乐的特点是柔和、安静。上述乐器中马头琴是最有代表性的乐器，音色低沉柔美，音量不大，表现力丰富。除了为民歌与说唱伴奏外，还常用于独奏与合奏；不仅演奏旋律，而且适宜于表现马匹的奔跑与嘶叫。蒙古的器乐曲多半是民歌旋律的器乐化。

二、安代舞简介

  安代舞被称为蒙古族集体舞蹈的活化石，是一种在肃北草原广为流传的原生态舞蹈，具有悠久的历史和渊源。它是蒙古民族舞蹈艺术殿堂里的一颗明珠，具有鲜明的民族风格，浓郁的生活气息，现已发展成为蒙古族的集体健身舞。传统安代以唱为主，伴以舞蹈动作，相传是一种用舞蹈来治病的神秘民间舞蹈，至今已有400多年的传承历史。

  传统安代舞中常以歌相伴，歌唱是安代舞的主要特征。从艺术角度来看，安代舞是一种以唱为主，伴之以舞蹈动作的一种民间歌舞形式。其音乐曲调风格独特，有强烈的感染力，便于歌手根据不同情景表达不同的情感。安代的唱词除开场和收场部分因仪式需要基本确定不变之外，其他皆不固定。那些才思敏捷、善于辞令的歌手可以尽情地用诙谐幽默的唱词抒发情感，或赞美，或嘲讽，或嘻笑怒骂，不拘一格。

安代舞的动作，舒缓和节奏融为一体，跳到高潮时使人们的朝气大发、产生雄伟的姿态。从而有死尔复活般的魅力。"踏步""跺脚""甩巾"及自定围圈是安代舞通常使用的基本步伐。在安代舞的发展过程中蒙古族人加入了大量的民歌、好来宝、祝赞词。舞与歌，舞蹈与说唱有机的结合为一体，逐步形成了几十种曲目。

近四百年来，随着时间的推移，经过不断完善和发展，安代舞逐渐成为蒙古族宗教仪礼和"那达慕"盛会上最受欢迎的狂欢之舞，同时成为蒙古民族最为耀眼的文化标识。

如今的安代舞更广泛地流行于民间，逐渐由民间艺术发展成舞台艺术，不断地在肃北城乡落户，成为庆典宴席，接见奉送时不可缺少的内容。安代舞经过本地众多民间艺术家的多年不懈的努力，演变为草原人民健身娱乐的绝佳方式。

三、安代健身操的技术动作概述

（一）安代健身操的技术动作

1. 踢和顿足

"踏"本身就是膝部以下的动作，踏破表明"踏"的节奏的强烈程度、节奏的速度、轻、重、缓、急的节奏表情，很显然用足来踏有节有力的踩踏。

2. 运用道具——绸子

（1）摆绸：双手二位持左右摆动。

（2）甩绸：双手持绸向同一个方向甩动。

（3）绕绸：用里绕腕或外绕腕的方式绕动绸子。

（4）"8"字绸：分外"8"字绸、内"8"字绸，绕动绸巾划出线形"8"字。

（5）小花绸：先后上下交替相对划外"8"字。

3. 健身操的下肢动作

（1）基本步法

低冲击步法包括：踏步类、点地类、迈步类、单脚抬起类。

高冲击步法：迈步起跳类、双脚起跳类、单脚起跳类。

无冲击步法

（2）下肢力量动作：蹲起、提踵、摆腿。

4. 健美操的上肢动作

（1）手型：五指并拢、五指分开、西班牙舞手型、拳型、一指式、芭蕾手势。

（2）臂动作：自然摆动、臂屈伸、屈臂提拉、直臂提拉、推。

（二）基本动作练习的注意事项

1. 动作的规范性

动作的规范性建立在动作的标准性上，因此，练习时肢体的位置、方向及运动的路线一定要准确。注意动作的速度、肌肉力度和动作幅度，是肌肉充分拉长与收缩这样才能达到动作的整体效果。

2. 动作的弹性

动作富有弹性是健美操特点之一，动作的弹性所涉及的身体部位很多，因此练习时要注意肌肉的收缩与放松要有控制，是动作富有弹性，节奏均匀，避免动作过分僵硬和关节的过

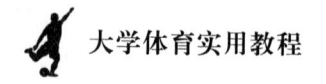

度伸展。

3. 动作的节奏感

掌握好动作节奏对健美操练习非常重要。练习者要想表演好较好的动作，必须具有一定的肌肉控制能力、音乐节奏以及动作的完成能力。因此在练习时，要重视开发、训练学员的动作的节奏感，使学员在听懂音乐节奏的基础上慢慢掌握动作的节奏感。

第五节　轮滑

扫描观看视频

轮滑亦称旱冰，是一项融健身、竞技、艺术和惊险于一体的体育运动项目。轮滑既可用于竞技表演，又能作为娱乐休闲的体育项目。它使用的器材便于携带，技术动作富有美感，能全面协调和综合发展人的速度、力量、耐力、灵敏、柔韧等多种素质，使参与者体魄强健、精力充沛、意志坚强。经常参加轮滑运动，可以改善人体的心肺功能，调节神经系统的协调能力，促进机体对内外环境的适应能力，提高机体的免疫力，延缓各器官系统功能的衰退。另外，轮滑运动对培养团队精神和勇敢顽强、挑战自我的心理品质也有着积极作用。

一、基本常识

（一）术语

(1) 前滑：面向滑行方向，向前滑行时，称之为前滑。

(2) 后滑：背对滑行方向，向后滑行时，称之为后滑。

(3) 滑足：在地面上滑行的腿和脚，称为滑足。

(4) 浮足：在滑行过程中，离开地面的脚及其腿部，称为浮足。

(5) 刃：轮滑鞋底装有几个小轮子，当人体向内或向外倾斜时，使身体重心偏移到轮子的不同部位，我们将不同的部位称之为轮子的刃。

(6) 平刃：当人体直立，体重均匀地分配到每个轮子时，我们把支撑重心或用力的轮子正底部称为平刃。

(7) 内刃：当人体向内倾斜时，身体重心偏向轮子的内侧部分，我们把支撑重心或用力的轮子内侧部分，称为内刃。

(8) 外刃：当人体向外倾斜时，身体重心偏向轮子的外侧部分，我们把支撑重心或用力的轮子外侧部分，称为外刃。

（二）安全常识

在轮滑运动的教学与训练中，为防止和避免一些意外事故发生，在练习中应注意以下几个方面。

(1) 初学者上场练习时，应着运动服或长裤、长袖衣服，戴上护具，并摘掉眼镜、饰品和手表，避免摔倒时受伤。

(2) 学者上场练习之前要做好充分的准备活动，避免挫伤和肌肉拉伤。

(3) 初学者上场练习时必须采取正确的练习姿势，要注意上体的前倾和小腿的前伸。切不可在滑行中身体伸展、后仰。

(4) 每次练习前应注意检查场地，如有沙石、木屑、烟头等杂物要及时清除干净，如有裂痕要及时修补；不能在潮湿的地面上练习。

（5）每次上场练习前要严格检查轮滑鞋是否符合练习要求，必须戴护盔和防护手套。

（6）在练习场上应严禁随意追逐、打闹等。严禁在跑道上顺时针方向滑跑。并和其他练习者保持足够的距离。

（7）场地附近应备有常用外伤药品，一旦有外伤情况应即使处理。如有骨折、脑震荡等严重伤害出现时，应及时护送至医院治疗。

二、基础练习

基础练习是学习轮滑的第一步，初学者应按照循序渐进、由易到难的原则，先扶物或扶人进行练习，待初步掌握身体平衡后再进行徒手练习。

（一）原地站立

（1）"T"字站立：脚穿轮滑鞋，扶物成"T"字步站立，前脚跟靠住后脚的脚弓，上体稍前倾，双膝自然弯曲，身体重心略偏后脚。然后两脚交换位置，再呈"T"字步站立，到站稳为止。

（2）"V"字站立：两脚尖外展 40～50°成"V"形，脚跟靠紧，上体稍前倾，双膝自然弯曲，身体重心落在两脚之间。

（3）平行站立：两脚平行分开稍窄于肩，脚尖稍内扣，膝部微屈，重心落在两脚之间。初学者做此练习时可以两脚略向内倾，以利于保持稳定。

（二）移动重心

1. 原地移动重心练习

（1）原地蹲起练习：由基本预备姿势开始，两脚相距 5～10 厘米平行开立，上体前倾，腰背部放松，含胸收腹，两臂自然下垂或背于腰后，眼看前方 4～5 米处，重心落在两脚中间，逐渐弯曲膝关节。当膝关节弯曲至最低点后，保持 1～2 秒钟，然后两腿伸直起立，还原成基本预备姿势。

练习时要注意在屈伸踝、膝、髋三个关节时的协调配合。

（2）原地左右移动练习：由基本预备姿势开始，两脚相距 5～10 厘米平行开立或成"V"形，两眼看前方 4～5 米处，上体稍前倾，腰背部放松，含胸收腹，两臂自然下垂或背于腰后，重心落在两脚中间，然后逐渐将重心移至一脚，另一脚帮助维持平衡，保持 1～2 秒钟后还原成预备姿势。当离地脚放下时，要注意 4 个轮子同时着地。以同样的方法将重心移向另一侧并保持 1～2 秒钟后，还原成预备姿势。

（3）原地左右脚间转换重心：由基本预备姿势开始，两脚相距 5～10 厘米平行开立或成"V"形，两眼看前方 4～5 米处，上体稍前倾，腰背部放松，含胸收腹，两臂自然下垂或背于腰后，重心落在两脚中间，然后逐渐将重心移至一脚，另一脚以 4 个轮子同时离开地面的方式抬起，并保持鞋底部始终与地面平行，1～2 秒钟后还原成预备姿势。当离地脚放下时，要注意 4 个轮子同时着地。以同样的方法将重心移向另一侧并保持 1～2 秒钟后，还原成预备姿势。

（4）原地抬腿练习：由基本预备姿势开始，两眼看前方 4～5 米处，逐渐将重心移至一脚，另一脚以膝关节上提，4 个轮子同时离开地面的方式抬起，并保持鞋底部始终与地面平行，1～2 秒钟后还原成预备姿势。当离地脚放下时，要注意 4 个轮子同时着地，然后再以同样的方式将重心移向另一侧，提膝抬起另一条腿，保持 1～2 秒钟后还原成预备姿势。

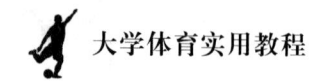

2. 左右跨步移动

由基本预备姿势开始，重心移至左腿，右腿以抬膝、脚"平抬平落"的方式向右侧跨30～50厘米，迅速将重心移至右腿，左腿以同样的方式向右并靠一步，并支撑重心。如此反复向右侧移动5～10步，然后向左侧移动。

3. 向前踏步移动

由基本预备姿势开始，重心移至左腿，右腿以抬膝、脚"平抬平落"的方式向前踏出10～15厘米，落地后迅速将重心移至右腿，同时左腿以同样的方式向前踏出一小步落地并支撑重心。

4. 向后踏步移动

由向后滑行的基本预备姿势开始，重心移至左腿，右腿以抬膝、脚"平抬平落"的方式向后踏出10～15厘米，即右脚的脚尖落放在左脚的足弓附近。落地后迅速将重心移至右腿，同时左腿以同样的方式向后踏出一小步落地并支撑重心。

5. 横向交叉步练习

由基本预备姿势开始，重心移至左腿，右腿以抬膝、脚"平抬平落"的方式向左踏出并稍超出左腿支撑点成双腿交叉姿势，落地后迅速将重心移至右腿上，成右腿支撑重心，然后收左腿向侧跨一步成开始姿势，如此反复进行5～10步后再向右侧做相同练习。

（三）基础滑行

1. 主动向前双脚滑行

由向前滑行的基本预备姿势开始，左腿支撑重心，在右移动重心的同时左脚向左后方向以"平推"的方式蹬地后，迅速提膝抬脚再平落至右脚旁边，成两脚间距略窄于肩宽的平行开立，向前滑行一段距离。然后将重心移向右腿，以与左侧同样的方法完成右脚蹬地，再双脚向前滑行一段距离。

2. 动向后双脚滑行

由向后滑行的基本预备姿势开始，左腿支撑重心，左脚向左前方向以"平推"的方式蹬地后，迅速提膝抬脚再平落至右脚旁边，成两脚间距略窄于肩宽的平行开立，向后滑行一段距离。然后将重心移向右腿，以与左侧同样的法完成右脚蹬地，再双脚向后滑行一段距离。

3. 向前葫芦型滑行

由基本预备姿势开始，两脚尖成外"八"字站立，两腿弯曲、重心前移。滑行时用两脚内刃向后蹬地，两脚尖外展，当两脚向外滑至最大弧度时，两脚脚尖及膝关节用力内收，双膝逐渐撑直，还原成开始姿势。

4. 向后葫芦型滑行

由向后滑行的基本预备姿势开始，两脚尖成内"八"字站立，两腿弯曲、双膝内扣，重心后移，上体前倾。滑行时用两脚内刃向前蹬地，两脚跟外展，当两脚向外滑至最大弧度时，两脚跟用力内收，双膝逐渐撑直，还原成开始姿势。

5. 向前单蹬、单滑练习

由基本预备姿势开始，左脚正对前方，右脚横置于左脚跟后方，成重心落在右脚的"T"字形站立。重心前移至左脚，右脚向后蹬地，提膝抬脚收于左脚后方，由左脚单脚滑行一段距离。然后右脚平落，依上述方法再次蹬地，左脚继续向前滑行。如此反复练习后，交换滑行脚，成左脚蹬地、右脚向前滑行。

6. 向前交替蹬、滑

由基本预备姿势开始，左腿支撑重心，在右移重心的同时左脚向左后方以"平推"的方式蹬地后，迅速以"提膝"的方式收于右脚后方，由右脚单脚向前滑行一段距离。然后，右脚以内侧轮向右后方蹬地，左脚以脚尖向左前"平落"并支撑重心，单脚向前滑行。

7. 向后交替蹬、滑

由向后滑行的基本预备姿势开始，左腿支撑重心，在右移重心的同时左脚向左前方以"平推"的方式蹬地后，迅速以"提膝"的方式收于右脚后方或侧方，由右脚单脚向后滑行一段距离。然后，右脚以内侧轮向右前方蹬地，左脚尖内扣"平落"并支撑重心，单脚向后滑行。

8. 向前惯性转弯

向前滑行达到一定速度时，两脚平行，相距 30～40 厘米，两膝微屈，如向左转弯时，右脚略靠前，重心落在两脚间前三分之一处，左腿略弯曲，右腿伸直，身体重心向左倾斜，头部和上体向左转动，体重压在左脚的外刃和右脚的内刃处，借助惯性向左前滑出一条弧线。如向右转弯，则方向为向右，两脚滑行的部位相反，但动作方法相同。

9. 向前交叉压步转弯

在圆弧上以双脚平行向前滑行开始，当左脚有稳定的支撑时，身体重心向左倾到并超出支撑点，右脚向右后方蹬地后迅速收回，并以大腿带动小腿向左脚的左侧前方迈出 10～20 厘米，身体重心随之跟上。在右脚短暂滑行之后，左脚以大腿带动小腿迅速从右腿后方收回，脚尖外转落地，同时右脚向右后方蹬地，左脚向左前方滑进。如此反复进行。如向右转弯，则方向为向右，两脚滑行的部位相反，但动作方法相同。

(四) 制动

1. 脚跟制动法

在慢速滑行时将有制动胶的脚前伸，脚尖抬起使后跟上的制动胶着地，前腿用适当力量压地，使制动胶与地面摩擦，逐渐减速而停止。

2. 内"八"字停止法

在获得一定向前滑行速度后，两脚平行分开站立，随后脚尖内转，两脚以内侧轮柔和地压紧地面，两腿弯曲，上体稍前倾，臀部下蹲，两臂前伸维持身体平衡，就会逐渐减速至停止。

3. 转弯减速法

转弯减速法即利用惯性转弯动作，以消耗掉滑行惯性逐渐降低速度，达到停止的目的。在快速滑行时身体重心向左（右）移动，重心落在左（右）腿上，右（左）腿伸直或抬起不用力，惯性转弯滑进。

4. "T"形制动法

当左脚支撑滑行时，上体抬起直立，右脚外翻并横放在左脚后面，左脚成"T"字形，使右脚的轮子横向与地面摩擦。两腿弯曲，重心下降并逐渐移向右脚加大摩擦，使之减速而停止。

第十章 冰雪运动

第一节 滑冰运动

一、滑冰运动的起源与发展

人类最早的冰上运动可追溯到远古新石器时代。据考证，冰上运动起源于荷兰。当时人们以木制的爬犁作为冰面上的运输工具，后来更易于滑行的兽骨代替了木头。荷兰人将马骨磨成光滑的底面，用皮带将两头钻孔并打磨后的马骨绑在鞋上，借助手杖支撑滑行。这就是人类最原始的冰上滑行工具——骨制冰刀。不仅在荷兰，而且在瑞士、英国等一些国家11、12世纪的早期文献中，也有关于将兽骨绑在脚上滑行于冰面的记载。当时的一种游戏或简单的代步方式，却为现代冰上运动奠定了基础。

据《满洲老档秘录》记载：清代滑冰运动十分盛行，清天命十年（1625年）正月初二，太祖努尔哈赤在浑河冰上亲自主持"跑冰鞋"比赛。另据记载，19世纪中叶，满族八旗兵把滑冰作为军事技术项目进行操练，以增强士兵奔跑能力。乾隆皇帝把"跑冰鞋"称为"国俗"，可见，当时的滑冰运动受到了高度的重视。

现在，滑冰成为一项重要的竞技项目和娱乐活动，成为锻炼身体的一种手段。2014年索契冬奥会中国代表团获得3枚冰上项目金牌：李坚柔获得短道速滑女子500米金牌，张虹获得速度滑冰女子1000米金牌，周洋获得短道速滑女子1500米金牌。

二、冰上运动的分类

（一）速度滑冰

速度滑冰是一项以体能和技术相结合，在平整的冰面上进行快速滑行的体育运动项目。其技术结构包括：

（1）起跑。起跑的好坏取决于启动，其第一步的主要技术是冰刀尽力外转，用内刃踏切冰面，形成身体最佳的倾斜度。

（2）疾跑。疾跑有切跑法、滑跑法和扭滑法三种跑法。可分为起速段、加速段、最大速度三个阶段。

（3）衔接。将疾跑所获得的最大速度转向正常的途中滑跑中去。

（4）进出弯道滑。主要通过身体的合理倾斜度和冰刀合理切冰面以及弯道滑行动作节奏来完成。

（二）短道速滑

1. 短道速滑历史

该项运动由于使用的跑道仅111.12米，比速度滑冰的跑道（400米）短，故称为短道速滑。短道速滑起源于加拿大，之后，一些运动爱好者相继组织了比赛。1905年，首次举办了加拿大全国性短道速滑比赛。1976年，在美国伊利诺伊州首次举行了国际短道速滑赛。

1981年起，开始举办世界短道速滑锦标赛。1992年，短道速滑成为冬奥会正式比赛项目。

2. 短道速滑主要技术

短道速滑滑速较快、场地较小、同组滑跑人数较多，所以战术性较强，比赛竞争非常激烈，时常出现追赶、阻截、超越、夹击以及战术配合等场面，具有很强的观赏性。其主要技术结构包括摆臂技术、接力技术和冲刺技术等。

（三）花样滑冰

花样滑冰是技巧与艺术性相结合的一项冰上运动项目，也是冬季奥运会的正式比赛项目。比赛时，运动员穿着脚底装有冰刀的冰鞋，在音乐的伴奏下，在冰面上滑出各种图案，表演各种技巧和舞蹈动作，裁判员根据动作评分，决定名次。

花样滑冰运动包括单人滑、双人滑和冰上舞蹈三个比赛项目。这三个项目的比赛，都强调内容编排、音乐伴奏、动作速度、动作难度、质量姿势以及创新性和艺术性等方面的质量。花样滑冰是体育与艺术的结晶，被誉为"健与美的完美结合"，不仅需要运动员具有高度的技巧，还要有高度的艺术表现，特别是要在高速滑行的跳跃和旋转中表现出优美姿势。一套高水平的花样滑冰动作，更像是欣赏一种高度艺术性和表演性相融合的竞技文化，给人以美的享受。

花样滑冰的基本步法有变刃步、"3"字步和括弧步；基本旋转有双足旋转和单足旋转；基本跳跃有华尔兹步和阿克谢尔跳步。

（四）冰球运动

1. 冰球运动的由来

冰球运动，亦称"冰上曲棍球"，是快速多变的滑冰技艺和敏捷娴熟的曲棍球技艺相结合、对抗性较强的集体冰上运动项目之一，也是冬季奥运会正式比赛项目。现代冰球运动起源于加拿大，至今已有100多年的历史。1875年3月，在蒙特利尔的维多利亚冰场举行了首次冰球正式比赛。4年后，加拿大人罗伯逊和斯密斯教授共同制订了冰球比赛规则，并规定，每队参赛人数为9人，后改为7人制。

比赛时，运动员穿着冰鞋，手拿冰杆滑行拼抢击球。球一般用硬橡胶制成，厚2.54厘米，直径为7.62厘米，球重156～170克。比赛时，每队上场6人（前锋3人，后卫2人，守门员1人），运动员用冰杆将球击入对方球门，以多者为胜。

冰球运动是世界上最令人兴奋的集体运动之一，集技术、平衡能力和体力于一体，是一项高速而充满冲撞的项目。冰球运动在欧洲、美国和加拿大十分盛行。现在，冬奥会设有男、女两块冰球金牌。

2. 冰球运动主要技术

冰球技术是一项强对抗性运动，在比赛中，要求运动员在充分发挥自身体能的基础上，合理运用冰球技术动作和战术。

冰球的基本技术可分为滑跑技术和攻防技术两大类。滑跑是冰球运动员必须熟练掌握的最基本技术，包括起跑、正滑、倒滑、惯性转弯、左右压步转弯、急停等。攻防技术包括控制球、传接球、过人、争球、射门等进攻技术和阻截、抢球、合法冲撞以及守门员防守等防守技术。

三、速度滑冰的基本技术

(一) 陆地练习

陆地诱导和模仿练习是滑冰教学的重要组成部分，在陆地上多次从事近似于冰上滑跑动作的学习和练习，从而在陆地上完成滑跑姿势的练习，为冰上学习奠定良好的基础。

1. 直道练习

(1) 基本姿势：上体前倾，两腿部弯曲，肩稍高于臀，躯干呈流线型，两手互握于背后，头微后仰，两腿平视前方。

(2) 侧出：从基本姿势开始，一脚支撑，另一脚由内侧向外侧轻轻推出，伸腿后收回原位。

(3) 单脚平衡（后引）：从基本姿势开始，一脚向前迈出，并支撑身体；另一脚自然后拉，稍停顿，向前提大腿展膝盖，下落小腿，脚后跟着地支撑身体。

(4) 着地与双支撑平衡（屈膝走）：从基本姿势开始，一脚向前迈出，并以脚后部触地滚动全脚着地。在这一过程中，相对的另一只脚由内侧前方推出，然后收回。

(5) 模仿练习：屈腿走动作和侧出腿——后引——收回腿（连续动作练习）。

2. 弯道练习

(1) 基本姿势：在直道基本姿势的基础上，用右脚内侧，左脚外侧支撑身体，使身体呈右倾姿势。

(2) 右脚侧出：从基本姿势开始，左脚外侧支撑身体，右脚内侧侧出后，直接收回。

(3) 左脚侧出：基本姿势开始，右脚向左脚前迈出，呈交叉式，脚后部着地；同时，左脚从右脚后向身体右侧前侧出，蹬直后直接收回。

(4) 模仿练习：从基本姿势开始，右脚向左脚前迈出，同时左脚侧出，呈右弓箭步姿势，左脚收回；同时右脚侧出，呈左弓箭步姿势。

(二) 冰上练习

1. 熟悉冰性

(1) 冰上站立：两脚开立同肩宽，用冰刀平刃着冰，成外"八"字形用冰刀正刃站立，上体放松稍前倾，两臂自然下垂，两腿微屈，身体重心落在两腿之间两冰刀后半部，目视前方。

(2) 冰上移动重心：冰上站立姿势，使两刀平行，身体重心交替落在左、右腿上。

(3) 冰上蹲起练习：冰上站立姿势，用两脚控制冰刀以免前后滑动，做蹲起练习。

(4) 冰上踏步：冰上半蹲姿势，重心移向左腿，抬起右脚离开冰面，放下右脚重心移向右腿，再抬起左脚反复练习。

(5) 冰上外"八"字行（可推椅练习）：冰上站立姿势，一脚抬起向前方迈步；另一脚用内刃向后压冰，推动重心移向前脚，后脚收回，再向前迈步。

易犯错误：冰刀立不起来，用偏倒的内刃支撑；体重在两脚中间，不能完全移动支撑在脚上。

2. 滑行练习

(1) 单脚蹬冰双脚滑行：一脚用刀内刃蹬冰，同时将重心移到支撑滑行腿上，蹬冰结束后，马上收回与滑行腿并拢向前滑行，速度下降后换另一腿蹬冰。

(2) 单脚蹬冰单脚滑行：一脚用内刃开始蹬冰，同时将重心推移到支撑滑行的脚上。蹬冰结束后收腿滑行。

3. 直道滑行

（1）滑跑姿势：上体前倾，肩背略高于臀部，头微抬起，目视前方10米～20米处，背部放松，腿部蹲屈，背手或摆臂进行滑跑。

（2）腿的动作：大腿深屈，膝盖前弓，臀后坐。由支撑转入向侧蹬冰，腿蹬直后收大腿、小腿，与另一腿靠拢，脚贴近支撑脚落刀着冰，开始承接重心，进行下一个周期的动作。两腿支撑、蹬冰、收腿交替进行。

（3）摆臂动作：两臂前后加速摆动，摆臂的力量和幅度与腿部动作和滑跑速度相一致，摆臂可双摆或单摆。

易犯错误：直线用内刃滑行；滑行时两腿分开；重心偏前。

4. 停止法

（1）犁状停止法（也叫内"八"字停止法）：在滑行中要停止时，两腿微屈，两膝内扣，身体重心向后坐同时两刀跟外展，用两刀内刃犁冰停止。这种方法简单易学，适用于初学者。

（2）向右转体内外刃停止法：在滑行中需要停止时，迅速向右转体90°，同时下蹲，用右脚刀外刃，左脚刀内刃横着滑行方向压冰，上体向与运动相反的方向倾倒，随着滑行速度减慢，重心逐渐前移，直到停止时，上体直立。这种停止法制动效果最好，也可向左转体。

（3）右脚外刃停止法：在滑行中，身体向右迅速转体90°，左脚稍抬离冰面，随着转体，右脚冰刀的刀尖迅速外转，同时左脚屈膝重心下降，身体向后倾倒，重心移至冰刀的后部，用外刃压切冰面，直到停止时，调整身体重心，身体直立。也可用左脚外刃停止。

易犯错误：两刀开角小，下蹲时压力小，刮冰无力。

5. 弯道滑行

在弯道滑行时，身体保持向左倾斜状态，左、右腿用交叉步动作，左腿用刀外刃、右腿用刀内刃交替向右侧蹬冰。

（1）滑跑姿势：在弯道滑跑时，身体保持向左倾斜状态，头部稳定应使刀尖、切点保持在一个斜面内。肩要略高于臀部，保持稳定，将重心放在冰刀后半部。

（2）倾倒动作：用直道步伐助滑入6米～8米半径小圆周，整个身体积极向圆内倾倒，右脚反复用力向圆外蹬冰，左脚用外刃支撑滑行，随速度加快身体的倾斜度逐渐加大。

（3）左腿深屈外刃支撑：左腿深屈，用左脚外刃撑住身体，右脚侧出向前惯性滑进。

（4）冰上走步：右脚冰刀跟抬起，从左脚上面越过，在左脚的左前方用内刃下落着冰成交叉步。

（5）向左交叉上步：身体向左倾斜，右脚用内刃，左脚用外刃交替向左上步支撑，右脚上步时从左脚上面越过左脚，放在左脚的外侧。

6. 曲线滑行

两脚稍分前后，前脚用外刃，后脚用内刃，身体重心倾向圆心，冰刀着力点在后部，借助惯性曲线滑行，后脚也可反复蹬冰，前脚不离冰面。

7. 转身

从向前滑行开始，向右边转身时，先把重心移到左脚上，收回右脚，靠近左脚，转身时，重心向右移动，左刀的刀跟向左外转动，同时伸腿膝关节向下蹬冰，使身体重心提高，以左刀尖为轴，身体开始转动。头、肩、上体迅速向右转动，右刀着冰，身体重心移到右脚上，屈右膝，收回左脚，开始倒滑行。

8. 倒滑

膝弯屈，上体稍直，重心放在刀的前部，以右脚蹬冰为例，体重放在右脚上，重心向左移，臀部向左后方移动，向右转体，右刀内刃向侧前转侧方弧形蹬冰，蹬冰结束，另一脚开始蹬冰。

四、器材和装备

（一）冰刀鞋

根据本人的运动水平和运动目的，选择合适的冰刀鞋，目前在学校中多选用冰球刀，这种刀刀体短，滑行灵活，鞋帮高，对踝关节的保护性较好，能提高踝关节的支撑能力，保温性能好；但在基本教学中掌握动作较难。目前市场上也有高帮鞋的速滑刀，教学比较适合。

冰刀是滑冰运动的重要器材，应当精心爱护和保养，平时在使用后，应保持刀刃的清洁，将冰刀上的杂质擦干净并套好刀套。要用专用固定的提包装放冰刀，避免挤压使冰刀变形。要经常检查，做到及时发现问题，及时维修。使用时，最好到场地穿鞋，以保持锋利的刀刃。

（二）速滑服装

速滑服应具有紧身、轻便、保暖等特点。目前，运动员在冰上训练时，多穿尼龙丝织成的连体衣。这种衣服有利于降低风阻，也更加保暖。

（三）头盔

头盔是速滑运动中必不可少的护具。他不仅能御寒，主要是可以保护运动员头部不受伤害。短道速滑安全头盔应符合现行的 ASTM 标准，头盔形状必须规则，不能有凸起。

（四）手套和耳包

手套和耳包主要是起到保暖的作用，避免冻伤。

五、滑冰安全守则

（1）初学者应该注意循序渐进，要保持重心平稳移动，按动作要领去做。

（2）上冰之前要做好有关准备活动以提高体温，在陆地上活动之后，上冰不要急于滑跑，应做一些简单的熟悉冰性和冰刀性能的动作，如冰上行走、站立、走滑等，然后再慢滑几圈，并观察一下场上有无裂缝、冰坑及其他杂物等。

（3）要注意保暖，防止冻伤。

（4）要严格遵守冰场制度，按逆时针方向滑行，不要横穿跑道，更不要在跑道上倒滑、打闹或互相追逐，几个人不要并排或追尾滑行。滑行时，前后之间应注意保持适当的距离，并兼顾左右的滑冰人。

第二节 滑雪运动

一、滑雪运动的起源与发展

滑雪曾被誉为"雪上轻骑"。古人凭借滑雪板和杖，驰骋"万里雪原"，从事狩猎或输送物品。现代滑雪运动用途更为广泛，更是用于通信联络、巡视、探视和急救。

滑雪运动起源于欧亚大陆北部极度寒冷的地区。最初，由于寒冷的冬天给人们的生活带来不便，为了在这种恶劣的自然环境中生存下去，人们开始用皮带把大片兽骨绑在皮靴上，作为滑雪的工具，使得人们可以在林海雪原中任意驰骋、追寻猎物，从事生产活动。13世纪，滑雪成为挪威的国技；14—16世纪，北欧诸国芬兰、挪威、瑞典等都利用滑雪作战。20世纪初，滑雪技术从俄罗斯和日本传入我国东北地区。直到上个世纪30年代初，现代滑雪运动才在我国展开。1979年11月国际雪联决定接纳中国为临时会员，1981年5月6日中国正式成为会员。1984年7月中国滑雪协会正式成立。2014年索契冬奥会，1990年出生的运动员徐梦桃在女子自由式滑雪空中技巧中夺得的银牌。2015年7月31日，在马来西亚吉隆坡举行的国际奥委会第128次全会上，国际奥委会主席巴赫宣布，中国北京获得2022年第24届冬季奥林匹克运动会举办权。

我国现有的滑雪场主要有：黑龙江的亚布力滑雪场（中国第一雪场）、吉林北大湖滑雪场、长白山滑雪场、新疆的天山滑雪场、河北的万龙滑雪场、四川的西岭雪山滑雪场等。

二、滑雪运动项目

（一）高山滑雪

高山滑雪起源于阿尔卑斯地区，故又称阿尔卑斯滑雪，它是在越野滑雪的基础上发展起来的。挪威在历史上对高山滑雪的发展起到了重要的推动作用。

1850年，在挪威克里斯蒂安妮亚举行了首届高山滑雪比赛。1907年、1908年，先后举行了此项目的竞赛活动。以后，又相继组建了高山滑雪学校。1922年，由英国爵士阿诺德·卢恩在瑞士慕伦组织了高山滑雪史上第一次回转和滑降比赛。

1924年2月3日，国际滑雪联合会在法国夏蒙尼成立。1931年，举办了第一次世界杯滑雪锦标赛，以后每两年举办一次。

（二）跳台滑雪

跳台滑雪也称"跳雪"，是利用自然山形特别建造的跳台进行的一种滑雪运动。运动员脚着专用滑雪板，不借助任何外力，从起滑台起滑，在助滑道上获得高速度，于台端飞出后，身体前倾与滑雪板成锐角，沿抛物线在空中飞行，在着陆坡着陆后，继续滑行至停止区停止。

跳台滑雪运动起源于挪威。相传，古时的挪威统治者想出一种处罚犯人的刑法，就是把犯人两脚各缚一块雪板，从有雪的高山往下推，让他自行滑下，当通过断崖的凸处时，身体就会抛向空中，再落在山下后摔死。后来，这种跳下滑雪的动作就逐渐演变成现代的跳雪运动。

跳台滑雪以运动员的跳跃距离与助滑、起跳、飞行、着陆等姿势分数评定成绩。在冬奥会及世界滑雪锦标赛的跳雪比赛中，跳台滑雪设有70米级和90米级两个项目。另外，还有一种只比跳跃距离的竞赛，跳台强度大于90米级。目前，国际上已有运动员飞行距离接近200米。

（三）越野滑雪

越野滑雪包括男子15千米、30千米、50千米和4×10千米接力，女子5千米、10千米和3×5千米接力。在越野滑雪中，由于雪道崎岖不平且滑行距离较长，运动员脚踩滑雪板、手持雪杖穿梭滑行于山丘雪原，常需要掌握不同的滑行技术并合理分配体力。

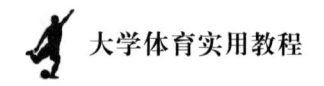

（四）自由式滑雪

自由式滑雪是新兴的滑雪项目，包含空中技巧、雪上技巧和雪上芭蕾三个小项，分别在三种不同的场地上进行，男、女共计有 6 个单项。各项目均以分数决定成绩，总成绩以三个小项的成绩综合评定。

（五）北欧两项

北欧两项是将（70 米级）跳台滑雪与（15 千米）越野滑雪结合在一起的项目。

竞赛规则大致与跳台滑雪、越野滑雪相同，跳台滑雪的得分和越野滑雪的滑行时间可以相互运算。国际比赛除单项外，还有集体接力。北欧两项滑雪成绩的计算比赛复杂，按照两个单项相互运算分数的总和决定成绩。北欧两项越野滑行技术不受限制。

（六）冬季两项

冬季两项是将越野滑雪与小口径步枪射击相结合的项目。比赛形式与越野滑雪基本相同，只是在滑行中加入几次静态射击。每次射击 5 发子弹，每脱靶一发子弹加罚 150 米滑行距离或加罚一分钟时间。射击在与滑行线路连通的专用靶场上进行，卧姿与立姿交替进行。滑行当中必须背枪，但枪膛内不得装有子弹。冬季两项重大比赛项目有：

男子 10 千米、20 千米、4×7.5 千米、20 千米集体；女子 5 千米、15 千米、4×7.5 千米、15 千米集体。冬季两项使用的技术不受限制，可以运用自由技术滑行。

（七）雪车与雪橇

雪车与雪橇的正式比赛是在专门的制冷或经修整的天然滑道内进行的，滑道长约 1500 米，有 7~8 个弯道，滑道的底部及侧面由冰质雪覆盖。使用的器具是特制的，呈流线型，有单人座、双人座、四人座之分，雪车有舵，雪橇无舵。雪橇的正式项目有男子单人座、双人座和女子单人座。雪车的正式项目有男女双人座、男子四人座。雪车、雪橇的比赛一般进行 4 次，以 4 次滑行时间总和决定成绩。

三、滑雪的装备和器材

（一）滑雪的服装

1. 滑雪袜

运动袜是不可以作为滑雪用的，因为运动袜容易松懈，很难与滑雪靴保持整体性。专门的滑雪袜不但能保暖还不厚，能使脚更好的适应滑雪靴。

2. 手套

滑雪手套必须具有防水功能。一半情况下建议准备两双手套。一双加厚手套用于寒冬，另一双用于初春或者初冬。

3. 滑雪镜

滑雪镜需要具备的功能：①防止冷风刺激眼睛；②防止紫外线对眼睛的灼伤；③镜面必须防雾气；④跌倒后眼镜不应该对脸部造成损伤。最好选用全封闭式滑雪镜。

4. 帽子

滑雪运动对帽子要求不高，具有保暖并能紧包头部的帽子就行。建议选择颜色鲜艳的款式。

5. 滑雪服

滑雪服装是指滑雪时穿的专用滑雪服，具有保暖、防水、防风、透气的作用。滑雪服装款式很多，可以根据个人爱好、气候情况购买或租用。

（二）滑雪器材

1. 滑雪鞋

滑雪鞋的种类繁多，目前市场上较为流行的是前扣式。选择滑雪鞋的尺码，关键是合脚。穿上鞋之后要走几步先试试松紧度是否合适。如果不舒服，建议调整按扣，直到走起来感觉舒服为止。

2. 滑雪板

滑雪板分为：标准滑雪板、中级滑雪板、综合性滑雪板。

（1）标准滑雪板：容易转弯，适合初学者和中等水平的滑雪者。

（2）中级滑雪板：保持平衡，适合中等水平和高水平的滑雪者。

（3）综合性滑雪板：综合以上特点，适合于高水平和专业滑雪者。

3. 固定器

固定器是联系滑雪板和滑雪靴的重要部件，对滑雪者安全有重要作用。

4. 滑雪杖

滑雪杖的选择一般以本人手臂下垂后肘部离地面的高度为宜，初学者可选稍长一些的滑雪杖，雪杖上要有佩带，以套在手腕上防止脱落。滑雪服是为滑雪这项运动而设计的。选择合适舒服的滑雪服也会带来美好的感受。

四、滑雪基本知识和技术

（一）基本知识

初到滑雪场时，首先需要了解雪道上各种标示的含义及雪场设施的使用注意事项，这样才能在保证安全的前提下，享受滑雪的乐趣。当你带任何一个滑雪场，首先要做的是拿到一张滑雪场的地形图，仔细看完地形图，根据自己的水平选择适合自己的雪道。雪道上有道标，不同颜色和形状代表不同级别。绿色圆圈是初学者雪道，坡度一般不超过40°；蓝色方块是中级雪道，不超过65°，此外还有高级黑色钻石雪道。

滑雪主要有四种滑降技术、两种转弯技术。因为滑降是滑雪的基础，转弯是滑雪的精华；滑降是高速运动中的重心掌握，转弯则是摆脱和越过障碍物。高山滑雪是加速运动，速度太快不易掌握和控制滑雪板，尤其是初学者；转弯是减速运动，转弯能使滑雪者将滑雪板控制在匀速状态下运动。滑降主要有直滑降、斜滑降、犁式滑降和半犁式滑降；转弯主要有犁式转弯、半犁式转弯。

（二）基本技术

1. 基本站姿

滑雪的基本站姿是垂直滚落线（图10-1）的位置上，身体姿势呈基本放松站立，两脚平行，两条腿微弯曲压靠滑雪鞋，身体重心放在山上板，两手位于体侧，滑雪杖插入雪地，两眼平视前方（图10-2）。

2. 行走

穿上滑雪鞋，拿好雪仗后，首先要做的练习就是行走。行走就像平时走路一样，重心从一条腿换到另一条腿。开始慢点，等走顺之后可以借用滑雪杖推动向前移动。

3. 平行移动技术

平行移动技术是初学者掌握有效爬坡技术的第一步。双板平行与滚落线垂直站立，抬起一只滑雪板向身体侧面移动一步，然后另一只滑雪板再向同方向移动一步。这样反复交替进行即可完成向山上或山下的移动。

注意：此种方法只适合于沿滚落线方向的移动，在移动过程中滑雪板要与滚落线保持垂直，并用边刃卡住雪面，防止滑动。

图 10-1　滚落线　　　　　图 10-2　基本站姿

4. "八"字行走技术

"八"字行走是爬坡的另一项技术，特别是对一些比较平缓的斜坡。当你初步掌握了平行移动技术，就可以常识练习"八"字行走。

面向山的上方站立，滑雪板呈外"八"字形放置，并用内刃卡住雪面，防止滑动。向上移动一只滑雪板，呈内"八"字状放置，并用边刃卡住雪面，再移动另一只滑雪板即可完成一个位移。反复交替使用即可向山上移动。

5. 直滑降技术

选择缓坡蹬坡后，用雪杖支撑使自己顺利的调整板形，正对雪道下方（正对滚落线），身体微蹲，双脚平均承受体重，慢慢收起雪杖，在保持两滑雪板并行基础上向坡下直线加速滑行。滑降时，上身直立，头部抬起目视前方，不要紧盯自己的雪板，注意观察周围情况，肩部放松，胳膊前伸，双手握雪杖，手的高度在髋部左右，雪杖头垂在身后，膝盖微屈，感觉胫骨微微压迫滑雪靴的前壳，雪板平放在雪道上，身体随着雪板滑行。

6. 犁式制动

制动是滑雪的重点和必须掌握的要领。是初学者迈入滑雪道路的重要一步。用"八"字蹬坡法走到一定的坡度后，利用山坡上调头法将滑雪板将内"八"字在坡上站立。上体放松，手握雪杖头在身前髋部的高度，雪杖垂在身后，身体重心在前脚的内侧，不能后坐，在滑行中使双板的板尾打开呈"V"字形，即"八"字形，髋部的重量均匀的分布在两支雪板上，双膝和踝关节内旋以使两支雪板的内侧立起刻划于雪面，形成楔子嵌入雪面，加大阻力从而使自身下滑的速度减缓并最终停止。

7. 安全摔倒与站立技术

在滑雪过程中遇到以下情况：①控制不了速度；②马上就要摔倒；③即将发生碰撞；④前方无法通过；⑤发生自己无法应对的意外。此时，应该使用安全摔倒的技术，以确保自身和他人的安全。

动作要领：摔倒前急剧下蹲，降低重心。臀部向后侧方坐下，臀部一侧触及雪面。防止头部触地或向前摔倒。情况允许的条件下，双脚举起，双臂外展，尽可能使雪板、雪杖离开地面。摔倒后，首先调整体位，将头部掉向山上侧，脚朝山下，侧坐在雪面上。将双雪板收到臀下，越贴近越好。使得滑雪板插入雪中，保证它不在滑。然后用滑雪杖支撑在身体的前方或者用两根滑雪杖支撑在身体的背后，同时用力伸腿，让身体站起来。

五、注意事项

滑雪是一项很刺激的体育运动,滑雪前了解一些必备的常识非常重要。在滑雪时,要遵循以下所列出的规范正确地滑行:

(1) 注意滑雪器材和雪道的安全可靠性。事先检查好滑雪板和滑雪杖,包括有无折裂的地方、固定器链接是否牢固、附件是否准备整齐等。

(2) 应仔细了解滑雪道的高度、宽度、长度、坡度以及走向。由于高山滑雪是一项处于高速运动中的体育项目,看来很远的地方一眨眼就到了眼前,滑雪者不事先了解滑雪道的状况,滑行中一旦出现意外情况,根本就来不及做出反应,这一点对初学者尤其重要。

(3) 要根据自己的水平选择适合你的滑雪道,切不可过高估计自己的水平而贸然行事,要循序渐进,最好能请一名滑雪教练。

(4) 不要滑行得过快,要注意周边滑雪者的滑行状态,尤其是在拥挤的滑雪道上,在雪情不佳、能见度差,以及在滑雪道的难滑地段或是在较窄部分滑行时,更要特别小心,若是滑得累了,就停下来休息,而不是继续滑行并冒着摔倒的严重危险。

(5) 在滑行中如果对前方情况不明,或感觉滑雪器材有异常时,应停下来检查,切勿冒险。在中途休息时要停在滑雪道的边上,不能停在陡坡下,并注意从上面滑下来的滑雪者。

(6) 严格遵守滑雪场的各项规章制度,因为每一项制度都是为了最大限度地保证滑雪者的生命安全。

(7) 在结伴滑行时,相互间一定要拉开距离,切不可为追赶同伴而急速滑降,那样很容易摔倒或与他人相撞,初学者很容易发生这种事故。滑行中如果失控跌到,应迅速降低重心,向下坐,向身体的两侧倒,向山的上侧倒。不要随意挣扎,可抬起四肢,屈身,任其向下滑动,要避免头朝下,更要绝对避免翻滚。

(8) 发现他人受伤时,切勿随意搬动,应及时向滑雪场的管理人员报告。

(9) 要了解当地的气候特点和近期天气状况,备好充足的御寒衣物,以防天气突变。

(10) 要穿颜色鲜艳或与雪面反差较大的滑雪服,以使其他滑雪者容易辨认自己,从而及时绕行避免相撞。

(11) 视力不好的滑雪者,不要戴隐形眼镜滑雪,如果跌倒后隐形眼镜掉落,找回来的可能性几乎不存在。尽量配戴有边框的由树脂镜片制造的眼镜,它在受到撞击后不易碎裂。

第十一章　毽绳运动

第一节　毽球运动

一、毽球运动概述

毽球，简单来说就是我们平常所说的毽子。踢毽子在我国是一项具有着悠久历史、流传广泛的民族体育运动，它简单易学、老少皆宜，集娱乐性、健身性和竞争性于一体，深受广大人民群众的喜爱。

毽子起源于什么时候，是谁发明的，历来有很多有趣的说法。但据历史资料和出土文物考证，比较可信的是，踢毽子起源于我国汉代，盛行于六朝和隋唐时期。后来，这项活动进一步发展，更加普及，到明、清达到鼎盛时期，参加踢毽子的人越来越多。人们不仅把踢毽子作为一种游戏方式，更把它当成了锻炼身体、修心养性之道，很多人都以会踢毽子踢得好为誉。民间有很多的踢毽子高手，都会在逢年过节的庙会集会上一展风采，其身法之纯熟、技艺之高超都让人赞叹不已。

在以前人们仅是把踢毽子作为喜欢的游戏活动来进行，并没有把它当成正式的比赛项目。1984年，原国家体育委员会开始将毽球列为正式比赛项目，根据传统踢毽子的特点，综合了几种球类比赛的形式制订了毽球比赛规则，并举行了全国毽球邀请赛。在政府和体育部门倡导下，毽球运动在各地得到了广泛的开展，许多地方相继开展了各种类型的毽球比赛，越来越多的人参与到这项运动中来。古老的毽球运动又萌发了青春的气息。1987年9月，中国毽球协会的成立标志着毽球运动在中国进入了新的发展阶段。此后，每年举行一次全国毽球锦标赛，各单位、学校也定期举行各种比赛。毽球逐渐成为我国全民健身的重要内容。

踢毽子对身心健康非常有益，用腿和脚做踢、接、落、跳、绕等动作，使下肢的关节、肌肉、韧带得到充分的锻炼，同时对全身的影响也很大。如毽子的跳踢，不但要跳，腰部的动作、上肢的摆动也同时完成。连续跳踢数十次，可使心率增加到每分钟160次左右。由此可见，踢毽子是一项全身运动，活动量很大，有时甚至还很激烈。经常参加踢毽子运动，不仅可以使下肢肌肉变得有力、韧带富有弹性、关节灵活，而且可以使心、肺系统得到全面锻炼，促进血液循环，在校学生利用课件和课余时间踢一会儿毽子，能够调整头脑，提高学习效率。

二、毽球基本技术

（一）准备姿势与移动

准备姿势与移动是毽球基本技术，对其他各项技术的运用起串联和纽带作用。准备姿势和移动是相辅相成的，准备姿势主要是为了移动，而快速移动，又必须先做好准备姿势。

1. 准备姿势

(1) 左右开位站势

两脚左右开立，略比肩宽，两膝弯曲，上体前倾，微微提踵，重心落在前脚掌，两肩的垂直面超过膝部，两臂自然弯曲放在体侧，双目注视来球。

(2) 前后开位站势

两脚前后站立，上体基本姿势同左右站势。注意后脚跟离地，身体重心要向前移，随时保持静中带动的状态。

2. 移动

步法移动一般有八种。分别为前上步、后撤步、滑步、交叉步、并步、跨步、转体上步和跑动步。

(二) 踢球

根据球触脚部位的不同可把踢球分为脚内侧踢球、脚外侧踢球、倒勾踢球、前脚掌踢球和脚背踢球等。

1. 脚内侧踢球

膝关节向外张，大腿向外转动，稍微上摆，髋和膝关节放松，小腿向上摆。踢毽时踝关节发力，脚放平，用内足弓部位踢球。

2. 脚外侧踢球

踢球时要稍微侧身，向体外侧甩踢小腿，勾脚尖，在踢毽的一瞬间，踢毽脚的足内侧应平行于地面，且与地面要距约 30 厘米，用脚外侧踢球。

3. 倒勾踢球

背向球网两脚平行站立，如右脚蹬地起跳，则左腿屈膝上摆，上摆到最高点时，左脚迅速下落，同时右腿屈膝，大腿带动小腿用力上摆，击球的一刹，脚踝抖屈，用脚趾或脚跟部位踢球，随后左右脚先后落地，并保持身体平衡。

4. 脚前掌踢球

脚前掌踢球有两种，即脚前掌身后踢球和前脚掌拍压球。

脚前掌身后踢球：当来球落在紧靠身体后面时，一腿微屈站立，踢球腿屈膝，小腿向后方摆起，使脚前掌对准来球。同时，上体稍微转向来球一侧，在踢球的一刹那，脚踝绷直并用力，用脚前掌将球踢起

前脚掌拍压球：面对网站立，当球在网前时，一腿微屈支撑，踢球腿抬大腿屈膝提起，前伸小腿，使脚前掌对准来球。同时，支撑腿稍屈，提脚跟，上体后仰，双臂稍屈前摆。在踢球的一刹那，小腿前伸，脚面绷直，脚踝用力，以前掌拍压动作将球击入对方场区，可跳起用脚掌拍压。

5. 脚背踢球

用脚背踢球时，一般用正脚背，要注意绷脚尖和抖动脚腕发力击球。

(三) 垫球

1. 胸垫球

面对来球，两脚前后开立，两膝稍弯曲，上体后仰，略含胸，收下巴，目视来球。当球到胸前上方时，两腿后蹬，胸部上挺迎球，使球在胸部弹起落于体前，便于再次踢球。

2. 肩垫球

当来球至肩侧时，两腿屈膝，重心下降，快速沉肩插到球下方。在垫球一刹那，利用腿

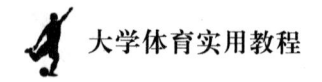

的蹬伸和耸肩的动作将球垫落在身前或直接垫入对方场区。

(四) 发球

发球分脚内侧发球、正脚背发球和脚外侧发球三种。

脚内侧发球：脚内侧发球时要抬大腿以带动小腿，用脚内弓部位向前上方踢送。

正脚背发球：绷直脚尖，用正脚背向前踢挑。

脚外侧发球：脚外侧发球时要稍侧立身体站直，绷直脚尖，用脚外侧发力扬踢。

三、毽球竞赛规则

(一) 毽球比赛项目

毽球比赛一般有以下几种项目：

1. 记时赛

参赛者检录后，按场地号各自进入场地，进行短暂的准备活动，并挑选好比赛的统一用毽。发令后，参赛者开始用单脚或双脚互换踢毽子。比赛过程中，每出现一次毽子落地，手接毽子或手触到毽子，即算失误一次，不判比赛结束，参赛者可继续比赛。参赛者没有使用脚内侧踢或双脚出场踢毽子，不判失误，但所踢次数无效，直到改用脚内侧踢或重新回到场内踢，再累计所踢次数，规定时间到比赛即结束，以踢次数多者为胜。如果出现两个以上所踢次数相同者，失误次数少的名次列前。

2. 耐久赛

耐久赛，即是耐力的比赛，是参赛者持续不断踢毽子能力的比赛，赛者检录后，按场地号各自进入场地，进行短暂的准备活动，并挑选好比赛的统一用毽。发令后，参赛者开始用单脚或双脚互换踢毽子。可根据实际情况把单脚踢和双脚踢分成两个项目进行比赛，如果用单脚踢毽子，必须踢一次脚着地一次，不能悬踢。比赛途中，如果有参赛者用手接触到毽子或毽子落地，即判其比赛结束，所踢次数为比赛成绩，应立即自动退出场地，下一名参赛者进入场地进行比赛，没有失误的参赛者继续进行比赛。也可规定所有参赛者同时开始，未违反规则并坚持踢到最后的即为胜者。

比赛途中，参赛者为调整毽路。没有使用脚内侧踢或双脚出场踢毽子，不按失误计算，所踢次数无效，不计算在成绩之内。直到又重新使用脚内侧踢毽子或又回到场内踢毽子，再累计所踢次数，以次数多者获胜。

3. 三项单踢赛

三项单踢赛由盘踢、磕踢和交踢三种踢法组成，每种踢法各比赛一分钟，以每种踢法所踢次数相加为比赛成绩，总次数多者为胜。这种比赛形式是全国踢毽比赛专为学生组设置的比赛。

4. 规定动作赛

参赛者要完成比赛规定的踢毽动作。如以下是全国踢毽比赛为学生编排的规定动作，参赛者在体前将毽子垂直抛起，高度约与胸部平齐，从左脚开始用盘踢法踢毽子10次，右脚踢完第10次以后，立即开始用左膝盖磕踢毽子4次（左右互换），右膝盖磕踢4次后，向左转体90°，再从左膝盖开始磕踢4次，再向左转体90°，按此共向左转体360°，磕踢16次，回到原来面对的方向，再磕踢4次，共20次；第20次完成后用外落将毽子接在右脚外三趾的部位，为第一次，然后将毽子抛起，用左脚外三趾部位将毽子接住，形成外落互换，共4次；第四次外落完成后，左脚将毽子在体前垂直抛起，高度约与腰部平齐，右脚用绷踢将毽子在体前垂直踢起，高度约超过头顶20厘米，用前额将毽子接住，停留片刻，头部用力将毽子向体前抛下，用右脚内侧将毽子在体前垂直踢起，高在肩部以上，连续完成三次交踢，最后用手将毽子接住。

5. 自选动作赛

参赛者在老师的指导下，根据个人的身体条件、踢毽水平，用6个以上不同的花样踢法，编成包括跳跃动作、静止动作和绕转动作在内的一套动作参加比赛。裁判根据动作的难易程度和参赛者的完成情况打分，分数高者获胜。

（二）比赛通则

(1) 比赛毽子自备，各种材料的毽子均可，羽毛长短、毽托轻重、大小不限。

(2) 比赛进行中间不准换人。

(3) 比赛开始、结束一律听哨音为准。

(4) 发令员口令（哨声）。裁判员注意比赛队员是否准备好。

(5) 比赛队员有抢哨提前开始比赛者，发令员有权鸣哨停止比赛，对犯规者提出警告，然后重新鸣哨比赛。如果比赛队员两次犯规，取消其比赛资格。

(6) 比赛途中，毽子出现故障，由比赛队员自行负责，用备用毽子重新比赛。

(7) 比赛队员在比赛进行中，不得接受任何形式的场外指导，违者取消比赛资格。

（三）裁判方法

(1) 脚内侧踢毽耐久赛。计运动中所踢次数时，如果比赛队员脚出了场地，即宣布失误，比赛结束。如果比赛队员脚踩比赛场地边线，不算失误，而继续进行比赛。

(2) 3分钟脚内侧踢毽赛。计所踢次数，如果中途失误则不计数。

(3) 规定动作花样比赛。

①比赛评分采用10分制。

②比赛队员必须按规定的花样连贯完成，少做一个花样扣1分。

③动作不够优美扣0.5～1.0分。

④中途失败1次扣0.5分。

⑤比赛队员在比赛中，出场地1次扣0.5分。

⑥全部动作完成后，没有用手将毽子接住，扣0.5分。

(4) 3分钟花样踢毽子比赛。

①比赛评分采用10分制。

②比赛队员必须按要求的花样动作连贯踢出，少做1个扣1分。

③中途失误扣0.5分。

④优美程度总印象不佳扣0.5～1.0分。

⑤动作难度不够扣2分。

⑥比赛队员在比赛中，出场地1次扣0.5分。

（四）裁判员注意事项

(1) 裁判小组设组长1人，领导裁判小组工作。比赛时同裁判员一样记录成绩，并记录失误次数，以备成绩相等时参考。

(2) 3位裁判打分不相等时，以两人相同的成绩为准；如果3人成绩均不同，则以中间成绩为准。在任何情况下，不能以3人平均成绩或以裁判组长成绩为最后的决定成绩。

(3) 同一组别项目的比赛队员成绩相等，以失误次数少者名次列前，如果都相等，取并列名次。

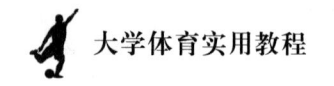

第二节 跳绳运动

一、跳绳运动概述

跳绳是一项老少皆宜、家喻户晓的运动项目。跳绳对于发展人体的灵敏、速度、弹跳及耐力等身体素质有良好的作用,尤其可以促进少年儿童的身体发育。

跳绳是我国民族传统游戏之一,早在明朝初年就流行于民间。人们通常在元宵佳节的夜晚,借着灯火来玩跳绳游戏,那时候的跳绳俗称跳百索或跳白索,民国初年才改叫跳绳。刘侗在《帝京景物略·灯市》中对跳白索的来历有这样的记载:"在元宵节夜的灯下,二童子引索略地,一童子跳光中,曰跳白索。"白索是指在灯光的照耀下绳是白色的,故称此游戏为跳白索。从记载可以看出,跳绳游戏是我国古代儿童所钟爱的游戏,其实不光儿童,妇女也常常把跳绳作为娱乐。到了清代,朱彝尊在其《明下旧闻靠·风俗》中对跳绳也有简单的介绍。从这些典故中可以看出,跳绳以其所需器材简单、技术门槛低、趣味性强等优势,深受我国古代人的喜爱。可以想象在那时的农家小院、田野空地、市井街道都有可能看到人们愉快地从事这一游戏。

到了近代,跳绳运动有了长足的发展,首先表现在绳子的制作上,原来跳绳用的绳子都是草绳或者麻绳,不仅质地粗糙而且笨重,而现在用的绳子在制作材料上有了很大的进步,使其更加轻便,而且在短绳的两端加上手柄,更有利于摇绳。绳子的色彩多采用鲜艳、明朗的色调,使其更加具有趣味性,更加人性化。喜爱这一运动的人越来越多,而为了更好地对这个项目进行组织和推广,先后成立了世界跳绳联盟、欧洲跳绳总会、中国跳绳网、中国香港跳绳总会、美国跳绳网等。

跳绳是一项极好的健身运动,相对于其他运动项目,跳绳运动范围小,也无需规定的场地,所需要器材只要一根跳绳。运动量可以随时调整,跳绳的节拍也可快可慢,适合不同体能的人参加。跳绳运动可以锻炼人的多种脏器,增强人的心血管、呼吸系统和神经系统的功能。跳绳不但有助于发展身体素质,而且还有助于大脑的发育。人在跳绳时身体以两腿的弹跳和上肢的摇动为主,手握绳把不停的摇动会刺激拇指上的穴位,增加脑神经细胞的活力。跳绳时各种复杂的动作能够使大脑皮层的分析与综合机能得到提高。

二、跳绳基本技术

(一)单人跳绳

单人跳绳中有单足跳、双足跳和编花跳。

1. 单足跳

可以左脚连续跳若干次后,换右脚再跳,还可以两脚轮流跳起,落地。

2. 双足跳

两足并拢,双膝微屈,前脚掌蹬地后两膝伸直,同时起跳。其中分为单摇和双摇。单摇是两手摇动绳子一次,两脚跳动一次。双摇是两手摇动绳子两次,两脚跳动一次,双摇跳法要求两脚用力向上跳,跳得要高一些,腾空时间长,同时两臂摇动绳子的速度要快。如果跳得高,绳子摇动得快,还可以进行三摇、四摇的跳法。

3. 花样跳绳

有单手摇绳跳、矮人跳、燕式平衡跳、后蹬腿跳、双臂交叉跳和跑跳。

（二）多人跳

1. 2人或3人跳绳

2人跳的花样很多，如1人摇2人跳、2人摇2人跳、2人摇1人跳和1人摇2人交换跳。摇绳的人身材要高，两臂摇动的幅度要大，速度不宜过快，以便跳绳的人从他臂下钻过。

2. 集体跳绳

跳长绳，两人摇绳大家跳，不受人数限制，集体进行活动。

两组每人只限跳一次，跳绳方法有两种，一种是一组的一个人跳过绳之后，跑到对方的队尾。另一组的一个人马上跳过绳跑到对方一组的队尾。另一种跳绳方法是一组的人连续跳过绳，排到对方一组的队尾。待最后一人跳过绳后，另一组的第一个人马上接上跳过去。两种跳法都是以绳子的中心为中心绕"八"字形跑跳。

（三）游戏跳

1. 传球跳

人持球进入长绳内，以下各人依次进入长绳，第一人将球传给第二人后退出，第二人传给第三人后退出，依次进行一人传一人的团体游戏。

2. 放物拾物跳

人持手帕或其他物件进入长绳，边跳边弯腰把物件放在地面上后退出，第二人进入长绳，边跳边弯腰把物件拾起再放下，依次进行。

3. 长、短绳重叠跳

由两个人摇动长绳，另一人持短绳进入长绳后，按照长绳的节奏跳短绳。

4. 跑跳绳

由一个人进行，一边跳一边向前跑。可以进行几个人的比赛，也可以分为两个组进行接力比赛。

第十二章　极限运动

第一节　攀岩运动

一、攀岩概述

攀岩是一项很好的健身运动,其特有的惊险性、技艺性、刺激性、竞争性和趣味性,吸引了越来越多的人,影响也越来越大。

(一)攀岩运动的起源和发展

攀岩运动于20世纪50年代兴起于欧洲。1947年苏联首先成立了攀岩委员会。1948年苏联在其国内举办了首届攀岩锦标赛,这也是世界上第一次攀岩比赛。从那以后攀岩运动开始在欧洲盛行。

攀岩运动是从登山运动中衍生出来的竞技运动项目,是军队中作为一项军事训练项目而存在的。1974年列入世界比赛项目,同年在苏联克里米亚半岛优美的山区举行了首届国际攀岩邀请赛;1980年法国开始举办各种形式的攀岩比赛。1985年、1986年意大利举办的国际比赛,因有许多国家的攀岩高手参加而获得了巨大成功。1987年在欧洲举行的一次攀岩比赛中主办者革命性地把比赛场地移到人工岩场上,至此,一种更富竞技性的攀岩形式——运动攀登(sport climbing)出现了。1987年中国登山协会派出8名教练和队员去日本长野系统学习攀岩,回国后,于当年10月在北京怀柔大水峪水库自然岩壁举办了第一届全国攀岩比赛。1990年在怀柔国家登山队训练基地的人工场地上第一次举办了攀岩比赛。1993年,攀岩比赛被国家体委列入正式比赛项目,此后每年都举行一次全国锦标赛。1993年9月,第一届全国攀岩锦标赛在长春举行;10月在武汉举行了国内首届国际邀请赛;12月在长春又成功地举办了第二届亚洲锦标赛。到目前为止,全国攀岩锦标赛已经举办了20多届。

(二)攀岩运动的分类

攀岩主要有以下3种分类方法。

1. 按岩壁性质分

(1) 人工岩壁

攀登人工岩壁是在人工室内外岩壁上进行的一项攀岩活动,通过攀登人工设计高度、难度不等的岩壁来体验攀岩的乐趣,更适合都市人。

室内岩壁布满了可以随意改变位置的形态与大小都不等的岩点,参与者开始可以选择较大的岩点,掌握一定技巧后,就可以选择较小的岩点以增加难度,锻炼臂力。

(2) 自然岩壁

攀登自然岩壁按其性质不同又可分为攀登天然悬崖峭壁和攀爬天然岩石两类,前者是登山者必须掌握的一项基本技术,后者指在一块大石头或较小的岩墙上进行攀登的攀岩活动,难度较小、适合于初学者。

2. 按竞技方式分

(1) 难度攀岩

运动员下方系绳保护，带绳向上攀登，并按照比赛规定有次序地挂上中间保护挂锁的比赛。攀登的最后高度（如果是横跨，则指沿路线轴上最长距离）将决定运动员在每轮比赛的名次。难度攀岩又可分为完攀、看攀和红点攀登。

(2) 速度攀岩

参赛者上方系绳保护，按指定路线进行速度攀登，按完成比赛路线所用时间决定每轮比赛的名次。

(3) 大圆石攀岩

岩石高度不超过 4 米，每条路线不超过 12 个支点；攀登时参赛者不系绳保护，每次比赛需要选择 10 条路线攀登。

3. 按参加比赛人数分

(1) 个人攀岩

个人攀岩按性别又可分为男子和女子单人攀登比赛，这种比赛不仅比攀登技巧（包括技术水平和技术装备的应用），还比通过全部路线的时间（从出发地点到岩壁顶部或来回所用的时间）。比赛是在同一地形上进行，参赛者轮流进行攀登。

(2) 双人结组攀岩

双人结组攀岩由两人结组进行攀登，路线由裁判员指定。这种比赛除比攀登技术和速度外，还要比互相保护技术。其中的自选路线攀岩由运动员选择登上岩壁顶部和下降的路线，在距离攀登岩石 500～800 米以外的地方，参赛者用裁判员提供的望远镜和绘图工具选择路线，并在绘图板上标明选好的路线。实地攀登时，参赛者不能离开事先确定路线 20 米以外。

双人结组攀岩比赛不仅比攀登技术和攀登速度，同时还比路线选择的好坏。

(3) 集体（小队）攀岩

与正规登山活动一样，参加者事先编队（4～6 人），背负全套登山装备（睡袋、帐篷、炊具、保护器材、绳索、冰镐等），通过事先指定的路线，按指定地点搭设和拆除帐篷，在途中攀登时交替保护。

集体（小队）攀岩比赛内容包括攀登技术、小队战术、保护技术、通过全部路线时间等，也可进行小队自选路线攀登。

(三) 攀岩的装备

攀岩运动具有一定危险性，所以需要一套齐全的装备以保证攀岩者的人身安全。

(1) 头盔：头盔主要是防止落石砸伤头部，起保护头部的作用。

(2) 胶带和手套：胶带和手套能保护双手不受岩石擦伤。

(3) 攀岩鞋：一般的，攀岩鞋具有较好的柔软性、边缘支撑力和特佳的摩擦力的专用鞋，这种鞋是有意识地做小一点，变形变曲一点，使之更加贴脚，增加脚与岩面的触感。

(4) 攀山扣：攀山扣是用来连接绳子与保护点、安全带与确保下降器的，还可用来携带器材，等等。梨形锁扣是最常用的一种。

(5) 攀岩绳：攀岩绳由高强度的尼龙按特殊的方法编织而成，可以吸收大部分跌落时所产生的冲击力，从而减低对攀爬者的伤害。

(6) 安全带：安全带主要用来缓冲和分散坠落时的冲力，保护内脏，以免受到过度震荡。

（7）岩钉与岩锤：岩钉用于打入岩石的岩缝，作为支点。岩锤用于敲打岩钉或锤平岩石表面，以利于攀岩的进行。

（8）防滑粉与粉袋：粉袋里装的碳酸镁粉末可用来吸汗，保持两手干燥。

（9）保护器与下降器：保护器与下降器是利用器械与绳子产生的摩擦力，让绳子因摩擦而减速以至停止滑动，保障跌落者不会继续下坠、下降者能减速下降的一种器械。

（10）其他装备：包括背包、睡具、炊具、炉具、小刀、打火机等用具，视活动规模、时间长短和个人需要携带。

二、攀岩运动健身特点

（一）攀岩运动的特点

攀岩运动是从登山运动中派生出来的一种时尚体育运动，它是在天然岩壁或人工岩壁上进行徒手攀登的运动，包括攀登的速度、难度、技巧等。攀岩技术是练习登山的一项基本训练，它只能以岩壁上的裂缝、洞穴和突起的岩石等作为手抓和脚踩的支点，要求攀岩者将自身的力量、柔韧性、耐力、平衡能力很好地结合在一起，利用那些很难把握的支点，在各种不同的高度、角度的岩壁上轻松舒展、准确地完成腾挪、转身、跳跃和引体等惊险动作。

攀岩者通常被形象地称为"蜘蛛人"，而攀岩运动作为一项极具美感和观赏性的运动，被誉为"岩壁芭蕾"。

（二）攀岩运动的健身功能

（1）增加身体柔软度与协调感。这是攀岩的关键能力，其重要性更胜于体力。目前，国外已有医疗机构将攀岩用在矫治孩童肌肉发展及手、眼、身体之协调训练上。

（2）增强体力。攀岩运动要的是手脚均衡的力与美，并且足以负荷自己的体重、对抗地心引力，有增强体力的效果。

（3）提高平衡感。攀岩者被称为在岩壁上行走的"蜘蛛人"，行走的基本姿势是"三点不动一点动"，靠的主要就是人体的平衡感。

（4）改善注意力。在攀岩的过程中，需要攀岩者全神贯注地踏着岩块，留意身体在岩块上位移的每个细节，可以培养一个人对事物的专注程度。

（5）培养进取心和自信心。当自己靠着攀登绳承受体重、"挂"在高高的岩壁或岩塔上时，可以激发个体征服事物的决心，是对个体的勇气、意志力、荣誉感，自我超越的决心以及自信心的考验。

三、攀岩的基本技术

攀登时身体要自然放松，以3个支点稳定身体重心，而重心要随攀岩动作的转换移动，这是攀岩能否稳定、平衡、省力的关键。要想身体放松就要根据岩壁陡缓程度，使身体和岩石保持一定距离，靠得太近，会影响观察攀岩路线和选择支点。但在攀登人工岩壁时要贴得很近。在自然岩壁攀登时，上、下肢要协调舒展，攀岩要有节奏，上拉、下蹬要同时用力。身体重心一定要落在脚上，保持面向岩壁、三点固定支撑、直立于岩壁上的攀登姿势。

（一）手臂动作

手在攀岩过程中是抓住支点、维持身体平衡的关键，手臂力量的大小直接影响攀岩的质量和效果。因此，一个优秀的攀岩运动员必须有足够的指力、腕力和臂力。对初学者来说，在不善于充分利用下肢力量的情况下，手臂的动作就显得更为重要。手臂如何用力，在人工岩壁攀登和自然岩壁攀登时情况不同，前者要求第一指间关节用力扣紧支点的同时，手腕要紧张，手掌要贴在岩壁上，小臂也要随手掌紧贴岩壁而下垂，在引体时，手指（握点）有下压抬臂动作，其动作规律是，重心活动轨迹变化不大，节奏更为明显。但攀登自然岩壁时其动作变化就很大，要根据支点不同采用各种用力方法，如抓、握、挂、扣、扒、捏、拉、推压、撑等。

（二）脚的动作

一个优秀的攀岩运动员的攀登技术发挥的好坏，关键是两腿的力量是否能充分利用。只靠手臂的力量攀登不可能持久。脚的动作要领是，两腿外旋，拇趾内侧靠近岩面，两腿微屈，以脚踩支点维持身体重心，在自然岩壁支点大小不一和方向不同的情况下，要灵活运用。但要切记，膝部不要接触岩石面，否则会影响脚的支撑和身体平衡，甚至会造成滑脱而使膝部受伤。另外，在用脚踩支点时，切忌用力过猛，并要掌握用力的方向。

（三）手脚配合

优秀攀岩运动员的上、下肢力量是协调运用的。对初学者或技术还不熟练的运动员来说，上肢力量显得更为重要，攀登时往往是上肢引体，下肢蹬压抬腿而移动身体。如果上肢力量差，攀登时就容易疲劳，表现为手臂无力、酸痛麻木，逐渐失去抓握能力，失去抓握能力后，即使有好的下肢力量，也难以维持身体平衡。所以学习攀岩，首先要练好上肢力量，上肢又要以手指和手腕、小臂力量为主，再配合以踝部、足趾及腿部的力量，使身体重心随着用力方向的不同而协调地移动，手脚动作的配合也就自如了。

（四）器械攀登法

1. 上升器攀登法

在上方将主绳一端固定好，将另一端扔至峭壁下方。下方固定拉紧。后继攀登者双手各握一只分别与双足相连接的上升器，并将它们卡于主绳上，与双足协调配合，不断沿主绳上攀。也可利用双主绳，将上升器分别卡于两根主绳上向上攀登。也可利用一根主绳，将分别连接身体和双足的两个上升器卡于主绳上，利用腿部的屈伸动作，沿主绳向上攀登。

2. 抓结攀登法

抓结是一种绳结，抓结攀登是在没有上升器的情况下采用的攀登方法。其连接方法是用两根辅助绳在主绳上打成抓结（手握端），另一端打成双套结（连脚端），不断向上攀登。其攀登方法要领与上升器攀登法相同，都是抬腿提膝，使拉紧了的辅助绳松弛，将上升器沿主绳向上推进到不能再推为止，脚随之下蹬，身体重心移到上升一侧，另一侧也如此动作，反复进行，直到登顶。操作过程中，需维持好身体平衡，可利用岩壁的摩擦力向上抬腿，始终保持面朝岩壁姿势。动作要协调、有节奏。

四、攀岩注意事项

攀岩是一项危险性较高的运动，在攀岩中必须要有安全保护意识，并做到以下几点。

（1）攀岩前，做好身体准备活动，并检查所带装备器材、保护装置。

（2）攀登前，制订好攀登计划，对岩石进行细致观察，识别岩石的质量和风化程度。然后确定攀登方向和路线，在观察清楚攀岩路线后，注意可能遇到的难点，并考虑好克服方法和准备休息的地方。

（3）攀登时，时刻做好保持"3点固定"的工作，每一个支点都要很好选择，步子要均匀，选择最近和最稳固的支点。

(4) 攀岩途中遇到浮石或松动的石块时，一定不能乱扔，可放置在安全处或通知下面的同伴注意后再作处理。

(5) 攀登者和保护者要密切配合，在攀登中，切忌抓草或小树枝等作支点。

(6) 有积雪或过于潮湿的岩壁不宜进行攀登。

(7) 攀登时要注意保持体力，注意手脚配合和保持身体平衡；在选择立足点时要使脚有可靠而便利的固定点，同时头脑始终保持冷静，遇到意外一定要冷静。

(8) 攀登者不能戴手套，但要戴安全帽。

第二节　极限飞盘运动

一、极限飞盘运动概述

（一）极限飞盘概述

极限飞盘既是指一项运动，亦指这项运动使用的器具。当指运动的时候，英文为Ultimate，盘友们之所以会翻译成极限飞盘，取其极限与终极的原意，台湾称之为飞盘争夺赛，香港称之为终极飞盘。

极限飞盘又称争夺赛，是一项紧张激烈的团队竞技运动。但却严格避免选手之间身体接触的比赛项目，目前在全世界各地有数十万计的拥趸。它1967年始创于美国，发源于美国大学生投掷馅饼盘，现在已经发展为一项融聚了许多运动特点的团队竞赛。玩者通过各种战术方式的跑动、传递飞盘，让自己的队友在得分区接盘达阵从而得分。为了赢得比赛，参与的选手必须要具备良好的体能、移动的速度、明锐的判断以及高超的控盘技巧。此运动主张和强调的是体育竞技精神和公平竞赛，激烈对抗的飞盘比赛必须建立在互相尊重，遵守规则和享受乐趣的基础上。

极限飞盘＝飞盘＋足球式的往返耐力折返跑＋美式足球式的得分方式，曾有人对极限飞盘运动做过这样的定义。

（二）极限飞盘特点

极限飞盘是一种在大型的长方形草地上进行的两队间7V7的比赛（平时比赛人数弹性较大，可以是5V5，6V6，7V7，而且男女比例也可按两队情况决定）。在场地的两端都画有长线，长线外侧的地方叫得分区（就像橄榄球的达阵区），这个区域就是得分区域。当进攻方队员在得分区域接到飞盘（或者跑动中）时就算得分。

极限飞盘的场地和足球场差不多，草坪矩形场地最为理想，每边都有分区。没有条件的话，也可以在普通的塑胶场地和水泥场地进行。

在中国最流行的极限飞盘比赛是一种不允许身体接触，男女混合的比赛。每个队在场上都有七名队员，比赛开始的时候，队员都站在得分线后，一个队防守，另一个队进攻。

比赛时，每个人防守一个进攻队员，跟着他们跑，想办法阻止进攻队员接住飞盘。在得分前，攻防转换可以一直进行。一旦得分，整个过程重新开始，两队站在得分区的端线处，刚刚得分的一方把盘掷向另外一方。比赛中没有裁判，依靠的是诚信，靠实力取胜。

二、极限飞盘十项基本规则

(1) 场地：正规的飞盘比赛的场地为长方形，长64米，宽36.58米。其中得分区分置于场地两边，长 22.86 米。

（2）开盘：每局开始，双方球员在各自半场的得分区排成一队，然后防守方把飞盘传递到进攻方手里，比赛开始。双方各有 7 名球员。

（3）得分：当进攻方成功将飞盘传到在得分区内的队友手上，进攻方便得一分，然后比赛再重新开始继续。

（4）传盘：飞盘可以以任意方向或者轨道传给队友，但是球员不能手持飞盘跑动。手持飞盘的运动员必须在 10 秒钟内将飞盘传给其他队友。防守者自行对持飞盘队员进行监督并计算其持飞盘的时间。

（5）攻防转换：当传递失败（比如飞盘出界、掉落或被阻挡、拦截），防守方将立即占有飞盘，并转换为进攻方。

（6）换人：替补队员可以在比赛得分后或者受伤暂停的时候自行替换场上队员。

（7）无身体接触：飞盘比赛禁止场上队员有身体接触，若发生身体接触，即被视为犯规。

（8）犯规：若一方队员对另一方队员形成接触，即被视为犯规。被犯规的队员要立刻大声喊出"foul"，此时所有场上队员要停在自己的当前位置不得移动，直到比赛重新开始。如果犯规没有影响进攻方控制权，比赛继续进行；如果影响了进攻方的控制权，则飞盘交还给进攻方，比赛继续进行；如果防守方认为自己没有犯规，可提出异议，此时飞盘交还给上一个持盘队员，比赛重新开始。

（9）自行监督：飞盘比赛中没有裁判，队员自行对自己的犯规和出界负责，并且自行解决场上的争执或纠纷。

（10）比赛精神：飞盘比赛主张和强调的是体育竞技精神和公平竞赛。激烈对抗的飞盘比赛必须建立在互相尊重，遵守规则和享受乐趣的基础上。

三、极限飞盘技术学练

（一）握盘方法

1. 反手握法（Backhand Grips）

（1）基础握法（Basic Grip，适合初学者）

下面介绍两种基础握法。食指要贴于飞盘的外缘。

第一种方法：中指伸展开来指向盘的中心（图 12-1）。这样做可以加强对飞盘的控制，使盘不摇晃。贴于边框的食指用于把握方向，支撑住飞盘的中指保证了盘飞行的稳定。在盘的底部，只有两根手指紧握着盘的边缘，握盘力度的大小取决于食指尾部对飞盘的牵引力。

第二种方法：食指贴于盘缘，其余手指紧握着盘缘（图 12-2）。此种方法没有中指对于飞盘的支撑，因此，必须用食指紧扣盘缘，才能使握盘更有力量。

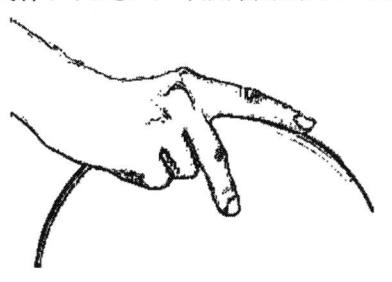

图 12-1　　　　　　　　　　图 12-2

(2) 强力握法（Power Grip）

所有手指都紧紧地握着盘缘，不用任何手指来支撑飞盘。由于出盘点很难去把握，有可能会控制不好飞盘。食指尾部对飞盘的拉动可以带来一股很强的力量，这种力量有利于克服飞盘不稳等问题。使用此种握盘方法，不利于扔反手高位盘，因为，在出手前飞盘缺少将其向上迅速抬升的力量（图 12-3）。

有一部分控制力量在于拇指和握盘力度。通常而言，握得越紧，就能使盘获得更多的旋转，这样有助于在有风的情况下把握好盘的飞行。无论是盘的边缘，还是指向盘的中心，拇指可以放在他们之间的任何位置。如果考虑空气的阻力，最好的方法是让拇指指向盘的中心，这样可以将盘抓得更紧。用力紧握飞盘，也可以保持盘的平稳，更利于用反手掷高盘。

(3) 混合握法（Hybrid Grip）

顾名思义，这种握法是前文介绍过的两种握法的结合。食指紧握盘缘，为掷盘提供力量。中指略微伸展开来，支撑住飞盘（图 12-4）。可以使用此种握法去掷各种盘，包括反手高位盘，而且不需要改变握法。其缺点是：与强力握法相比，其掷盘力度会稍微欠缺。混合握法中关于拇指位置的要点可参照"强力握法"。

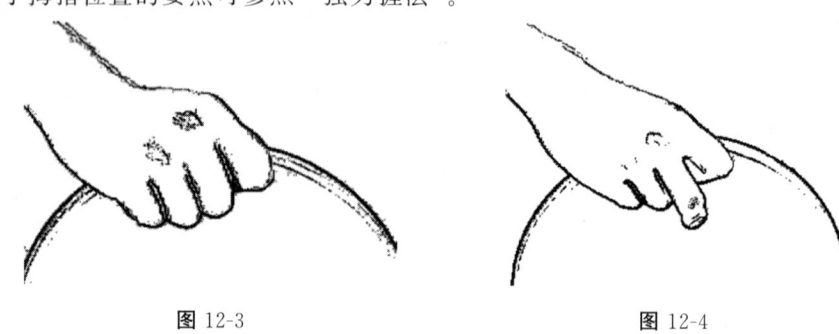

图 12-3　　　　　　　　图 12-4

2. 正手握法（Forehand Grips）

(1) 基础握法（Basic Grip，适合初学者）

基础握法原则上近似于相对应的反手握法。中指至于盘的底部边缘，食指朝盘的中心伸展开来支撑飞盘。此种握法的优点是可以很好地控制飞盘，缺点是力度不够。这是因为，食指伸开的同时手腕无法向后竖起来（图 12-5）。

(2) 强力握法（Power Grip）

这种握法有以下两种方式。

第一种，食指紧靠中指，紧贴于飞盘内缘。这样，手腕可以向后竖起来，给予盘更多的动力，因而出盘可以更有力。但此种握盘方法的缺点是，飞盘容易失去控制，因为没有手指支撑着它。如果出盘时盘和手腕的角度不一致，盘会上下摆动，导致其飞得不够远（图 12-6）。

图 12-5　　　　　　　　图 12-6

第二种，对第一种方法稍微有所改进，食指和中指稍微弯曲。掷盘前，盘会在这两个手指的作用下保持平衡。跟反手掷盘一样，拇指应该紧紧握住飞盘，可以使盘更好地转动，有利于克服风的影响，因为在出手后，盘不易摇晃。此种握法还适合于掷正手高位盘。

（3）混合握法（Hybrid Grip）

类似于反手的混合握法。不需要将食指和中指平行，食指应该是弯曲着的。食指和中指的指肚牢牢地压在飞盘内缘。食指弯曲的部分可以起到支撑飞盘的作用。手腕依然可以向后竖起来，增强出盘力量。准备掷盘时将盘握平，有助于掷出一个漂亮的正手高位盘（图 12-7）。

（4）其他握法（Other Grips）

此种握法适合于正手掷盘水平较弱的玩家。将中指侧面（而非指肚）顶着内缘（图 12-8）。使用此种握法时，注意手掌是朝上的，而且出盘时不需要转换正手。其缺点是，指关节是出盘时的发力点，经常使用容易受到损伤。因此，此种握法仅作为一种推荐，而非常用方法。

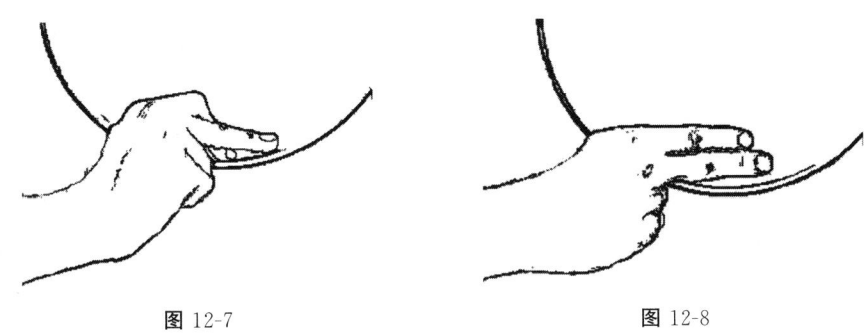

图 12-7　　　　　　　　　　　图 12-8

3. 锤子握法（Hammer Grips）

本质上跟正手相似。区别是锤子掷法是颠倒着出盘的，因而与正手相比对飞盘下方的支撑并不那么重要。需要用拇指紧握住盘，因为拇指负责对飞盘的支撑。

（二）反手掷盘和接盘

基本的掷盘方式有两种：反手和正手。反手是最为人熟知的基本掷盘方式。

1. 反手掷盘

握盘：手在盘的边缘握成一拳，拇指放于盘的顶部，其他手指置于底部。调整拳头的角度，令食指指关节对准目标方向。

身体姿势：膝关节略微弯曲，两脚与肩同宽，双眼直视目标。右腿向前，迈向左方（右撇子），绕转身体，肩部直对目标但双眼不离目标方向（身体略微转向后方）。

手臂动作：肘部和手臂与上半身保持自由空间，平直地完成掷盘动作。

出手：用手腕的甩动将盘旋转着掷出手（旋转可令盘更加平稳）。如果盘容易翻转落地，调整角度，将盘的外侧边缘放低（低于内侧边缘）。出手时不可转动手腕。

2. 薄饼接盘法和边缘接盘法

薄饼接盘法是指一手在上一手在下去接盘。边缘接盘法是指拇指在下其他手指在上去接盘。薄饼接盘法更加安全。

要点：注意用双手接盘，双眼紧盯飞盘。

3. 训练方法

（1）两人一组掷接盘

短距离练习反手掷盘。传接成功一次则往后退一两步，失败一次则靠近一两步，盘可以掷得高一点，以练习跳跃接盘，分别计算不同接盘方式的失误次数。

(2) 车轮替换练习

所有人面朝内站成一圈，持盘者传盘给右手边的人然后绕着圈子外围往左跑。其他人继续往右传盘，在跑动者回到自己的位置时将盘传回给他。接着，右手边的人接住盘，再传盘，然后绕圈子外围跑。只用反手掷盘。可以改动跑动方向和传盘路线。

(3) 不得靠近

用四根标杆布置一块正方形区域。大家通过传盘给队友的方式，尽可能持久地保持持盘权。不允许持盘跑动，而且必须在计数到达五之前掷盘出手。只有一人去防盘。

(三) 正手掷盘

1. 技能

握盘：拇指在上，食指和中指置于盘缘内侧，中指指肚顶住盘缘。为增强盘的稳定性，食指可指向盘的中心。

身体姿势：面向目标，两膝略微弯曲，两脚与肩同宽。右脚（右撇子）往右、稍稍靠前跨出。将身体重心移向掷盘一侧的脚上（右撇子将重心移向右脚）。

手臂动作：肘部和手臂与上半身保持自由空间，平直地完成掷盘动作（不可弯曲）。用肘部引导掷盘动作。

出手：用明显的手腕甩动动作，增加盘的旋转，就像甩毛巾一样。旋转可以让盘在飞行过程中更加平稳。如果盘容易翻转落地，调整角度，将盘的外侧边缘放低（低于内侧边缘）。出手时不可转动手腕。

提示：为达到好的掷盘效果，可让学生们从低于腿部的位置出盘。并且要引导他们联想到那些注重手腕动作的壁球和羽毛球运动。

2. 训练方法

(1) 菱形训练

安排大家相距 15 米面对面站立成两队列。其中一队的第一位学生向右 45°跑，另一队的第一位学生掷盘。然后掷盘者进行下一轮跑位，同时，接盘者继续往前跑入对面队列的末尾。可以额外增加两个角标，用来指示跑位和掷盘方向。

(2) 轴转与掷盘

这一训练方法涵盖了轴转与掷盘动作，要让学生们习惯于正确地确立轴心脚（右撇子的轴心脚是左脚）。两人一组传接盘，让掷盘者掷盘时往不同的方向去轴转，正手和反手两侧各重复十次。

(四) 掷弧线盘

1. 技能

改变盘的角度，可以令盘以弧线轨迹飞行。抬高外侧边缘，盘会以"外摆"的弧线倾斜飞行；放低外侧边缘，盘会以"内摆"的弧线倾斜飞行。这两种弧线盘在反手一侧要比正手一侧简单。应当鼓励学生先尝试反手，再练正手。

外摆：右撇子掷反手外摆弧线盘时，盘的轨迹是从左往右，且外侧边缘稍高。（左撇子反手外摆弧线盘的轨迹是从右往左）

内摆：右撇子掷反手内摆弧线盘时，盘的轨迹是从右往左，且内侧边缘稍高。（左撇子反手内摆弧线盘的轨迹是从左往右）

正手：相对而言，正手的外摆要比内摆简单。难点在于，让学生们掷出水平的盘。教会学生们掷正手内摆后，他们就会开始掌握怎样掷出水平轨迹的盘。

2. 训练方法

（1）盒子训练

用十支标杆布置边长十米的正方形场地。每支标杆后面站一组队列，四组队列人数相同，所有人面朝正方形中心点。飞盘在某一组队列第一位学生手中，这组队列的第二位学生往右方跑（假动作），远离飞盘后，再往左折回来接掷盘者传出的盘。这位同学接住盘后，传给下一组队列第一位以同样方式跑位的同学，依次类推。掷盘者掷出飞盘后，加入刚刚在接盘时靠近的队伍。练习完几轮后，换一下方向。跑位者可以先远离掷盘者跑开，然后折回来朝正方形中心点跑。或者，跑位者先向正方形边外侧45°方向跑开，然后折回来朝正方形中点跑。

（2）双飞盘

游戏场地是相隔五米的两块正方形。每个正方形内各站两名学生，两队各持一只飞盘。两队同时发盘，目标是让盘落入对方场内。如果盘落到界外或滚到界外，接盘方得一分。如果判落入对方场地界内并且未滚到界外，掷盘方得一分。接盘方接住盘，可再掷给对方。如果接盘方接盘失误，掷盘方得一分。如果某一方两名学生同时触碰飞盘，算作一次"双飞盘"，另一方得两分。得分后，两只盘回到两边场内，各组的另外一名学生发盘。每五分后，交换一次场地。最先得十一分的一方获胜。场地的大小和间隔距离也可以进行调整（正方形边长可设置为十四米，两场相隔十四米）。

（五）轴转、假动作、防盘和计数

1. 轴转与假动作

掷盘者必须确立一只轴心脚（左撇子用右脚，右撇子用左脚）。确立轴心脚可以帮助掷盘者扩大出盘空间和范围，突破防盘者的防守。在掷盘前和掷盘过程中，决不可移动轴心脚，换句话说就是禁止"走步"。轴心脚可以帮助你做好掷盘假动作——吸引防盘者移动身体，腾出掷盘空间给你。

2. 防盘与计数

只允许有一位防守者（即防盘者）站立在掷盘者的三米半径范围内。防盘者必须与掷盘者相隔一个飞盘直径以上的距离，以每隔一秒的速度对掷盘者计数"Stalling 1, 2, 3……"。如果防盘者数到10，则视为进攻方失误，掷盘者必须将盘放到脚下，攻防转换。

3. 逼向

逼向是指防盘者的站位偏向一侧，逼迫掷盘者往另一侧掷盘。其他防守者们可以优先防守掷盘者被逼传盘的场地，以更有效地看住自己盯的接盘者。通常，在防守进攻方的整个过程中，都是逼对方往同一侧出盘。逼向和队列是两种相辅相成的战术思想。防守方尽力逼迫进攻方往场地的某一侧出盘，而进攻方通过在场地中央站队列的方式为场地两侧创造出空间。

4. 训练方法

掷盘者与防盘者：三人一组轮流练习掷盘与防盘。A掷盘，B防守A，C在距离十米远的地方接盘。B一定要计数。传盘成功后，C成为掷盘者，A跑到另一边防守C，B成为接盘者。防盘者需要逼反手（逼迫掷盘者掷出反手盘）。可以颠倒一下角色转换的方式，让另外一人防守同一名掷盘者。

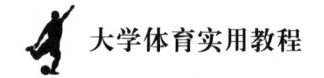

(六) 队列和跑位

1. 队列

极限飞盘中标准的进攻战术就是让接盘者们顺着进攻方向站成一队，然后是每人依次跑位去接掷盘者的传盘。这种方法可以在掷盘者的前方创造出空间，利于掷盘者跑位进来。一般大家会通过报数的方式确定跑位顺序。接盘者快要接住飞盘时，其他人（下一位跑位者）就应当提前行动，跑位去接第二次传盘——这称为"连传"。

2. 跑位

跑位的目的是摆脱防守和跑进空位。它不仅要求突然改变跑动方向，经常还需要用假动作甩开防守者。

3. 连传

顺着场地中央以标杆为排头站成四个队列。第一个（最左边）队列持盘，面朝另外三个站在远处的队列。第二个队列的排头往某一侧去跑位，然后接第一个队列传过来的盘。第三个队列的排头再往同一侧跑位，然后接第二次传盘（连传）。然后第四个队列再以同样方式跑位和接盘。最后一名接盘者带着飞盘，加入到第一个队列中。而其他接盘者则加入到下一个队列中。

4. 训练方法

跑位与撤离：沿直线放置三只标杆，两只标杆相距 10~15 米。在两端的标杆后排两个队列，彼此面对面，两队的人数和飞盘数都相等。某一队列排头跑向中间标杆，往右（或左）虚晃（假动作），再跑向左（或右）边去接另一队列排头的传盘。接住盘的跑位者将盘回传给另一队列的第二人，然后撤离，回到自己队列的末尾。这一训练需要强调充分和快速的假动作、跑位以及撤离。撤离的速度要和跑位一样快。

(七) 防守

1. 技能

防守的目的是阻碍接盘者接住飞盘。为此，防守者的站位要保持在接盘者和掷盘者的中间位置，通过紧跟跑位者的方式去保持住这种站位状态。一定要记住，极限飞盘不允许身体接触，所以用身体贴人是绝对禁止的。尽量守在对方被逼向的这一侧。

2. 训练方法

（1）环形训练

六名学生站成半径十米的圆圈，两名学生在圆圈内做防守者。一位防守者去防掷盘者，另一位预测传盘路线并尝试断盘。掷盘者不可将盘传给左右相邻的两个人。接盘者不可跑动着去接盘。三次失误发生后，从圆圈中选出两名新的防守者，而原来的两位防守者加入到圆圈中。如果失误次数太多，可以放松规则允许传盘给相邻的接盘者或者增加每一轮允许的最高失误次数（允许五次失误）。圆圈中的人数增加时，对技能的要求会更高，这时防守者可以增加为三名，以练习区域防守。

（2）防守者训练

站两支队列：一支队列由四名掷盘者组成，每人手持飞盘；另一队列面朝掷盘队列站立，由四对跑位者与防守者组成，两队列相距至少 20 米。依次练习跑位和防守。跑位者朝掷盘者方向跑位，尽力与防守者拉开距离以便接传盘。没有防守者，所以跑位者更容易获得空位。接盘者接住飞盘后加入掷盘队列。掷完盘的掷盘者离开队列，跑进跑位者或防守者队列的末尾做防守者，防守者要重新回到原队列改做接盘者。

四、极限飞盘战术学练

（一）注意交流

在某些方面，与队友的交流起着至关重要的作用。其中最重要的是——每一次盘被掷出时，防盘者应该大声喊"Up"，让所有队友听到。在对手掷长传或高位盘时，尤其需要大声喊"Up"，只有这样才能让注意力集中在防守对象的防守者们有机会寻找和阻断飞盘。

（二）训练方法

1. 保持盘权

虽然初学者会常常失误，但有些队伍还是能够完成几次比较稳的传接盘，获得较好的场地站位。还有些队伍必须依赖于向后回传飞盘或者从边线传盘的方式去保持盘权。无论怎样，最好是让学生们理解保持盘权的重要性。为此，需要指定一位接回传的人。这个接回传的人，必须是判断力更好的掷盘者，他需要守在后方做好随时接回传的准备，并且在持盘者没法往前场传盘的情况下帮助他摆脱困境。

提示：掷空位。一定要知道，在极限飞盘比赛中通常每个人都跑得很快。很多时候，与其直接将盘传到接盘者所在的位置，不如传盘到空位让接盘者跑到这个空位去接盘。

2. 三角训练

三支队列彼此相距20米站成三角形，所有人面朝三角形中心。某一队列的第一位学生顺着三角形边向右方跑位（逆时针），接对角方向掷盘者的传盘。掷盘者要提前出盘，让接盘者跑动着去接住盘。接盘者加入自己跑近的队列。接着，掷盘者以相似的方法向同样的方向跑位，去接第二次传盘，以此类推。

3. 回传训练

一组四人，两名学生负责进攻，另外两名负责防守。两名防守中必须有一人去防盘。延迟计数上限为5秒，在完全不强调往前推进的情况下，让两名进攻者完成传盘。唯一的目标就是保持盘权。

规则：传盘方向不受限制。盘落地、出界（并没有从空中返回）、被截住或阻断，都视为失误。如果有人示意阻挡，不算做失误。掷盘时被示意走步，并且盘落了地，算作失误。只有在一分结束或者有人受伤时，才允许换人。

第十三章　野外拓展运动

第一节　定向运动

一、定向运动的起源与发展

定向运动是运动员凭借对地图的识别和使用能力，依据组织者预先设计的图上路线，借助于指北针与地图保证运动方向，在野外徒步比赛，依次逐一到达各个检查点，分别用各检查点点标上的密码夹（或印章）在随身携带的检查卡片相应位置上作记，以示到达该点。运动员按顺序通过各检查点，然后到达终点，在准确通过各检查点的前提下，以全程耗时最少者为优胜。

定向运动起源于20世纪初期的瑞典。1918年，瑞典一位名叫吉兰特的童子军领袖组织了一次名叫"寻宝游戏"的活动，以训练童子军的野外技能与体质。这次活动引起了参加者的极大兴趣，这便是定向运动的雏形。1919年，在斯堪的纳维亚举行了第一次正式的定向运动比赛，之后，定向运动在北欧得到了迅速发展，并很快地普及到世界各地。

1961年5月，在丹麦首都哥本哈根成立了国际定向运动联合会（简称IOF），确定了正式的比赛项目，制订了一系列的比赛规则与技术规范，并决定从1975年开始每两年举行一次世界性比赛。成立时有成员国10个，到目前为止已经发展到30多个成员国。在我国，开展定向运动最早的是香港地区。1983年，定向运动传到我国内地。

运动员要根据组织者在图上标明的运动方向，进行地图与实地对照、选择运动路线、寻找各检查点，比单纯的赛跑更能提高参赛者的兴趣，加之比赛是在野外进行，使整个运动具有旅游特点，参加者可以从这项运动中得到无限的乐趣。

二、定向运动的基本知识

（一）定向运动的常见形式

1. 定向越野（即徒步定向）

这是各种定向运动形式中组织方法较为简便，开展最为广泛的一种。由于它最能考验个人的识图用图、野外选择线路和奔跑的能力，因此男人、女人、年幼的孩子甚至长者都可以在同一个场地享受竞技的快乐，是"适合每个人的运动"。为增加比赛的乐趣，也可以在判定比赛成绩的方法上有所区别，如可以个人跑计个人成绩、个人跑计团体成绩或个人跑计个人与团体成绩等。

2. 接力定向

接力定向是展现团体间实力的最佳竞赛形式，其成绩好坏有赖于每个队员个人能力的发挥。在接力比赛中，比赛的线路被分为若干段，每个选手只完成其中的一段（使用另一张同地点地图），各段选手的成绩相加为该队的最后成绩。为便于观众欣赏各选手之间的激烈竞争，接力定向在赛场上设有"比赛中心"，各段选手的交接（即"换段"）均在这里以触手的方式进行。

3. 滑雪定向

滑雪定向也可以按个人团体或接力比赛形式进行。它与徒步定向的区别是选手需要使用滑雪装具（非机动），供比赛用的滑道，则需要使用摩托雪橇提前开辟。统一比赛路线上的滑道通常不止一条，以便选手自行选择更有利于自己的滑行路线。

4. 山地车定向

山地车定向，顾名思义，就是选手们骑在山地车上进行的定向运动。它需要的场地比徒步定向稍大，区域内的大小道路要能构成网络，以便于选手骑行。由于不便频繁看图，山地车定向的选手比徒步定向的选手更需要培养地图默记的能力，同时，在崎岖地形上熟练地驾驶山地车的技术也是必不可少的。山地车定向是国际定向联合会承认的最年轻的专业项目，它已有了自己的世界锦标赛。山地车定向也是按个人、团体或接力比赛等形式进行。

5. 专线定向

这种比赛与其他比赛的最大区别是在地图上明确地标出了比赛的路线，运动员必须按这些规定的路线行进，并将途中遇到的检查点位置标绘到图上去。成绩组检查点位置标绘的准确程度和所用时间的长短确定。

6. 记分定向

记分定向通常以个人方式进行。它是在比赛区域内预先设置好许多检查点，并根据地形的难易程度、距离远近、点的位置的相互关系不同而赋予每个检查点以不同分值。选手必须在规定时间内自行寻找若干或全部检查点，以积分最高者为优胜。

7. 夜间定向

这是徒步定向中很刺激的一种比赛形式。由于是在视度不良的夜间进行的，不仅增加了比赛的难度，同时对观众和选手自己更增加了吸引力和紧张感。夜间定向所使用的器材，主要是点标本身或其上附有被动式的反光材料，只要有一点光线投射到它上面即可反光。参加人也需携带用于察看地图的照明设备：它可以很小，如微型手电筒；也可以很大，很专业，如洞穴探险头灯等，也可以自制其他方便携带的照明装置。

8. 五日定向

这是瑞典独有的一项特别吸引人的比赛项目。比赛共进行五日，比赛路线由若干段组成，每次都单独记录下个人的成绩，最后再算出总成绩。在几十千米或者一百余千米的多条比赛路线中，除设置了许多检查点之外，还设有若干营地，供运动员与观众休息或参加丰富多彩的文化娱乐活动。

9. 公园定向

是在城市公园、小城镇、居民小区或类似地形上举办的徒步定向比赛。该项目的出现源于近几十年部分定向人（包括我国的爱好者）对定项运动加入国际奥林匹克运动会的渴望。专门举行这个项目比赛的世界性组织叫做"世界公园定向组织（Park World Tour，简称PWT）"。PWT试图用定项运动在公园、城镇里举办的方式，改变那个年代的传媒技术较难在山林地中宣传定向比赛的现象。通过电视转播等直观、详尽的技术手段，把定向的魅力展现在人们面前，以此增强定向的影响力和商业价值。

10. 轮椅定向

原来是专为伤残人士特别设计的定向运动形式。基本赛法是：在野外道路的两侧设置若干"检查点群"（每处3～6个点标），选手们需要按照地图与"检查点说明"的指示，在每个"检查点群"处像做选择题那样,挑选出唯一正确的那个点标。这种赛法,既可以让乘坐轮椅车的伤残人士加入到定向的活动中来,又可以供新手进行定向基本技术的训练,同样也是一种能让所有参加人都饶有兴趣地专项技能比赛。

(二) 定向运动基本常识

1. 比例尺

不同比例尺的地图所包含的信息量不同,一张1∶5000比例尺的地图要比一张1∶10000比例尺的地图标有更多的地貌和事物,也就是说标有更多的地物。

2. 等高线

等高线越多,山越高;等高线越密集,地形越陡;当地图上的等高线稀疏时,山坡较平缓;等高线是闭合的曲线,线上的每点高度相等;相邻的两根等高线之间的距离表示等高距。

3. 地图的识别与使用

从地图入手,了解定向运动地图的全部信息。

(1) 标定地图

方法1:在已知区域中标定地图,让地图的北和实地的北一致。

方法2:在未知区域中标定地图,先选取一个已知的站立点,再用指北针,使指北针的红针指向和地图的北一致。

方法3:利用明显的地物地貌标定。先确定已知的站立点,再在图上找到明显的地物,转动地图,使所处地物和地图上所标的位置一致。

方法4:利用直长地物标定。直长地物指道路、围墙、电线、沟渠等。在地图上找到直长地物的符号,使符号和实地的地物重合就行。

(2) 图地对照

了解地图上的符号在实际地形中是怎么样的,能一一对应。

方法1:跟老师走。由老师带领学生在野外行走。行进中,老师指出图上的地物符号,要求学生在实地中找出。

方法2:按路线走。由老师事先设计出线路,出发时按线路行进,行进中指出路线周围的地物在地图上的位置。

方法3:发散型行走,也叫星形法。先确定已知站立点,然后向四周行走,四周边的目标点都设在明显地物上,找到一个目标点,返回起点,再去另一个目标点。

方法4:简单路线选择。设计一条简单的路线,由3~4个检查点构成,让学生独立行进,返回终点后,在地图上标出刚才行进的路线。

方法5:分组合作。在陌生的环境中,设计一条较难的路线,由7~8个检查点构成,把学生分成2~3人一组,每一组为一独立单位走完全程。

(3) 确定站立点和目标点

方法1:先确定站立点,后对照地形,再找到目标点。

方法2:先对照地形,后确定站立点,再找到目标点。

方法3:交会法。

(4) 从站立点出发寻找目标点

方法1:分段法。

方法2:利用线状物。

方法3：提前绕行法。

4. 装备

有了地图和指北针，就可以参加定向比赛了。地图可以在比赛时得到。而指北针也可以租到。但是，考虑到在比赛时选手要翻山越岭地进行长途跋涉，所以适当的衣服和鞋子也十分重要。定向运动对衣服和鞋子并没有特殊的要求，一般适合远足的穿戴就足够了。当然有一些高水平的选手对于装备的要求比较苛刻，因为这毕竟是一项竞技性的运动。他们有专用的衣服以应付复杂的地形条件，但通常这些并不是取胜的决定性因素。

三、定向运动的意义

定向运动是一项非常健康的智慧型体育项目，是智力与体力并重的运动。它不仅能强健体魄，而且还能培养人独立思考，独立解决所遇到困难的能力及在体力和智力受到压力下做出迅速反应以及果断决定的能力。

（1）定向运动是一项学生体育项目。因为它可有效地培养学生独立分析解决问题的能力和良好的逻辑思维能力。

（2）定向运动是一项家庭体育项目。周末一家人回归自然，放松身心，自我娱乐，融洽关系，增加乐趣。

（3）定向运动是一项精英人才体育项目。因为它基于挑战，勇于尝试从未被尝试过的方案，并要求全身心地投入。

（4）定向运动是一项非常重要的体育项目。因为拥有自己的世界锦标赛。

（5）定向运动是一项环保的体育项目。因为它教会你如何在大自然中把握自己的行为，爱护自然，遵守郊野公园守则。

（6）定向运动是一项不需太大花费的群众性体育项目。所需的只是一张好的定向地图和一个指北针。服装可穿着定向专业套装，也可只是普通运动服装。

（7）定向运动是一项探险寻宝体育项目。因为它能给人们惊险刺激的人生经历。

（8）定向运动是一项广交朋友的社交性体育项目。在这里，不论男女老少，种族背景，文化阶层，社会地位，相互交流，共享人生。因此，定向运动吸引了全世界男女老少，各个阶层和各个年龄段人们的广泛参与。

四、定向运动基本技术

标准的定向运动比赛包括有一个开始点和结束点（或开始点与结束点为同一点）。并且由划定范围内的一系列控制点组成。这些控制点被编上号码，并且被标志出来，比赛时队员应按规定时间赶到控制点，然后在记录卡上打上标记，以证明确实来到过这个控制点。

不同控制点之间的路线并不是被规定好了的，而如何利用地图和指北针来选择出最快速、合理的路线，这正是定向运动的乐趣所在。大部分的定向运动比赛是采用先后出发，每组出发时间相隔1～2分钟，最后以找到控制点的数量及全程用时最短的队获胜，但是也有采取不同赛制的。

（一）确定方位

用指北针和地图判断方位并不难，可能即使没受过训练的人也可以做到，但是要精确地判定方位，还是有一些需要注意的地方。

任何一个方向都相对正北成固定的角度，所以只要确定北，就可以用相对的角度来确定

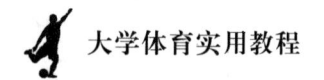

所有的方向。在军事用语中，这称作"方位角"，并用一个度数表示出来。指北针磁针所指示的方向是一个绝对值，所有的方位都可以依据它来得出。

首先要使得地图与指北针成为一个共同的体系。把地图摆放水平，然后把指北针平放在地图之上，转动地图直到地图上的指北线与指北针磁针的方向平行为止。人的位置应该对着前进的方向，这样比较容易看清楚地图。

在定向运动比赛中，指北针是唯一有效的法定设备。

（二）路线选择

大部分定向运动比赛中，选手直到出发的一刻才能得到比赛地图。一场比赛可以存在几个不同难度的路线来针对不同水平的选手，从初学者到有经验的老手都有机会各尽所能。

在两个控制点之间选手并没有一定路线可以遵循，确定方位和选择前进的路线所依靠的就是选手的经验和水平。选手们将在地图上看到一个关于路线和控制点的线索（有时这个线索是与地图分别给出的），在这个线索中，有控制点的数量、控制点顺序、控制点代码、语言描述的控制点的特征，比如，一小路的交汇处等。在国际比赛中，由于选手使用不同的语言，所以这个关于控制点的线索将由一系列标准化符号给出，而学习这些符号也是一个定向运动初学者应该学习的课程。

当选手到达了控制点，可以看到一个标记，该标记用红白相间的鲜艳色彩，以30厘米×30厘米的正方形显示，这些标记有时是用专门的桩子插在地上，有时会用其他的方式显示。

事实上，定向运动简单地归纳起来，就是在许多种可能的路径找一条最好的，并且沿着这条路最快地到达你想要到达的地方。选择路线是一个非常重要的工作，正确地选择可能帮助选手节省大量的时间，尤其在地形条件复杂的比赛中更是如此。

一个基本的定理是两点之间直线最短，但实际在比赛中，最短的路线并不一定是最好的。有许多的因素决定了你所选择的路线是否合理，比如：在林间小路上前进显然比穿越树林要快得多；翻山越岭也许还不如绕过它快。另外，不同的人有不同的特点：有的人可能不善于跑步，但穿越树林的速度却非常快；有的人体力非常好，但爬山却非常慢，这些都是影响路线选择的要考虑的问题。

在同一场比赛中，虽然可能大部分选手选择的大部分路线是相同的，但也可以发现，地形越复杂，选手的路线选择也就越不同。从地图中找到最好的路线前进并不容易，除了要非常了解地图外，丰富的经验和详细的准备工作必不可少。所以说，定向运动并非单纯的体力或者技能的比赛，它蕴涵着各种不同的变数，是一项脑力的较量。

第二节 拓展训练

一、拓展训练概述

拓展训练又称外展训练、心理拓展训练，是指借助精心设计的特殊情境，以户外活动的形式让参与者进行体验，从中感悟出活动中蕴含的理念，通过反思获得知识改变行为，实现可趋向性目标的一种活动模式。

拓展训练起源于二战期间。当时盟军征集了几十条商船，用于后勤补给的运输。德国军队却派出潜艇集群进行拦截，船队屡遭德国人袭击，许多年轻海员葬身海底。但每次灾难都总会有人幸存。人们通过调查研究，发现幸存者不一定都是体能最好的人，但却都是求生意志最顽强的人。于是哈恩等人创办了"阿伯德威海上学校"，训练年轻海员在海上的生存能力和船触礁后的生存技巧。二战结束后，"阿伯德威海上学校"的功能也随之退化。但是一些行为学家和教育家却从这所学校的训练模式里得到启发。于是在英国形成了以培训管理者和企业人为对象、以培训管理者的心理适应能力和管理技能为目标的学校。但是，真正将拓展训练推广开来却是美国的马萨诸塞州哈密尔顿维恩哈姆高中校长皮赫。皮赫将拓展训练的方法应用到学校教育中进行摸索，最终把拓展训练的方法与现存的学校制度结合起来，为教育开辟了新的思路和新的领域。

拓展训练被引入我国是在 20 世纪 90 年代中期，当时只是作为团队训练的一种手段而存在。"拓展训练"一词是中国对这种体验式教育的本土化认知，是最早将其引入中国的"人众人"培训机构对它的命名。发展初期，我国的学校拓展训练主要是一些高校的成人培训班，后来，MBA 正式接受了拓展训练，不过他们都是与校外的拓展训练学校联合授课。2002 年在教育部的倡导下，拓展训练正式进入学校体育课程。北京大学最早将拓展训练作为一门专门课程，此后我国许多高校开展了不同形式的拓展训练课程，在学生中引起极大反响，深受学生们的喜爱。

拓展训练的所有项目都以体能活动为引导，引发出认知活动、情感活动、意志活动和交往活动，有明确的操作过程，要求学员全身心的投入。拓展训练的项目都具有一定的难度，强调集体合作，表现在心理考验上，需要学员向自己的能力极限挑战，跨越极限，力图使每一名学员竭尽全力为集体争取荣誉，同时从集体中吸取巨大的力量和信心，在集体中显示个性。学员们在克服困难，顺利完成课程要求以后，能够体会到发自内心的胜利感和自豪感，获得人生难得的高峰体验。

二、拓展训练的开展

（一）拓展训练的理论

拓展训练的理论过程是实践—认识—再实践—再认识的过程。在此过程中的理论要素主要有以下几项：

1. 明确的团队目标

在拓展训练中，目标的设定及有关的约定是团队有效发挥作用的重要因素，通过具体目标的约定会增大自己改变现状的决心。所谓"约定"包括了那些与身体安全和心理安全的原理和约束，也包括团队成员相应的权利与义务。如果能良好地进行目标的设定，每一个团队成员就能在活动中把握好自己团队的目标是什么，分解到自己的目标又是什么。而且参与自己目标设定的程度越深，就越能更积极地学习，还能降低推诿责任和临阵脱逃的可能性。通过设定目标，团队成员就不会拘泥于过去而更关注现在和将来，并逐渐养成为解决问题而制订计划的习惯。所以，在每一个项目开始之前，必须给受训学员一定的时间准备，这就是要他们明确目标、制订计划。

2. 团队成员间的信赖关系

信赖关系是团队成员相互依存、密切合作、保证团队凝聚力的基础。让受训学员参加各种项目，并在活动的状况下信任同伴，真实感受到当时在场人员的存在，通过身体的亲密接触建立起同伴之间的信任关系，在所有参加者中寻求一种信赖关系是拓展训练的显著特征。

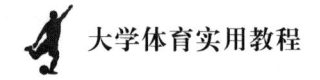

3. 释放压力，挑战自我

在拓展训练中，对压力的有效处理方法，不是回避压力，而是挑战压力，采取面对困难的正确态度和设想好的结果可以体验到良性压力。良性压力是指生理上的平衡的压力，是有益于身心健康的压力。拓展训练内容中非常慎重地设定了一些看起来十分危险的、使参加者感觉到压力的活动。但这绝不是要追求惊险感觉的活动，而是要在建立了个人和团队的目标基础上，把困难状况下的压力转变为"良性压力"，通过个人与团队的共同努力，克服了一个个困难的课题之后，体验到了由于达到目标而转化而来的强烈的成功感。这种成功的体验，是学会以积极的态度面对事物和困难的基础，培养出这种积极的态度就是拓展训练活动中最重要的因素之一。

4. 充分认识自身的潜能素质

在拓展训练中，高峰体验是累计进行着某种机能学习或进行某种活动的努力过程中所获得的最高体验。用通俗的说法，高峰体验就是拓展训练的参加者在活动中认识了自己、实现了自我的超越。在强化每个成员与团队之间联系的同时，高峰体验也成为最有效的途径与手段。综合高峰体验的效果与拓展训练的过程，可以发现拓展训练活动对人的认知乃至性格的改善都是有效果的。拓展训练中能否让受训学员感受到高峰体验，这也是拓展训练质量的一个评析点，也是拓展训练指导教师或拓展训练机构水平高低的一个衡量标准。

5. 形成幽默愉快的良好氛围

在拓展训练中，开展团队活动的时候具有幽默是很重要的。现代生活所具有高速度、快节奏、强压力的特点，使得人们常处于一种亚健康状态，心理压力需要缓释，心理郁结需要疏通。从培训角度讲，拓展训练就是要改变传统教育的方法，以幽默的方法来调节训练气氛，让拓展训练的参与者在轻松愉快的氛围中进行活动与学习。拓展训练的参与者在活动中忘却烦恼与压抑，在感受高峰体验的瞬间，获得战胜困难后的成功喜悦，通过自我实现，树立自己的自信心，从而使心理压力得以缓释，心理郁结得到疏通。

6. 解决问题是拓展训练的最终目的

拓展训练中每一个项目都会涉及解决问题。一般的应对方法是分析问题，然后寻找几个解决方法，然后从中挑选出最佳的对策，为行动的实施做好必要的准备。在拓展训练中参加者必须与团队同伴一起解决问题，特别是在解决困难时的团队合作尤其重要。在解决问题的过程中，体验是很重要的。为了学习解决问题的技能，参加者就必须综合运用自己的身体、精神和情感因素，全身心地投入。拓展训练非常重视团队活动中的经验，通常在活动中会安排一些逐一掌握解决问题的技能的项目，让参加者从设置的活动中尝试新学到的技能，并在反复的尝试中培养解决问题的自信心。活动后参加者可以通过回顾团队活动进一步地分析学习方法，以便更扎实地掌握解决问题的技能，在以后的日常生活与学习中也能应用所学到的技能。

（二）拓展训练的步骤

首先，训练是拓展训练关键的第一步。体验教育是拓展训练的专门术语，也是拓展训练活动中必不可少的内容和不可逾越的阶段。任何一个训练项目的开始都是学员在培训师的指导下去经历一种模拟的场景，去完成一项任务，并以观察、表达等行动的形式进行，这种初始的体验是整个过程的基础。拓展训练中所进行的各种活动都是体验型的实践活动，它可以与各种有不同理论背景的指导方法结合起来。

其次，学员在拓展训练中置身于模拟场景时，容易得到最真切的感受。这种感受是全方位的、印象深刻的。每一位学员由于自身认识水平有高低、认识问题的角度或切入点不一致，人们在活动的体验中会产生各种各样的看法。在这些不同看法的影响下，活动的结果有可能是成功，也有可能是失败。没有必要强调活动的成功与失败，但要引导受训学员从失败逐渐走向成功，要通过"成功"活动的体验，让人们有亲身感受，获得第一手资料，这是认识的初级阶段。而这正是拓展训练活动的魅力所在，也是拓展训练活动能够适应多种实用性问题和多种现实需要的主要原因。这一阶段中，受训学员可以充分表现，拓展训练指导教师只是根据事先规定好的规则，把握和控制活动进行的时间和节奏。

再次为分享。主要是采用回顾的方式进行信息的交流，让学员把自己的看法、感受与同伴分享。通过分享与交流使众人掌握较为全面的信息，从而对事物的认识有一个较清晰的轮廓。学员在拓展训练中多动脑、勤思考，就会获得亲身的体验与感受。在一个团队中，每个人都把自己的感受说出来与同伴分享，这样，每个人都会从他人的回顾中得到数倍的经验，这也是拓展训练的一大魅力所在。在这个过程中，拓展训练指导教师会鼓励学员积极地发言，灵活运用提问等技巧引导大家的思维在原有观点的基础上更进一步，群策群力，使众人的观点向着正确的方向前进。

最后是总结与应用。通过分享，对拓展训练的体会有了初步的认识，这时就需要把人们已获得的感性认识上升到一定的理论高度。拓展训练指导教师就要根据大家讨论的结果，结合相关的理论知识进行归纳总结，把学员的认识从感性认识提高到理性认识。此时，作为拓展训练的指导教师就应按拓展训练预定的培训目的进行讲解和点评。特别需要注意的是，拓展指导教师对受训学员的表现和认识程度的肯定性评价与他们的感情或感觉有着很深的关系。人们由于自身价值得到认可，并通过活动提高了自己的自尊感情，往往可以激发个人潜能，形成良好的团队心理气氛，使团队凝聚力得以增强。这一阶段是将受训学员的体验上升为理论，即从感性认识到理性认识飞跃的过程。此过程中，指导教师重新突出了自己的主导地位，是活动的灵魂和核心。点评结束并不是活动的终结。要启发学员将拓展训练中所获得的经历体验和理论认识放回到实践中去检验与应用，这才是训练的最终目的，这也是拓展训练的延伸。这个过程是完成认识从实践中来，最终用来指导实践的循环上升的过程，是在培训之后的生活和工作中由学员自己实现的。这也是拓展训练的终极意义所在。

（三）拓展训练的实践操作

1. 准备工作

要实现拓展训练活动的目标，必须具有出色的提案书以及有效的实施计划。而制订好的实施计划，就需要了解学员的基本情况。

（1）计划书的制作

训练的设施等条件具备后，还必须制订计划决定一些事项，最好以计划书的形式把它具体化、书面化，因为通过写计划书可以进一步发现问题。制订计划书时，必须考虑以下几点：

①准备理论根据。解决什么样的问题和设立什么样的设施，要有明确的而且有说服力的理论根据。

②目标。拓展训练中的各个小组的具体目标是否明确？目标是否可以实现？是否具有目标进展情况的方法？都是要充分思考的问题。

③时间上的具体事项。训练日程表、训练时间的长短、小组的持续时间、经费预算和用地、设施的确保等问题。根据需要还要考虑训练所必须的保健和饮食的计划等。

④指导体系和训练计划。要考虑训练计划及其所必须的预算；要考虑担任小组指导的教师是否具备足够的经验和能力；还要考虑实施计划过程中的专家指导意见以及相应的条件是否已经具备。

⑤评价。回顾和分享是否能达到目标的具体评价方法，有没有设置有关的讨论。

计划的概要做好以后，还要不断充实和完善，然后要进行检验，可以先在计划的框架范围内进行一下活动看看效果。另外还要从多方面收集尽可能多的有用材料，准备在拓展训练中作为参考的幻灯片、录像带、光盘等。

（2）内部的协调

在充实、完善计划的同时，还要注意与其他部门加强协调。为了确保计划的万无一失，拓展训练各部门必须紧密团结在一起，相互帮助，相互支持，以高效的团队形象为受训学员作出表率。

（3）教师的指导

虽然在拓展训练中学员是训练的主体，居于主导地位。但指导教师的能力和意愿以及指导经验和指导技巧，是决定计划成败的关键。在拓展训练中，技能技巧是可以教授的，经验却是不能教授的，经验是一种积累。在拓展训练中，要安排技巧的学习和经验的讲习会，这就是常说的回顾与分享。教师的指导技能的确是特定的拓展训练活动中所不可缺少的要素，教师要从各个不同的角度致力于个人问题的解决，让每个受训学员都能在敞开心扉后热衷于各种课题及其中的体验，这种体验会给小组带来生机勃勃的人际关系。指导教师还应能够留心不断挑战新的体验，这并不仅仅是学习新的技能，也可以通过进一步积累经验，再次确认教授给受训学员的拓展训练活动的基本要领。要开展好拓展训练，要求指导教师必须要有较高的思想素质、身体素质和知识素质，要求指导教师必须熟练掌握培训的基本技巧，而且必须知道高度的自信奠定培训的心理基础；清晰的目标指引培训成功的方向；严格的管理保证培训的纪律原则；热情的关心体现培训的人文精神；创造与出新展现培训的基本宗旨；分享与点评突出培训的收获成果。

2. 实践操作

拓展训练是在一定理论指导下的实践过程。在此过程中应根据体验式学习和人的认识规律一个环节一个环节地进行，努力做到前后连贯，环环相扣，还必须突出拓展训练的特点和独特的魅力。

（1）拓展训练的基本环节

①团队热身。在培训开始时，团队热身活动将有助于加深学员之间的相互了解，消除紧张，建立团队，以便轻松愉悦地投入到各项培训活动中去。

②个人项目。本着心理挑战最大、体能冒险最小的原则设计，每项活动对受训者的心理承受力都是一次极大的考验。

③团队项目。团队项目以改善受训者的合作意识和受训集体的团队精神为目标，通过复杂而艰巨的活动项目，促进学员之间的相互信任、理解、默契和配合。

④回顾总结。回顾将帮助学员消化、整理、提升训练中的体验，以便达到活动的具体目的。总结能使学员将培训的收获迁移到工作中去，以实现整体培训目标。

（2）训练形式

拓展训练的课程主要由场地、野外和水上三类课程组成。场地课程是在专门的训练，场地上，利用各种训练设施，如高架绳网等，开展各种团队组合课程及攀岩、跳越等心理训练活动；野外课程包括：远足露营、攀岩速降、野外定向、户外生存、伞翼滑翔等；水上课程包括：游泳、跳水、扎筏、漂流等。通过精心设计的活动达到"磨练意志、陶冶情操、完善人格、熔炼团队"的培训目的。

（3）安全保护

在拓展训练中，常常会有一些户外极限项目或专门场地上的高空索架等对体能和心理承受能力要求比较高的项目，为了避免学员受伤，在进行这些项目前，拓展训练指导教师组织热身活动是必不可少的。在进行高架绳网类项目的时候，安全保护师的责任尤其重大。训练项目开始前保护师要认真检查绳网等器材设备，按规范打好各种保护绳结，最好自己先试一试是否安全可靠。在训练项目进行中，保护师一定要自始至终集中精力、全神贯注，不能有任何的疏忽闪失。拓展训练项目结束后，撤除保护装置也不能掉以轻心。树立安全防范意识，按照规范操作的安全保护是保证拓展训练成功与否的重要因素。

三、拓展训练常见项目

1. 驿站传书

全队学员排成一列，每个人这时候就相当于一个驿站，到时候教师会把一个带有7位数以内的数字信息卡片交到最后一位学员的手中，学员要利用自己的聪明才智把这个数字信息传到最前面这位学员的手中。当这位学员收到信息以后要迅速举手，并把信息写在纸片上交给最前面的教师。比赛总共分四轮进行，在信息传递的过程中会有一些规则来进行约束。

（1）目的

驿站传书游戏被称为"小游戏，大道理"，主要是通过这个小游戏，可以让学生亲身体会到更多的处事之道，比如：凡事预则立，不预则废，执行力是事业成功的关键；使学生强烈意识到，充分沟通对团队目标实现的重要意义；制度规则的建立和修正。

（2）作用

①体验沟通机制的重要性，建立信息资源共享意识。

②如何灵活地面对环境的变化，同时遵守规则，规范和工作流程。

③提高分析解决问题的能力和决策能力。

④组织、实践、协调、增加团队解决问题的能力。

⑤体验团队计划能力，应变能力，加强团队沟通能力。

⑥找出沟通过程中经常出现的问题以及探索出解决这些问题的方法。

（3）注意事项

①不能讲话。

②不能回头。

③后面的学员的任何部位不能超过前面人身体的肩缝横截面以及无限延伸面。前后标准要以最前面的某个物品做参照，比如白板。离白板近则为前，离白板远则为后。

④当信息传到最前面学员手中时，这位学员要迅速举手示意，并把信息交到白板附近的教师手中，计时会以举手那一刻为截止时间。

⑤不能传递纸条和扔纸条。

⑥项目的最终解释权和裁判权归教师（要解释清楚，某些很有争议的方法，和我们教学的整个中心相吻合算正确，背离则算错误）。

每一轮传递中都有5分作为准确分数，如果在传递过程中发现有学员违规，警告一次并扣掉一个准确分。在第一轮开始前，给学员8分钟的讨论时间，以制订沟通密码方式或流程制度。第一轮是3个自然数组成的百位数，由教师担任裁判，监督学员是否有违规现象并给予相应的警告或处分，传递结束后给所有学员5分钟的讨论时间，总结及完善传递方式以提高准确率。第二轮是一个带有小数点的四位数，第三轮是三位数，规则同上。最后教师与所有学员一起分享在项目中的收获。

2. 盲人方阵

盲人方阵又叫黑夜协作，这是一个以团队挑战为主的项目。学员均要戴上眼罩，在附近不超过5米的范围内用教练给的一团绳子，在40分钟内围成一个面积最大的正方形，围好后，所有的人相对均匀地分布在这个正方形的四条边上。

（1）场地器材：边长不小于25米的平整开阔地面一块，长3米、5米、15米左右，粗1~1.5厘米的绳子各一根，预先打结并揉乱，眼罩14个或与学员人数相等。

（2）注意事项：要求地面平整，周围没有障碍物，以保证学员安全；学员戴上眼罩后应该将双手放置胸前，不得背手行走，严禁学员蹲坐在地上；不要让绳子绊倒学员，不要猛烈甩动绳子以免打到学员面部；及时阻止学员向不安全地带移动；提醒学员摘下眼罩时背对阳光，先闭一会再慢慢睁开眼睛；尽量避免在暑季烈日下或其他恶劣天气下完成任务。

3. 信任背摔

信任背摔是一个个人挑战与团队配合相结合的项目。要求每一位学员轮流上到高1.4~1.6米不等的台子上，按照教练要求笔直后倒，其他队友将其接住。

（1）场地器材：1.4~1.8米背摔台，有扶梯和半角围栏；背摔绳一根，要求结实、柔软、摩擦大；最好选择相对较软的地面；学员一般在12~16人，其中男士不应少于3人。

（2）注意事项：摘除戴、装的所有硬物，雨天雨衣必须脱下；严格按照教练讲解示范的动作进行；教练安排学员在台下接人时要由背摔台向外按弱、较强、强、强、较强、弱来排列，3，4组安排男士，接人学员手臂一定要笔直、水平且掌心向上，头一定后仰；后倒队友后倒时身体一定要挺直。

4. 解手链

所有的学员手牵手结成了一张网。学员们这时是亲密无间紧紧相连的，但是这个时候的亲密无间紧紧相连却限制了大家的行动。我们这时需要的是一个圆，一个联系着大家，能让大家朝着一个统一方向滚动前进的圆。在不松开手的情况下，如何让网成为一个圆？这是团队的严峻挑战。

（1）目的

锻炼新团队的沟通，执行及领导力；让学员体会在解决团队问题方面都有什么步骤，聆听在沟通中的重要性，以及团队的合作精神。

（2）开展步骤

①教师让每组圈着站成一个向心圈。

②教师说：先举起你的右手，握住对面那个人的手；再举起你的左手，握住另外一个人的手；现在你们面对一个错综复杂的问题，在不松开的情况下，想办法把这张乱网解开。

③告诉大家一定可以解开，但答案会有两种。一种是一个大圈，另外一种是两个套着的环；如果过程中实在解不开，教师可允许学员决定相邻两只手断开一次，但再次进行时必须马上封闭。

有关讨论：

你在开始的感觉怎样，是否思路很混乱？

当解开了一点以后，你的想法是否发生了变化？

最后问题得到了解决，你是不是很开心？

在这个过程中，你学到了什么？

（3）注意事项

玩这个游戏的意义不在于最后的输赢，而是每个人是否从中学到团队建设的一些方法。

5. 鼓舞人生

这个项目通常也叫击鼓颠球，也叫鼓上飞球。这是个以团队挑战为主的项目，挑战学员团结协作的能力。要求学员在保证安全的情况下，将一个排球放在鼓面上，在大家的通力协作下，使鼓有节奏地平稳地把球连续地颠起，并创造尽可能多的颠球记录。

（1）目的

①培养全体学员取长补短，团结协作完成共同目标的能力。

②培养学员不怕挫折，不断进取，争创佳绩的意识。

③感受互相鼓励对完成任务的积极作用。

④懂得先做后说比纸上谈兵要重要的多。

（2）开展步骤

①每人牵拉一根鼓上的绳子，如果人多绳少可以轮流替换，如果人少绳多可以让某些学员牵拉 2 根；颠球时学员必须握住绳头 30 厘米以内的地方，绳头有把手只能握住把手；颠球开始后鼓不得落地，球飞离鼓面后，不得将鼓摔落在地上，放下要慢。

②每组学员的最低记录不应少于 N 个，数量看鼓面的大小来定，一般 100 个为佳。

③球颠起的高度不低于鼓面 20 厘米，否则此球不记数或从头开始；颠球过程中要注意安全，教师叫停时必须停止，因场地原因停止，可以根据情况而定是否累加。

④语言精练，重点突出，讲解清楚，及时反馈，确保学员了解任务要求；安全要求讲解清楚，确保学员的安全。

⑤确认人数与鼓绳的数量关系。

⑥教师可以帮助将球放在鼓面上，也可以由学员选派一名或随机安排放球的学员。

⑦学员在屡次受挫后注意提醒他们要加强协作，不要将不良情趣发泄在鼓上；不断提醒在关注球的同时，也要关心自己的脚下和身边的对友。

⑧从颠起第一个球开始，球不得落在地上，否则从 0 开始计数。

⑨如果完成较好，可以告知这个活动最近的最好成绩是 N 个，通常在 80 个左右。

（3）注意事项

①必须所有的绳子都有学员牵拉，防止落在地上绊倒学员。

②要有足够大的平坦场地，检查场地上不要有石头，木棍等硬物。

③学员应穿运动鞋参加颠球活动。

④不要将鼓重摔在地上，可以在练习前告知学员，如果摔在地上全体将接受小小的惩罚，如做 3 个俯卧撑等。

⑤在移动的安全问题要不断提醒和关注。

第三节　野外生存

一、野外生存概述

在人类生存、发展步入高级阶段之后,返回大自然,体验一种原始的生活成为许多现代人的精神向往,野外生存正是源于此。

野外生活训练是指在野外环境中,仅仅依靠个人和集体的努力保存生命、维持健康生活能力的训练。其训练内容主要包括登山、野营、野炊、负重行军、攀岩、速降、定向、漂流、涉水、穿越丛林、野外自救、野外觅食(水)等内容,具有较强的挑战性、冒险性、趣味性和实用性等特点,能充分展现团队合作精神和个人创造性,因而引起了野外运动爱好者浓厚的兴趣。参加野游训练,不仅可以帮助人们重新认识自我、挖掘自身潜能,而且能够唤起人们面对困难和挑战的勇气,同时通过在活动中提高环保意识,使人们更深切地体会到爱护大自然和保护大自然的重要性。

二、野外生存的准备

(一) 制订计划

确定了野外生存的目的地后,应根据目的地的距离远近提前制订日程和安全计划。如有可能,指导教师和领队应实地勘查,查看以下内容:

(1) 目的地和交通工具;
(2) 宿营地形和当地的环境、气候;
(3) 是否有安全隐患;
(4) 目的地适合开展哪些活动;
(5) 当地的人文习惯,风土人情。

尽可能详细地做好考察工作,并做成记录。根据目的地的实际情况,安排具体实施的日程。如不能实地勘查,也应尽可能搜集目的地的气象、环境、人文等有关资料,可电话咨询当地的相关部门。搜集到资料后,应组织专人讨论日程、活动内容,以确认野游活动无重大安全隐患,做到有惊无险。然后,根据日程计划,有序安排体能训练,筹备物资。

(二) 物品准备

1. 衣着

野外生存生活的着装要以实用性为主,以宽松、舒适、耐磨、随意为基本原则,选择通风性好、保温性强、适用性广的服装。

(1) 即使是夏天,也尽量避免短打扮,女生不要穿裙子,男生不要穿短裤,因为野外有被虫咬或被树枝、岩石刮伤的可能。

(2) 贴身衣服,应选择柔软、排汗面料制成的内衣,春秋两季外罩一件纯棉或纯毛宽松外套或防风衣即可。

(3) 防风衣最好选择防水透气的面料制成的。它有很好的抗风及保暖性能,最主要的是这种高科技产品同时具有防水和透气的功能。裤子则要耐磨、宽松。

(4) 御寒衣物。到高寒地区活动,需预备一件质地优良的羽绒服。即使是到普通地区活动,也要预备一些御寒衣物,防止天气的突变与夜晚气温的下降。

(5) 雨具。野外活动中，背着背包撑把伞在林中或山地行走极为不便，因此雨衣便成了野外雨具的首选。雨衣有分身式和斗篷式两种。

分身式雨衣由雨衣、雨裤两部分组成。除挡雨外，还可以御寒，水中充气救生，应急容水器等；斗篷式雨衣最大优点是通风、通气，能将背包一并遮住，还能作为野餐时的餐布，支起来还可作凉棚。紧急情况下，找一块大塑料袋，底部剪个头可钻过的洞，也可以作为临时雨衣。

2. 鞋、袜

鞋和袜的基本功能就是保护双脚，因此选择鞋、袜要注意以下几点：

（1）选择的鞋要比平时大一号，以防长时间步行使脚肿胀而挤脚。

（2）以鞋底较厚、柔软、舒适，便于行走的运动鞋为宜，冬季出行，选择皮面、防寒、防水功能较好的徒步鞋。

（3）山地活动时，地形复杂，碎石坡路多，应选择皮制硬底登山鞋。

（4）如果是新鞋，应在出发前试穿一段时间，以防磨脚。

（5）袜子以透气性较好的棉毛类袜子为最佳，这些袜子柔软、吸汗，使脚部时时保持干爽。

3. 帽子、眼镜和化妆品

（1）戴一顶带帽檐的遮阳帽（夏天爱梳马尾辫的女生可选择无顶帽檐）既能防雨，又防晒，部分帽子还有防蚊功能；

（2）夏天，为防紫外线的强烈照射，要佩戴太阳镜、墨镜；去有雪覆盖的高山，为防止雪盲，要戴上专用高山眼镜；去水边和高原，阳光极易灼伤皮肤，一定要使用防晒霜；去寒冷地方，要使用防冻霜。

4. 背囊

为了能腾出双手，背囊一定是双肩背带，如果负重量大且行走距离较长，则最好选用有护腰的背囊，这样能有效地分散重量。背带的长短要调节好，以感觉重心落在腰背部为最佳。背囊最好多一些口袋，以利于将零碎物品分类装入，易于取用。装背囊的时候，应将轻的东西放在下面，重的东西放在上面，走路时身体自然向前弯，重物在上时脚步容易踏稳，并且不会有背囊向下拉的感觉。易碎的物件（如相机、手电等）应放在上部，最好用衣物包裹或用自制的柔软的袋子装好。餐具、食品等依次放在中间，与易碎物之间用布或卫生纸隔开。背囊容积较大，取用物品不易分辨时，最好多准备几个塑料袋，将餐具、食物、药物、怕湿的衣物分别装好。经常要取用的东西，如罗盘、地图、笔记本、小刀等，最好单独放在背囊的外侧袋里或放在腰包里。装好背囊后要背上试试，看左右是否平衡，有没有硬物顶住背部，里面的东西是否装得稳固。靠近身体背部的地方，应装入柔软平坦的东西。用一个如背囊大小的塑料袋，套在背囊上，可防止背囊内物品受潮。

5. 寝具及其他

（1）寝具。最好是睡袋，也可用毯子、毛巾被代替，但要求既不占地方，也很方便、实用。

（2）日用品、碗筷、洗漱用具、卫生用品、水壶等。

（3）帐篷。帐篷种类很多，如"人"字形帐篷、蒙古包形帐篷、六角形帐篷、拱形帐篷、屋形帐篷等。出发前要注意检查帐篷的绳、杆等，并能熟练地搭建与使用。

（4）设营工具。根据需要可携带斧头、锤子、钉子、绳子、铁锹、钳子等。

（5）野炊用具。根据实际需要和活动目的确定，如炉头、气罐和各种食品等。

（6）照明用具。如停电宝、汽灯、油灯等。

（7）药箱主要包括云南白药、创可贴、红药水、消炎药、酒精、碘酒、棉签、绷带、纱布、胶布、消炎油膏、黄连素、痢特灵、吗丁啉、增效联磺、口服青霉素、十滴水、仁丹、风油精、驱蚊剂。

（8）地图、指北针、通讯工具。

（9）特殊准备物品。针线包、防潮火柴、备用电池、救生衣、安全带、多用刀具、垃圾袋等。

（三）体能准备

1. 体格检查

进行野游前应进行身体检查，确保每一个参与者身体健康。其中心肺功能检查尤为重要。如果到遥远、陌生的地方进行活动，还应至少提前半年咨询当地卫生检疫部门，了解当地多发疾病情况，注射相关疫苗。

2. 身体素质训练

野外生存生活训练前应全面提高身体素质水平，训练内容包括以下几个方面：

（1）耐力训练：如越野跑、分段变速游泳、爬山练习等，但要注意耐力训练应保持低强度、长时间（半小时以上）有氧运动。

（2）力量训练：身体的各个部位。

（3）灵敏性训练：灵敏性练习包括悬垂摆，杠端转体跳下、翻越肋木、钻栏架、钻山羊以及各种专项球类练习和技巧、体操练习等。

（4）到热带、寒带、高海拔等特殊地区进行一些针对性训练。

（四）心理素质训练

对于首次参加野外生存生活训练的人来说，无疑充满了神秘感和新鲜感，这种兴奋会使人暂时忽略掉许多困难。然而当自己真正地融入到野外生活当中，搭帐篷、烧水、取水、做饭等日常生活中易如反掌的事情都成为必须花时间、精力去准备的事情。

进行活动之前，需要对每个细节进行斟酌，了解当地的地理和人文环境，查阅资料，制订计划，列出可能出现的问题，找出应对措施，对于预计的困难要有充分的思想准备，做到胆大心细，避免出现不必要的事故。

短期的艰苦生活一般人都能忍受，但是进行长期的野地生存生活需要耐心和毅力。日复一日简单、枯燥的生活，还有许多意料之外的困难，容易使人失去信心和兴趣。在特别恶劣的条件下要保持乐观的心态，有战胜困难的信心，下意识地培养自己抵抗不良环境（如寒冷、低压、缺氧、饥饿）的能力。同时，运动也要注意循序渐进，自觉地培养吃苦耐劳的精神。此外，野外生存生活对个人来说是件艰苦的事情，但如果所有的人团结起来，就可能变成轻松有趣的事。因此形成一个友爱互助的集体是非常重要的。团队中每个人都要明确自己扮演的角色和肩负的责任，努力发挥自己的优势，与队友进行优势互补，提高整体的战斗力。在集体活动中，不同性格的人需要相互理解和磨合。有些性格在集体生活中常常会碰壁，比如过分以自我为中心、脾气暴躁、不爱帮助别人、盲目自大、喜欢独行等，这些性格都是团队生活的大忌。参加者应培养自己的团队精神：努力使自己融入到集体中去。

陌生的环境容易造成紧张的情绪，特别是在野外生活的人，由于生活模式被打破，常常会出现不同程度的恐惧、失眠等现象。由于野外环境的未知，对于可能出现的意外，如毒蛇猛兽、气候变化、方向迷失等，常常会感到胆怯和不知所措，这就需要克服心理障碍，进行一些相应的加强心理素质的锻炼。

三、野外生存常识

野处生存是指在没有正常供应,脱离人群的野外条件下,在山野丛林中求生的活动。野处生存所包括的知识非常广泛,总的来说就是在荒山野地怎样走、吃、住、自救。对部队来说,是特种部队、侦察兵、空降兵、海军陆战队必须掌握的知识,也是每个军人应该掌握的常识。对非军人来说,掌握一些野外生存知识也是十分必要的。因为在日常生活中,难免会遇到一些特殊情况,如进行旅游、探险等活动时,有时也会迷途于荒岛、丛林、大漠,作为单个人陷入困境,野外生存知识掌握越多,生存率就越大。

野外生存有两种情况:一是有准备情况,指有计划、有步骤地开展野外生存活动,包括精神上和物质上的准备;二是无准备情况,指意外情况下的野外生存活动。本节介绍无准备情况下的野外生存常识。

(一) 野外怎样判定方向

野外生存首先要学会判定方向的方法,尤其是在没有地形图和指北针等制式器材的情况下,怎样利用自然特征判定方向是非常重要的,否则,就会迷失方向,走不出"迷宫"。野外判定方向可用以下三种方法来判定:①利用太阳和时表判定;②利用北极星判定;③利用自然特征判定。

(二) 复杂地形行进方法

在山地行进,为避免迷失方向,应力求有道路不越野,有大路不走小路。如果没有道路,则选择纵向的山梁、山脊、山腰、河流、小溪边缘,以及树高林稀、空隙大、草丛低疏的地形上行进。要力求走梁不走沟,走纵不走横。行进时,能大步走就不小步走,这样数千米下来可少走许多步,节省体力。疲劳时,要用放松慢行的办法调整体能,而不能停下来休息。

攀岩石时,应对岩石进行细致地观察,根据实际情况,确定攀登方向和路线。攀登岩石的基本方法是"三点固定"法,即两手一脚或两脚一手固定后,再移动剩余的一手或一脚,使身体重心上移。手脚要配合好,避免两点同时移动,行进时,一定要做到稳、轻、快。要根据自己的情况选择最合适的步幅距离和最稳固的支点,不要跨大步和抓、蹬过远的点,防止滑落。

遇沼泽地时,最好避开,如果沼泽无法绕行,应手持棍棒探寻坚实的地面或泥水较浅的地点通过。注意:草原中的沼泽地最容易陷落的地方,往往生有鲜绿色的杂草;森林中的沼泽容易陷落的地方枯树较多,而且树稀疏。

在沙漠与戈壁地行进时,除正确判定方位之外,还要注意三个相互依存的因素:周围的温度、活动量及饮用水的贮存量。在阳光直接照射下,人所消耗的水一般要比阴影下多3倍。在沙漠戈壁地区行进,为了降低水的消耗量,必要时可采取"夜行晓宿"的方法。

遇雨季时,应尽量避开低洼地,以防山洪和塌方。如遇雷雨,应立即到附近的低洼地或稠密的灌木丛去,不要躲在高大的树下,以防雷击。如遇风雪、浓雾、强风等恶劣天气,应停止行进,躲避在山崖下或山洞里,待气候好转后再走。

河流是山区和平原地区经常遇到的障碍,遇到河流不要草率入水,要仔细观察之后再确定渡河的地点和方法。山区河流通常水流湍急,水温低,河床坎坷不平,涉渡时,为保持身体平衡,应用竿子支撑在水的上游方向或手持重达15~20千克的石头。集体涉渡时可3~4人一排,彼此环抱肩部,身体最强壮的位于上游方向。涉渡森林、草原地区的河流,应预先探明河底性质,不要贸然涉渡。遇较大的河流,可就地取材制作浮渡工具帮助涉渡。

（三）寻找食物的方法

野外生存获取食物的途径主要有两种：一种是猎捕野生动物，另一种是采集野生植物。

捕获野生动物。一是猎兽，猎兽前应向有经验者或当地居民了解动物的习性和捕获方法，对大型动物通常采用陷阱猎获的方法，对小型动物可采取压猎、套猎和竹筒诱猎等方法；二是捕蛇，捕蛇时可采取叉捕法、泥压法和索套法捕捉。要注意防蛇咬伤，最好穿戴较厚的高腰鞋及长筒手套等防护用品；三是捕鱼，捕鱼可使用钩钓、针钓、脚踩、手摸、拦坝戽水等方法；四是捕获昆虫，可食用的昆虫种类很多，如蜗牛、蚂蚁、蚯蚓、知了、蚱蜢等，可采取手捕、网罩、挖洞掏等方法捕获。

识别和采集野生植物。野生植物多数都可以食用，有毒的不多。鉴别方法：一是根据可食野生植物的图谱鉴别；二是向有经验的当地居民了解，三是仔细观察动物采食的情况。常见的野生可食植物有：淀粉类如白蔹（山地瓜）、芦苇（石根草、芦嘴子、苇子）、稗（败子草、野败）等；野果类如茅莓、沙棘、胡颓子等，还有野生梨、野栗子、榛子、松子、山核桃等；野菜类如苦菜、蒲公英、蕺菜、苋菜、扫帚菜、灰灰菜等。

（四）获取饮用水的方法

水是人类生存的基本要素。在缺水情况下，喝水应"少量多次"，这样能使水在人体内得到充分利用。当随身携带的饮用水快用完时，应积极寻找水源。

采集地表水或雨水。清晨可采集植物枝叶上的露珠。下雨时，可在地面上挖坑，铺上塑料布或雨布收集雨水，也可以用瓶子、罐头盒等容器接雨水。

寻找地下水。一般山谷底部有水，如果谷底见不着明显的溪流或积水坑，应注意绿色植物的分布情况，植物茂盛、动物经常出没的地方，容易找到浅表层水源。如：茂盛的芦苇地，表示地表下1米左右有水；喜湿、马兰花等植物下面半米或1米左右就能找到水；竹林的浅层地表下有水；蚂蚁、蜗牛、青蛙、蛇等动物喜欢在泥土潮湿的地方栖身，在这些地方向下深挖都可以找到水。

寻找植物中的储水。山野中有许多植物可用解渴，如北方的黑桦、白桦的树汁，山葡萄的嫩汁，酸浆子的根茎；南方的芭蕉茎、扁担藤等。初春时，只要在桦树杆上钻一深孔，插入一根细管（可用白桦树皮制做），就可流出汁液，立即饮用。热带丛林中的扁担藤，砍断藤干后，会流出可供饮用的清水。那里还有一种储水竹子，竹节内的水既卫生还带有一股竹香。

沙漠戈壁地区不易寻到地下水，可以在清晨采集植物枝叶上的露珠。白天也可以用塑料布铺在植物的枝叶上，由于枝叶的蒸发作用，塑料布上会蒙上一层水珠；或者在地上挖一个露出湿土层的坑，蒙上塑料布，塑料布上将会凝结一些水珠，将这些水珠收集起来，积少成多，也能够解决一部分饮水。某些植物的枝杆、茎叶、果实或块根中含水丰富，可直接食用，给人体补充水分等。

（五）取火的方法

火在野外生存活动中具有重要作用，热煮食物、烧水需要火；烘烤衣物、取暖御寒也需要火；驱赶猛兽和有害昆虫也可以用火；必要时还可以作为信号使用。在没有火柴或打火机的情况下，可采取摩擦取火、击石取火、用凸透镜利用太阳能取火等方法来取火。但在取火前要准备好引火物，引火物可选用干燥的棉絮、绒线、草梢或撕成薄片的干树皮、干木片等。

摩擦取火是一种原始的取火方法，其方法较多，这里介绍两种。一是弓钻取火，即：用强韧的树枝或竹片绑上绳子或鞋带做成一个弓，将弓弦放在一根20厘米长的干燥木棍上缠绕2圈，将木棍抵在一小块硬木上，来回拉动弓使木棍迅速转动。这样会钻出一些黑粉末，最后这些黑末冒烟而生出火花，点燃引火物。二是藤条取火。即：找一段干燥的树条，将一头劈开，并将裂缝撑开，塞上引火物，用一根约两尺的藤条塞在引火物后面，双藤夹树条，迅速地左右抽动藤条，使之摩擦发热而将引火物点燃。

击石取火方法：找两块质地坚硬的石头，互相击打，将其迸发出的火花落到引火媒上，当引火媒开始冒烟时，缓缓地吹或扇，使其燃起明火。用小刀的背面或小片钢铁，在石头上敲打，也能很容易地产生火花，引燃引火媒。

透镜利用太阳能取火方法：用透镜将太阳光聚集成一点，光点上的温度可以将棉絮、纸张、干树叶、受潮的火柴等物引燃。夏季雾气较大或遇阳光较弱时，可以等到正午阳光强烈时取火，然后保存火种以备使用。

（六）野外宿营

野外行动常常遇到野外宿营，那么就要求选择合适的宿营地。选择宿营地时，首先应考虑靠近水源和燃料，同时还要考虑防风雨、避蚊虫。此外，还应注意防避雪崩、滚石以及突如其来的山洪等因素。夏季，宿营地点应选择在干燥，地势较高，通风较好，蚊虫较少的地方。冬季，宿营地应视避风以及距燃料、设营材料、水源的远近等情况而定。一般来说，森林和灌木丛是理想的设营地，但应避开易被积雪掩埋的地点。选择好宿营地后，还要对设营地进行简单地布置，以方便宿营为标准，利用制式宿营器材或就便宿营器材进行设营。对荒地情况不熟时，入睡前还应在宿营周围点上足够燃烧物，以防猛兽和有害昆虫的侵害。

（七）求救的方法

意外陷入险境时，切勿惊惶失措，应沉着冷静对待，积极想办法，因地制宜地利用各种方法进行求救。而要获得援助，必须发出信号让他人知道自己的处境和位置。白天可以施放烟雾、向友邻同学喊叫或在开阔地面上写字等；夜间可发出灯光、火光、音响等。国际上通用求救信号的英文字母是 SOS，可写在地上，也可用移动电话或电台发出，还可用旗语表示。只要是重复三次的行动都象征着求救，如三堆火、三股浓烟、三声音响、三次光亮闪耀等。在用音响或发光亮信号时，每组发送三次后，间隔 1 分钟再重复发出。

（八）野外常见伤病的防治

蛇咬伤的防治：蛇一般是不主动攻击人的。在丛林地区行进，可手执棍棒驱赶蛇；在野外宿营，可在住地周围撒一些防蛇药粉，以防蛇的入侵。但一旦被蛇咬伤，首先应辨别是被无毒蛇还是有毒蛇所咬，如果被无毒蛇所咬，可按一般外伤处理；如果被毒蛇所咬，应马上用布条或布绳等缚住伤口处靠近心脏一端，以减少毒血上流。随后，用刀子在毒蛇咬伤处划一个十字口，挤出毒液，也可用口吸出毒液，但口内有溃疡、生疮、出血等不能口吸，以免中毒，口吸毒液，要注意随吸随吐。有条件时，应进行冲洗，然后尽快就医，不可延误。一般情况下，在野外活动应备有蛇药。

昆虫叮咬的防治：野外昆虫较多，有毒的也不少。野外活动要尽量着长衣长裤，扎紧袖口、领口。不宜在潮湿的树阴和草垛旁坐卧，皮肤暴露部位可涂擦防虫药。宿营时，可燃点艾叶、香蒿等驱赶昆虫物。被昆虫叮咬后，可视情用氨水、肥皂水、盐水、小苏打水、氧化锌软膏涂沫患处，以止痒消毒。

昏厥：野外昏厥多数是因摔伤、疲劳过度、饥饿过度等原因造成的。主要表现是脸色突然苍白，脉搏微弱而缓慢，失去知觉。遇到这种情况，不必惊慌，一般过一会儿便会苏醒。醒来后，应喝些热水并注意休息。

中毒：中毒的症状是恶心、呕吐、腹泻、胃痛、心脏衰弱等。遇到这种情况，首先要洗胃，快速喝大量的水。用手指触咽部引起呕吐，然后吃泻药清肠，再吃活性炭等解毒药及其他镇静药，多喝水，以加速排泄。为保证心脏正常跳动，还要喝些糖水、浓茶。有条件时，应立即送医院救治。

中暑：在炎热暑季，因活动量过大，盐水补充不及时或休息不足，人体的体温调节和其他生理机能发生障碍，会引起中暑。中暑的症状是突然头晕、恶心、昏迷、无汗或湿冷，瞳孔放大，发高烧等。发病前，常感口渴头晕，浑身无力，眼前阵阵发黑，此时，应立即在阴凉通风处平躺，解开衣裤带，使其全身放松，再服十滴水、仁丹等药。发烧时，可用凉水洗头或冷敷散热，如昏迷不醒，可掐人中穴、合谷穴使其苏醒。

冻伤：寒冷的冬季，长时间户外活动，耳、鼻、手、脚、脸都容易冻伤。当发现皮肤有发红、发白、发凉、发硬等现象，应用手或干燥的线、布摩擦伤处，促进血液循环，减轻冻伤。轻度冻伤用辣椒泡酒，涂擦便可见效。如身体冻僵，不宜立即将伤者抬到温暖的室内，应先摩擦肢体，做人工呼吸，待伤者恢复知觉后，再到较温暖的地方抢救。也可将冻伤部位放在28℃左右的温水中缓缓解冻。

蜇伤：在丛林中行走，被蜇是常有的事。被蝎子、蜈蚣、黄蜂等毒虫蜇伤后，伤口红肿、疼痒，并伴有恶心、呕吐、头晕等症状。遇到这种情况，应先挤出毒液，然后用肥皂水、氨水、烟油、醋等涂擦伤口或用马齿苋捣碎，用其汁冲服，其渣外敷，也可用蜗牛洗净后捣碎涂在伤口处。此外，蒜汁对蜈蚣咬伤有较好的疗效。

出血：如发生出血，应立即采取果断措施进行止血。由于野外缺医少药，主要是利用指压法和包扎法来止血，则要求首先判明出血种类。动脉出血颜色鲜红，呈喷射状，有搏动，出血速度快、量多的特征。静脉出血颜色暗红，呈滴出状或徐徐外流，出血量也多，但速度不及动脉出血快。毛细血管出血颜色鲜红，从伤口向外渗出，出血点不易判明。不同种类的出血和不同人体部位的出血，有着不同的止血方法。如较大的动脉出血，临时用手指或手掌压迫伤口近口端的动脉，将动脉压向深部的骨头上阻断血液的流通，可达临时止血的目的。肩腋部出血，可用拇指压迫同侧锁骨上窝中部的锁骨下动脉，将动脉压向深处的第一肋骨止血。前臂出血，可用拇指或其他四指压迫上臂内侧肱二头肌与肱骨之间的肱动脉止血。手部出血，可用两手拇指分别压迫出血手腕横纹稍上处内外侧、桡动脉止血。大腿以下出血，自救时可用双手拇指重叠用力压迫大腿上端腹股沟中点稍下方的股动脉止血。足部出血可用两手食指或拇指分别压迫足背中部近脚腕的胫前动脉和足跟内侧与内踝之间的股后动脉止血。

指压止血后要及时进行包扎。包扎时，在紧急情况下，可选干净的衣物做成绷带状或三角巾状进行包扎，一般在伤口上垫以厚敷料，外面再用绷带或三角巾等加压包扎，松紧度以既能止血又不影响血液循环为宜。另外，还有橡皮带、布带等可用来止血。在四肢大动脉出血用其他方法止血无效时，一般采用止血带止血。使用方法：用止血带环勒并扎紧伤口的近心端。扎的要领可归纳为如下口诀：橡皮带左手拿，后头5寸（1寸=3.71475厘米）要留下，右手拉紧环体扎，前头交左手，中、食二指夹，顺着肢体向下拉，前头环中插，保证不松垮。

在使用布带或止血带时应注意，止血带与皮肤之间要加垫敷料，不能直接扎在皮肤上。同时要求止血带每隔1小时（冬季0.5小时）松开一次，每次放开2~3分钟，以暂时改善血液循环。松开时要逐渐放松，如有出血，应再上止血带；若不再出血，可改用三角巾压迫包扎伤口。

参考文献

[1] 全国体育院校教材委员会．大学体育教程［M］．北京：人民体育出版社，2012．
[2] 邱金昌，刘海滨．体育与健康［M］．北京：科学出版社，2012．
[3] 金其荣．体育与健康实践教程［M］．北京：北京大学出版社，2009．
[4] 沈家聪．大学体育教程［M］．北京：北京体育大学出版社，2005．
[5] 范文全．大学体育与健康［M］．北京：高等教育出版社，2011．
[6] 全国体育院校教材委员会．运动生理学［M］．北京：人民体育出版社，2002．
[7] 王崇喜．球类运动——足球［M］．北京：高等教育出版社，2006．
[8] 邢琦．大球教程——篮球、排球、足球［M］．北京：北京师范大学出版社，2013．
[9] 刘建国．田径［M］．北京：高等教育出版社，2006．
[10] 孙民治．篮球运动教程［M］．北京：人民体育出版社，2007．
[11] 梁健．排球［M］．北京：北京师范大学出版社，2008．
[12] 杨一民．现代足球［M］．北京：人民体育出版社，2006．
[13] 黄汉升．球类运动——排球［M］．北京：高等教育出版社，2004．
[14] 孙南．现代田径训练高级教程［M］．北京：北京体育大学出版社，2011．
[15] 肖树新．乒乓球［M］．北京：北京师范大学出版社，2010．
[16] 吴兆祥．乒乓球·羽毛球·网球［M］．合肥：安徽大学出版社，2005．
[17] 彭美丽．羽毛球［M］．苏州：苏州大学出版社，2007．
[18] 陶志翔．网球［M］．北京：北京体育大学出版社，2005．
[19] 何荣，王长青．健美操教程［M］．北京：北京师范大学出版社，2010．
[20] 李晓钟．瑜伽练习［M］．北京：中国青年出版社，2005．
[21] 全国体育学院教材委员会．武术［M］．北京：人民体育出版社，2007．
[22] 厉丽玉．户外运动与拓展训练［M］．杭州：浙江大学出版社，2012．
[23] 介春阳，张红霞．定向运动理论探索与户外运动拓展［M］．北京：清华大学出版社，2014．
[24] 袁凤生．学校体育教育学［M］．北京：北京体育大学出版社，2003．
[25] 林志超．大学体育与健康教程［M］．北京：北京体育大学出版社，2005．
[26] 王凤阳．中国传统养生［M］．北京：高等教育出版社，2010．
[27] 吕青．校园极限运动［M］．北京：北京体育大学出版社，2009．
[28] 刘志红．形体训练教程（第2版）［M］．高等教育出版社，2009．
[29] 于可红，金福春．体育文化概论［M］．北京：高等教育出版社，2004．

附录：《国家学生体质健康标准》

一、《国家学生体质健康标准》概述

《国家学生体质健康标准》（以下简称《标准》）是国家学校教育工作的基础性指导文件和教育质量基本标准，是评价学生综合素质、评估学校工作和衡量各地教育发展的重要依据，是《国家体育锻炼标准》在学校的具体实施，适用于全日制普通小学、初中、普通高中、中等职业学校、普通高等学校的学生。

本标准的修订坚持健康第一，落实《国家中长期教育改革和发展规划纲要（2010—2020年）》《国务院办公厅转发教育部等部门关于进一步加强学校体育工作若干意见的通知》（国办发〔2012〕53号）和《教育部关于印发〈学生体质健康监测评价办法〉等三个文件的通知》（教体艺〔2014〕3号）有关要求，着重提高《标准》应用的信度、效度和区分度，着重强化其教育激励、反馈调整和引导锻炼的功能，着重提高其教育监测和绩效评价的支撑能力。

本标准从身体形态、身体机能和身体素质等方面综合评定学生的体质健康水平，是促进学生体质健康发展、激励学生积极进行身体锻炼的教育手段，是国家学生发展核心素养体系和学业质量标准的重要组成部分，是学生体质健康的个体评价标准。本标准将适用对象划分为以下组别：小学、初中、高中按每个年级为一组，大学一、二年级为一组，三、四年级为一组。小学、初中、高中、大学各组别的测试指标均为必测指标。其中，身体形态类中的身高、体重，身体机能类中的肺活量，以及身体素质类中的50米跑、坐位体前屈为各年级学生共性指标。

本标准的学年总分由标准分与附加分之和构成，满分为120分。标准分由各单项指标得分与权重乘积之和组成，满分为100分（附表1-1）。附加分根据实测成绩确定，即对成绩超过100分的加分指标进行加分，满分为20分；小学的加分指标为1分钟跳绳，加分幅度为20分；初中、高中和大学的加分指标为男生引体向上和1000米跑，女生1分钟仰卧起坐和800米跑，各指标加分幅度均为10分。

根据学生学年总分评定等级：90.0分及以上为优秀，80.0～89.9分为良好，60.0～79.9分为及格，59.9分及以下为不及格。

学生测试成绩评定达到良好及以上者，方可参加评优与评奖；成绩达到优秀者，方可获体育奖学分。测试成绩评定不及格者，在本学年度准予补测一次，补测仍不及格，则学年成绩评定为不及格。普通高中、中等职业学校和普通高等学校学生毕业时，《标准》测试的成绩达不到50分者按结业或肄业处理。

学生因病或残疾可向学校提交暂缓或免予执行《标准》的申请，经医疗单位证明，体育教学部门核准，可暂缓或免予执行《标准》，并填写《免予执行＜国家学生体质健康标准＞申请表》，存入学生档案。各学校每学年开展覆盖本校各年级学生的《标准》测试工作，《标准》测试数据经当地教育行政部门按要求审核后，通过"中国学生体质健康网"上传至"国家学生体质健康标准数据管理系统"。测试和数据上传时间由教育行政部门确定。

附表 1-1 单项指标与权重

测试对象	单项指标	权重（%）
小学一年级至大学四年级	体重指数（BMI）	15
	肺活量	15
初中、高中、大学各年级	50 米跑	20
	坐位体前屈	10
	立定跳远	10
	引体向上（男）/1 分钟仰卧起坐（女）	10
	1000 米跑（男）/800 米跑（女）	20

注：体重指数（BMI）=体重（千克）/身高^2（米^2）。

二、大学生《标准》项目测试

（一）身高

1. 测试目的

测试学生身高，与体重测试相配合，评定学生的身体匀称度，评价学生生长发育及营养状况。

2. 场地器材

身高测量计。使用前应校对 0 点，以钢尺测量基准板平面至立柱前面红色画线的高度是否为 10.0 厘米，误差不得大于 0.1 厘米。同时应检查立柱是否垂直，连接处是否紧密，有无晃动，零件有无松脱等情况，并及时加以纠正。

3. 测试方法

受试者赤足，立正姿势站在身高计的底板上（上肢自然下垂，足跟并拢，足尖分开约成 60°角）。足跟、骶骨部及两肩胛区与立柱相接触，躯干自然挺直，头部正直，耳屏上缘与眼眶下缘呈水平位。测试人员站在受试者右侧，将水平压板轻轻沿立柱下滑，轻压于受试者头顶。测试人员读数时双眼应与压板水平面等高进行读数。记录员复述后进行记录。以厘米为单位，精确到小数点后一位。测试误差不得超过 0.5 厘米。

4. 注意事项

（1）身高计应选择平坦靠墙的地方放置，立柱的刻度尺应面向光源。

（2）严格掌握"三点靠立柱""两点呈水平"的测量姿势要求，测试人员读数时两眼一定与压板等高，两眼高于压板时要下蹲，低于压板时应垫高。

（3）水平压板与头部接触时，松紧要适度，头发蓬松者要压实，头顶的发辫、发结要放开，饰物要取下。

（4）读数完毕，立即将水平压板轻轻推向安全高度，以防碰坏。

（5）测量身高前，受试者应避免进行剧烈的体育活动和体力劳动。

（二）体重

1. 测试目的

测试学生的体重，与身高测试相配合，评定学生的身体匀称度，评价学生生长发育的水平及营养状况。

2. 场地器材

杠杆秤或电子体重计。使用前需检验其准确度和灵敏度。准确度要求误差不超过0.1%，即每百千克误差小于0.1千克。检验方法是：以备用的10千克、20千克、30千克标准砝码（或用等重标定重物代替）分别进行称量，检查指标读数与标准砝码误差是否在允许范围。灵敏度的检验方法是：置100克重砝码，观察刻度尺变化，如果刻度抬高了3毫米或游标向远移动0.1千克而刻度尺维持水平位时，则达到要求。

3. 测试方法

测试时，杠杆秤应放在平坦地面上，调整0点至刻度尺水平位。受试者赤足，男性受试者身着短裤；女性受试者身着短裤、短袖衫，站在秤台中央。测试人员放置适当砝码并移动游标至刻度尺平衡。读数以千克为单位，精确到小数点后一位。记录员复诵后将读数记录。测试误差不超过0.1千克。

4. 注意事项

（1）测量体重前受试者不得进行剧烈体育活动和体力劳动。

（2）受试者站在秤台中央，上下杠杆秤动作要轻。

（3）每次使用杠杆秤时均需校正。测试人员每次读数前都应校对砝码重量以避免差错。

（三）肺活量

1. 测试目的

测试学生的肺通气功能。

2. 场地器材

电子肺活量计。

3. 测试方法

房间通风良好；使用干燥的一次性口嘴（非一次性口嘴，则每换测试对象需消毒一次。每测一人时将口嘴朝下倒出唾液，并注意消毒后必须使其干燥）。肺活量计主机放置平稳桌面上，检查电源线及接口是否牢固，按工作键液晶屏显示"0"即表示机器进入工作状态，预热5分钟后测试为佳。

首先告知被测者不必紧张，以中等速度和力度尽全力吹气效果最好。令被测试者手持吹气口嘴，面对肺活量计站立试吹1~2次，首先看仪表有无反应，还要试口嘴或鼻处是否漏气，调整口嘴和用鼻夹（或自己捏鼻孔）；学会深吸气（避免耸肩提气。应该像闻花式的慢吸气）。测试时，受试者进行一两次较平日深一些的呼吸动作后，更深的吸一口气，向口嘴处慢慢呼出至不能再呼出为止，防止此时从口嘴处吸气，测试中不得中途二次吸气。吹气完毕后，液晶屏上最终显示的数字即为肺活量毫升值。每位受试者测三次，每次间隔15秒，记录三次数值，选取最大值作为测试结果。以毫升为单位，不保留小数。

4. 注意事项

（1）电子肺活量计的计量部位的通畅和干燥是仪器准确的关键，吹气筒的导管必须在上方，以免口水或杂物堵住气道。

（2）每测试 10 人及测试完毕后用干棉球及时清理和擦干气筒内部。严禁用水、酒精等任何液体冲洗气筒内部。

（3）导气管存放时不能弯折。

（4）定期校对仪器。

（四）50 米跑

1. 测试目的

测试学生速度、灵敏素质及神经系统灵活性的发展水平。

2. 场地器材

50 米直线跑道若干条，地面平坦，地质不限，跑道线要清楚。发令旗一面，口哨一个。秒表若干块（一道一表）。秒表使用前，应用标准秒表校正，每分钟误差不得超过 0.2 秒。标准秒表的选定，以北京时间为准，每小时误差不超过 0.3 秒。

3. 测试方法

受试者至少两人一组测试。站立起跑，受试者听到"跑"的口令后开始起跑。发令员在发出口令同时要摆动发令旗。计时员视旗动开表计时。受试者躯干部到达终点线的垂直面停表。以秒为单位记录测试成绩，精确到小数点后一位。小数点后第二位数按非"0"时则进 1，如 10.11 秒读成 10.2 秒，并记录之。

4. 注意事项

（1）受试者测试最好穿运动鞋或平底布鞋，赤足亦可。但不得穿钉鞋、皮鞋、塑料凉鞋。

（2）发现有抢跑者，要当即召回重跑。

（3）如遇风时一律顺风跑。

（五）坐位体前屈

1. 测试目的

测量学生在静止状态下的躯干、腰、髋等关节可能达到的活动幅度，主要反映这些部位关节、韧带、肌肉的伸展性和弹性及学生身体柔韧素质的发展水平。

2. 场地器材

坐位体前屈测试计。

3. 测试方法

受测者两腿伸直，两脚平蹬测试纵板坐在平地上，两脚分开 10～15 厘米，上体前屈，两臂伸直向前，用两手中指尖逐渐向前推动游标，直到不能前推为止。测试计的脚蹬纵板内沿平面为 0 点，向内为负值，向前为正值。记录以厘米为单位，保留一位小数。测试两次，取最好成绩。

4. 注意事项

（1）身体前屈，两臂向前推游标时两腿不能弯曲。

（2）受试者应匀速向前推动游标，不得突然发力。

（六）立定跳远

1. 测试目的

测试学生下肢肌肉爆发力及身体协调能力的发展水平。

2. 场地器材

沙坑、丈量尺。沙面应与地面平齐。如无沙坑，可在土质松软的平地上进行。起跳线至沙坑近端不得少于 30 厘米。起跳地面要平坦，不得有坑凹。

3. 测试方法

受试者两脚自然分开站立，站在起跳线后，脚尖不得踩线（最好用线绳做起跳线）。两脚原地同时起跳，不得有垫步或连跳动作。丈量起跳线后缘至最近着地点后缘的垂直距离。每人试跳三次，记录其中成绩最好一次。以米为单位，保留两位小数。

4. 注意事项

（1）发现犯规时，此次成绩无效。三次试跳均无成绩者，再跳至取得成绩为止。

（2）可以赤足，但不得穿钉鞋、皮鞋、塑料凉鞋测试。

（七）引体向上

1. 测试目的

测试学生的上肢肌肉力量和耐力的发展水平。

2. 场地器材

高单杠或高横杠，杠粗以手能握住为准。

3. 测试方法

受试者跳起双手正握杠，两手与肩同宽成直臂垂悬。静止后，两臂同时用力引体（身体不能有附加动作），上拉到下颌超过横杠上缘为完成一次。记录引体次数。

4. 注意事项

（1）受试者应双手正握单杠，待身体静止后开始测试。

（2）引体向上时，身体不得做大的摆动，也不得借助其他附加动作撑起。

（3）两次引体向上的间隔时间超过 10 秒终止测试。

（八）仰卧起坐

1. 测试目的

测试腹肌耐力。

2. 场地器材

垫子若干块（或代用品），铺放平坦。

3. 测试方法

受试者仰卧于垫上，两腿稍分开，屈膝呈 90°角左右，两手指交叉贴于脑后。另一同伴压住其踝关节，以便固定下肢。受试者起坐时两肘触及或超过双膝为完成一次。仰卧时两肩胛必须触垫。测试人员发出"开始"口令的同时开表计时，记录 1 分钟内完成次数。1 分钟到时，受试者虽已坐起但肘关节未达到双膝者不计该次数，精确到个位。

4. 注意事项

（1）如发现受试者借用肘部撑垫或臀部起落的力量起坐时，该次不记数。

(2) 测试过程中，观测人员应向受试者报数。

(3) 受试者双脚必须放于垫上。

（九）800 米或 1000 米跑

1. 测试目的

测试学生耐力素质的发展水平，特别是心血管呼吸系统的机能及肌肉耐力。

2. 场地器材

400 米、300 米、200 米田径场跑道，地质不限。也可使用其他不规则场地，但必须丈量准确，地面平坦。秒表若干块，使用前需要校正，要求同 50 米跑。

3. 测试方法

受测者至少两人一组进行测试，站立式起跑。当听到"跑"的口令后开始起跑。计时员看到旗动开表计时，当受试者的躯干部到达终点线垂直面时停表。以分、秒为单位记录测试成绩，不计小数。

4. 注意事项

(1) 如果在非 400 米标准场地上测试，测试人员应向受试者报告剩余圈数，以免跑错距离。

(2) 测试人员应告知受试者在跑完后应保持站立并缓缓走动，不要立刻坐下以免发生意外。

(3) 受试者不得穿皮鞋、塑料凉鞋、钉鞋参加测试。

(4) 对分、秒进行换算时要细心，防止差错。

三、大学生《标准》评分标准

（一）单项指标评分表（附表 1-2～附表 1-9）

附表 1-2　体重指数（BMI）单项评分表（单位：千克/米²）

等级	单项得分	大学（男生）	大学（女生）
正常	100	17.9～23.9	17.2～23.9
低体重	80	≤17.8	≤17.1
超重		24.0～27.9	24.0～27.9
肥胖	60	≥28.0	≥28.0

附表 1-3　肺活量单项评分表（单位：毫升）

等级	单项得分	大一大二（男生）	大三大四（男生）	大一大二（女生）	大三大四（女生）
优秀	100	5040	5140	3400	3450
优秀	95	4920	5020	3350	3400
优秀	90	4800	4900	3300	3350
良好	85	4550	4650	3150	3200
良好	80	4300	4400	3000	3050

续表

等级	单项得分	大一大二（男生）	大三大四（男生）	大一大二（女生）	大三大四（女生）
及格	78	4180	4280	2900	2950
	76	4060	4160	2800	2850
	74	3940	4040	2700	2750
	72	3820	3920	2600	2650
	70	3700	3800	2500	2550
	68	3580	3680	2400	2450
	66	3460	3560	2300	2350
	64	3340	3440	2200	2250
	62	3220	3320	2100	2150
	60	3100	3200	2000	2050
不及格	50	2940	3030	1960	2010
	40	2780	2860	1920	1970
	30	2620	2690	1880	1930
	20	2460	2520	1840	1890
	10	2300	2350	1800	1850

附表1-4　50米跑单项评分表（单位：秒）

等级	单项得分	大一大二（男生）	大三大四（男生）	大一大二（女生）	大三大四（女生）
优秀	100	6.7	6.6	7.5	7.4
	95	6.8	6.7	7.6	7.5
	90	6.9	6.8	7.7	7.6
良好	85	7.0	6.9	8.0	7.9
	80	7.1	7.0	8.3	8.2
及格	78	7.3	7.2	8.5	8.4
	76	7.5	7.4	8.7	8.6
	74	7.7	7.6	8.9	8.8
	72	7.9	7.8	9.1	9.0
	70	8.1	8.0	9.3	9.2
	68	8.3	8.2	9.5	9.4
	66	8.5	8.4	9.7	9.6
	64	8.7	8.6	9.9	9.8
	62	8.9	8.8	10.1	10.0
	60	9.1	9.0	10.3	10.2

等级	单项得分	大一大二（男生）	大三大四（男生）	大一大二（女生）	大三大四（女生）
不及格	50	9.3	9.2	10.5	10.4
	40	9.5	9.4	10.7	10.6
	30	9.7	9.6	10.9	10.8
	20	9.9	9.8	11.1	11.0
	10	10.1	10.0	11.3	11.2

附表1-5 坐位体前屈单项评分表（单位：厘米）

等级	单项得分	大一大二（男生）	大三大四（男生）	大一大二（女生）	大三大四（女生）
优秀	100	24.9	25.1	25.8	26.3
	95	23.1	23.3	24.0	24.4
	90	21.3	21.5	22.2	22.4
良好	85	19.5	19.9	20.6	21.0
	80	17.7	18.2	19.0	19.5
及格	78	16.3	16.8	17.7	18.2
	76	14.9	15.4	16.4	16.9
	74	13.5	14.0	15.1	15.6
	72	12.1	12.6	13.8	14.3
	70	10.7	11.2	12.5	13.0
	68	9.3	9.8	11.2	11.7
	66	7.9	8.4	9.9	10.4
	64	6.5	7.0	8.6	9.1
	62	5.1	5.6	7.3	7.8
	60	3.7	4.2	6.0	6.5
不及格	50	2.7	3.2	5.2	5.7
	40	1.7	2.2	4.4	4.9
	30	0.7	1.2	3.6	4.1
	20	−0.3	0.2	2.8	3.3
	10	−1.3	−0.8	2.0	2.5

附表1-6 立定跳远单项评分表（单位：厘米）

等级	单项得分	大一大二（男生）	大三大四（男生）	大一大二（女生）	大三大四（女生）
优秀	100	273	275	207	208
优秀	95	268	270	201	202
优秀	90	263	265	195	196
良好	85	256	258	188	189
良好	80	248	250	181	182
及格	78	244	246	178	179
及格	76	240	242	175	176
及格	74	236	238	172	173
及格	72	232	234	169	170
及格	70	228	230	166	167
及格	68	224	226	163	164
及格	66	220	222	160	161
及格	64	216	218	157	158
及格	62	212	214	154	155
及格	60	208	210	151	152
不及格	50	203	205	146	147
不及格	40	198	200	141	142
不及格	30	193	195	136	137
不及格	20	188	190	131	132
不及格	10	183	185	126	127

附表1-7 男生引体向上单项评分表（单位：次）

等级	单项得分	大一大二	大三大四
优秀	100	19	20
优秀	95	18	19
优秀	90	17	18
良好	85	16	17
良好	80	15	16
良好	76	14	15
良好	72	13	14
良好	68	12	13
良好	64	11	12
良好	60	10	11

续表

等级	单项得分	大一大二	大三大四
不及格	50	9	10
	40	8	9
	30	7	8
	20	6	7
	10	5	6

附表1-8 女生一分钟仰卧起坐单项评分表（单位：次）

等级	单项得分	大一大二	大三大四
优秀	100	56	57
	95	54	55
	90	52	53
良好	85	49	50
	80	46	47
及格	78	44	45
	76	42	43
	74	40	41
	72	38	39
	70	36	37
	68	34	35
	66	32	33
	64	30	31
	62	28	29
	60	26	27
不及格	50	24	25
	40	22	23
	30	20	21
	20	18	19
	10	16	17

附表 1-9　耐力跑单项评分表（单位：分·秒）

等级	单项得分	大一大二	大三大四	大一大二	大三大四
优秀	100	3'17"	3'15"	3'18"	3'16"
	95	3'22"	3'20"	3'24"	3'22"
	90	3'27"	3'25"	3'30"	3'28"
良好	85	3'34"	3'32"	3'37"	3'35"
	80	3'42"	3'40"	3'44"	3'42"
及格	78	3'47"	3'45"	3'49"	3'47"
	76	3'52"	3'50"	3'54"	3'52"
	74	3'57"	3'55"	3'59"	3'57"
	72	4'02"	4'00"	4'04"	4'02"
	70	4'07"	4'05"	4'09"	4'07"
	68	4'12"	4'10"	4'14"	4'12"
	66	4'17"	4'15"	4'19"	4'17"
	64	4'22"	4'20"	4'24"	4'22"
	62	4'27"	4'25"	4'29"	4'27"
	60	4'32"	4'30"	4'34"	4'32"
不及格	50	4'52"	4'50"	4'44"	4'42"
	40	5'12"	5'10"	4'54"	4'52"
	30	5'32"	5'30"	5'04"	5'02"
	20	5'52"	5'50"	5'14"	5'12"
	10	6'12"	6'10"	5'24"	5'22"

注：男生为 1000 米跑，女生为 800 米跑。

（二）加分指标评分表（附表 1-10～附表 1-12）

附表 1-10　男生引体向上评分表（单位：次）

加分	大一大二	大三大四
10	10	10
9	9	9
8	8	8
7	7	7
6	6	6
5	5	5
4	4	4

续表

加分	大一大二	大三大四
3	3	3
2	2	2
1	1	1

注：引体向上为高优指标，学生成绩超过单项评分100分后，以超过的次数所对应的分数进行加分。

附表 1-11　女生一分钟仰卧起坐评分表（单位：次）

加分	大一大二	大三大四
10	13	13
9	12	12
8	11	11
7	10	10
6	9	9
5	8	8
4	7	7
3	6	6
2	4	4
1	2	2

注：一分钟仰卧起坐为高优指标，学生成绩超过单项评分100分后，以超过的次数所对应的分数进行加分。

附表 1-12　耐力跑评分表（单位：分·秒）

加分	大一大二（男生）	大三大四（男生）	大一大二（女生）	大三大四（女生）
10	−35″	−35″	−50″	−50″
9	−32″	−32″	−45″	−45″
8	−29″	−29″	−40″	−40″
7	−26″	−26″	−35″	−35″
6	−23″	−23″	−30″	−30″
5	−20″	−20″	−25″	−25″
4	−16″	−16″	−20″	−20″
3	−12″	−12″	−15″	−15″
2	−8″	−8″	−10″	−10″
1	−4″	−4″	−5″	−5″

注：1000米跑、800米跑均为低优指标，学生成绩低于单项评分100分后，以减少的秒数所对应的分数进行加分。

图书在版编目(CIP)数据

大学体育实用教程 / 彭思，张进财，潘海波主编. -北京：人民体育出版社，2017
ISBN 978-7-5009-5175-9

Ⅰ.①大⋯ Ⅱ.①彭⋯ ②张⋯ ③潘⋯ Ⅲ.①体育-高等学校-教材 Ⅳ.①G807.4

中国版本图书馆CIP数据核字（2017）第137321号

*

人民体育出版社出版发行
三河兴达印务有限公司印刷
新 华 书 店 经 销

*

787×1092 16开本 22印张 551千字
2017年7月第1版 2017年7月第1次印刷
印数：1—5,500册

*

ISBN 978-7-5009-5175-9
定价：45.00元

社址：北京市东城区体育馆路8号（天坛公园东门）
电话：67151482（发行部） 邮编：100061
传真：67151483 邮购：67118491
网址：www.sportspublish.com
（购买本社图书，如遇有缺损页可与邮购部联系）